劉家店史話

二零一八年初冬 翟德年 敬題

柴福善 著

民族出版社

《刘家店史话》编委会

顾　问：宋小东　李福芝　张振江　马立文

主　任：刘晓东

副主任：马超鹰　王洪静

委　员：贾保忠　张大军　于学军　张亚军

秦　磊　曹学勇　邢晓莉　李晓军

耿如强　范卫华　李歌天　马丽彬

邢彦会

柴福善，北京市平谷区人，1956年12月生。曾任县委党史办副主任、县文化文物局副局长、区文化委员会副主任、区文联副主席、区政协常委、学习与文史委员会主任，现为中国作家协会会员、北京作家协会理事。

1982年起发表文学作品，在全国多家报刊发表诗歌百余首、散文400余篇，多篇作品被转载，并收入多种文集。散文集《江山有待》荣获全国第五届冰心散文奖，《两栖集——柴福善散文精粹》被中国散文学会指定为2012年特别推荐书籍。

出版散文集《逍遥人生》、《岁月无痕》、《往事与乡情》、《核桃树下的王蒙》、《秦时明月》、《江山有待》、《两栖集》及校注《李锴诗文集》，与古建专家罗哲文合著《中华名寺大观》、《中华名塔大观》、《中华名桥大观》、《中华名园大观》、《中华名楼大观》及《中国的世界遗产》，著有《平谷寺庙志略》、《平谷古树名木图志》、《志书补遗》、《明代平谷志料辑校》、《平谷史话（修订本）》、《峪口史话》、《独乐河史话》、《马昌营史话》、《镇罗营史话》、《大兴庄史话》、《丫髻山》、《丫髻山楹联匾额》、《丫髻山碑刻》及《丫髻山传说》，主编《泃水长歌》（三卷）、《平谷文物志》等。

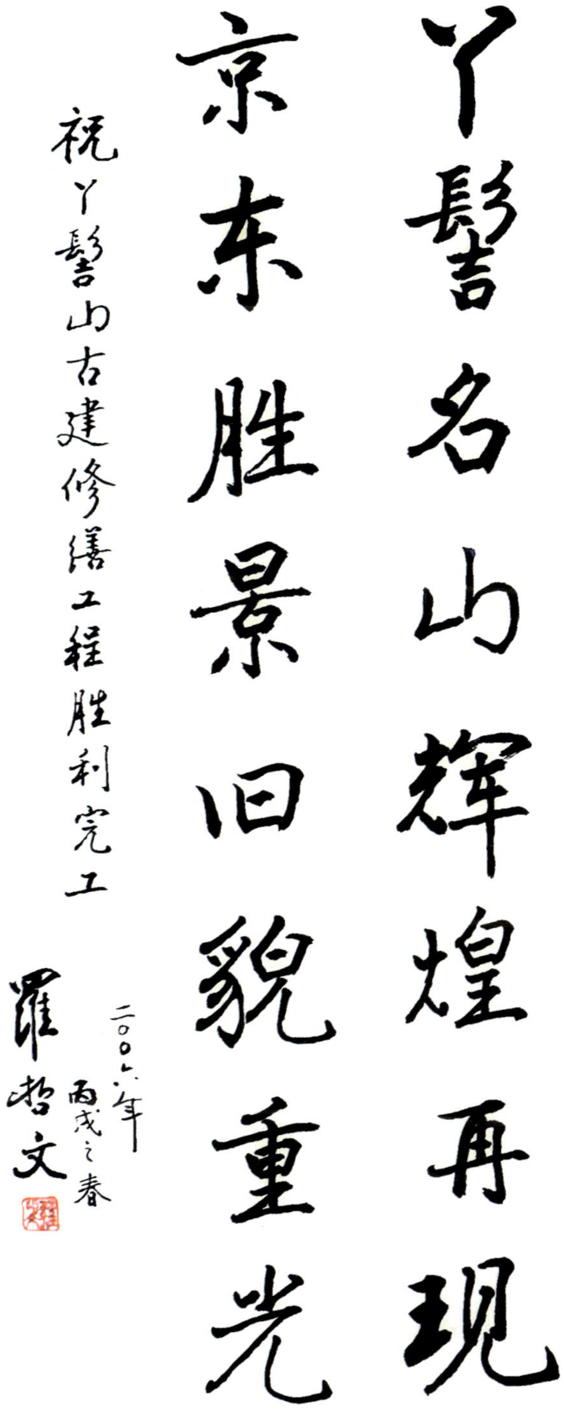

著名古建专家罗哲文先生为丫髻山重建题词

丫髻山全景，此照片存于区档案馆，所写说明为“解放前丫髻山风景”，丫髻山主要建筑几乎都可看到，尤其东顶玉皇阁亦可看出其大致形制

丫髻山西顶，此照片存于区档案馆，所写说明为“1947 年丫髻山西顶旧照”，丫髻山西顶钟楼、转角房、牌坊、碧霞元君祠、斗姆宫等主要建筑都可看到

清康熙皇帝三子胤祉丫髻山行宫碑（摄于 2004 年碑亭复建前）

丫髻山全景（摄于 2012 年 5 月）

丫髻山老香道（摄于 2006 年 2 月）

复建中的云岩禅寺，南面远眺，大有山西恒山悬空寺之势
（摄于 2018 年 11 月）

云岩禅寺进香老香道（摄于 2015 年 5 月）

刘家店地区最高峰气不忿山（摄于 2018 年 8 月）

胡家店村西北邱家祖坟古槐全貌（摄于 1988 年）

刘家店镇人民政府（摄于 2014 年 3 月）

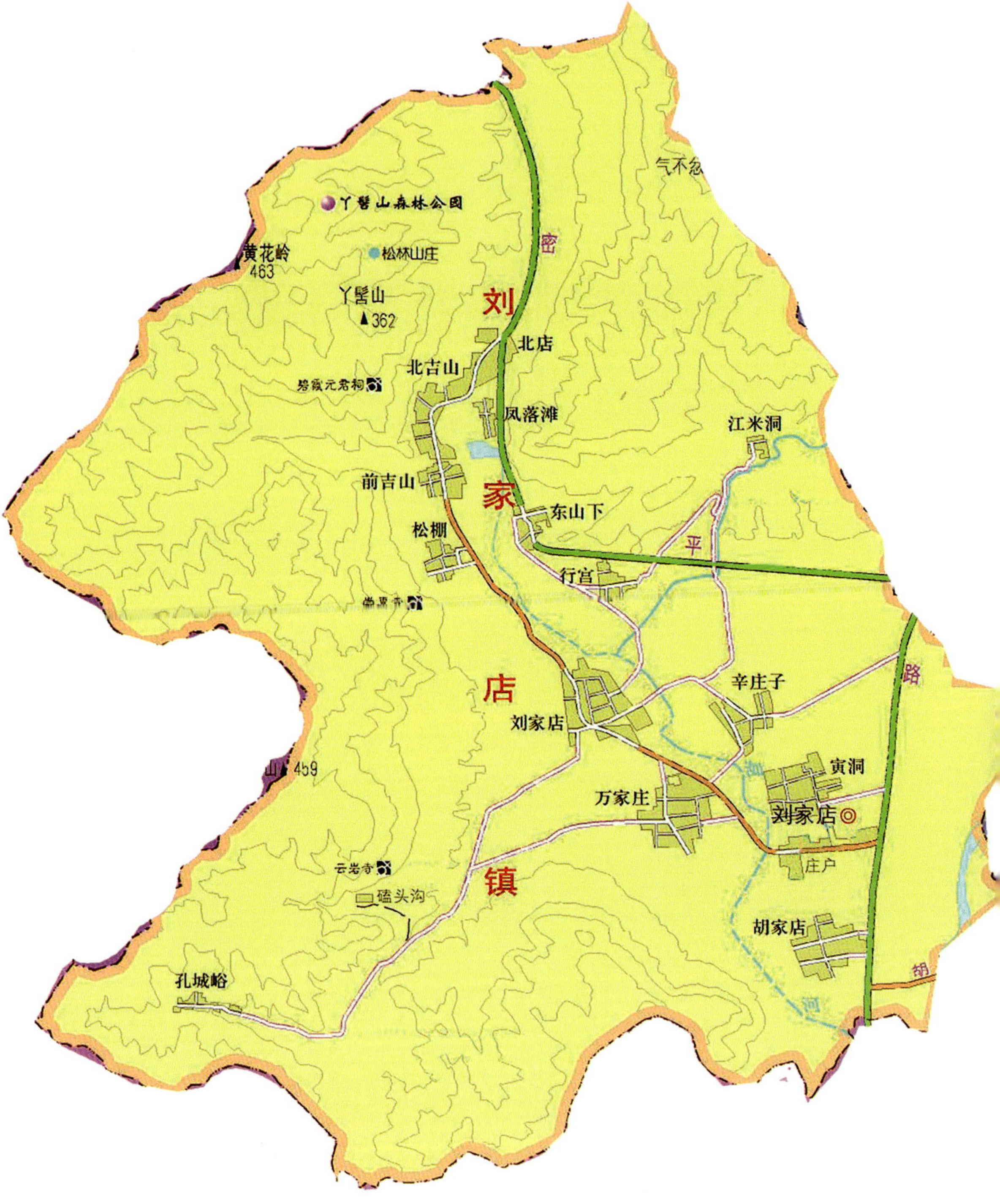
气不忿
丫髻山森林公园
松林山庄
黄花岭
463
丫髻山
362
密
刘
北店
北吉山
碧霞元君祠
凤落滩
江米洞
前吉山
家
东山下
松棚
平
行宫
路
店
辛庄子
刘家店
459
寅洞
万家庄
刘家店
庄户
镇
云岩寺
磕头沟
胡家店
胡
孔城峪
河

刘家店镇行政区划图

序

东有丫髻山，西有妙峰山。素有“北方泰岱”之美誉的丫髻山，就位于北京市平谷区刘家店镇。刘家店地区历史悠久，人文繁博。早在新石器时代便留下了原始人类活动的遗迹，商代更有先人生活于此。而佛教庙宇瓦堂寺建于东汉，丫髻山相传唐朝初年即有道士结庐修炼，兴于元，盛于明、清，尤其清朝以来，康熙、乾隆、道光等皇帝不止一次登临丫髻山祈福，使其达到鼎盛，成为京东名胜大观。此外，辽金之时，镇域内还建有云岩禅寺，与丫髻山形成“南禅北道”的文化格局等等，刘家店文化之繁荣可见一斑。

灿烂的文化厚植了发展优势，进入新时代，刘家店镇走上了可持续高质量发展道路。崇尚生态文化的刘家店人把环境看得比黄金还重要，曾因开矿冶金而光秃秃的山头，经过几代人的努力，如今已是山青水绿，林茂草盛，森林覆盖率达到82%。特别是在传统文化孕育滋养下，刘家店人民善良质朴，勤劳智慧，改革开放以来，他们发展果品产业，种出来的大桃个大味甜、独具特色，赢得了“中国蟠桃第一镇”美称，“诚信村”里的“厚德果”上过奥运餐桌、作为国宴赠品的故事，时常为人们津津乐道。

习近平总书记指出，文化是一个国家、一个民族的灵魂，文化兴国运兴，文化强民族强。大到国家如此，小到乡镇村也如此。刘家店人民在回顾历史、发展当下、谋划未来中，更加深切地认识到，只有坚定地区文化自信，才能增强发展自信。而重点则是文化自觉，要做到在发展中留住根，前行时守住魂，让文化这股更基本、更深沉、更持久的力量，始终成为刘家店镇创新发展的源头活水。正基于此，《刘家店史话》应运而生。

《刘家店史话》是一部全面记录、展示刘家店镇地区历史文化的重要读本，深入挖掘、系统整理了刘家店镇的历史文化、名胜古迹和风物景观，涉及“沿革”、“山川”、“名胜”、“村落”、“寺庙”、“遗址”、“碑刻”、“战事”、“传说”、“辑录”等方方面面，资料翔实，考证严谨，图文并茂，是认识、了解、宣传和研究刘家店地区的重要文献、鲜活教材和生动读本。

柴福善先生是邑内著名历史文化学者，我以师礼相待。多年来，先生致力于平谷历史文化研究，已出版《平谷史话》、《志书补遗》、《平谷文物志》、《平谷寺庙志略》、《平谷古树名木图志》等多部重要著作。先生对刘家店镇更是钟爱有加，已为丫髻山写作了《丫髻山》、《丫髻山碑刻》、《丫髻山传说》、《丫髻山楹联匾额》等读本，为发展我镇文化付出了努力。此次编著史话，先生更是皓首穷经，焚膏继晷，查阅了浩如烟海的历史典籍，踏遍了镇内所有可看的文化遗存，遍访了村中老者，抢救性地挖掘了大量珍贵资料。先生案牍劳形、竭尽心智一年多时间，终于完成这部沉甸甸的史话，可谓功德无量、善莫大焉。对此，我代表刘家店镇党委、政府，对先生表示衷心的感谢和崇高的敬意，希望先生保重身体，再出佳作。

当前，乡村振兴战略大力实施，美丽乡村建设如火如荼，拥有厚重文化底蕴的刘家店镇站在了新的历史起点上，我们将秉承“生态立区、绿色发展”理念，围绕绿色创新生态有机示范镇和文化休闲旅游特色镇的功能定位，实施“生态立镇、产业强镇、文化兴镇、创新活镇、依法治镇、和谐安镇”发展战略，坚持“生态＋、互联网＋、乡创＋、金融＋”四轮驱动，打造“丫髻圣境、养生福地”全域式文化休闲旅游目的地，和“产业兴旺、宜居宜业”生态化田园综合体，建设美丽、宜居、幸福的刘家店，让这片“绿水青山”结出富民强镇的“金山银山”。

文化的魅力不分国界。2020年，北京平谷将举办世界休闲大会，刘家店镇的丫髻山作为文化休闲分会场，也将因独特的历史文化之美聚焦全世界的目光。我们相信，《刘家店史话》必将成为刘家店的一张文化名片，向全世界讲述美丽的刘家店故事，展示刘家店人的文化风采。

是为序。

中共刘家店镇党委书记 刘 [signature]

2018年12月28日

目　录

沿　革

刘家店镇，因当初驻地刘家店村而得名（图 1，图 2）。地处平谷区西北部，东与大华山镇相邻，南与峪口镇毗连，北、西两面与密云县东邵渠镇接壤。镇域总面积 35.6 平方公里，下辖 14 个行政村，共 4200 余户，8700 余人。

图 1　刘家店乡政府，还是平房（约摄于 1991 年冬）

图 2　现存的原刘家店乡政府大门，政府搬至楼房后，这里做了“刘店信用社储蓄代办处”（摄于 2018 年 7 月）

刘家店地区从目前发现的胡家店居住遗址看，最晚在商代的时候就已经有人类活动。是否会更早？还有待今后的发现。这里有山有水有平原，商以后人类活动应该没有间断，比如发现的汉代瓦堂寺遗址、正在复建的辽代云岩禅寺等就是明证。

历史上，刘家店地区属怀柔县管辖。明万历三十二年（公元1604年）《怀柔县志》（图3）“卷之一·地理志·社庄”记载：“‘里社’凡八：东坊市，富乐里，康家里，采家里，房家里，木林里，南吴里，寅洞里。”这8个市里中，就有“寅洞里”。说明明时县下设里社，进行地方管理。而里社一般设在有影响的较大村落，如现在所设乡镇类似。像“富乐里”，就有“南富乐庄”；“采家里”，就有“采家庄”。可是“乡庄”所记58个乡庄，没有我们现在的一个村名，连寅洞村也没有。有今属于密云的“东邵渠庄”、“西邵渠庄”，还有今属大华山镇的“大峪庄”、“小峪庄”，那时应该属于寅洞里。刘家店地区明代应该有村落了，起码寅洞应该有了，要不为什么设“寅洞里”呢？只是为何没有一个记载，不得而知。但是，当时村庄也许不多是可能的。这部县志编纂者周仲士在“地理志”后按语，“士谨按：邑令史君太石每对余言，邑所称里社、乡庄、集市，若粲然盈楮（指纸）帙（装线装书的套，书一套叫一帙），其实无有也。生齿辐辏，仅见于城廓。而村舍郊垧（很远的郊野），一望凄凉。草为瓦，苇为门，乱石为壁，尽奔走若马牛，而颠连为鱼鳖矣！间有一二浮屠、衲子之宫，金碧辉映。问之，则曰：某中贵、某戚畹（指外戚）、某勋旧所修者，若闾阎（我国古代以25家为一闾，闾泛指门户；人家。阎指里巷的门，这里泛指人家）阛阓（街市），顾安所得哉？夫烟火几绝于千家，而诛求未休于一日，此司牧者所蒿目持筹，而苦无良策者也。”大意是：郊野几乎没有人烟，偶有一两座金碧辉映的庙宇，亦为达官贵戚所修。其荒凉由

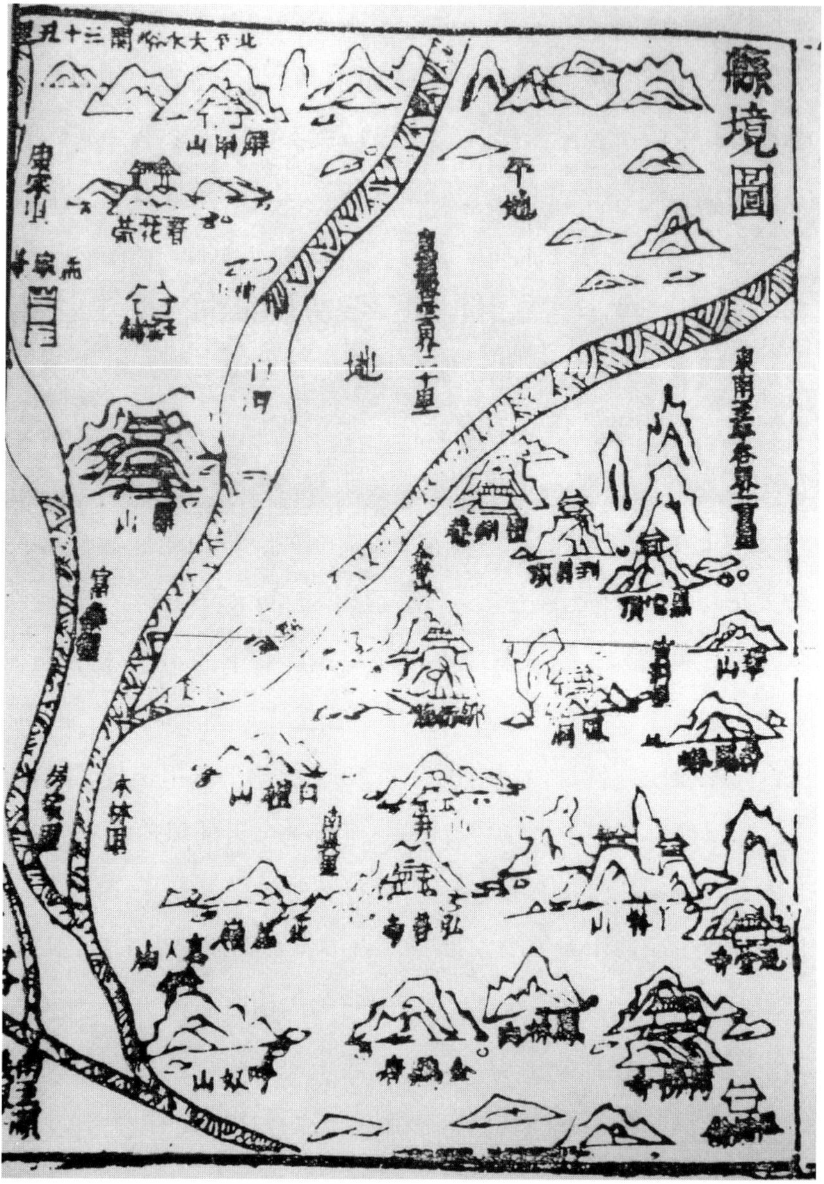

图 3　明万历三十二年（公元 1604 年）《怀柔县志》所绘“县境图”局部

此可见一斑。

清康熙六十年（公元1721年）《怀柔县志》“卷二·里社”记载，辖1市8里：东坊市，富乐里，康家里，彩家里，房家里，木林里，南务里，寅洞里，附怀里。只是把“采家里”写作“彩家里”，“南吴里”写作“南务里”了。另外，在“寅洞里”后面，又增一“附怀里”。在“寅洞里”下，有19个村庄：寅洞庄，寅洞新庄，东邵渠庄，高家庄，太保庄，小峪庄，石峨庄，北店庄，纸房庄，东山下庄，松棚庄，刘家店庄，大峪庄，胡家营庄，胡家店庄，华山店庄，万家庄，冯家滩庄，瓦罐头庄。其中，东邵渠庄、高家庄、太保庄、石峨庄4村在今密云，只是高家庄现在称高各庄了；小峪庄、大峪庄、华山店庄、瓦罐头庄4村在今大华山镇，“华山店庄”应该就是今天的大华山村，“瓦罐头庄”就是今天的瓦关头村；胡家营庄在今峪口镇。剩下的10个村，寅洞庄、寅洞新庄、北店庄、纸房庄、东山下庄、松棚庄、刘家店庄、胡家店庄、万家庄、冯家滩庄，就是镇域内现有的10个村落。这里出现了“寅洞新庄”，当是今天的辛庄子；“冯家滩庄”，当是今天的凤落滩村，查看密云地名志，与刘家店地区接壤的附近没有类似的村名；“纸房庄”，即今天的北吉山村，访谈中村人多次谈及，且说过去一家房山上就这样写着。也说明当时前吉山村还没有成村，也许河沟南边已有些人家，还未独立成村，当属纸房庄一部分。当时，行宫还未建，故行宫村尚未成村。而孔城峪、江米洞两村也未列其上，不知是尚未立庄，还是志书遗漏了。

新编《怀柔县志》“第一编建置区划·第二章行政区划·第二节区划·三、民国区划”记载：“根据《怀柔县城乡巡警图说》载民国初期，怀柔县划分9个区，其区域基本按原清代里社范围划分，自然村有少量增加。1930年实行编乡制，全县编84乡。1936年日伪‘冀东防共自治政府’成立后，怀柔县被日伪统治，1936年冬编为70乡。1939年日伪实行以警代政，联合编乡，全县划分4警区，编36乡，辖1城147庄。抗日战争胜利后，国民党占领怀柔，其行政区划1948年1镇13乡。”“怀柔县民国初期行政区划（共设9区，辖115庄）”，其中，“第八区（寅洞里）辖20庄，东邵渠庄，石峨庄，高家庄，胡家营庄，北店庄，冯家滩庄，太保庄，华山店庄，瓦罐头庄，东山下庄，寅洞辛庄，寅洞庄，大峪庄，小峪庄，胡家店庄，纸房庄，新庄窠，松棚庄，刘家店，万家庄”。在这里，“寅洞新庄”写作“寅洞辛庄”。看方位，今天的辛庄子在寅洞村北1里多地，当是由寅洞新庄而寅洞辛庄，最后简称辛庄子。这里又出现一个新村名“新庄窠”，当是今天的前吉山村。新编《怀柔县志》随后还写道：“怀柔县1948年行政区划，共设1镇13乡（包括为昌古平县代管2乡）”，其中有“纸坊乡”。也就是说，在1948年国民党统治之时，刘家店地区设有纸坊乡，且将原来的“纸房”写作了“纸坊”。

民国二十九年（公元1940年）《河北省怀柔县事情》（图4），为日伪组织新民会所编写。在“第二章地志风俗·第一节地志·第六项·户口”记载，日伪将全县划为4个区，刘家店地区属于日伪第四区。所记村庄有：丫髻山村，北店村，冯滩村，行宫村，东山下，松棚村，刘家店，万家庄，孔成峪村，寅洞村，辛庄子，胡家店。仅少前吉山和江米洞2个村，而前吉山村或包括在丫髻山村中。书中列有各村户数、人口等情况：

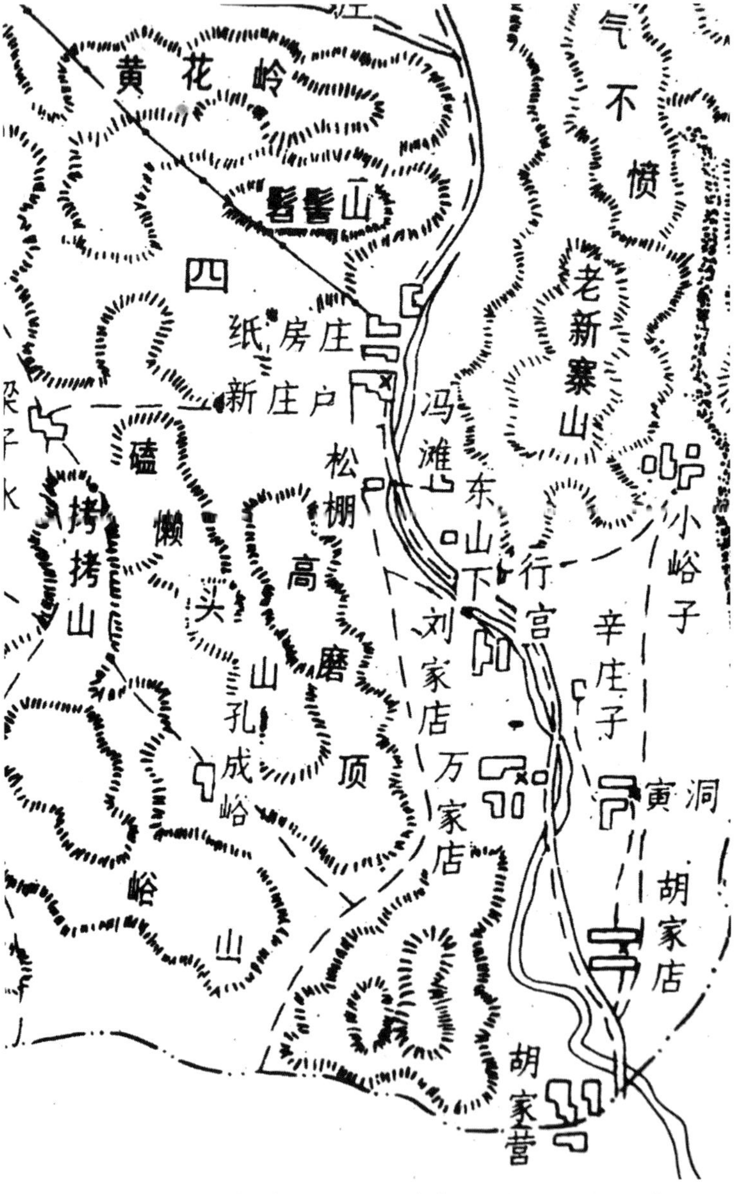

图4　民国二十九年（公元1940年）日伪组织新民会编写《河北省怀柔县事情》中所绘“怀柔县全图”之刘家店地区

村名	户数	合计	男子	女子
丫髻山村	八〇	五〇三	二六六	二三七
北店	三八	二七三	一四〇	一三三
冯滩村	二五	一一七	六五	五二
行宫村	二三	一五九	九〇	六九
东山下	四三	一六八	一四三	一二五
松棚村	三四	一九一	一〇三	八八
刘家店	一〇七	七〇七	三七七	三三〇
万家庄	一六四	九三〇	四七六	四五四
孔成峪村	三二	一八三	一〇一	八二
寅洞村	一〇九	六三八	四〇	一一四
辛庄子	五五	二六八	一五四	一一四
胡家店	九三	五七四	三〇二	二七二

此书记载的12个村庄，作为20世纪40年代初的资料，对于研究刘家店地区村落及人口的发展变化，应该是珍贵的资料，具有重要历史价值。当然，记载东山下、寅洞村人数有误，后面两个数字与前面对不上。这里没有“纸房庄”，直接写作“丫髻山村”。“冯滩村”即是“冯家滩庄”，今天的凤落滩了。这里没有了“寅洞新庄”或“寅洞辛庄”，直接写作“辛庄子”，看来民间当时一定就是这么称呼的。而在“第三章地方制度·第二节地方区划”中，日伪将全县划为4警区36乡，刘家店地区属于日伪第四警区，计6编乡33村庄。其中，丫髻山乡有纸房庄、北店、辛庄窠、冯滩、东山下、松棚、行宫、娘子水、

刘家店9个村，娘子水今天属于密云，辛庄窠就是新庄窠，今天的前吉山；万庄乡有万家庄、孔长峪、寅洞、辛庄子、胡家店、胡家营6个村，胡家营今天属于峪口镇。看来在笔者访谈中当谈及抗战，老人常说到在前吉山日本设的四分局，当是与日伪第四警区相对应的了。

抗日战争开始后，在中国共产党领导下，随着冀东西部抗日根据地的开辟，于1940年4月建立蓟（县）平（谷）密（云）联合县，在鱼子山设立西北办事处。1940年11月，随着根据地的扩大，将蓟平密联合县扩建为两个联合县，南部以盘山前为中心，建立蓟（县）宝（坻）三（河）联合县；北部撤销西北办事处，以鱼子山为中心，建立平（谷）密（云）兴（隆）联合县，下设四个区，其中一区在城西及北山，刘家店地区当在一区范围内。1942年11月，将平（谷）密（云）兴（隆）联合县改为平（谷）三（河）密（云）联合县，将原属蓟（县）宝（坻）三（河）联合县的三河一部分划入，下设4个区，刘家店地区仍属一区。1943年7月，随着抗日根据地的巩固和扩大，为适应抗日斗争形势发展，冀热边特委做出“县划小，区划大”的决定，将平三密联合县划为两个联合县，北部原平三密联合县三区连同滦承兴办事处所辖大小黄崖区域，划为承（德）兴（隆）密（云）联合县，南部为平（谷）三（河）蓟（县）联合县（通称老平三蓟联合县），将原蓟（县）宝（坻）三（河）联合县盘山地区划入，下设10个区。刘家店地区依然属于一区。1944年7月，抗战形势发展很快，恢复1942年被日军“蚕食”的基本区，西部开辟到潮白河流域，西南开辟到通县、香河一带。这时，平三蓟联合县一分为三，西部二十里长山一带扩建为三（河）通（县）顺（义）联合县，西南部九、十区扩建为三（河）通（县）香（河）联合县，东部一、二、三、六等区仍为平三蓟联合县（通称新平三蓟联合县），直至抗日战争胜利，下设10个区。1945年8月至1946年3月，仍沿用平三蓟联合县建制，下设11个区。刘家店地区属于第十区。

1946年3月，取消平三蓟联合县建制，恢复平谷县的单一建制。这时，平谷区域扩大，村落增多，主要是从蓟县划入14个行政村，从密云县划入12个行政村，从怀柔县划入18个行政村，从三河县划入86个行政村。其中，从怀柔县划入的18个行政村为：胡家店、寅洞、万庄子、辛庄子、孔城峪、行宫、刘家店、东山下、凤落滩、松棚、前吉山、北吉山、北店、太保庄、大峪子、小峪子、东辛撞、高各庄。1953年6月，将太保庄、高各庄划归密云县。大峪子、小峪子、东辛撞3村属于大华山镇。这时，刘家店地区计13村。这是新编《平谷县志》"第一编·建置沿革"所记，13村名称与现在一样，是否写志时以今天之名所写呢？新编《怀柔县志》对此没有记载，而看上面怀柔志书民国初年记述，主要村名没有变化。

1950年5月，从密云县划入35个行政村，且将原7个区合并为5个区，其中第四区（大华山区）：政府驻地大华山，辖55个行政村，包括今刘家店镇的胡家店、万庄子、辛庄子、刘家店、孔城峪、松棚、行宫、凤落滩、前吉山、北吉山、东山下、北店、寅洞。其中没有江米洞村名字。

1953年6月，建立乡政权，全县划为6个区，80个乡（镇）。其中，大华山区（政府驻地大华山）辖8个乡，有大华山乡、后北宫乡、砖瓦窑乡、大峪子乡、苏子峪乡、万家庄乡、寅洞乡、北吉山乡。今天刘家店地区的14个村庄，应在万家庄乡、寅洞乡、北吉山乡3个乡内。如北吉山乡，据老人回忆，包括行宫、东山下、松棚、前吉山、北吉山、北店、风落滩7个村，乡政府就设在丫髻山紫霄宫。当时的丫髻山小学，也是这7个村的学生。1954年，南埝头乡并入东高村乡，全县为6个区，79个乡。刘家店地区没有变化。

1956年撤销区级建制，将79个乡并为34个乡镇：城关镇、大北关乡、赵各庄乡、东高村乡、张各庄乡、王辛庄乡、门楼庄乡、马坊乡、果各庄乡、马昌营乡、后芮营乡、北杨家桥乡、西樊各庄乡、峪口乡、唐庄子乡、乐政务乡、后北宫乡、刘家店乡、大华山乡、西峪乡、镇罗营乡、关上乡、熊儿寨乡、罗家沟乡、塔洼乡、中心村乡、靠山集乡、东马各庄乡、祖务乡、韩庄乡、南独乐河乡、南山村乡、峨嵋山乡、张辛庄乡，共辖271个行政村。今刘家店地区14个村庄，主要应在刘家店乡内。

1958年1月，将34个乡镇合并为18个乡：城关乡、张各庄乡、中胡家务乡、大兴庄乡、马昌营乡、门楼庄乡、马坊乡、峪口乡、刘家店乡、大华山乡、南独乐河乡、峨嵋山乡、黄松峪乡、靠山集乡、熊儿寨乡、镇罗营乡、关上乡、乐政务乡。6月，又将峨嵋山乡、中胡家务乡并为北屯乡；将关上乡并入镇罗营乡。全县辖16个乡。其中，设刘家店乡。

1958年9月，撤销乡建制，建立5个人民公社：城关人民公社、马坊人民公社、峪口人民公社、韩庄人民公社、大华山人民公社。公社下设21个管理区、258个大队，辖274个行政村。其中，大华山公社（图5）辖刘家店、大华山、熊儿寨、镇罗营4个管理区，53个大队。这时，今刘家店地区的14个村，主要应在刘家店管理区内。

1961年6月，撤销管理区，将5个人民公社划为21个人民公社，辖269个大队。即：城关人民公社、东高村人民公社、山东庄人民公社、张各庄人民公社、王辛庄人民公社、马坊人民公社、门楼庄人民公社、马昌营人民公社、峪口人民公社、北杨家桥人民公社、大兴庄人民公

图5　大华山公社供销社职工欢送于书记合影（摄于1959年1月，这时为全县五大公社时期，公社书记王国荫，主任黄振生。照片背景为大华山公社大门前，照片由曾在大华山供销社工作的张永明保存，2014年11月，张永明89岁）

社、乐政务人民公社、韩庄人民公社、靠山集人民公社、黄松峪人民公社、红石坎人民公社、南独乐河人民公社、大华山人民公社、刘家店人民公社、镇罗营人民公社、熊儿寨人民公社。其中，刘家店人民公社，

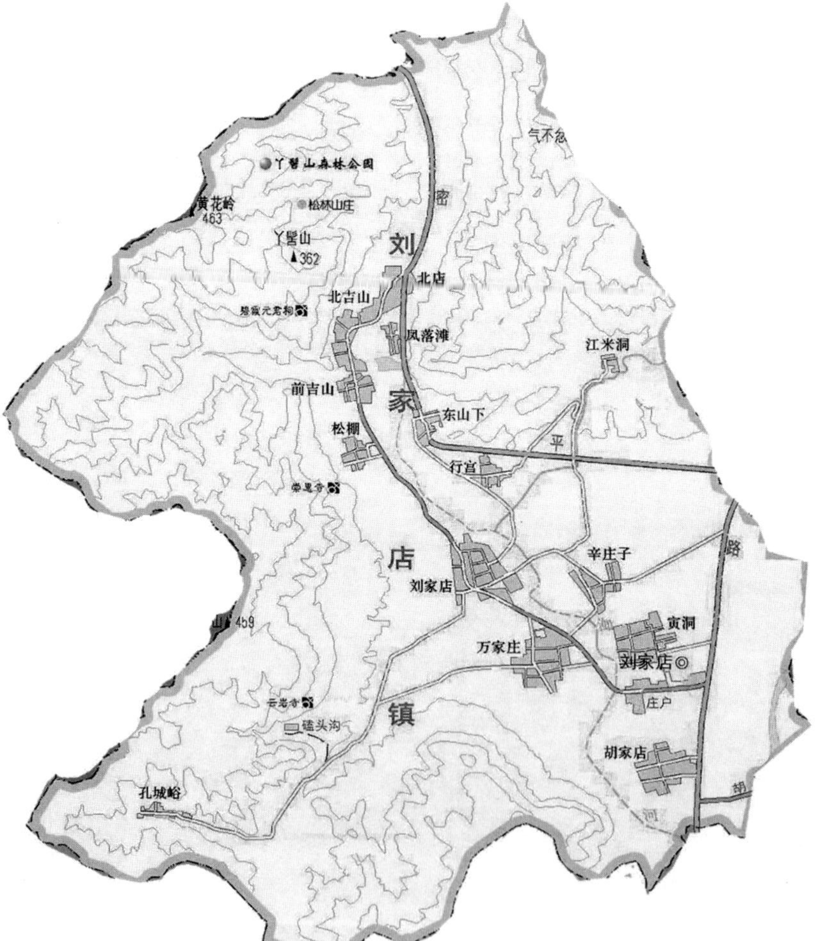

图 6　刘家店镇行政区划图

辖 13 个大队：北店、北吉山、前吉山、凤落滩、松棚、东山下、行宫、寅洞、刘家店、辛庄子、胡家店、万庄子、孔城峪。这时，仍然没有江米洞村名字（图 6）。

以后又有些变化，没涉及刘家店地区。直至 1984 年 4 月，全县人民公社改为乡，大队改为村。这时改为刘家店乡，各大队改为村委会。1990 年，全县设 6 个镇、15 个乡，16 个居民委员会，285 个行政村。其中，刘家店乡辖 14 个行政村：刘家店、万家庄、寅洞、胡家店、北吉山、辛庄子、北店、前吉山、松棚、东山下、行宫、孔城峪、凤落滩、江米洞。这是新编《平谷县志》中，第一次出现“江米洞”名字。

2000 年 7 月，全县为 17 个乡镇，刘家店地区为刘家店乡。2001 年 6 月，撤销刘家店乡，设立刘家店镇（图 7）。镇政府原在刘家店村

图 7　刘家店镇人民政府（摄于 2014 年 3 月）

南，约在 1991 年底搬至今址至今。

刘家店镇地处山区与平原结合地带，属半山区镇。洳河北来，流过镇域中部，流向东南出境。全镇以农业生产为主，林木覆盖 79.08%，素有“中国蟠桃第一镇”之称。而优美的生态环境，厚重的历史文化，必将为 2020 年世界休闲大会增添靓丽的一笔，也为今后自身发展奠定坚实基础。

山 川

刘家店镇地处平谷西北部山区，北、南、西三面环山，东部为丘陵地，中部为谷中平原（图8）。境内最高山峰气不忿山，海拔474.6米（图9）。泇河从密云流来，流经全境。西南部破嘴山等有黄金矿，据说唐代就进行开采。

图8　刘家店地区三面环山，中为谷地（摄于2017年5月）

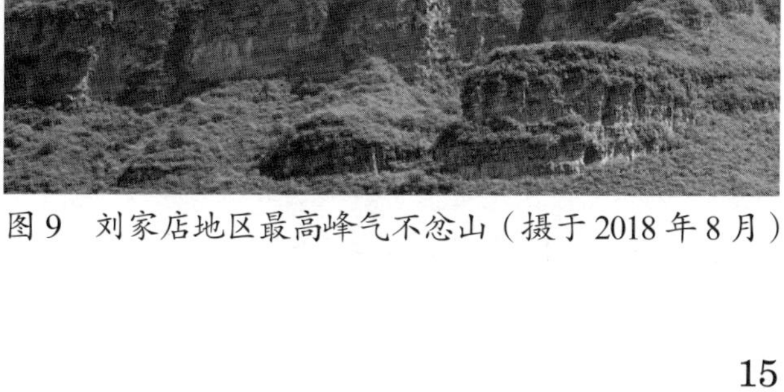

图9　刘家店地区最高峰气不忿山（摄于2018年8月）

丫髻山

丫髻山，位于刘家店镇北部，泃河西侧，属燕山余脉。因两峰高矗，状若古代少女丫髻而得名（图10）。

图 10　日本《唐土名胜图会》所绘丫髻山图

图 11　丫髻山全景（摄于 1942 年前后）

丫髻山为燕山期以来形成的褶皱断块山地，由中元古界长城系白云岩、石英砂岩等构成，岩石形成年代距今约18亿年。山势上陡下缓，顶部两峰高耸，岭脊呈南北向延伸。山区自然植被以荆条、绣线菊等灌丛为主，上部有人工油松林，下部有栽植的核桃、栗子、柿子及桃等经济林木。局部地区岩石裸露（图 11）。

丫髻山为道教胜地，有“京西妙峰山，京东丫髻山”之说。诸多庙宇与碑刻等，集中于南北向延伸的岭脊上，为京东名胜大观（图 12）。

图 12 修复后的丫髻山全景（摄于 2006 年 6 月）

洳 河

图 13 左边是从石峨下来的水，右边是从长峪沟下来的水，到此交汇一起，继续南流，成为洳河一个源头，旧志所说的发源于石峨山（摄于 2016 年 10 月）

洳河，曾称错河，发源于密云县东邵渠镇。其源头，民国二十三年（公元 1934 年）《平谷县志》“卷一 · 地理志 · 河流”记载：“洳河，源出密云县石峨山。”过密云县太保庄往北，即是石峨，是个数千人的大村，一道小河打山里流来，经石峨村南流（图 13），又经太保庄村西南。另一源头，1992 年北京出版社出版的《北京市密云县地名志》“自然地理篇 · 河流”记载：“错河，泃河支流。在密云县南部东邵渠乡。发源于银冶岭村西北，南流转而东北流，经银冶岭、西邵渠、东邵渠等村，至太保庄南流入

图 14　刘家店镇域内洳河（摄于 2018 年 7 月）

平谷县，下注泃河。”此河与石峨那道河交汇于太保庄南，而流入刘家店镇境内。也就是说，洳河应该是两个源头。也有人将镇罗营石河称作洳河源头。镇罗营石河是从北水峪和玻璃台两股水流下来，到关上村东合为一股，继续西流，从镇罗营镇政府北面流过，流入西边的西峪水库，再向西南流，至前北宫村北，熊儿寨石河汇入。继续南流，经翟各庄村西，至许家务村西北，汇入洳河。所以，镇罗营石河应该是洳河的一条重要支流。

洳河进入刘家店镇境内，略偏向东南，流经镇域全境（图 14），北店、北吉山、凤落滩、前吉山、东山下、刘家店、辛庄子、寅洞、万庄子、胡家店等主要村落，包括道教名山丫髻山，都在洳河两岸。说明当初立庄建庙时，应是依托洳河，依山傍水而居了。

洳河出刘家店镇域，继续东南流，经峪口镇、王辛庄镇、大兴庄

图 15　马昌营镇前芮营村东南洳河（左）泃河（右）交汇处（摄于 2018 年 7 月）

镇、平谷镇及马昌营镇，于前芮营村东南汇入泃河（图 15）。洳河总长 40.7 公里，全区境内长 27.7 公里。汇水总面积 494.04 平方公里，入区境面积 88 平方公里，区境内汇水面积 406.4 平方公里。

洳河与泃河一起，并称平谷两大河流，有“平谷南、东、北三面环山，重峦叠嶂，资为屏藩。泃水、洳河映带左右，萦回境内，汇于西南，洵天然之疆界”之说。由于洳河最终汇入泃河，因此，洳河亦为泃河最大支流。

对于洳河，典籍多有记述。除上面县志记载外，北魏郦道元所撰《水经注》亦记载：“（洳）水出北山，山在傂奚县故城东南。东南流迳博陆故城北，又屈迳其城东……洳水又东南流迳平谷县故城西，而东南流注于泃河。”

这里谈及“傂奚县”，西汉所置，为西汉初年渔阳郡 12 属县之一。《汉书·地理志》记载：“渔阳郡，户六万八千八百二，口二十六万四千一百一十六。县十二：渔阳、狐奴、路、雍奴、泉州、平谷、安乐、厗奚、犷平、要阳、白檀、滑盐。”其治所在今密云县东北，大致在潮白河西边，古北口以里的西边一带，东汉末年废。

“博陆故城”，今称博陆城遗址，又称汉城遗址（图16），在大兴庄镇北城子村东南200米处台地上。博陆城为汉武帝时霍光封城。霍光是西汉名将骠骑将军霍去病同父异母之弟，为奉车都尉光禄大夫，即为皇帝掌管乘舆的武官。汉武帝临终时，以霍光为大司马、大将军，金日磾为车骑将军等，受遗诏辅佐年仅8岁少主汉昭帝刘弗陵。第二天汉武帝驾崩，遗诏封霍光为博陆侯。“博大陆平，取其嘉名而无此县，食邑北海、河东。”即当时没有博陆县，封城在此，其封地在今山东青州、山西西南一带地区。

图16　大兴庄镇北城子汉城遗址（摄于2013年3月）

“平谷县故城”，即今平谷老县城的地方。北魏初年，平谷县并入潞县，至北魏郦道元时故城尚存。

“泇水又东南流迳平谷县故城西，而东南流注于泃河”句，说“泇水又东南流迳平谷县故城西”没问题，而接着说“东南流注于沟河”就值得研究。洳河以前如何流向，是否曾改道，不得而知。就现在形势看，因是在马昌营镇前芮营村东南汇入泃河，所以，不是“东南流注于泃河”，应“西南流注于泃河”才与实地相符。

由此可知，洳河的名字最晚北魏时就已经有了，且一直未改。至于最早是什么时候，为何又曾称错河，有待今后更多资料发现与更深入研究。

名　胜

作为名胜，刘家店地区不仅有道教胜地丫髻山，还有明代颇具影响的佛教庙宇云岩禅寺以及明时怀柔八景之一的松棚挽翠，影响至今。

丫髻山道教文化名胜区

图 17　丫髻山全景（摄于 2012 年 5 月）

丫髻山，在刘家店镇西北部，海拔 361 米。因双峰高矗，状若古代少女丫髻而得名。丫髻山山势回环，峰峦起伏，松柏茂密，苍翠葱郁。山后绝壁深谷，山脚村落拥抱，泃水绕村南流。庙宇亭阁坐落山间，丛林掩映，肃穆庄严。故丫髻山素有“近畿福地”之称，“北方泰岱”之誉，为京东名胜大观（图17），现为国家AAAA级景区。

一、丫髻山的兴盛、传承与建筑

1. 丫髻山的兴盛

对于丫髻山，相传唐朝初年即有道人结庐修炼，即在山上盖个简陋的小茅草棚子，里边修行。唐代毕竟是道教较为盛行的时代，有道人在此修行也属正常，但应该还没有正规的殿堂庙宇。有人曾认为丫髻山始建于唐贞观六年（公元632年），新编《平谷县志》“大事记”也如此记载：“贞观六年，有云游道人于丫髻山西顶建殿堂。”经多方

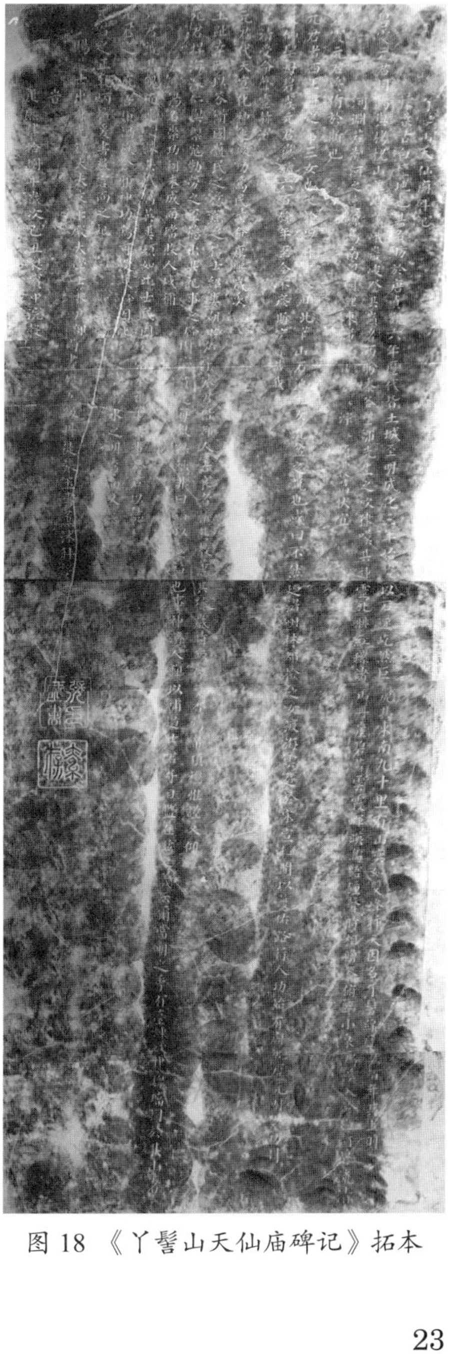

图18 《丫髻山天仙庙碑记》拓本

查阅，未能查得相关记载出处。今存清康熙四十八年（公元 1709 年）《丫髻山天仙庙碑记》拓本（图 18），碑记写道："怀柔，古白檀地也，其名昉于唐贞观六年。历代皆土城，至明成化三年始甃以石，遂屹然巨丽。其东南九十里，有山奕如双峰插天，因名丫髻，绵历数百年。"只有这一处，出现"唐贞观六年"记载。但这里是说怀柔之名始于唐贞观六年（公元 632 年），而非丫髻山，或许当初有人对此误读了，新编县志时也一定是未加考证而随手记入，也未可知。那么，丫髻山又兴建于何时？应该兴于元，盛于明、清。清康熙五十四年（公元 1715 年），康熙皇帝所撰《丫髻山玉皇阁碑记》（图 19）写道："距京师百里有山，曰丫髻，隶怀柔县。两峰高矗，望之如髻，故得是名。自元、明以来，号为近畿福地。"连康熙皇帝都称丫髻山"自元、明以来"。况且李居祥为第十三代住持，按一般 25 年一代计算，大致是 300 多年，基本为元后期了。而 1959 年平谷第一次文物普查登记表亦有记，称作"大庙"：地点，"北吉山乡北吉山村"。建筑概述，"根据群众说和碑文记载，该庙建于元朝，原有草殿一间，铁瓦庙三间，有一个回香亭。

图 19　丫髻山玉皇阁碑（摄于 1961 年）

由康熙三十三年扩建，至三十七年竣工，已用四年时间，兼修人李吉祥。山上山下有佛殿100间，有平常房200间，在1947年由群众拆毁”。附属文物：“石碑若干个，戏楼一座”。而戏楼“面宽与进深”为“宽三进二”，“近代梁架”。保存情况：“平常房子已经由群众居住，戏楼坚硬”。保护意见：“现由群众将庙拆毁，只有戏楼可以保存古迹”。这里所说扩建时间，当以碑刻及典籍所记为准，而“李吉祥”当为“李居祥”之误。所说“佛殿”，在这里当是人们一般对庙宇的概称，而非指佛教的庙宇。因为丫髻山为道教，即使建有庙宇供奉观音菩萨，亦称作“慈航道人”。所说“戏楼”，在刘家店镇凤落滩村西，正对丫髻山娘娘顶，毁于20世纪六七十年代的“文化大革命”之时。

因此，丫髻山兴于元，也就是说，元时西顶应该有殿堂类的建筑了。至明嘉靖时，明确说“旧有碧霞元君庙三间”。这就是清康熙六十年（公元1721年）《怀柔县志》所载：“护国天仙宫，在丫髻山。山旧有碧霞元君庙三间，明嘉靖中，有王姓老媪发愿修建，以山高风烈，瓦易飘失，募化铁瓦，独身运至山上，往来迅速。人异之，施者渐众，殿以告成。”这王姓老媪应是后来所说河北香河王二奶奶，所建殿俗称铁瓦殿。庙宇的复建，使丫髻山香火愈来愈旺盛，逐渐受到皇帝重视，现存明时皇帝“敕赐护国天仙宫”匾额（图20），原镶嵌于西顶钟楼门楣上。此匾额专家认定为明嘉靖时物。清《光绪顺天府志·地理志·祠祀》记载丫髻山护国天仙宫，亦述“钟楼，有明时‘敕赐护国天仙宫’门额”，可为参照。

图 20 “敕赐护国天仙宫”匾额（摄于 2007 年 4 月）

丫髻山在清康乾时达到鼎盛。康熙三十七年（公元 1698 年），丫髻山第十三代住持李居祥撤铁瓦殿，改建大殿三间。据有关文献记载，清康熙年间，先后建造东顶玉皇阁、山门东侧御座书室、西小峰凉亭、玉皇阁下台基、坝墙、鼓楼、万寿亭、回香亭、东岳庙、紫霄宫等。可以说，丫髻山主要建筑均在康熙年间建成，形成丫髻山庙宇的宏大格局，从而受到皇家青睐。据记载，起码康熙四十三年（公元 1704 年）四月、五十五年（公元 1716 年）九月，康熙皇帝两次驾临丫髻山，题有多副楹联及匾额，为建东顶玉皇阁树立御碑，而且丫髻山设有康熙皇帝 60 大寿万寿道场；乾隆七年（公元 1742 年）九月、十二年（公元 1747 年）二月、十八年（公元 1753 年）十月，乾隆皇帝先后 3 次驾临丫髻山，欣然题匾赋诗。在丫髻山西顶碧霞元君祠，过去就挂着康熙、乾隆两位皇帝所题的御匾。清乾隆时窦光鼐、朱筠等奉敕编修《钦定日下旧闻考》，其中“京畿”记载丫髻山写道：

其（指行宫）西四里，登山为碧霞元君庙，前殿外檐恭悬圣祖御书额，曰“敷锡广生”。殿内恭悬皇上御书额，曰“神霄朗照”。后殿额，曰“慈护香岩”。玉皇阁额，曰“泰钧普育”。精舍额，曰“写雾轩”。皆御书。

这里所谓“圣祖”，即指清康熙皇帝；所谓“皇上”，即指清乾隆皇帝。后殿，指碧霞元君祠后面的二层楼阁斗姆宫。所谓“精舍”，即是清康熙五十六年（公元1717年）由直隶总督臣赵宏燮所建御座书室五楹，名为写雾轩。当地人称之为“皇上宝座”，清康熙六十年《怀柔县志》所绘“丫髻山图”写有“行宫”二字。适当时机，还是要把碧霞元君祠、后殿斗姆宫及玉皇阁的两位皇帝御匾复制悬挂为好；道光皇帝做太子时，奉嘉庆皇帝之命，10余次来丫髻山“诣山瞻礼”。就在道光十六年（公元1836年），丫髻山失火，道光皇帝“特命禧恩估修”。翌年三月，道光皇帝亲奉皇太后“安舆祗诣升香”，且立御碑。此外，嘉庆皇帝也曾来丫髻山，是否上山需进一步考究，起码是住在了丫髻山行宫，时间在嘉庆十八年（公元1813年）九月，《清史稿》“仁宗纪”、《钦定平定教匪纪略》（图

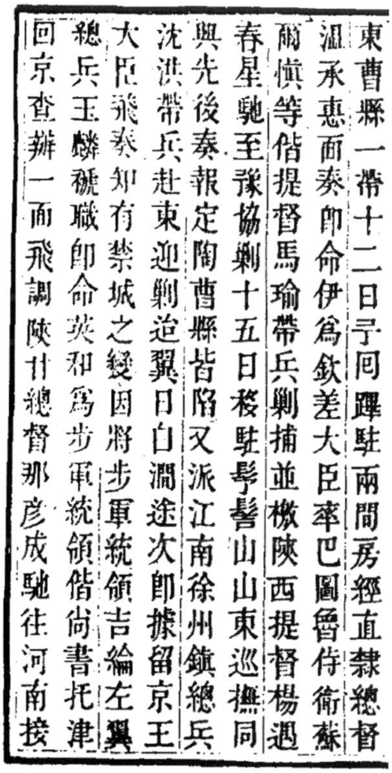
東曹縣一帶十二日寻回蹕駐兩間房經直隸總督
溫承惠面奏即命伊爲欽差大臣率巴圖魯侍衛蘇
爾慎等偕提督馬瑜帶兵剿捕並檄陝西提督楊遇
春星馳至豫協剿十五日移駐髫髻山山東巡撫同
興先後奏報定陶曹縣皆陷又派江南徐州鎮總兵
沈洪帶兵赴東迎剿迨翼日白潤途次即據留京王
大臣飛奏知有禁城之變因將步軍統領吉綸左翼
總兵玉麟褫職即命英和爲步軍統領偕尚書托津
回京查辦一面飛調陝甘總督那彥成馳往河南接

图21　清《钦定平定教匪纪略》所记嘉庆皇帝移驻丫髻山行宫

21）等书有记。天理教，为白莲教支派之一。简言之，就是嘉庆十八年（公元1813年）八月，嘉庆皇帝带领大臣去木兰围场（今河北省承德市）秋狝，因阴雨而提前回京。九月十二日，驻跸滦平县两间房行宫；十五日，移驻怀柔县丫髻山行宫。嘉庆皇帝让次子旻宁等先行回京。九月十四日，天理教首领林清派约200名教徒，装扮成商贩模样进入京城。十五日，众人在太监刘得财等接应下，由东华门及西华门两个方向攻入紫禁城，有四五十名教徒甚至直达养心殿。由于嘉庆帝不在宫中，教徒未刺杀成功。次子旻宁拿着火枪，在城楼上击毙两人。并火速派人将皇宫事变奏报尚在京外的嘉庆帝，关闭紫禁城四座城门，令各路官军飞速入宫“捕贼”。十七日林清被捕，清廷对大兴、通县一带的天理会教众大肆搜捕，短短4天内将700余人屠杀。为响应林清的京城起义，直、鲁、豫三省天理会教徒在华北十几个州县相继起事，声势浩大，震惊朝野。因双方力量悬殊，半年内便告失败。嘉庆十八年（公元1813年）为癸酉年，故史称“癸酉之变”。不管怎么说，九月十五日这天，嘉庆皇帝住在了丫髻山行宫是实。而几位皇帝的相继驾临，极大地推动了丫髻山道教的发展，扩大了丫髻山的社会地位和影响，使丫髻山达到鼎盛。清同治以后，尤其到了慈禧之时，国力衰微，内忧外患，清廷已无力移驾承德，丫髻山也渐渐被朝廷所冷落。

为什么清朝皇帝或者说清廷重视丫髻山？应该不是偶然的，而是有较为深刻的社会背景或政治原因。就此笔者曾与北京联合大学北京史研究生王新蕊探讨，认为：一是康熙、乾隆等皇帝去承德避暑山庄或从东陵回来，这里是路上的重要一点，在此歇息游览，这是地利；

二是清代皇室信奉萨满教，可出于对汉族地方势力的笼络，对于汉族尊崇的佛、道教也大加扶持，这是人和；三是碧霞元君信仰在华北兴盛，丫髻山宫观规模，由一个简单庙宇，逐渐发展成一座庞大的道教建筑群，演变为一个复杂的神灵体系，香火鼎盛，也引起了皇家的重视，这是天时。这是大致而言，仅供读者参考。

2. 丫髻山的传承

丫髻山主要供奉碧霞元君神。碧霞元君信仰是泰山信仰的重要组成部分，封号始于宋代。其职能由最初管理生长发育发展到小至一家人口的寿夭祸福，大到国家的治乱，威灵赫赫，庇佑九州，普遍受到人们崇拜，尤其是华北地区人们的崇拜。因此，全国各地纷纷兴建元君庙。北京旧有“五顶”“两山”之说，都是主要供奉碧霞元君神（图22）的。“五顶”在北京城区，即“南顶”，位于左安门外弘仁桥（元代称马驹桥），建于明成化年间（公元1465—1487年）；“西顶”，旧名护国洪慈宫，位于西直门外蓝靛厂长椿桥附近，建于明万历年间（公元1573—1620年）；“中

图22　泰山碧霞元君画像

图 23　京西妙峰山娘娘庙（摄于 2003 年 7 月）

顶”，位于右安门外草桥以北，建于明天启七年；“东顶”，位于东直门外，俗称行宫庙，建于明代；“北顶”，位于德胜门外，建于明代。“两山”即京东丫髻山，京西妙峰山。妙峰山（图 23），位于北京市门头沟区境内，娘娘庙等主要庙宇创建于明代。可以说，丫髻山元君庙在北京地区是建造较早的一座。

最近看资料，作者也听到刘家店镇有人谈，“五顶”，“三山”之说。“五顶”不用说了，“三山”即平谷丫髻山、门头沟妙峰山和石景山天泰山，慈善寺就坐落于天泰山上。笔者对慈善寺没有更多研究，看石景山区政协 1998 年所编《北京石景山揽胜》一书记述：天泰山主峰海拔 430 米，南有古刹双泉寺，北有明代慈善寺。慈善寺在天泰山主峰西侧，寺内有一古钟，刻有“天泰山慈善寺，康熙三十三年”字样，说明此寺清初已经建成。传说，清世祖顺治曾在此出家。该寺主要殿宇有大悲坛、弥勒殿、真武殿、灵官殿、财神殿和吕祖殿等，为佛道合一的古刹。大悲坛又称大悲殿，为主殿，正中供千首千眼观音像，据说两旁有碧霞元君等 8 尊塑像，佛道共奉一堂。笔者理解，说“五顶”，“两山”，都是以供奉碧霞元君为主神。而天泰山慈善寺，则以供奉观音为主，碧霞元君等位列两旁陪祀。再者名慈善寺，应该属于佛教庙宇。揽胜书以图片为主，没有位列三山之说。笔者手头没有石景山地方志，一时也就没有核查地方的历史上是否确有此说。如果有，笔者将来写书时再修改更正。

我国道教兴起于东汉末年，随着道教的发展，到元代中后期，逐渐形成两大教派，即正一道与全真道。正一道以龙虎山为中心，主要从事符箓斋醮、祈雨驱鬼、为世人治病辟邪等宗教活动；全真道，由王重阳于金大定七年（公元 1167 年）在山东宁海全真庵创立，修行方术以内丹为主，认为修真养性是道士修炼唯一正道，北京白云观即属全真道。而丫髻山道教则为正一道。正一道在江西龙虎山设天师府（图 24），明时改为“大真人府”，丫髻山住持往往在大真人府任有职务。如第十三代住持李居祥，为大真人府赞教厅兼丫髻山住持。丫髻山现在的格局，主要形成于李居祥之时；第十五代住持王显信，为大真人府知事厅兼丫髻山住持；第十六代住持张一茂，为大真人府掌事厅兼丫髻山住持。

图 24　江西龙虎山天师府玄坛殿（摄于 2005 年 6 月）

丫髻山道教属于周祖灵宝派，其谱系为：“思道洞本真，明香克理忠。

图 25　丫髻山道士坟半块道士墓碑，可见“耿居”二字（摄于 2014 年 5 月）

洪良居士显，一嗣永承宗。德大传家久，清修福泽长。世肇因衍庆，慈风蓬业祥。”丫髻山住持第一至第十二代住持，因相关史料缺乏，今已无从查考。自第十三代起始有部分资料记述，综合志书典籍、碑刻拓本及地方民间口碑资料，从清代康熙年间（公元 1662—1722 年）至新中国成立初期的 200 多年间，丫髻山住持共传承到第二十五代“久”字辈。经整理，大致可以看出其顺序传承：第十三代李居祥、耿居□（图 25），第十四代住持张士杰及王士照等 22 人。清康熙五十五年（公元 1716 年），康熙皇帝驾临丫髻山时，赐张士杰为道录司觉义。道录司，清代设置的掌有关道教事务的官署，张士杰相当于皇帝所赐的掌管道教事物的道录司基层官员。第十五代张显才、王显信、付显扬、李显华；第十六代刘一邦、张一茂；第十七代张嗣广、邢嗣岩；第十八代为“永”字辈，姓名不详；第十九代赵承学、马承云；第二十代王宗然、刘宗培；第二十一代赵德化；第二十二代赵大安（刘家店镇辛庄子村人）；第二十三代丁传瑞（号子丰，密云县东邵渠人）、范传伦（号徐之，大华山人）、宋传宝、荫传秀、岳传玉（马昌营镇果各庄人）、岳传璧（号月如）、岳传玺（号秉泉）、彭传江、刘传博、张传书；第二十四代刘家全、王家义（号有三）、张家旭；第二十五代陈久东等，到“久”字辈，新中国就成立了。新中国成立初期，丫髻山道士被遣散还俗。从第十三代至第二十五代，各代都有道士名字，只有第十八代道士名字空缺，一时未能查到。相信不久的将来，随着资料的丰富完善，一个完整的丫髻山道士辈分序列，定会建立起来。

3. 丫髻山的建筑

丫髻山兴盛了数百年，山上山下遍布大小庙宇，主要毁于20世纪四五十年代。近年进行修复（图26），尤其是2004年，丫髻山文物建筑保护修缮修复工程列入北京市“人文奥运”文物保护计划，修缮修复了主要建筑紫霄宫、东大殿、东岳庙、回香亭、御碑亭、万寿亭、山门、三皇殿、碧霞元君祠等，保留明末清初建筑风格，重塑殿堂神像，重制楹联匾额，再现了昔日辉煌（图27）。近

图26　在丫髻山修复施工中，所用木料是靠人背肩抬运上山的（摄于2005年5月）

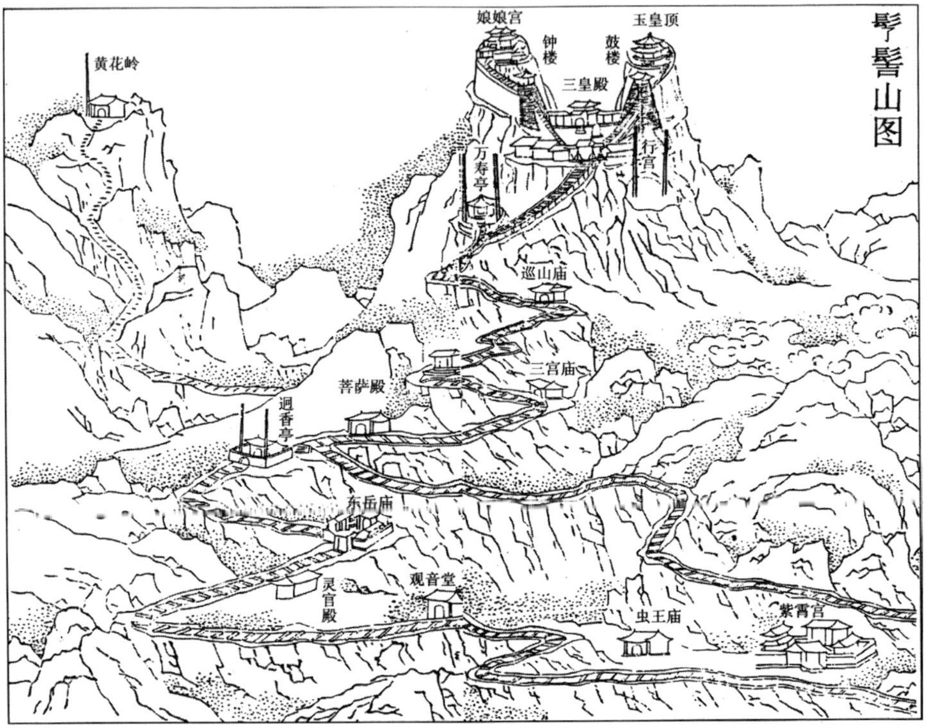

图 27　清康熙六十年（公元 1721 年）《怀柔县志》所绘丫髻山图

年，个别建筑遗址又有复建。

丫髻山这么多庙宇建筑，如何布局？我国古代建筑文化意蕴丰富而深邃，非常重视建筑物与自然环境、人文环境的结合，包括“天人合一”的哲学理念等等，并非一两句话能够说清，在此不过多探究。记得刘家店镇曾举行为 2020 年举行世界休闲大会作为分会场的设计研讨，当时一家设计人讲丫髻山是中轴线布局：下面是太极广场，往上走过 365 级石阶，就是东岳庙、回香亭，再往上过四十八盘，就是东西顶。大致看，好像是中间一条中轴线。其实就丫髻山现状来看，这些建筑不完全在一条线上，尤其东顶玉皇阁，与西顶碧霞元君祠相对，根本与这些建筑就不在一条线上。而丫髻山历史上更不能说是中轴线布局了：从紫霄宫开始，往西上山，再南走，拐弯西北走，经过三四座小庙，到东岳庙、回香亭，一直到东西顶，西北到黄花岭真武庙。这应该是依山就势构建，我们看清康熙六十年《怀柔县志》所绘“丫髻山图”就一目了然了。

丫髻山建筑，先从山顶碧霞元君祠谈起。

碧霞元君祠，一组古建筑群，包括山门、钟鼓楼、三皇殿、药王殿、玉皇阁、碧霞元君祠等（图 28）。

山门，为三座门，以卡子墙连接，中间一座高大，券拱形门洞。石券拱上镶嵌一方“敕建灵应宫”石匾，为清代遗物。两“髻”间为三皇殿，面阔三间，二层，上层供奉伏羲、神农、轩辕三皇泥塑坐像，亦称天皇、地皇、人皇。下层为药王殿，供奉药王孙思邈、扁鹊、韦慈藏泥塑坐像。二层前有走廊，可通东西两顶。山

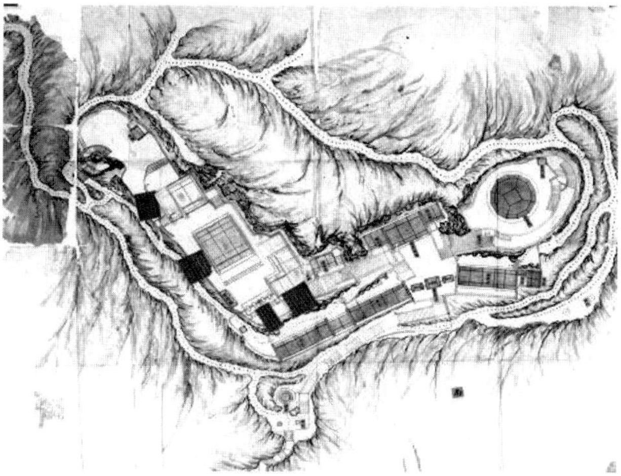

图 28　清工部样式房所绘丫髻山顶草图

图 29　经过清理的丫髻山道士房遗址（摄于 2010 年 10 月）

图 30　丫髻山道士房残墙壁画遗迹（摄于 2007 年 10 月）

图 31　丫髻山道士房残墙书法遗迹（摄于 2007 年 10 月）

门内东侧，为写雾轩遗址。写雾轩即行宫，始建于清康熙五十六年（公元 1717 年），由直隶总督臣赵宏燮所建御座书室五楹，名写雾轩。当地人称为“皇上宝座”，并说这里有五间房子，坐北朝南，皇帝坐的龙椅、窗子上也都有雕刻，柱子是金龙盘玉柱，尤其这里用的家具以及装饰都是花梨紫檀。清康熙六十年《怀柔县志》所绘“丫髻山图”上，明确写有“行宫”二字，当指此。山门内西侧，为道士房，始建于清代。经清理，发现 12 间房屋遗址（图 29），残墙上且有墨色壁画（图 30）及书法作品（图 31），2014 年已在原址复建（图 32），且布置了一些与丫髻山道教有关的展览。山门内东侧玉皇阁下为鼓楼，山门内西侧西顶下为钟楼。钟楼在西面，鼓楼在东面，与一般庙宇钟楼在东、鼓楼在西有所不同。究其原因，主要应是与西顶钟楼建造在先，东顶鼓楼建造在后有关，而非其他。山门东侧，建有一座狐仙楼，坐北朝南，面阔三间，供奉狐仙爷、狐仙奶及狐仙女。

图 32　复建的丫髻山道士房（摄于 2017 年 5 月）

玉皇阁，在三皇殿东侧东顶上（图 33），清康熙五十二年（公元 1713 年）由丫髻山第十三代主持李居祥创建。时为康熙皇帝 60 大寿祝禧，特赐内帑，并皇会布施银共 5000 两。据《光绪顺天府志》记载：“康熙五十二年，恭遇皇上六旬万寿，命皇十子敦郡王、皇十二子固山贝子及御前太监魏珠，赍敕降香。诸王公大臣及旗民人等，延在京道官四十八员至山，启建万寿道场。于三月初一日始建，是夜圣灯涌现，散若金星，满山照耀，见者踊跃称瑞。至十八日万寿节，至山进香者二三万人”。如康熙皇帝第三子诚亲

图 33　丫髻山东顶玉皇阁遗址（摄于 1961 年）

王胤祉“丫髻山行宫碑文”所写：“维时良宵未艾，夜景乍明，焕发祥光，宣昭上瑞。岩开丽照，树灿琪花。初的烁以疑星，继荧煌而似月。彩映北辰之座，辉联南极之精。较之烈山纪瑞，王屋兆符，迈炎德以加隆，卜姬年而逾永。信神明之昭格，知盛世之休征。”亦当是“圣灯涌现”之事。

图 34　丫髻山东顶玉皇阁遗址（摄于 1987 年）

玉皇阁坐北朝南（图 34），十二面木构建筑，重檐攒尖顶，顶上冠以琉璃宝珠，脊饰仙人走兽。顶部和阁层檐面，均覆黄琉璃瓦。阁内中央以 4 根大木内柱作擎天柱，直贯到顶，支撑顶部。外以 12 根檐柱，支撑下檐。在外檐柱与内柱之间，有 12 根粗大明柱，支撑上檐，形如重檐金柱，与外檐柱环布成两个同心圆，组成柱网，分别寓意一年四季、十二个月及一天十二时辰。据说过去号称 28 根木柱，以象征 28 星宿。其中使用 24 根大柱支撑高阁，另有 4 根为玉皇大帝坐着，也就是支撑着玉皇大帝座椅。玉皇阁檐下饰斗拱，下檐五踩斗拱，上檐七踩斗拱。正南三间辟槅扇门，其余柱间砌矮墙，上置槅扇窗。上下檐间也辟槅扇窗，以便采光。门上悬挂“玉皇阁”匾额。阁内神台供奉玉皇大帝泥塑坐像，身穿九章法服，头戴十二行珠冠冕旒，手持玉笏，高达 3.6 米，神态威严。左右侍金童玉女，高 2.1 米。这组雕塑历

图 35　复建后的丫髻山东顶玉皇阁（摄于 2014 年 10 月）

史上为木雕像，近年修复时改为泥塑。

玉皇阁高踞山巅（图 35），翘角飞檐，结构繁复，气势雄伟，堪称丫髻山标志性建筑。而旧时西顶碧霞元君祠顶为黄琉璃瓦，东顶玉皇阁顶为绿琉璃瓦。近年复建都用黄琉璃瓦了，使丫髻山更为辉煌壮观。

碧霞元君祠，在三皇殿西侧西顶上（图 36，图 37，图 38，图 39），有前后两进院落，前院由石牌楼、转角房、正殿碧霞元君祠组成；后院有斗姆宫。正殿坐北朝南（图 40），面阔三间，进深五间，单檐硬山顶，上覆黄琉璃瓦，大脊饰螭吻，垂脊饰仙人走兽，檐下施大点金旋子彩绘。前出廊，槅扇门窗。门上悬挂“碧霞元君祠”匾额。殿内供奉 5 位娘娘坐像，高 2.2 米，较为丰润。中为碧霞元君，右为琼霄元君、眼光娘娘，左为云霄元君、送子娘娘（图 41）。东西两侧分别侍立 3 位侍女。历史上殿内塑像为铜铸坐像，高约 2 米，1 尊铜像重约 1000 斤。铜像毁于 20 世纪 40 年代末。过去殿内有多方木匾，据文献记载，前殿外檐恭悬圣祖御书额曰“敷锡广生”，殿内恭悬皇上御书额曰“神霄朗照”。圣祖即康熙皇帝，皇上即乾隆皇帝。编写本书时，发现一本清道光二十九年

图 36 丫髻山西顶（摄于 1947 年）

图 37　丫髻山西顶（摄于 1961 年）

图 38　丫髻山西顶（摄于 2011 年 9 月）

图 39　丫髻山西顶（摄于 2014 年 10 月）

图 40　丫髻山西顶碧霞元君祠（摄于 2006 年 8 月）

图 41　丫髻山碧霞元君祠内供奉的 5 尊娘娘神像（摄于 2007 年 10 月）

（公元 1849 年）写的《鸿雪因缘图记》，其中收录一篇《丫髻进香》文，写到："殿下仰瞻，圣祖赐额曰'敷锡广生'，高宗赐额曰'神霄朗照'，仁宗赐额曰'功襄泰宇'，皇上赐额曰'赞育显昭'。"这里明确记述了西顶碧霞元君祠悬挂着康熙、乾隆、嘉庆、道光四位皇帝御制匾额，对于丫髻山而言，当是一个重要发现。这四位皇帝之所以为丫髻山题写匾额，根本上应该是来过或与丫髻山有关。

另外，殿内西侧神龛内供奉王二奶奶塑像。相传王二奶奶为河北省香河县城东南乔各庄人，嫁到城南雀林院。王二奶奶乐善好施，会接生、看病，每天骑着毛驴为三里五村的乡亲祛病除灾。明嘉靖中，募化铁瓦，建成碧霞元君殿，修行成仙。后人在碧霞元君殿后斗姆宫中塑王二奶奶像，以为纪念。光绪十九年（公元 1893 年），京都顺天府东路厅香河县西小屯庄合会等人公立《天仙圣母碧霞元君灵感显应碑记》记载："有本邑王奶奶者，性有仙根，终归正果，皈依圣教，一视同仁。凡有圣慈之下逮，无不辅相以博施，普济之功大矣正矣！"正殿前东侧为转角房，正殿后为斗姆宫，2014 年在其遗址上复建（图 42，图 43）。斗姆宫复建后，王二奶奶塑像已由碧霞元君祠移至斗姆宫供奉。

图 42　斗姆宫遗址（摄于 2011 年 9 月）

图 43　斗姆宫二层建筑。才建好，一层就将王二奶奶塑像供奉其间了（摄于 2015 年 5 月）

图 44　丫髻山下山的门楼（摄于 2011 年 9 月）

斗姆宫后西北角，有急转陡峭的石阶，一座砖砌门楼（图 44），为丫髻山后门，旧时可由此下山，亦可由此去往黄花岭，清工部样式房所绘丫髻山顶图就有通往黄花岭方向的山路。黄花岭在丫髻山西北约 5 里处，建有真武庙，为供奉北方之神真武大帝之庙。

黄花岭现在丫髻山林场内，岭上瞭望塔的地方，即为真武庙遗址，至今还有残墙瓦砾（图 45）。真武庙始建年代不详，清康熙六十年（公元 1721 年）《怀柔县志》所绘“丫髻山图”，丫髻山西北处标有“黄花岭”，图示为一座券拱门房子，房前竖立一根高高的旗杆，应是庙宇类建筑，只是未写“真武庙”三字，不能断定清康熙时一定就建

图 45 黄花岭真武庙遗址及瞭望塔（摄于 2011 年 9 月）

造真武庙了。

真武庙南北长约 15 米，东西宽约 15 米。南设山门，为砖砌门楼，对开木门。山门前有平台，生长着 1 棵松树，1 棵柏树，很是高大，由于是在山顶，早晨太阳升起时，松柏树的影子可遮阴到山北密云西邵渠。院内北面正殿三间，前出廊。殿内供奉真武大帝泥塑坐像，廊西侧有 3 口大铁钟，各高 1.5 米多，上铸铭文。殿内悬挂匾额，过去有“砸明火”的，白天把刀枪放匾后边藏着，黑夜再拿出来行事。旧时每年三月三走会，走会人从丫髻山一直走到黄花岭。

正殿前东西各有配殿一间，东配殿为狐仙堂（也称狐仙楼），供奉狐仙之所。狐仙为民间俗神，将狐狸作为一种灵物崇拜。这种信仰，源于原始社会后期的狐图腾，主要流行于我国北方。从唐初到清末民初，供奉狐仙之风不绝，其间最盛时一些地方村村皆祀狐，以至形成一句俗语：“无狐魅不成村”。在丫髻山道观群中，建有两座狐仙庙，又称狐仙楼，半山间东岳庙前东南角外跨一座狐仙楼，一小间；山顶山门东侧有一座狐仙楼，坐北朝南，面阔三间。两座狐仙楼内都为泥塑像，据说供奉的是狐仙爷、狐仙奶及狐仙女。黄花岭真武庙正殿前东配殿设狐仙堂（当地也有西配殿是狐仙堂之说），供奉一仙女，即狐仙，为泥塑像。相传庙门悬挂“在深山修真养性，出古洞四海扬名”联语，横批为“有求必应”。西配殿住人、存放杂物等。现均作为遗址保护起来。1987 年 5 月大兴安岭特大森林火灾后，林业部门在真武庙遗址上，建了一座瞭望塔，以加强防火。

清代中晚期及民国时期，北京地区流行狐狸、黄鼠狼、刺猬和蛇 4 种动物崇拜，认为这 4 种动物是有灵性的，如时常烧香供拜，会保佑家宅平安，诸事顺遂；如侵犯了它们，它们就会以妖术报复，招致灾祸。通称狐狸为“胡门”，黄鼠狼为“黄门”，刺猬为“白门”，蛇为“柳门”或“常门”，合称胡、黄、白、柳“四大门”（我国北方民间也有“五大门”之称，有些地方将老鼠列入，称“灰门”）。过去京城供奉碧霞元君的祠庙较有影响的有 5 座，称作东、南、西、北、中“五顶”。这“四大门”分别住在“东顶”、“南顶”、“西顶”、“北顶”。“四大门”外有“总门”，总门就在丫髻山，据说黄花岭真武庙内狐仙堂，就是总门驻地。这四大门信徒，到时都要到丫髻山朝顶进香。

图 46　丫髻山东侧石狮及山门、东顶（摄于 1961 年）

图 47　丫髻山东侧石狮（摄于 2011 年 9 月）

图 48　丫髻山三官殿（摄于 2012 年 1 月）

丫髻山西顶下，建有万寿亭。亭前为“四十八盘”，即四十八级石阶，阶口处左右两尊石狮，汉白玉石质，蹲坐于连体座上，应是清代遗物，是丫髻山唯一存在的1对石狮（图46，图47）。过去在石狮子两边还有杉木旗杆1对，各有1尺粗细，打着铁箍，3丈6尺高，上有挂灯笼用的黄顶子。丫髻山半山间进香路右侧一座岩石上垒砌的高台上，2002年在原址复建巡山庙，供奉黄天化泥塑坐像，左侧一匹白马塑像。巡山殿东侧，旧有茶棚，为东厢房，西向，面阔三间，庙会期间舍茶。茶棚北面还有2间小房，一到庙会，道士们就在这里值班休息。2015年在遗址复建。沿山路下行，进香路右侧高台上为三官殿，是供奉天官、地官、水官之所（图48）。三官是天官、地官、水官合称，三官信仰源于原始宗教中对天、地、水的自然崇拜。三官功能为，天官赐福，地官赦罪，水官解厄。因与人之祸福荣辱密切相关，故受到广泛崇奉。道教为我国本土教，常常把对中华民族发展起过重要作用的历史人物树而为神。而三官来历，说法不一，其中一种较为普遍的说法是，三官就是我国远古三位部落首领尧、舜、禹，被道教封为三官大帝。因三官大帝的出生日是在三元日，即上元正月十五，中元七月十五，下元十月十五，所以三官又称“三元大帝”。三官殿清康熙时已建，现存建筑为 1997 年所复建，2004 年进行整修。三官殿后面东侧，建有御碑亭。三官殿前面，进香路左侧，有五尊菩萨殿遗址，柱础等尚存。原建筑内供奉文殊菩萨、普贤菩萨、观音菩萨、地藏菩萨、大势至菩萨，像下各有坐骑，分别为青狮、白象、朝天吼、谛听、麒麟。2012 年在遗址上复建。三官殿西侧，为眼光娘娘殿遗址。原建筑相传为戏楼式建筑，坐西朝东，面阔三间，供奉眼光娘娘，专司一切眼疾，柱础遗址尚存。2015 年复建，为勾连搭式建筑（图 49），是丫髻山唯一一座勾连搭式建筑。

图 49　丫髻山眼光娘娘殿（摄于 2015 年 10 月）

回香亭，在丫髻山半山腰，原为崇功祠，明天启年间（公元 1621—1627 年）巡按御史倪文焕为大宦官魏忠贤所建生祠，熹宗朱由校赐名“崇功祠”，后因魏忠贤被黜而停建。因其基址宏壮，住持李居祥改建回香亭，内供奉存身娘娘。回香亭前后两进院落，前院有山门、东西配殿及灵官殿。灵官殿面阔三间，进深三间，殿内供奉道教护法镇山神将王灵官。王灵官，为道教中护法神，镇守山门。殿内王灵官为站像，泥塑，三目怒视，右手举鞭，脚踏风火轮，形象威武勇猛。后院由正殿、东西配殿组成。正殿面阔三间，进深三间，单檐歇山顶（图50）。在丫髻山古建筑群中，歇山顶建筑仅此一座。正殿前出廊，槅扇门，木格窗。正殿前砌垂带踏跺的高大月台上，一派典雅庄重。殿内供奉的神像，与西顶碧霞元君祠供奉神像一样，亦为碧霞元

图50　丫髻山回香亭（摄于2007年10月）

图51　丫髻山回香亭东配殿内塑像（摄于2011年10月）

君、痘疹娘娘、眼光娘娘、引蒙娘娘、子孙娘娘。殿前置东西配殿，均为敞殿，东西各五间，进深二间。殿内塑有十殿阎王像（图 51），其下为判官、牛头、马面等站像，下面一层为油炸、刀山、割舌、锯拉、杵捣等阴曹地府场景，对前世作恶之人的鬼魂进行惩处，以警示劝善世人。十殿阎罗等塑像一般应在东岳庙内，而丫髻山却在回香亭中，这是与其他庙宇所不同处。

东岳庙在回香亭前，是供奉东岳大帝之所。东岳大帝，即泰山神，是掌管人类贵贱和生死的大神，为历代统治者所崇拜。东岳庙为一四合院式建筑，坐北朝南。南置山门，面阔三间，进深一间，门内两侧供奉道教护法神四大元帅。北为正殿，面阔三间，进深三间，前出廊。殿内神台上，供奉东岳大帝泥塑坐像，高 2.8 米，头戴冕旒，身着衮袍，手持圭板。在同一神台上，金童、玉女捧印侍立左右（图 52）。东岳大帝塑像前，东侧侍立手持笏板的两位文臣，西侧侍立手握金瓜与钺的两位武将，神情威严。正殿前东西两侧建配殿，供奉十二太保。

图 52　丫髻山东岳庙内供奉的东岳大帝及侍立的金童、玉女像（摄于 2011 年 9 月）

图 53 丫髻山慈航殿（摄于 2012 年 5 月）

贴着西配殿南山墙，建有一座小财神殿，面阔一小间，坐西朝东，门朝东开，供奉着财神爷、财神奶奶；东配殿南面与南倒座房之间的东墙中间，跨着墙在外面建一座狐仙庙，也是一小间，俗称狐仙楼，坐东朝西，门在院里墙的位置，朝西开，供奉着狐仙爷、狐仙奶奶。

慈航殿，位于丫髻山回香亭东侧山脚，东面山下即是紫霄宫。

慈航殿始建年代不详，清康熙六十年所绘“丫髻山图”在此位置附近有观音堂。现存建筑为 1996 年在原址西侧所建。

慈航殿坐西朝东，前有小院（图 53）。南侧辟门，一座砖砌门楼，卷棚顶，门楣上镶嵌“慈航殿”匾额。正殿面阔三间，进深三间，单檐硬山顶，上覆青瓦，合瓦垄，大脊饰螭吻，垂脊饰走兽。前出廊，槅扇门，木格窗，门楣上悬挂“慈航殿”匾额，门前廊柱悬挂“永使苍生离苦海，常教赤子有慈航”抱柱联语。

殿内供奉慈航真人。慈航真人，又称慈航道人，元始天尊门下，为道教“十二金仙”之一，古代传说中的神仙。居于普陀山落伽洞，法宝为清净琉璃瓶。其实，慈航真人就是佛教中所供奉的观音菩萨，道、佛二教相互渗透吸收，相互融合，共同信仰，由此可见一斑。慈航真人手托宝瓶，端庄秀丽，端坐莲花座上。穿着红肚兜、两手合十、面相庄严的善财童子与身着红衣、双手揣于袖内、神情严肃的龙女，胁侍左右。

慈航殿下面，紫霄宫往西上山不远，路北建有马王庙，路南建有姑子庵。马王庙坐北朝南，面阔五间，没有院落，殿内塑有龙王、虫王、马王、火神、财神像，马王在中间。塑像前面两边还有雷公、闪公等塑像。殿两边有 10 来通石碑。姑子庵坐南朝北，面阔三间，建有后院，一边两间厢房。庵内供奉菩萨，称为倒坐观音。据说是密云县大财主老宁家家庙，恍惚记得人说宁家本姓柴，不知由于什么原因改为姓宁了。宁家一姑奶奶没出阁，便在此修建一座庙宇。1947 年推倒神像，1948 年拆毁庙宇。从姑子庵再往上就是慈航殿。慈航殿往南为龙王殿。龙王殿面阔三间，坐北朝南，前有月台，没有院落。殿内有龙王等塑像，殿前 4 棵松树，笔杆条直，又高又大。马王庙、姑子庵、龙王殿等都已无存，尚有遗迹可寻，没有再复建。

紫霄宫，位于丫髻山东侧山脚下。

紫霄为传说中神仙居住之所。神仙居住之所分为九霄，即神霄、青霄、碧霄、丹霄、景霄、玉霄、振霄、紫霄、太霄，紫霄为九霄中第八层。紫霄宫，又称西宫，清康熙六十年所绘“丫髻山图”中已标示。紫霄宫由前后四进院落组成，号称九道大门。前院为道士下院，正殿为经堂，第二进院落为过殿，第三进院落为一道平门，第四进院落当地人说曾设有皇帝宝座，即皇帝等上丫髻山朝山进香时休憩之所。当地人还说，过去紫霄宫山门二檩悬挂蓝地儿金字“圣旨”匾额。山

图 54 丫髻山紫霄宫（摄于 2012 年 5 月）

图 55 丫髻山紫霄宫内“万古长青”照壁（摄于 2011 年 9 月）

门前一边一个上马石、下马石。山门内陈列有条案，为皇家所赐，平民百姓犯有过错时，放在条案上惩罚，打死无罪。经堂内供奉全山神像画像。第四进院落正殿原有太师椅、条案等家具陈设。紫霄宫西跨院为斋堂，现已无存。

1987 年，当地政府修缮紫霄宫第四进院落正殿；1993 年，修缮山门；1995 年，修缮过殿及东西配殿。由于条件所限，修缮较为粗糙，且格局略有改变。2004 年，对现存建筑又进行修缮。

修缮后的紫霄宫，分前后两进院落。前院由山门、转角房、东西厢房、过殿组成（图 54）。山门，面阔三间，进深三间，硬山顶，上覆青瓦，合瓦垄。大脊饰螭吻，垂脊饰走兽。檐下施小点金旋子彩绘。前出廊，门前悬挂“紫霄宫”匾额，门前廊柱悬挂“金殿东来气尽紫，仙鹤西去云腾霄”抱柱联语。山门外面一道大木门，因是门道，北面

图 56　丫髻山紫霄宫前院正殿及东西配殿（摄于 2011 年 9 月）

还有一道门。山门两侧，为转角房，连接东西配殿。进山门，在原道士诵经的三间经堂（原来的经堂也是前后两道门）处，建一座照壁，磨砖对缝，上为螭吻大脊，南面中间镶嵌黑色花岗岩，镌刻“万古长青”四个金色字，为邑人、故宫博物院著名书法篆刻家王玉书先生所书（图 55）。过去在经堂前，西厢房南属第二间为门，可通向西跨院，道士由此去斋堂用餐。正殿（图 56）为过殿，前后有门，面阔三间，进深两间，前出廊，硬山顶，上覆青瓦，合瓦垄，大脊饰鸱吻，垂脊饰走兽。檐下施小点金旋子彩绘。殿内曾辟中国道教人物书画展，绘有老子、吕洞宾、王重阳（图 57）、张三丰等历代道教代表人物画像，为我国著名书画家翟德年先生所绘，具有较高的历史价值和艺术价值。正殿前为东、西厢房，硬山顶，各

图 57　著名书画家翟德年所绘王重阳画像（摄于 2011 年 9 月）

面阔十间，进深两间。前出廊，廊北部山墙各辟一便门，以便出入。过去东厢房为仓库，存放粮食等物；西厢房住人，主要住丫髻山道士。修缮后，曾将东厢房辟作“丫髻山历史文化展”，西厢房辟作“中国道教文化展”，以图文并茂的形式，展示了丫髻山道教和中国道教的丰富深厚的历史文化。

图 58　丫髻山紫霄宫后院东厢房南侧耳房（摄于 2011 年 9 月）

出前院正殿后门，便进入后院。过去这里靠后院东西配殿南山墙东西向砌一道砖墙，中间辟一道平门。平门其实也是一道门楼，大约 2 米多宽，外面一道对开木门，里边没有墙，北面东西一边一根柱子支撑，北边也有一道门。迈进这道门楼，可以从东西两侧进入后院，也可以直接从北面门进入。东西两边各有一间小房，当地也有人称作东西盝顶，实际就是东西厢房的耳房（图 58），北面与后院东西厢房相接。有资料说，不仅正房两侧可以设耳房，厢房也可以设耳房的，如建成平顶，就是“盝顶”了，很显然这里不是平顶。在 1987 年修缮中，这道墙与平门未复建，却在东厢房耳房南边另辟一道东便门。

后院由正殿、东西配殿及配殿耳房组成。后院形如一座三合院格局，由于正殿等过去是皇家来人和王公大臣等朝山进香时休憩之所，

图 59　丫髻山紫霄宫后院（摄于 1982 年 8 月）

图 60　丫髻山紫霄宫后院（摄于 2011 年 9 月）

所以使用青砖、青瓦、硬山顶，建造得有如古色古香的民居，现在改为神殿，而形制尚未改变（图 59，图 60）。正殿面阔七间，进深三间，前出廊，檐下施旋子彩绘。正殿前面西侧、西厢房北面的房岔子墙辟一道小便门，可通西跨院斋堂。中间三间为真武殿，一道门，加上前面的门，共计九道门了。东边两间现为办公之所，西边两间现为存放杂物之地。真武殿门楣上悬挂“真武殿”匾额，门前廊柱悬挂“清虚寡私欲，醇泊养天和”抱柱联语。殿内供奉真武大帝泥塑坐像（图 61，图 62），两侧侍立金童、玉女。前有东西配殿各四间，进深二间，前出廊，青瓦硬山顶，檐下施旋子彩绘。

图 61 正在塑造中的真武殿真武大帝像（摄于 2006 年 1 月）

图 62 真武大帝塑像（摄于 2011 年 9 月）

东配殿北一间为办公之所，南三间为文昌殿，供奉主管人间功名利禄的文昌帝君。过去文昌庙、文昌宫、文昌阁等遍布全国，其祖庙为四川梓潼文昌宫，为纪念晋代张亚子而建。张亚子极其孝顺母亲，在晋朝为官，不幸战死，百姓为其立一座庙。初作雷神祭祀，后逐渐成为地方重要神明梓潼神。唐时玄宗、僖宗因避乱入蜀，加封梓潼神为左丞相、济顺王。由于唐朝皇帝大力推崇，梓潼神从一地方神而为全国性大神。宋元道士假托梓潼神降笔作所谓《清河内传》，并说玉皇大帝命他掌管文昌府和人间禄籍。而文昌本是星官名，包括六个星，即斗魁（魁星）之上六星的总称，道教尊为主宰功名禄位之神，也称文星。隋唐科举制度产生后，文昌星尤为文人学子顶礼膜拜，认为文昌“职司文武爵禄科举之本”。因文昌星和梓潼帝君同被道教尊为主管功名利禄之神，所以二神慢慢合二而一了。至元代，仁宗封梓潼神为“辅文开化文昌司禄宏仁帝君”，简称“文昌帝君”。在文昌帝君两侧，常塑二侍童，俗称天聋、地哑，知者不能言，言者不能知，防止泄露秘密。文昌殿坐东朝西，门楣上悬挂“文昌殿”匾额，殿内神台上供奉文昌帝君坐像（图63），高1.8米。左右侍立天聋、地哑，高1.55米，较为生动传神。

图63　文昌帝君塑像（摄于2011年9月）

西配殿面阔四间，青瓦硬山顶，前出廊。北一间为办公之所，南三间为财神殿，供奉财神。财神为民间俗神，分文武财神。文财神比干、范蠡，武财神赵公明、关羽。过去春节时，除夕之夜，人们吃完饺子，彻夜不眠，等待着接财神。有人还送

图64　财神比干、赵公明塑像（摄于2011年9月）

"财神"上门。到初二往往还要祭财神。财神殿坐西朝东，门楣上悬挂"财神殿"匾额，殿内供奉文财神比干、武财神赵公明泥塑坐像（图 64），两旁侍立招财童子及利市塑像。

过去后院植有 2 棵大柏树，各有 1 搂多粗，早已无存。现在正殿前 2 棵，为 20 世纪 80 年代所新植，已有六七寸粗细了。

紫霄宫东侧，隔南北一道小街，有一座东大殿，又称过路厅。据当地人讲，东大殿是万和会（一说万缘宫）的一部分。万和会又称东宫，始建年代不详。相传，万和会房产归通州万和会所有，平时归丫髻山道士管理。原有房屋百余间，由五间房、七间房、九间房、过路厅、大门、东西厢房等组成。大致格局为：南为砖砌南倒座大门，门内往西，有门房、碾子房等。而一进门往北所见，就是现存的三间大殿，再往北是七间房，

图 65　丫髻山紫霄宫东侧东大殿（摄于 1997 年）

图 66　修缮前的东大殿（摄于 2005 年 3 月）

有正房7间，东西厢房各5间。往东，是五间房，有正房5间，东西厢房各3间，建有门楼，前有影壁。由此往北，是九间房，有正房9间，东西厢房各5间。四周还建有很多房子，有马厩、羊厩、磨房等建筑。原有房屋毁于20世纪五六十年代，仅存大殿三间，2004年进行挑顶修缮。据有关专家考证，认为东大殿具有明末清初建筑风格，应是丫髻山现存最早的一座建筑了。东大殿面阔三间（图65，图66，图67），进深三间，前出廊，槅扇门窗，单檐卷棚硬山顶，上覆青瓦，合瓦垄，檐下施小点金旋子彩绘。门前廊柱悬挂“心上有天地常运坎离交日月，山中无历日唯凭花鸟记春秋”抱柱联语。

图67　修缮后的东大殿（摄于2006年8月）

另外，在紫霄宫东墙外，旧时还建有一座小庙，仅面阔一间，1丈左右，坐北朝南，顶覆小青瓦。前有照壁，照壁北面绘有山水画。庙内供奉7尊泥塑坐像，为民间神土地、苗神、五道等，故当地称其为七神庙，俗称五道庙。当地人去世了，家里人就到那里烧纸报庙。塑像毁于20世纪40年代末，建筑毁于20世纪60年代。

丫髻山戏楼，在丫髻山东边，如从紫霄宫算，也就1里，具体位置在风落滩村西。

凤落滩村，据说因这里曾落过凤凰而得名。村里的张姓、曹姓、王姓、赵姓等都是坐地户，即是立庄时来的了。而曹姓是跟着努尔哈赤过来的，曾有东曹、西曹之说，西曹早搬走了。过去曹家门前有上马石、下马石，据说皇上曾经从曹家选过一位妃子。

丫髻山戏楼在凤落滩村西，坐东南朝西北，正对丫髻山娘娘顶。前有 4 根大明柱，后面有 2 根明柱。后面有两个门。楼顶前后连着，后部有“天沟”流水。楼下台子有 7 尺高。村里人称戏楼为“明三暗九”格局，“四方八乍”，顶四角一角 1 个龙头。西楼后边有窗户。这就是北吉山村人说的“泃河东岸”的那座戏楼。1959 年平谷第一次文物普查登记表对戏楼有简单记述：地点，附属文物，“戏楼一座”。而戏楼“面宽与进深”为“宽三进二”，“近代梁架”。可作参考。

过去农历四月唱戏，主要是河北梆子、评剧等。戏楼毁于 20 世纪六七十年代的“文化大革命”之时。据说原来有座铁戏楼，在村北头的河北边，后来发大水给冲走了。村里至今还有“气死王八累死龟”的说法，或与冲走铁戏楼有关。

图 68　原平谷中学校长、副县长韩牧苹先生

原平谷中学校长、副县长韩牧苹先生（图 68）曾撰文《丫髻忆旧》，回忆童年上“大山庙”情景，写道：“丫髻山脚下，泃河北来，蜿蜒如带，回曲南下。在河东广阔的石滩上，建有一座檐牙高

啄、雕梁画栋的戏楼。楼台高约六尺，上分前后两台，前台是演出用的，后台是化妆室。戏已开始，台下席地而坐者有几千人。其后有几十辆大马车围成一个弧圈，这是有钱人家看戏的临时‘看台’。这时，台上那出戏的演员只有两人，前边走着一个白胡子老头，磕磕绊绊，踉跄而行。后边跟着一个中年妇女，却是步履蹁跹，引吭高歌。听身旁一个老人说，这出戏叫《走雪山》，扮老头的是个女胡子，唱青衣的倒是个男的。这两个唱梆子的，在京东一带很有名。”

瓦堂寺，位于丫髻山东麓北吉山村北约200米处。

在丫髻山诸多碑刻中，有清乾隆二十九年（公元1764年）所立“寅洞里丫髻山护国天仙宫地基碑”（图69），尽

图69　寅洞里丫髻山护国天仙宫地基碑拓本

管碑已无存，但拓本仍在，其中写道：“丫髻山敕赐护国天仙宫地基四至：东至瓦堂寺，西至唐家峪，北至黄花顶，南至石门，四至分明。”这是清康熙二十八年（公元1689年）由丫髻山第十三代住持李居祥等所立，乾隆二十九年（公元1764年）第十五代住持傅显扬等“复勒碑刻铭”，也就是重新镌刻立碑。

丫髻山“四至”碑中写到丫髻山“东至瓦堂寺”，这至少应该说明两点，一是清康熙时丫髻山已有瓦堂寺，二是瓦堂寺清康熙时当归丫髻山管理。按说称“寺”应该属于佛教庙宇，与道教无关。在清康熙六十年（公元1721年）“丫髻山图”上，也没有标示瓦堂寺。那么，瓦堂寺究竟在什么地方，又是怎样的境况呢？

据文献资料，瓦堂寺建于东汉。明万历三十二年（公元1604年）《怀柔县志》“寺观”记载：“瓦堂寺，在县东八十余里，创自汉时，名□泉寺，重修于正德己卯，改名曰瓦堂寺。”志中“艺文”收录王源所撰《重修瓦堂寺碑记》（图70）：“距邑东南百里许，曰寅洞里，有寺名曰宝泉，系古刹也。□□汉时建武至砼今而年远矣。”清康熙六十年《怀柔县志》记载：“瓦堂寺，在丫髻山东麓，旧名宝泉寺，明正德己卯重修，改今名，有刑部主事王源碑。”这里，“建武”为东汉

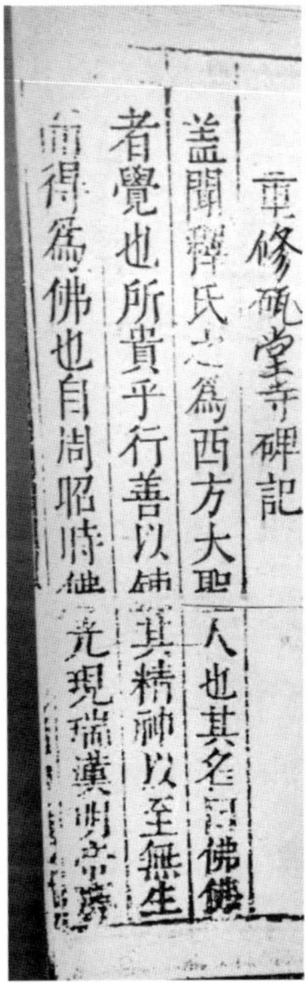
重修瓦堂寺碑記
盖聞釋氏之爲西方大聖人也其名曰佛佛
者覺也所貴乎行善以積其精神以至無生
而得爲佛也自周昭時佛光現瑞漢明帝

图70　明万历三十二年（公元1604年）《怀柔县志》卷之四·艺文志收录王源《重修瓦堂寺碑记》

图 71　丫髻山瓦堂寺遗址（摄于 2011 年 9 月）

开国皇帝刘秀的年号。两个空字也许是“自东”二字，连起来即是：“自东汉时建武至跮今而年远矣。”也就是说瓦堂寺自东汉始建以来，至今年代很久远了。一般认为佛教是东汉初年传入我国，而瓦堂寺创自汉时，不要说在平谷，就是在北京地区乃至全国也算得较早的寺庙了。

瓦堂寺坐北朝南（图 71），南为山门，对开木门，木门大小用老话说，就是能过一驮水的驴驮子。山门前有几棵四五十公分粗的大松树。山门在低处，砌有盘道可登上北面高台。高台上原为两层大殿。前殿面阔三间，供奉如来佛及两尊站像，前殿西房山处有一棵 1 尺多粗的大松树。西侧一眼水井。后殿面阔三间，供奉真武大帝及 2 尊站像，还有龟蛇二像等。后殿东间空着，西间绘有狐仙画像。

相传因庙里和尚私铸铜钱，甚至欺男霸女，并在庙里设夹皮墙，以藏匿女人，被官方查抄，寺院便归丫髻山道士管理。后来有和尚回来，因庙内有一通石碑及庙里一个罄，上面都有关于此庙是佛教的字迹，要求追回庙里产权。道士就悄悄把石碑和磬推入井里，掩埋了。那眼井的地方，当地人说种地一直影影绰绰地不爱长草。至20世纪40年代末，只有前后两进殿，周围没有院墙。20世纪40年代末推毁神像，拆毁庙宇。

图72　瓦堂寺残存的龙纹瓦当，应为元末明初遗物（摄于2008年6月）

现在，这片山前台地种有桃树等果树，瓦堂寺早已荡然无存，在遗址处尚可寻到散落的席纹砖、沟纹砖等建筑构件。如随手拾得一个瓦当，雕饰龙纹，具有元末明初特点（图72）。无论如何，瓦堂寺毕竟有方志记载建于汉代，应该旧有所本，不会无所凭依。而东汉为公元25年至220年间，瓦堂寺始建距今近2000年了。由此可以说：丫髻山不仅号称具有千年道教文化，而且具有近2000年建造庙宇的历史了。

二、丫髻山行宫

清代丫髻山行宫（图73），在丫髻山东4里处行宫村北部，且村以行宫而得名。

图 73　收集的散落街头的丫髻山行宫石构件（摄于 2007 年 5 月）

行宫所建时间，或说建于清初，皇帝往东北谒陵此地为中途一站；或说建于乾隆时期。究其根底，目前都没有确切文献依据。综合文献等考证，行宫当建于清乾隆之时。据清康熙六十年（公元 1721 年）《怀柔县志》“卷二”记载，在怀柔县城南门外建有一座行宫，建于康熙四十九年（公元 1710 年），康熙五十三年（公元 1714 年）复奉旨增建。既然这座行宫志书有载，那么，康熙皇帝于康熙四十三年（公元 1704 年）首次驾临平谷，如果这时已经建有行宫，志书一定不会只记载那座行宫，而遗漏这座的，况且这座行宫要早于那座行宫。故宫存有《丫髻山陈设铺垫一应等项清册》，这是关于丫髻山行宫陈设铺垫的翔实登记，应该事无巨细无一遗漏。这份清册造于嘉庆二年（公元 1797 年），即是嘉庆皇帝登基不久，乾隆皇帝做太上皇还健在，由此可以肯定地说，丫髻山行宫应该在乾隆时已经建造，甚至可以说，乾隆皇帝于乾隆七年（公元 1742 年）、十二年（公元 1747 年）、十八年（公元 1753 年）先后 3 次来丫髻山，嘉庆皇帝于嘉庆十八年（公元 1813 年）九月十五日以及道光皇帝做太子时10余次来丫髻山进香以及道光十七年（公元1837年）亲奉皇太后来丫髻山拈香（图74），都驻跸于此。

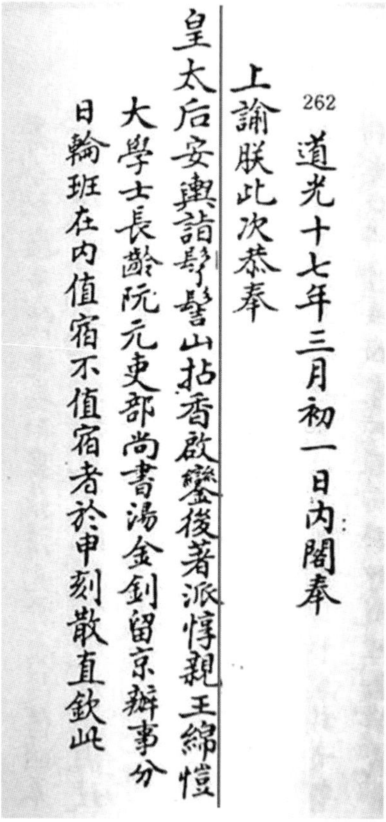
262
道光十七年三月初一日内閣奉
上諭朕此次恭奉
皇太后安輿詣丫髻山拈香啟鑾後著派惇親王綿愷
大學士長齡阮元吏部尚書湯金釗留京辦事分
日輪班在内值宿不值宿者於申刻散直欽此

图74　嘉庆、道光两朝上谕档道光十七年（公元1837年）内容页

这里，将故宫嘉庆二年（公元1797年）《丫髻山陈设铺垫一应等项清册》进行文录，以为人们研究参照：

丫髻山陈设铺垫一应等项清册
看守丫髻山内围千总吴国相委署
千总王廷禄呈造

行宫内陈设铺垫字画对帐幔紬毡帘锡铁木器等项清册，计开：

大宫门三间，铁恭恭门灯一对，铁锁钥二把，随皮包。

垂花门一座，铁恭恭门灯一对。

大殿五间，青缎边绫里红毡帘二架，青缎边竹帘二架。蓝布边里竹雨搭十架，俱破坏。紫花布夹雨搭一架。

明间，上挂御笔“岩苍树古”本文匾一面。

东次间里面西，樟柏木包厢床一张，上铺白秋毛毡一块，绣金龙石青色洋毡一块，青缎面座褥一件，石青缎面靠背一件，黄妆缎穵单一件。右设，黑漆金花木瓜盘一件，黑漆座。黑漆金花冠架一件，随座。棕竹扇一把，窦光鼎字，方琮画。左设，紫檀嵌三块玉如意一柄，双绿穗，珊瑚豆。黑漆金花痰盒一件。黑漆金花香几一件，上设铜掐丝珐琅炉瓶盒一份，铜匙筯紫檀座圣字号。宝座背后，贴御笔横披字一张。南北板墙，贴御笔斗方字一张，董杰斗方画一张。东板墙，贴徐杨画一张，面南门上挂香色春紬硬板帘一架。北板墙，贴王敬铭山水绢画一张，下设黑漆绣墩二件。

北小间，如意锡盆一件，凉暖锡夜净二件。虬耳铜炉一件，楠木座。花梨木香盒匙筯瓶一份，铜匙筯。柏木压纸一件，板墙上挂月白春紬夹幔一架。

东稍间，夔龙门上挂石青紬刷一件，门里挂沉香色春紬夹幔一件，随石青紬刷一件。面南，樟柏木包厢床三张，上铺白秋毛毡一块，上挂香色春紬夹幔一架。面北，樟柏木包厢床三张，上铺白秋毛毡一块，青缎面座褥一件，石青缎面靠背一件，黄妆缎宅单一件。右设，黑漆金花活腿书桌一张，黑漆金花分方笔筒一件。雍正款大官釉起线花瓶一件，花梨座。白玉墨床一件，紫檀座。乾隆款盛京石砚一方，南漆紫檀匣盛。玛瑙卧犬笔山一件，牙座。银晶水盛一件，白玉匙牙座。左设，黑漆金花木瓜盘一件，随座。彩漆香几一件，上设铜掐丝珐琅炉瓶盒一分，铜匙筋紫檀座清字号。东板墙，挂孙佑《桃园图》一轴，随画别。座褥上设紫檀嵌三块玉如意一柄，双绿穗，珊瑚豆。楠木琴桌一张，上设定窑三足炉一件，白磁红花玉壶春一件，紫檀座。青绿面环瓶一件，花梨座。地铺黑春毛毡一块。

西次间，南北设黑彩漆凳子四张。西板墙中嵌表盘一分，御笔对子一副。

西稍间，上挂香色春紬夹帘一架。假门，贴傅雯指水墨绢画一张，石青紬刷一件。迎门西墙，贴御笔字挑山一张。柏木刋凳一张，随红猩猩毡套。东板墙表盘下，柏木刋凳一张。西板墙贴钱维城宣纸画一纸，楠木琴桌一张，上安铜掐丝珐琅三足环耳盖炉一件，高丽木座。宣铜夔耳英络瓶一件。欧磁蕃草瓶一件，高丽木座，内插花梨嵌三块玉如意，双绿穗，珊瑚豆。面南，设樟柏木包厢床三张，上铺白秋毛毡一块，红糙毡一块，黄妆缎旧座褥靠背二件，绿漆痰盒一件。紫檀嵌三块玉如意一柄，双绿穗，红牙豆。罩上挂香色春紬夹幔一架，石青春紬刷一件，擦脚黑毡二块。

东净房，蓝布边里红毡帘一架，蓝布边竹帘一架，排插上挂。蓝布夹幔一架，茅葫芦一分，凉暖锡夜净各一件。乳耳铜炉一件，楠木座。柏木镇纸一件。

西净房，蓝布边里红毡帘一架，蓝布边竹帘一架。

三卷房九间，青缎边凌里红毡帘二架，青缎边竹帘二架，蓝布边里竹雨搭六架。

明卷中间，上挂御笔“韵松轩”匾一面，挂屏字一张、对字一副。面南樟柏木包厢床三张，上铺白秋毛毡一块，绣金龙黄色洋毡一块，青缎面座褥一件，石青缎面靠背一件，黄妆缎它单一件。右设，黑漆金花冠架一件。彩漆香乎一件，上设铜掐丝珐琅炉瓶盒一分，铜匙筋紫檀座邑字号。黑漆金花木瓜盘一件，随坐。紫檀嵌三块玉如意一柄。

左设，榆木炕案一张，上设，青绿三足鼎一件，紫檀盖，牛油石顶，花梨座。乾隆款大官釉瓜楞双管瓶一件，楠木座。青绿蕉叶花觚一件，紫檀几座。黑漆金花痰盆一件。

东西夔龙门，挂香色春紬硬板帘二架。

东稍间，前檐面北，设樟柏木包厢床三张，上铺白秋毛毡一块，绣花卉绿色洋毡一块，青缎面座褥一件，石青缎面靠背一件，御笔字一张。西板墙，贴钱维城画一张。左设，紫檀嵌三块玉如意一柄。黑漆金花冠架一件，黑漆金花木瓜盘一件，黑漆座。右设，黑漆金花香几一件，上设铜掐丝珐琅炉瓶盒一分，柏木刿凳二张，随红猩猩毡夻。

中卷东间，东墙挂御笔“秋桂”画一轴，随锦囊。楠木琴桌一张，上设古铜长方象足鼎一件。雍正款哥窑天盘口纸插瓶一件，紫檀座。青绿双环蕉叶尊一件。

后卷东间，两边安刿凳四张，随红猩猩毡。楠木壁纱橱四扇，前面贴梁诗正绢字四张，傅雯指黑绢画四张。东墙贴方琮画一张。

中卷西间，黑漆金花铁梨木案一张，玻璃门花梨木方龛一座。如意观世音菩萨一尊，铜胎楠木座。上挂观世音菩萨一轴，墨胎。御笔对字一副。两边设铜镀金满达轮一对。铜镀金八宝一分，烧古铜色青绿五供一分，俱紫檀座。铜镀金灵芝花一对，样烛二支，红白拜毡二块。地铺黑毛毡一块。

后卷中间，面北贴御笔对字一副，御笔字一张。樟柏木包厢床三张，上铺白秋毛毡一块，绣金龙黄色洋毡一块，青缎面座褥一件。石青缎面靠背一件，黄妆缎空单一件。右设，黑漆金花冠架一件，黑漆金花香几一件，铜掐丝珐琅炉瓶盒一分。左设，黑漆金花木瓜盘一件，紫檀嵌三块玉如意一柄。西边门，上挂香色春紬夹帘一架，石青紬夹刷二件。

西小间，挂香色春紬软帘一架，假门上贴傅雯绢画一张。石青紬刷一件。面东，樟柏木包厢床一张，上铺白秋毛毡一块，青缎面座褥一件，石青缎面靠背一件，擦脚黑毡二块。

西钻山门，上挂香色春紬软帘一架。迎门西墙挂御笔字一轴。楠木琴桌一张，上设青绿三足小鼎一件，紫檀盖座，顶嵌玉。青绿蕉叶花觚一件，花梨座。乾隆款大官釉双管瓶一件。罩口，设榆木椅子四张。面南，樟柏木包厢床三张，上铺白秋毛毡一块，青缎面座褥一件，青缎面靠背一件。左设，黑漆金花冠架一件。右设，黑漆金花木瓜盘一件。罩上挂香色春紬夹幔一架，地铺黑毛毡一块。前檐挂蓝布边里竹雨搭一架。

东净房，青布边蓝布里红毡帘一架，青布边竹帘一架。排插上挂蓝布夹幔一架，茅葫芦一分，随蓝布毡套。凉暖锡夜净各一件，锡里净桶一个。花边夔耳铜炉一件，黄杨木香盒匙筋瓶一分，铜匙筋。柏木镇纸一件。

后照房七间，青缎边刷凌里红毡帘二架，青缎边竹帘二架，蓝布边里竹雨搭十四架。

明间，两边门上挂香色春紬硬板帘二架。

东次间，松木床六张，上铺白秋毛毡一块。

西次间，松木床六张，上铺白秋毛毡一块。

东稍间，门上挂香色春紬软帘一架。面南。松木床三张，上铺白秋毛毡一块，青缎面座褥一件，石青缎面靠背一件。地铺黑春毛毡一块。

西稍间，门上挂香色春紬软帘一架，松木床三张，上铺白秋毛毡一块。罩上挂香色春紬面石青紬刷飘带夹幔一架。地铺黑春毛毡一块，擦脚黑春毛毡二块。

照房后，六角亭子一座，前檐挂黑漆金字“山意足”木匾一面。

西边净房，挂蓝布边里红毡帘一架，青布边竹帘一架。茅葫芦一分，锡里净桶一个。

西所后殿五间，青缎边刷凌里红毡帘二架，青缎边竹帘二架，蓝布边里竹雨搭十架。

东次间，门上挂香色春紬硬板帘一架。楠木色别凳六张，随红毡套。

东稍间，松木床三张，上铺白秋毛毡一块。青缎面座褥一件，石青缎面靠背一件。柏木香几一件，上设铜掐丝珐琅有盖炉瓶盒一分。

西次间，柏木琴桌一张，黑春毛拜垫毡一块。

西稍间，门上挂香色春紬硬板帘一架，面南杉木床三张，上铺白秋毛毡一块，挂香色春紬面石青紬飘带夹幔一架，随石青紬刷一件。

前金窗靠西山，松木床一张，上铺白秋毛毡一块。

铺地黑春毛毡一块，擦脚黑春毛毡二块。

西净房，茅葫芦一分，锡里净桶一个。

西厢房五间，蓝布边里红毡帘一架，蓝布边竹帘一架。松木床三张，上铺黑春毛毡二块。

穿堂七间，蓝布边里红毡帘四架，蓝布边竹帘四架。松木床十二张，黑春毛毡四块。

西书房三间，青布边里红毛毡帘二架，蓝布边竹帘二架。松木床六张，白秋毛毡二块。

东净房，蓝布边里红毛毡帘一架，蓝布边竹帘一架。排插上挂蓝布夹幔一架，茅葫芦一分。凉暖锡夜净各一个，虬耳炉一件，打色木座。紫檀筋瓶盒一分，铜匙筋。

东厢房三间，蓝布边里红毡帘一架，蓝布边竹帘一架。松木床六张，上铺黑春毛毡二块。

值房四座，蓝布边里红毡帘四架，松木床十四张，上铺黑春毛毡八块。

门房二座，蓝布边里红毡帘二架，松木床十二张，上铺白春毛毡四块。

东西朝房二座，蓝布里红毡帘二架，松木床十二张，上铺白毡四块。

茶膳房二座，松木床二张，铁顶火四块，本处撤存御笔本文挂屏一件、挂对一副、紫檀木黑漆金花香几一件、文竹如意九柄、包帐幔紬帘黄丝它单二件，包如意锡盒黄布它单一件、装座褥靠背松木大柜二个、柿黄油松木一字高桌二十张、刎放膳桌柏木凳一张、柿黄油松凳子四张、铁引灯四个、铁火炉大小八个、十二幅蓝布它单四个、五幅方它单十个、豆绿彩漆金花痰盒四个、竹丝嵌玉如意五柄、红金漆痰盒二件、大理石插屏一对、白玉索子磬一架紫檀架、白玉鱼鸟磬一架紫檀架、青玉连环盖瓶一件、官釉三足炉一件、官釉纸插瓶一件、乳釉四孔瓶一件、青花白地木瓜盘二件、青花白地双管瓶一件、红花白地撞罐一件、均釉水盛一件、三彩磁海棠笔筒一件、□丝玻璃□一件、古铜螭耳熏炉一件、紫檀夔龙冠架一件、哥窑元水盛一件、冬青釉水盛一件、雕填漆果式盒十件、红木匣一件内盛澄泥砚六方俱紫檀嵌玉盒盛、墨二匣每匣二十定楠木匣盛、□锡章字册页一册锦面页、茅箱一件、红木匣一件内盛伊犁回部图一分金川得胜图一分台湾图一分安南图一分、楠木匣一件内盛谐奇趣图一分、楠木匣一件内盛黄河源图一分。

嘉庆二年十一月

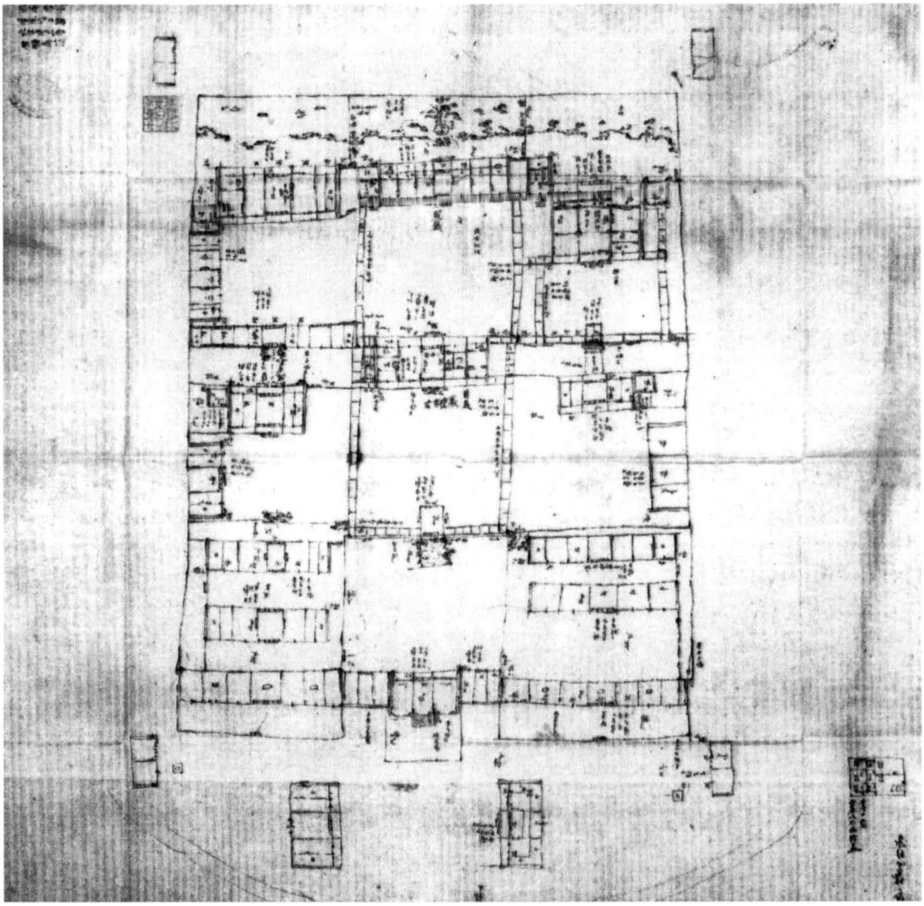

图 75　清工部样式房所绘丫髻山行宫草图

这是故宫陈设铺垫档案的节录，从中不仅可以看出行宫具体陈设，而且可以大致看出行宫主要建筑及布局。清代丫髻山行宫主要建筑有：大宫门三间、垂花门一座、大殿五间、东净房、西净房、三卷房九间、东净房、后照房七间、照房后六角亭子一座、西边净房、西所后殿五间、西净房、西厢房五间、穿堂七间、西书房三间、东净房、东厢房三间、值房四座、门房二座、东西朝房二座、茶膳房二座等，规模不小。另外，现有清工部样式房所绘丫髻山行宫草图（图 75）一幅，上面对每一座建筑分别写有字迹，或许还有绘图时间，由于看得不是很清楚，也就很难据图对照了。但可以看出草图的布局，东西略窄，南北略长，平面呈长方形。四周有围墙，基本是以中间建筑为中轴线，分为东、中、西三路。中路三个院落，按上述登记来说，就是大宫门与垂花门组成第一院落，东西两路也对应各分三个院落，东西路第一个院落各有两排建筑，不知是否为东西朝房。第二个院落，中间是大殿五间，或许是皇帝召见群臣及皇帝休息之所。东西院落不知做什么了。第三个院落，当是后照房了，后面直接建造到了山脚，且建造了假山，其中当有一座六角亭。东西院落也有相应建筑。行宫四角各有一座建筑，当为警卫、瞭望之用，是所记的“值房”吧。南面门前两侧，各有一座建筑，是否为“门房”呢？当然，可以肯定地说，大殿等主要建筑以及陈设的紫檀等家具，一定为皇上所居住和使用。至于陈设在册的松木床等，当为看守执勤人等所用了。

至清晚期，随着国势颓微，对丫髻山行宫当疏于管理。尤其清朝被推翻以后，更无力管理了，以至民国十二年，即 1923 年，时盘山等

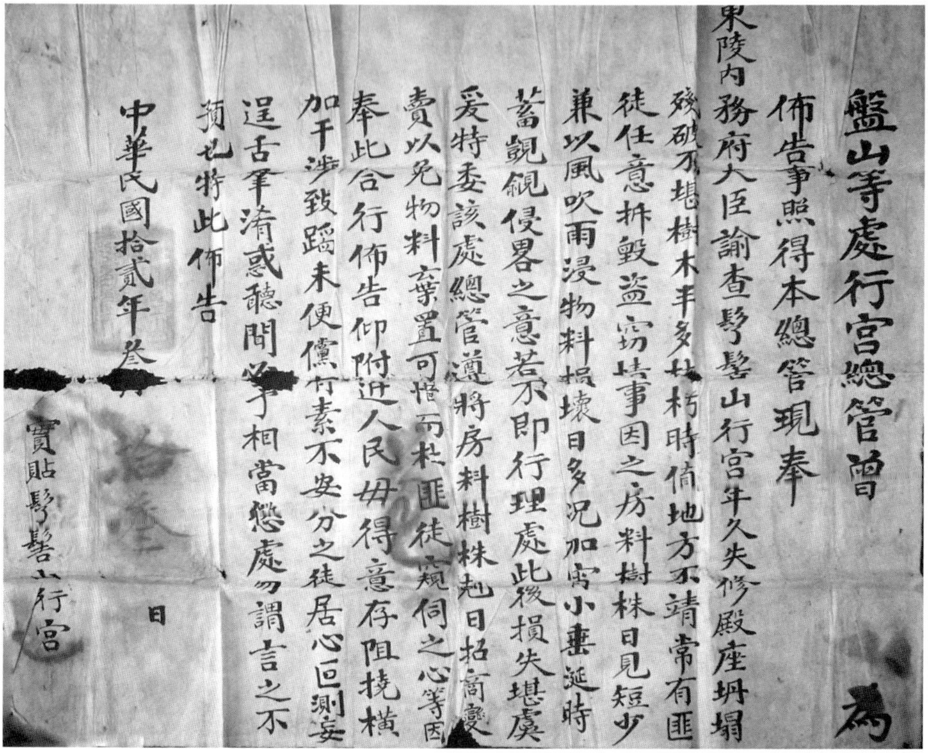
盤山等處行宮總管曾　　為
佈告事照得本總管現奉
東陵內務府大臣諭查髫髻山行宮年久失修殿座坍塌
殘破不堪樹木半多枯朽時值地方不靖常有匪
徒任意拆毀盜竊情事因之房料樹株日見短少
兼以風吹雨浸物料損壞日多況加宵小垂涎時
萏覬覦侵畧之意若不即行理處此後損失堪虞
爰特委該處總管遵將房料樹株尅日招商變
賣以免物料棄置可惜而杜匪徒覬伺之心等因
奉此合行佈告仰附近人民毋得意存阻撓橫
加干涉致蹈未便儻有素不安分之徒居心叵測妄
逞舌筆淆惑聽聞定予相當懲處勿謂言之不
預也特此佈告
中華民國拾貳年叁月　　日
實貼髫髻山行宮

图 76　1923 年盘山等处行宫总管关于拆毁丫髻山行宫的布告

处行宫总管竟发布布告（图 76），拆毁丫髻山行宫。布告内容为：

盘山等处行宫总管曾　　为
布告事照得本总管现奉
东陵内务府大臣谕查丫髻山行宫年久失修殿座坍塌
残破不堪树木半多枯朽时值地方不靖常有匪
徒任意拆毁盗窃情事因之房料树株日见短少

兼以风吹雨浸物料损坏日多况加宵小垂涎时
蓄觊觎侵略之意若不即行理处此后损失堪虞
爰特委该处总管遵将房料树株克日招商变
卖以免物料弃置可惜而杜匪徒窥伺之心等因
奉此合行布告仰附近人民毋得意存阻挠横
加干涉致蹈未便傥有素不安分之徒居心叵测妄
逞舌笔淆惑听闻必予相当惩处勿谓言之不
预也特此布告
中华民国十二年三月十三日

实贴丫髻山行宫

这张布告据说是位女官所书写，先盖好下面满汉两种文字的大印，然后直接在上面书写。书写完就张贴在了行宫门前。当时看守行宫的张文秀待张贴人一走，随手将布告揭下来，收藏家中，现传至重孙张久成手里。

当初以为，由布告来看，丫髻山行宫当归盘山行宫所管，现在看来不妥。作者编写《镇罗营史话》，发现镇罗营一带清时为雾灵山守护东陵的后龙之地一部分。查阅清光绪二十年（公元 1886 年）《遵化通志》，其中“卷十·陵寝志·行宫”下，记载了丫髻山行宫：“马兰镇总兵兼内务府大臣，兼管东、北二路行宫事务”，“管理东路盘山等七处行宫事务，总管一员”，所记八处包括：盘山行宫、燕郊行宫、白涧行宫、独乐寺行宫、桃花寺行宫、隆福寺行宫、蟠龙山行宫、丫髻山行宫。“管理北路汤山等八处行宫事务，总管一员”，所记八处包括：汤山行宫、蔺沟行宫、南石槽行宫、祇园寺行宫、刘家庄行宫、罗家桥行宫、要亭行宫、三家店行宫。根据志书所记，东路应是八处，而不是七处。所记“丫髻山行宫，在怀柔县东南九十里有丫髻山二峰，上有碧霞元君祠（《昌平山水记》）。行宫在山东四里（《日下旧闻考》）。内围千总一员，委署千总一员，兵四名”（图 77）。通志记载是说清代丫髻山行宫建造以后，具体事务归马兰镇东路总管管。东、西两路总管，归马兰镇总兵兼内务府大臣管。所以，布告所写“盘山等处行宫总管”，应该是指管理盘山等行宫的东路总管，才有“本总管现奉东陵内务府大臣谕查”之说。清乾隆《日下旧闻考》、光绪《畿辅通志》等，对丫髻山行宫亦有简略记述，不复赘述。

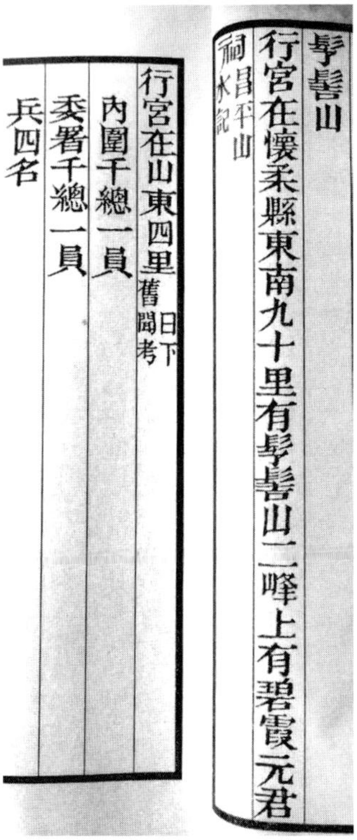
髩髻山
行宮在懷柔縣東南九十里有髩髻山二峰上有碧霞元君
祠昌平山水記
行宮在山東四里日下舊聞考
內圍千總一員
委署千總一員
兵四名

图 77　清光绪二十年（公元 1886 年）《遵化通志》“陵寝志·卷十·行宫”所记“丫髻山行宫”

1923 年行宫被拆除。村里人记得，当时拆行宫，把木料、砖瓦等都拆走了，连柱础等都被把总用骆驼驮着去卖了。就剩残垣断壁，驮不走的就留这儿了。现在，丫髻山行宫仅存遗址（图 78）。当年建造行宫的灰窑，就在行宫遗址里边，是滤灰用的，滤的是青灰、白灰。

图 78　丫髻山行宫前御道（摄于 2007 年 5 月）

2018 年 6 月再次来行宫村访谈，74 岁村民李振齐记得，拆行宫的时候，有其父亲李宝莲，还有李宝苍、张荣科等。张荣科是管事的，带着人拆房。这四五个人一天吃一袋面，一袋面 40 斤，那时人能干，肚子也苦。正吃饭的时候，买房架子的人看着旁边拆下的一根插枪子，说："谁要把它扛回去，白给他。"插枪子，是在通天柱两边，像行宫正殿的插枪子，一根怎么也有 4 米，直径一尺多粗，少也有四五百斤，一般人扛不动。张荣科看看，问："你说得是真的？"那人说："真的。"张荣科说："掫给我！"抬脚就扛回去了。

当年看守行宫的后人还在，经深入调查与实地踏察，大致知道行宫位于村北部，坐北朝南，南部过去东有宝仓湖，西有宝库湖，一条小河从东向西流来，将两湖连在一起。小河为季节河，夏天雨季水多，其他季节慢慢就干涸了，而湖中常年有水。两湖应该是建造行宫时取土所致，顺势而改造为湖了，且有行宫防火的作用。河上建一座小桥，两岸有石墩，上面横搭木板。一般皇帝来时才搭上，平时把桥板撤走。行宫四周设围墙，围墙四角各设一座小房，当地人称堆子房，也就是为行宫站岗、警卫之所。行宫后面建有后花园，砌有假山等，建有一座六角亭。

当问及行宫建于何时，后人脱口而出：乾隆三年，即公元 1738 年。这当是一辈辈口口相传了，也印证了前面的推断。客观地说，乾隆皇帝登基时，大清王朝已是兴盛时期，尤其乾隆皇帝非常崇拜祖父康熙皇帝，甚至处处效仿，比如南巡就是。康熙皇帝喜欢丫髻山，乾隆皇帝也喜欢丫髻山，还作有诗篇。乾隆初年，大规模建造行宫，这也是皇帝出行的需要，全国有一批行宫都在这时兴建，像盘山行宫建于乾隆九年。到嘉庆时，在政局危机四伏之下，嘉庆皇帝诏罢贡献，黜奢崇俭，行宫也就很少建了。所以，丫髻山行宫应该建于乾隆初年。人们都说，这里是先有树，而后有行宫。原来这地方过去是寅洞村的胡家墓地，皇家看中了这块地方，就让胡家把墓地迁走了。寅洞至今确实还有不少胡姓人家，且村里人公认，胡家是坐山户，即寅洞一立庄就来了。2018 年 6 月，再来行宫村访谈，又闻一说。72 岁村民李振良说，建造行宫的地方，据说是明朝跟着朱元璋打天下的胡大海的祖坟，有好多松树。我家房后头，曾挖出一块松树根，直径有 1 尺多。胡大海祖坟之说未曾听说，亦未见相关记载。村里老人记得，盖行宫时，那些生长了多年的松柏树没有砍，有意保留下来。行宫里有一棵大柏树，后来放倒时人站这头，看不到那头的人。据说这棵柏树锯了 20 口棺材板，可见柏树何等粗大。至于盖行宫的砖瓦据说来自山东临朐，汉白玉石则来自北京房山石窝（图 79）。

图 79　散落街头的带有装饰与使用价值的丫髻山行宫石构件（摄于 2007 年 5 月）

图 80　左起行宫村民戴连存、原丫髻山管理处主任张久成（摄于 2011 年 9 月）

2011 年 9 月，来村访谈，曾任丫髻山管理处主任、对丫髻山及行宫深有研究、看守行宫的后人张久成（图 80）等说，过去行宫设内营外营，内营看守行宫里边，外营看守行宫外边。旧有兵房五六处，住着 15 个兵丁，归“大老”管。旧有“里七外八”之说，即是宫里由 7 个兵丁看管，宫外由 8 个兵丁看管。当是这 15 个兵丁，后来成为 15 户人家。而这 15 户人家，慢慢演变成今天的行宫村。1940 年所编《河北省怀柔县事情》记载行宫村，仅 23 户，159 人。经过七八十年发展，现在行宫村已近百户、300 来人了。由此可以说，行宫村成村至早在清中前期，由看守行宫的人落户于此。当然，当初这 15 户人家也并非都落户这里了，有些姓小人少势弱的后来就搬走了，如牛家、苏家就搬走了，而赵家搬到镇罗营镇上镇去了。到清末时，看守行宫的就剩四大家了，姓李的两家，姓张的一家，姓戴的一家。这 15 户过去都在旗，由外边迁来，如张姓从盘山营房迁来，李姓从古北口外迁来，戴家也从盘山营房迁来。这个“营房”，就此笔者请教蓟县文物所长、曾专门研究盘山行宫的蔡习军，告说就是营房村，村里的人过去就是看园子的。所谓园子，就是盘山行宫，即静寄山庄。2018 年 9 月专程来村访谈 65 岁戴连存，他听老辈儿人说，戴家原来在口外热河的滦平县，那里有个戴家沟，戴家原来在那儿生活。后来戴家到盘山看行宫，丫髻山建造行宫，戴家和其他几姓就先后来到这里，还继续看守行宫。到这儿的戴家第一辈儿，是太爷戴双禄。过去行宫村，西庄头有个西影壁，东庄头有个东影壁，东半拉有棵柏树。两个影壁相距约 200 米，中间住的就是行宫的“四大家族”，没有别的人家。

2018 年 6 月，为编写《刘家店史话》来村访谈。91 岁老村书记李振生（图 81）记得，他们这个李，是从东北一百家子过来的，在河北与辽宁交界的地方，也就是“古北口外”了。72 岁李振良说，据说我们祖上原来是吴三桂的兵，吴三桂引清兵进关，康熙时又造反。康熙皇帝给平息了，把他属下的兵就遣散了，我们老祖就被

图 81　91 岁老村书记李振生（摄于 2018 年 6 月）

遣散到这儿看行宫来了。如果确是吴三桂属下的兵，被遣散也不一定直接就遣散到这里，有可能先到别处，等这里一建行宫，再调过来。如村里人所说，张姓、戴姓从盘山营房迁来，李姓从古北口外迁来，就是明证。

李姓最早来的老祖叫李焕，就是在这边娶妻生子，李家现在已见着 11 辈儿人。这样看来，李姓来此大致 230 年上下，约清乾隆时，这也间接证明丫髻山行宫建于清乾隆时。当时当兵一块儿来的，还有苏家、郭家、张家、戴家以及另一个李姓。后来苏家、郭家搬到东山下等地方去了，就剩张家、戴家和两个李家，号称村里“四大家族”。如戴家至今已见着 7 辈儿人了，大致 150 年上下，为清晚期。村里人记得，过去行宫就几户人家，要请客或来了客人，比方过去逢年过节，要先请大老、二老，也就是大老爷、二老爷，是管行宫的衙门里的人，陪客都不够，还要到东山下去找。这样说来，当是 1923 年以前行宫未拆毁时的事了。这也说明行宫村以前，确实人家很少。应该是这四姓人看守行宫到清末，直至 1923 年行宫拆毁，这里才成为一个真正意义上的村庄。而以前，这里只能是看守行宫的营房，带着家眷而已。如果说这些看守行宫的人一来就立庄了，也说得过去，那也只能在清乾隆初年，即清中前期，到不了清初的。

张久成记得，行宫外面有所谓“风水圈儿”，也就是皇家“禁地”，或说保护范围，南北、东西大约各 2 里，南面栽植的是柳树，其余三面栽植的都是松柏树。其四至是：北至龟山山顶，西至张家坟，南至柳圈，东至红石河。圈儿内有耕地 400 余亩，由这 15 户分种。再次访谈时，62 岁村民李振国说，据说过去有个规定，叫养儿不当兵，种地不交粮。皇上说上边来人，这儿管招待。

到民国初年，行宫看管也不像清朝存在时看管得那么紧了。看守人看到行宫西北角佛堂里挂着一只大钟，嘀嗒嘀嗒会走，很好奇，就把那钟拆了，一看里边是砖垒的，啥也没有。拆了，挂钟也就毁了。还有一件事，佛堂里有一尊银佛像，那时看守行宫是四家轮流看守。一天，来接班的人一看银佛像没了，就问，那天交班的吞吞吐吐地说：“我偷着卖了，家里没吃的，买粮食了。”那人也怕查出来挨办，就想法弄个锡的佛像给摆那儿了。民间所传与陈设档可以相互印证，如有“西次间……西板墙中嵌表盘一分”和“中卷西间……如意观世音菩萨一尊，铜胎楠木座。上挂观世音菩萨一轴，墨胎”记述，说明行宫里确实有钟表，确实供奉着观音菩萨像，证明当地人所谈不谬。

图 82 行宫村张久成家当年购买管理行宫的衙门房基地契（摄于 2011 年 9 月）

在行宫东南一二百米处，有管理行宫的衙门，管理的头儿当地人称之为“大老”、“二老”，即大老爷、二老爷的意思。

最后的大老爷叫吴鹤松，是大兴县人。张久成手里至今保存一张张家购置衙门房基文约，上面清楚写着吴鹤松的名字，文约上有吴本人亲笔画押（图 82）。

图 83 行宫村戴连存家保存的罗圈椅靠背残件（摄于 2011 年 9 月）

图 84 丫髻山行宫前保存的东井（摄于 2007 年 5 月）

现在，行宫的地方已经盖起了十几家民房，一些人家的房子上还有不少当年行宫的大城砖、青瓦、柱础、条石等遗物。如后花园一块假山石，现在就墁在看行宫的戴家后人戴连存家门道做了过门石，还有行宫内一把罗圈椅的椅圈儿（图 83），也在戴连存手里保存着。清册记载有“榆木椅子四张”，或许这椅圈儿就是其中一把椅上之物了。现在，除残存一些砖瓦石构件外，前面那两眼水井还保存完好。水井五六丈深浅，以石砌甃，井口上篷盖两块大青石，凿出圆井口（图 84）。近两年，在两口水井分别建造了一座方亭，上有“御井亭”匾额。亭下砌筑井台与石阶，上置一鼓形石井口以护古井。东亭内树一碑，上书“康熙御井”四个大字。其实，有“御井亭”匾即可，在不大的亭里再树“康熙御井”碑似嫌多余，况且如行宫建于乾隆时，“康熙御井”又从何谈起？

村里人说，听说行宫这两口井的水，到宫廷里去约，不够分量不行，西井的水就够分量。西井水质好，做豆腐都出豆腐。所以，西井水是做饭的，东井水是饮牲口的。过去上边来人，这两口井水不够喝，就吃西小井子的水。西小井子在西庄头外头 100 米左右处，那水也好喝。抗战时期，据说井里埋过枪。近年修道，把那井埋底下了。这两口井由于多年使用，以至井口被打水的绳子磨出多道深深浅浅的沟痕，其中西边那眼井，足有 30 多道沟痕。过去在外面，外村人见了行宫的人，就会问你们村水井有多少道沟？细心人是一道道数过的，要是答不上来，就认为你不是行宫人。

三、丫髻山庙会与典籍、诗文

1. 丫髻山庙会

丫髻山庙会，号称京东第一庙会，在京津冀地区具有广泛影响。

丫髻山庙会始于明嘉靖年间（公元 1522—1566 年），据明万历三十二年《怀柔县志》记载：“丫髻山在县东九十里，二峰高耸，形如丫髻，故名。上有天仙圣母宫，灵应如响。四方之人，于每岁四月十八日大会五日致祈云。”清康熙六十年《怀柔县志》更具体记述：丫髻山“旧有碧霞元君庙三间，明嘉靖中，有王姓老媪发愿修建，以山高风烈，瓦易飘失，募化铁瓦，独身运至山上，往来迅速，人异之，施者渐众，殿以告成。每岁四月十八日，四方聚会五日。”清《光绪顺天府志》等典籍，也有相关记载。这里所谓明嘉靖中，“每岁四月十八日，四方聚会五日”，应该就是丫髻山庙会的兴起，至今已有近500年历史（图85）。

图85　1987年恢复庙会时情景

清初，庙会改为四月初一至二十，会期长达20天。南到天津、保定，北到承德等地，四方商民、花会，善男信女，来赶庙朝山。清潘荣陛《帝京岁时纪胜》载：“每岁之四月朔至十八日，为元君诞辰。男女奔趋，香会络绎，素称最胜。”而清富察敦崇《燕京岁时记》也记述：“丫髻山碧霞元君庙在京城东北怀柔县界，每至四月自初一起，开庙半月，繁盛亚于妙峰，而山景过之，都人谓之东山。”20世纪30年代也有人撰文：“京师东北百四十里，有丫髻山，香火之盛颉颃（不相上下）乎妙高峰。岁以四月朔开山，至十八日封山。环山各县中，田氓野老，踵接肩摩；里媪村姬，顶礼膜拜。好事者结党支棚，盛茶水之供；无赖子联朋华服，扮社火之剧，亦仿佛妙高峰也。”这是清人与民国人所记。确实，丫髻山庙会兴盛时，每天朝山进香者多达两三万人。就连康熙皇帝在《丫髻山玉皇阁碑记》中也亲笔写道：“每岁孟夏，四方之民会此祈祷者，骈肩叠迹，不可胜计。”可见当时庙会之盛（图86）。而举行庙会，康熙皇帝碑文写到“祈祷”，这就牵扯到道教的“祈福禳灾”，简称“祈禳”。祈即祈祷，指祷告神明以求平

图 86　20 世纪 80 年代末丫髻山庙会情景

息灾祸、福庆延长；禳又称禳灾、禳解，指行使法术解除面临的灾难。这一切，小到个人祸福荣禄，大到国泰民安。大致说来，前来丫髻山庙会的主要有：

一是京城达官显贵，朝山进香。皇帝都一而再再而三地谒山瞻礼，人臣怎能不步其后尘？祈求国泰民安，也少不得祈求官运亨通，毕竟丫髻山娘娘“灵应如响”。当然，也可顺路逛逛山景，难得浮生半日闲了。从诸多王公大臣所写丫髻山碑刻，便可见一斑。

这里有“灵应如响”四字，如何理解？我们看丫髻山山门上有块清代匾额——“敕建灵应宫”，这主要应该是指碧霞元君祠。记得峪口镇东樊各庄村西头，也就在东、西樊各庄交界处，有座真武庙，殿内神台上供奉真武大帝泥塑坐像，神台上还有龟、蛇泥塑像。两旁各有 1 尊站像，东边男像为周公，西边女像为桃花女。这里谈及的真武大帝，为镇守北方之神。相传是古净乐国王子，生而威猛，越东海来游，遇天神授宝剑，入湖北武当山修炼。功成飞升，威镇北方，号玄武君。我国很早就有“四象”之说，即东方青龙、南方朱雀、西方白虎、北方玄武，老百姓常说的“左青龙，右白虎，前朱雀，后玄武”。如东高村镇北张岱汉墓石墓门外面图案，就是“朱雀及兽面衔环”（图

87）。记得那年到大华山镇麻子峪村调查寺庙，在一家老宅门楼前面空院，一边摆着一盘石磨，一边摆着一盘石碾，老人指着，说这是“青龙”，那是“白虎”。老人特意说，不能把两个放一边。宋代皇帝为避其祖赵玄朗名讳，而改“玄武”为“真武”。宋代以来屡有加封：翌盛将军、翌圣保德真君、镇天武侯灵应佑圣帝君、元圣仁威玄天上帝等。所以，民国二十七年《密云县志》记载镇罗营关上村有“玄帝庙”，庙内钟楼挂着明万历三十七年（公元1609年）所铸一口大铁钟，现在这口大钟在山东转轩辕庙前面钟楼那儿挂着。大钟铭文写着“真武庙”，其实与玄帝庙是一座庙。明成祖崇奉真武，御用的监、局、司、厂、库等衙门中，都建有真武庙。由于宋、元以来诸代倡导，真武庙几乎遍及天下。人们祈求延生长寿，都要奉祀真武大帝。农历三月初三，为真武大帝神诞之日，各地真武庙均有奉祀祝诞祭典。笔者在2007年到东樊各庄调查寺庙，80岁老人宋德臣（图88）和村里秀才读过私塾，传统文化功底深厚，记忆力很强。他跟笔者说，周公为真武大帝宝剑变成的，桃花女为真武大

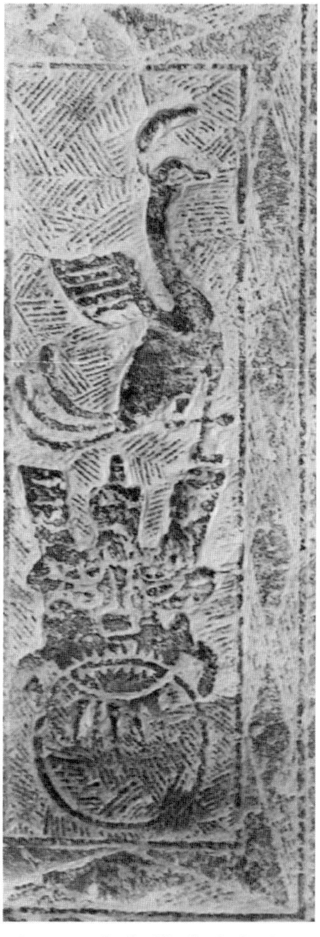

图87　东高村镇北张岱汉墓石墓门外面朱雀及兽面衔环图案拓本

图 88　峪口镇东樊各庄村 83 岁宋德臣（摄于 2010 年 1 月）

帝剑鞘变成的，且说二人是两口子，互相斗法。“周公灵，周公圣，请周公老爷算卦命。桃花女，破周公，一破破了十八卦，卦卦有灵应。”老人这里也说到了“灵应”。而有个成语叫“其应如响”，意为反应迅捷，如回声相应和。语出自《庄子·天下》：“其动若水，其静若镜，其应若响。”借此，是否有助于“灵应如响”的理解呢？

二是善男信女，许愿还愿。求子、求医、求财、求长寿、求功名、求婚配、求平安，诸多所求，而求神就要许愿，许愿就要还愿，不然“神弗福也”。丫髻山传说故事《乾隆还愿》，说的就是此类事情，以教化民众。

三是民间花会，来山助“善”。如开路、五虎棍、中幡、大鼓、高跷、坛子、小车、跑驴、旱船、吵子、时不闲、龙灯、狮子等，对这些花会，又有“武会”之称。这些花会，多来自京城和京东各县。参加演出者，俗称“走会”，均为义务“助善”，进山后则打场子表演。有的高跷会从山脚一直走到山顶，在四十八盘上还要做各种高难度表演。最优秀、最受人们称道的花会是从山脚表演到山顶，再从山顶表演到黄花岭。如历史学家王宇信先生在《丫髻山的四月庙会》所谈:"令人惊叹的是'走会'的人踩着1米多高的高跷上山,能从山顶上三皇殿山门前几十级石阶上单腿跳下。"可见丫髻山庙会真是盛极一时(图89)。

图89 丫髻山庙会盛况(摄于2006年4月)

四是民间香会善会,如粥茶老会、献盐老会、拜席老会、巧炉老会、掸尘老会、燃灯老会、缝绽老会、盘香老会、诚意老会、龙灯老会、献茶老会等,这些民间香会善会,又称"文会"。据说,一般百年以上历史的香会善会,方可称老会。现存丫髻山碑刻中,有大量老会碑及拓本,就记载着某些老会的情况,如民国十年(公元1921年)"诚意圣会碑"记载,"诚意圣会者,由前清国初发起于京城内外大、宛两县人民",算来到民国时就有200多年历史了。"大、宛两县",当指大兴、宛平两县。各香会根据自己的特点,为神明进献供品,以期望获得神的庇佑。香会、善会中以“一山善人”灯会最为著名。清康熙时，丫髻山盘道上，夜设灯笼，接济往来。乾隆二十四年（公元1759年），京城德胜门内绦儿胡同袁士库夫妇捐募108盏灯笼，排列成“一山”二字，悬于西顶，并置山下地175亩，每年收租银35两，舍在庙内，为修补灯笼费用。后又有人组建善人灯会，组成“善人”二字，与“一山”二字排列，成“一山善人”四字。每当日暮，月色灯光，辉映山谷，虽数十里外，犹隐隐可辨。

这里写到德胜门内绦儿胡同，如今还在么？就教区规划局金洪成先生，金先生联系西城区规划局同仁，同仁几经查找，回复有条西绦胡同：

西绦胡同在明张爵《京师五城坊巷胡同集》中即有记载，称西绦儿胡同。入清后沿用，至晚清，简化为西绦胡同。此胡同东西走向，狭长，与东城区中绦胡同、东绦胡同东西贯通，历史上曾是北城东西往来重要通道。1965年于西绦胡同59号发掘一元代平民房遗址，房内仅有1灶1炕1石臼，壁为碎砖块砌成。房内地面低于门40厘米。1972年又于西绦胡同东口以西150米处，北侧，发掘元代遗址一处。部分已不存，现存遗址为长条形，长34.6米，宽11米，面积380.6平方米。西南部有一砖碟台基，有散水及明沟，台基上东南、西、北方向有房基遗存。出土器物有龙泉窑菊花叶洗、双桃盘、小花卉罐、高足杯、青花碗、钧窑水盂，黑陶罐等。西绦胡同南侧，与西绦南巷、果家大院、八步口胡同相交。胡同内有北京达博有色金属焊料有限公司、北京西城区应用技术实验厂、北京壁虎粘合剂厂、北京电焊机厂修理部、北京第十三中学分校等单位。12 号原为万寿寺。

这就是了，绦即带子，北京城北边，钟鼓楼后头，有一条窄长胡同，过去就叫绦儿胡同，具体在安定门与德胜门之间，东西走向，像一条带子紧贴城墙，故名。因胡同太长，便分东绦胡同、中绦胡同、西绦胡同。早年有句俗语：穷德胜门，恶果子市，不开眼儿的绦儿胡同。大概是说这里过去很贫穷，不景气吧。在此确认且找到了这条胡同，碑刻所记得以证明，其历史价值亦得以彰显。

旧时丫髻山庙会，“每岁夏四月，往来奔走，为国家祝禧者，肩摩毂击焉。兼之赛禳有会，鱼龙百戏，众巧毕呈、士女交错，终是月无虚。”“四方老少，男女贤愚，莫不奔驰，捧香顶烛，络绎不绝，解衣散钱，自朝乃暮。”即使到了 20 世纪三四十年代，丫髻山庙会依然十分红火。韩牧苹先生曾撰文《丫髻忆旧》，回忆童年上“大山庙”情景：

大概是在我五岁那年，农历四月初六日上午，表哥跟我说：“小弟，今天我带你上‘大山庙’。”我一听，高兴得跳了起来。“大山庙”，京东第一庙会，会期从四月初一到十五，长达半个月。听老人说，南到天津、保定，北到热河、八沟，各州府县的商民花会，善男信女，都要来此赶庙朝山，热闹非凡。

从我家到丫髻山，有 30 多里路，旧时走路要用半天时间。所以初六上午便动身前往，住在山南有一个叫松棚的小村里。次日太阳刚出山，街上便车如流水、人声如潮了。自松棚至丫髻山村，长有五六里，上庙的男女老少，提篮挑担，十分拥挤。这五里长街两旁，俱是店铺，用苇席或是帆布搭起的货棚，有卖绸缎布匹的，有卖洋广货的，还有糕点糖果，农具家具，小孩玩物。更多的是餐馆饭摊，有各种小吃，老豆腐、炸油条、麻花、切糕，乃至肉饼、水饺，各式炸炒，香味四溢。

这时，南面锣鼓喧天，人声鼎沸，原来是花会来了。十几个县的花会，五光十色，高手如云。耍中幡的光着膀子，把偌大的一杆中幡轻轻举起，一会儿用头顶，一会儿用牙叼，表演了各种高难技巧，双手交替，使中幡围着他的身子翻转如飞。使人看得眼花缭乱，他突然将中幡掷出一丈多远，两个助手赶紧跑过去，一个用肩扛住，一个拖住下端，用力打坠，才得将幡停住，观众惊悸之余，不由大声喝彩。高跷会、小车会、什不闲、五虎棍、大头和尚逗柳翠……都在这五里长街上打场子。逗柳翠是一帮戴着假头具的人装成和尚与妇女，互相挑逗调笑，伴奏的音乐也很滑稽。这拨会最招小孩。至于惊天动地的大鼓会、吵子会、龙灯、狮子等也都各具特色，吸引着不少的游人（图 90）。

丫髻山脚下，洳河北来，蜿蜒如带，回曲南下。在河东广阔的石滩上，建有一座檐牙高啄、雕梁画栋的戏楼。楼台高约六尺，上分前后两台，前台是演出用的，后台是化妆室。戏已开

图 90　丫髻山庙会中的花会表演（摄于 2011 年 5 月）

始，台下席地而坐者有几千人。其后有几十辆大马车围成一个弧圈，这是有钱人家看戏的临时“看台”。这时，台上那出戏的演员只有两人，前边走着一个白胡子老头，磕磕绊绊，踉跄而行。后边跟着一个中年妇女，却是步履蹁跹，引吭高歌。听身旁的一个老人说，这出戏叫《走雪山》，扮老头的是个女胡子，唱青衣的倒是个男的。这两个唱梆子的，在京东一带很有名。

我们顺着登山御路，经过虫王庙，还有什么三霄娘娘殿，到大山的正南面半腰处，只见一座巨大的如城门样的建筑，上刻“南天门”三个大字。至此，顿时使人产生如临仙境之感。这里进山烧香的人非常多，他们当中有不少人，左手拿着几束香（图 91），右手提着供品，匆忙地走进南天门，奔向高处。这时，一个中年妇女，带着一个十六七岁的少年走上山来。少年面色苍黄，形容消瘦，走一步作一个揖，磕一个头。听路旁人说，

图 91　虔诚的朝山者（摄于 2006 年 4 月）

这是有病向神许的愿。我不尽讶然，这丫髻山从山脚到山顶，五里路远，一步一磕头，那少年依旧诚意耐心地磕上去了。

当我们离开御碑亭，来到四十八盘的时候，正赶上一拨高跷会朝山。那四十八盘实际就是48级比较陡的台阶。踩着高跷上去，真够难的。何况那个扮公子角色的青年，要往返上下11次，把全队其余11个队员一个一个地接上去，有时还要做单腿蹦跳的姿势，说是叫背键。周围聚集着千百香客，无不交口称赞。

这时已经日落西山了，表哥带着我离开碧霞宫。行至半山，天完全黑了，然而山上山下，数里内灯火通明，宛如白昼。夜戏开台了，花会仍在狂舞。据说一百多档花会，从早到晚，还没过完一遍呢！夜晚，大街之上，花会场中，乃是龙灯的世界，龙腹中点上蜡烛，龙身鳞彩光艳照人，几十档龙灯会，数十条火龙，往还飞舞，着实引人入胜。我正看得入神，忽然表哥叫我："小弟，你看那远处！"山下数里之外的平川上，闪耀着四个大字："一山善人"。每个字有几十方丈大，完全由无数盏灯火组成，真是一大奇观。

这里不惜篇幅，摘抄韩牧苹先生文章，就是想让读者真实了解20世纪30年代丫髻山庙会真实情景。从中我们还可以看到，所谓庙会除朝山进香、拜神祈祷外，还有一项重要功能，就是民间物资交流，生产工具、生活用品等，有买有卖，毕竟春天到了，对于乡下农村，一年之计在于春呢！

由于丫髻山的影响，京城一些庙宇，还有专建丫髻山娘娘殿的。

如朝阳门外东岳庙，于道光年间建丫髻山九位娘娘行宫，专供皇室女眷及年老体弱不能来丫髻山进香者祭祀，至今这个建筑还在，在东岳庙后罩楼内（图92），只是娘娘像已毁于20世纪50年代。崇文门外南岗子天仙宫，亦称斗姆宫，供奉碧霞元君和斗姆元君，相传为丫髻山娘娘的“娘家”，丫髻山庙会一开，这里马上开庙，从农历四月十五至十八。刚从丫髻山下山的香客，循例要到这里谢香，现在天仙宫已荡然无存。

图92　北京朝阳门外东岳庙后罩楼（摄于2006年7月）

图93　丫髻山老香道（摄于1982年8月）

数百年来，四方善男信女朝山进香，相沿不绝。一条老香道自然形成（图93），民国二十四年（公元1935年），丫髻山第二十二代住持赵大安主持重修“盘道”。过去丫髻山朝山进香，直至20世纪90年代初，要经过北吉山村南北向的那道街，四月庙会时街两边摆着各种地摊，人确是摩肩接踵。至街北头西拐，先到紫霄宫。北吉山村刘臣老人记得，紫霄宫门前一边一块上马石，如今一块残了的上马石还散落紫霄宫门前不远处。由紫霄宫往西走约 20 米，道南面是姑子庵，北面是马王庙。马王庙靠北建在高台子上，前面有四五十步台阶。继续沿道西走，上山坡，近年所立的“诚则灵应”石碑北面，是原来菩萨殿旧址，后来复建时，改称慈航殿，为避开村里一棵大核桃树，向上移建 20 来米。由菩萨庙出来，沿香道顺着山坡略偏西南走，尽管山坡

图 94　丫髻山老香道边的大石头上还有人摆着几炷香（摄于 2014 年 10 月）

图 95　丫髻山老香道（摄于 2014 年 10 月）

图 96　丫髻山老香道旁龙王庙遗址，鼓包西边边缘就是过去的西房山墙，右侧站着人就是北吉山村刘臣老人（摄于 2014 年 10 月）

图 97　丫髻山老香道从这里上来，往西，到西边人那儿，从水泥道那儿上去，就是东岳庙前边的石头甬道，建有南天门（摄于 2014 年 10 月）

早已为北吉山村各家所承包，但老香道旧迹仍然可见（图 94），都以就地取材的石头所铺砌。铺砌的多为平缓路面，不时也有几步石阶连缀其间（图 95）。走约二三百米，西南拐，路北边一片废墟，为龙王庙旧址（图 96）。龙王庙三开间，泥塑龙王等坐像，没有复建。再往西南，上去就是 20 世纪 90 年代中后期修建的进山的水泥道。这里正是水泥道由西南上来、往西北上去的拐弯处（图 97）。站这里，向上可仰望丫髻山全景，向下可俯瞰沿泇河湾而建的北吉山、凤落滩、北店等村景。沿水泥道上去，为东岳庙。东岳庙前面，“一座巨大的如城门样的建筑，上刻‘南天门’三个大字”，这就是俗称的南天门。近年，在这里建造了一座“护国佑民”牌坊。进入南天门至东岳庙前，是二三米宽的石头甬道，也是老香道的一段，已拆去，全面铺成了石头的广场。从东岳庙上去，过回香亭、御碑亭、四十八盘、万寿亭、碑场子，上到东西顶。过去走会，往往还从丫髻山后门下去，再往西北到黄花岭真武庙。

下山，是从丫髻山顶往下走，到回香亭，没烧完的香在这里烧了。然后，从回香亭后面往东南，继续下走，到功德碑那地方，现在的路继续往东南走，而老香道由此往东北下来，现在还可见一些山石铺砌的老

图 98　北吉山村 75 岁刘英老人领着笔者踏察丫髻山老香道，从上面的功德碑下来，往东北走，就是过去的老香道（摄于 2018 年 3 月）

香道道眼儿（图 98）。往下走大概二三百米处，一座水泥房子，房子东面，往西北一道山沟，过去夏天雨季从山沟往下流水，到这里流过老香道，往东南山下流去。就在水流过香道的地方，建有一座石桥（图 99）。石桥略偏西南—东北方向，约 3 米多长，4 米来宽，几块条石横搭桥墩上，是一座平桥或梁桥了。过桥往东沿山坡下山，站在老香道可看到北面二三百米远处瓦堂寺遗址，过去瓦堂寺也应该属于丫髻山的一部分。继续下山，略往东北，近年打的水泥道右侧高起的土崙子就是原来的老香道。直至紫霄宫北面，现在是一条胡同，两边都是人家，过去是没有的。紫霄宫有后院，丫髻山有地，这里是

图 99　从功德碑下来东北走，下面那个水泥房子右边就是过去石桥的位置，过桥继续往东走，直奔紫霄宫后门（摄于 2018 年 3 月）

打场的场院。后院北墙中间有一后门，这条老香道经过这个后门。往东出去，就是紫霄宫东面的南北向街，往北一条道，通向北边不远的瓦堂寺；东北斜对着一条水泥街道，过去密云那边进香的，就打这条道过来，从紫霄宫后面这条老香道上丫髻山。过去，从南边、北边的老香道都有上丫髻山的，到回香亭后边就并为一条道了。在紫霄宫北面约 50 米处，有一眼水井，井筒干石垒砌，上面也甃着石头，早已毁弃。20 世纪 70 年代被填上了。

老香道蜿蜒曲折（图 100），串联起山上山下所有大小庙宇，与清康熙六十年（公元 1721 年）《怀柔县志》所绘“丫髻山图”上的香道基本一致。2010 年，修丫髻山南侧山下太极广场、365 级祈福路，至 2014 年，除丫髻山东山坡那段老香道早已湮没于山土草丛外，山上其他走了几百年、磨得有些滑润、青石的老香道，均已被两侧护栏的青白石阶新香道所取代，一切自是焕然一新了。

图 100　丫髻山老香道（摄于 2006 年 2 月）

总之，丫髻山庙会影响深远，于 1956 年停办。1987 年，恢复中断了几十年的文化庙会（图 101）。现在，丫髻山庙会随着丫髻山主要庙宇的复建，神像的再塑，已然愈来愈红火了，而且已列入北京市非物质文化遗产名录。

图 101　丫髻山祈福胜地（摄于 2010 年 5 月）

丫髻山典籍、诗文

明、清以来，上至国家典籍，下至地方文献以及文人笔记，对丫髻山多有记述，现将主要典籍、诗文大致整理于此，以备查考。

1. 清《钦定日下旧闻考 · 京畿》

《钦定日下旧闻考》由窦光鼐、朱筠等奉敕编修，在清朱彝尊《日下旧闻》基础上删补、考证而成。始修于清乾隆三十八年（公元 1773 年），成书于乾隆四十七年（公元 1782 年）。全书共 160 卷，是清代官修规模最大、内容最丰富、考据最翔实的关于北京历史、地理、城防、宫殿、名胜等的资料选辑。

县东南九十里有丫髻山，二峰高耸，上有碧霞元君祠。《昌平山水记》

［臣等谨按］丫髻山东四里建行宫一所。正殿恭悬皇上御书额，曰“岩苍树古”。西室联，曰：“天地为庐游心物以外，诗书敦好尚论古之人”。卷房额，曰“韵松轩”。联曰：“端居向林薮，胜赏在烟霞”。佛室联，曰：“琉璃光净遍空界，薝卜花开霏妙香”。后室联，曰：“岚影交窗翠，松阴入座浓”。亭额，曰“山意足”。皆御书。

图 102　康熙皇帝御制丫髻山玉皇阁碑（摄于 2007 年 4 月）

其西四里，登山为碧霞元君庙，前殿外檐恭悬圣祖御书额，曰“敷锡广生”。殿内恭悬皇上御书额，曰“神霄朗照”。后殿额，曰“慈护香岩”。玉皇阁额，曰“泰钧普育”。精舍额，曰“写雾轩”。皆御书。

玉皇阁前，恭勒圣祖御制碑文（图 102）：

丫髻山玉皇阁碑记

距京师百里有山曰丫髻，隶怀柔县。两峰高矗，望之如髻，故得是名。

自元、明以来，号为近畿福地。因上有碧霞元君之祠，是以每岁孟夏，四方之民会此祈祷者，骈肩叠迹，不可胜计。古称积高之区，神明所舍。况兹山北倚紫塞，南拱神京，冈峦回合，蜿蜒磅薄，而钟秀于是，则其神气之感，数有灵应，理固然也。

康熙五十二年，值朕六旬诞期，诸臣民就兹山瞻礼，为朕祝禧。因共建玉皇阁，以祈延寿。经始于癸巳三月十八日，落成于甲午三月十八日，而请记其事。

朕御极五十余年，夙夜孜孜，惟体上帝仁爱斯民之心，以抚绥天下。幸四海清晏，年谷顺成。朕与天下臣民，得同享太平之福者，皆上帝之眷祐也。朕之祗承于上帝者，唯在天下臣民之永安。而天下臣民之祝愿于上帝者，惟在朕躬之永年。然则兹阁之建，即上帝之陟降监观，于是乎在矣。爰立贞珉，载其始末，以传永久云。

我们说“近畿福地丫髻山”之“近畿福地”，就出自康熙皇帝亲笔撰写的这篇碑文。康熙皇帝在碑文中写到：“自元、明以来，号为近畿福地。”“畿”，国都附近的地区，如“畿辅”等，“近畿”亦为此意。“福地”，应为道教语。一般常说洞天福地，即指神道居住的名山胜地，认为此中为众仙所居，道士居此修炼或登山请乞，则可得道成仙。道教认为，有十大洞天、三十六小洞天、七十二福地。后多比喻风景优美的地方。“祝禧”，即祝告神灵，以求福祥。

乾隆十二年御制丫髻山诗

鸣梢兰磴迥，点笔绮窗虚。
秀野春云合，单椒晓景舒。
水如银匼匝，山是紫芙蕖。
柳态笼烟际，桃姿过雨余。
暂来欣揽结，欲去更踌躇。
绿字前秋咏，还如昨日书。

乾隆十八年御制丫髻山碧霞观诗

四面山围画屏障，中天路豁界玻琉。
灵峰光幻同金马，神泽依稀拟玉鸡。
梦雨初晴岚翠湿，小春犹暖栉银瓴。
平生懒问长生术，羽客休夸蹑景梯。

2. 清《光绪顺天府志·地理志·祠祀》

旧有明《万历顺天府志》、清《康熙顺天府志》，但内容过简。晚清时，在重臣李鸿章主持重新编辑《畿辅通志》时，各州府中唯有顺天府没有志书，便商议编辑一部《顺天府志》，最终由周家楣、缪荃孙等主持下完成了编辑工作。《光绪顺天府志》为清光绪五年（公元 1879 年）设局修纂，光绪十二年（公元 1886 年）成书，计 130 卷。本书记述了清代以北京为中心的顺天府的地理、河渠、食货、经济、政治、官师、人物、艺术、金石等各个方面，体例完

图 103　丫髻山万寿亭（摄于 2011 年 9 月）

备，资料翔实，为研究北京历史不可多得的一部志书。

护国天仙宫，在丫髻山。

山旧有碧霞元君庙三间，明嘉靖中有王姓老妪，发愿修建。以山高风烈，瓦易飘失，募化铁瓦，独身运至山上，往来迅速。人异之，施者渐众，殿以告成。每岁四月十八日，四方聚会五日。

入国朝，香火日盛。康熙三十七年，道士李居祥撤铁瓦之殿，改建大殿。殿后为寝宫，为圣母阁，皆极宏丽。殿旁楼房鳞次，其东有阁耸然，临眺尤胜，皆居祥所创。循级而下，为钟楼，有明时“敕赐护国天仙宫”门额。下为三皇殿。由三皇殿东拾级而上，为鼓楼。再上，为玉皇顶，建圆殿，八面皆窗，围以朱栏。三皇殿之南，为庙总门。门之外有万寿碑亭（图 103）。

和硕诚亲王万寿亭碑：盖自两仪甫判，坤德上配乾元。五岳肇封岱宗，尊居震位。衮东作镇，夙举明堙。畿辅效灵，别崇祀典。圣世怀柔之有道，明神显赫以呈祥。

钦惟我皇帝陛下，仁周六合，道格三灵。耕织日廑于宸衷，雨旸时关于圣虑。遂使丰穰屡奏，甘澍应时。屡施赈粟之仁，频下蠲租之诏。黄童白叟，同击壤于康衢；属国遐陬，共献琛于辇毂。既恲懞乎覆载，思报答乎涓埃。每当万寿嘉辰，遂合舆情颂祷。

维兹丫髻胜地，实为泰岱行宫。值三月之艳阳，祝万年之纯嘏。条风披拂，淑气回旋。花馥郁以凝香，草青葱而散碧。翔鸾窈窕，绣盖缤纷。舞凤婵娟，朱旗缭绕。爇沉檀于宝鼎，簇萧鼓于鹓行。爰至山隈，乃经信宿。

维时良宵未艾，夜景乍明，焕发祥光，宣昭上瑞。岩开丽照，树灿琪花。初的烁以疑星，继荧煌而似月。彩映北辰之座，辉联南极之精。较之烈山纪瑞，王屋兆符，迈炎德以加隆，卜姬年而逾永。信神明之昭格，知盛世之休征。

迨及曙色将分，晨熹倏启。玲珑贝阙，旭日升自林端；䆳叆珠宫，彤云翔于天际。共伸封祝，咸效嵩呼。灵豫神嬉，降祥锡庆。晴岚缥缈，甘露宵滋。佳气郁葱，醴泉地涌。群灵协而共祐，百福萃而来同。合亿兆之欢心，愿一人之有庆。每十年而申祝，历万祺以加虔。愧擒藻之未工，敬勒石以纪瑞。颂曰：

天亶圣神，乘乾御宇。道配清宁，化隆三五。八表同仁，九畴时叙。川岳贡珍，灵只锡祜。惟此双峰，耸秀畿东。泰岱是副，祀典兼崇。舆情祝圣，帝座聿通。神贶昭明，煜爚曈昽。绀殿琼楼，辉煌景灿。掩映列星，昭回云汉。璧合珠联，晶莹绚烂。瑞拟荣光，庆逾复旦。休祥众睹，纯嘏方昌。圣寿悠久，天地无疆。仁风翔洽，化日舒长。愿登舆颂，永播宫商。

康熙岁次甲午孟夏日

康熙四十三年，驾幸丫髻山。是年六月，遣养心殿监造官王道化赍御书“敷锡广生”四大字额，悬天仙殿前。

康熙五十二年，恭遇皇上六旬万寿，命皇十子敦郡王、皇十二子固山贝子及御前太监魏珠，赍敕降香。诸王大臣及旗民人等，延在京道官四十八员至山，启建万寿道场。于三月初一日始建，是夜圣灯涌见，散若金星，满山照耀，见者踊跃称瑞。至十八日万寿节，至山进香者二三万人。时李居祥创建玉皇阁，魏珠转奏，特赐内帑，并皇会布施银五千两，建玉皇阁于山顶，崇文门监督尚之杰董其事。明年阁成，赐御制碑文。

康熙五十五年，驾幸丫髻山，赐帑金三百两，修造庙宇。赐道士张士杰为道录司觉义，王士昭等二十二人皆给度牒。

康熙五十六年，直隶总督臣赵宏燮建御座书室于殿门之东，建凉亭于西小峰之上，并增建玉皇阁下台基坝墙阶级等处。

康熙五十九年，又捐建鼓楼于三皇殿前之东，以配钟楼。修筑磴道，自山下至庙门，凡三里，悉甃条石，高涉处皆设阶级，于是规制大备矣。

山半，旧有魏忠贤生祠。明天启时，巡按御史倪文焕请建，赐名“崇功祠”，未成而忠贤败。其基址甚宏壮，道士李居祥即其地建回香亭。每岁四月，京师及四方进香者于此回向山下。有元君行宫，为道士下院。一在附马庄，庙临官道，久倾坯。

康熙五十二年夏，和硕诚亲王出口，途遇大雨雹，入庙暂憩，默祷于神，倏晴霁。因发愿捐资修建，庄严像设，庙貌聿新焉。

3. 清《畿辅通志》

《畿辅通志》为清代官修省级地方志。畿辅指京都周围附近的地区。清代康熙、雍正及光绪时先后修有 3 部《畿辅通志》，第三部修于光绪年间，为李鸿章任直隶总督期间，延聘莲池书院主讲黄彭年主纂，于同治十年（公元 1871 年）开始编纂，于光绪十二年（公元 1886 年）修成。全书共 300 卷，由纪、表、略、录、传、识余、叙传等诸体组成。这部志书是汇集笃学之士，广征经、史、子、集诸书，兼及采访，对前志以来 140 余年文献资料搜罗略备，考订精审，体例完备，资料充实，堪称清代省志中一部名志，尤其采用地方史式体例，在资料及体例运用上都有其独到之处。

宣宗成皇帝御制碧霞元君庙祈雨文

维大清嘉庆十有二年，岁在丁卯，孟夏月既望越三日庚寅，奉命恭诣丫髻山瞻礼。

时入春以来，雨泽稀少，农苗待膏方殷。谨先期沐浴斋宿，奉香帛庶馐，虔告于碧霞元君之神前，曰：

窃惟古典所载，能御大灾则祀之，能捍大患则祀之。良以水旱疠疫之灾，国所不免，唯明神克相上帝，下济群生，迓祥和而消氛祲，礼至隆也。伏惟元君为朔方保障之神，默佑之功，靡不显著。是以上自天子，下逮黎庶，莫不倾心感戴，顶礼无间。

今直省岁逢大旱，溥企甘霖。我皇父宵旰（晚）忧勤，尤为独挚。际此望泽之秋，圭璧粢盛，奔走群祀，各矢寅恭。而油然作云，终以不雨，地坼苗枯，目不忍睹。元君之灵，明明在上，何以漠然而不加之垂佑耶？抑斯民之孽而使之若是耶？

兹敬荐香帛，肃叩双峰，祗祈速沛甘霖，上以纾圣人之隐忧，下以济农民之渴望。斯泽及苍生，锡福无穷，而俎豆馨香之报，益彰于盛世，民咸曰休哉。神其有知，鉴此微悃。仰企慈云，不胜屏营待命之至。

谨告。

宣宗成皇帝御制诗

丫髻山

行行策骑殊艰难，晓雾漫山路回复。
俄焉日出雾气清，群峰叠翠供游目。
凉飔飒飒拂面迎，白云隐隐遮茅屋。
万仞峥嵘莫可樊，瓣香衔命叩仙山。
遥观更觉烟光豁，颇爱登临不遽还。
道士清幽卧洞府，石壁牵萝岁月古。
灌木阴森野鸟鸣，还祈润物霏甘雨。
峨峨灵宇祥氛绕，日射金光尤皎皎。

斋肃焚香礼告成，归途一纪林泉好。

丫髻山碧霞元君庙瞻礼

双峰并峙插天奇，衔命虔临叩惠慈。
几叠层楼含翠霭，一湾活水漾清漪。
云鬟拥处祥云护，雨脚来时澍雨滋。
暝色苍茫风更爽，凭栏属目畅遐想。

“宣宗成皇帝”，即道光皇帝旻宁。

4. 清光绪十二年《遵化通志》

何崧泰编、史朴纂修光绪十二年（公元 1886 年）《遵化通志》刻本，全书 54 卷，分为“陵寝志”10 卷、“舆地志”5 卷、“建置志”7 卷、“经政志”4 卷、“封建表”（下分职官表、选举表、烈女表）13 卷、“古迹考”3 卷、“金石考”2 卷、“人物传”6 卷、“艺文志”2 卷、“事纪略”1 卷、“杂传”1 卷。

其中“卷十 · 陵寝志 · 行宫”下，记载了丫髻山行宫。

行 宫

马兰镇总兵兼内务府大臣，兼管东、北二路行宫事务，所辖总管二员、苑丞一员、千总十一员、委署千总十四员、笔贴式四员、苑副三员、苑户四十名、匠役十名、进殿兵十二名、兵一百二名、达喇嘛一员、得木齐格司贵各一名，教习三名，小喇嘛二十名。一切应行事

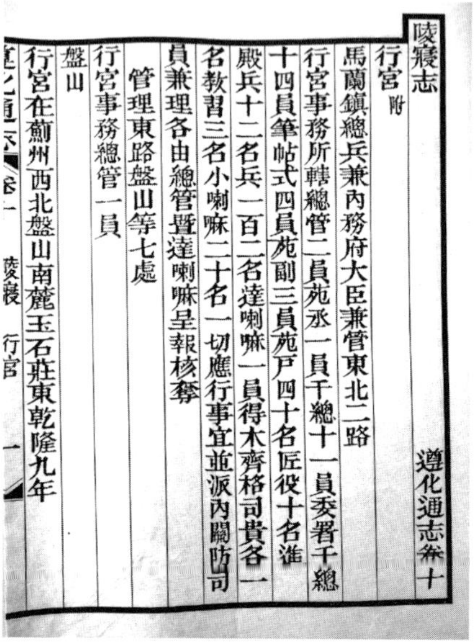
陵寢志　遵化通志卷十

行宫附
馬蘭鎮總兵兼內務府大臣兼管東北二路
行宫事務所轄總管二員苑丞一員千總十一員委署千總
十四員筆帖式四員苑副三員苑戸四十名匠役十名進
殿兵十二名兵一百二名達喇嘛一員得木齊格司貴各一
名教習三名小喇嘛二十名一切應行事宜並派內關防司
員兼理各由總管暨達喇嘛呈報核奪
管理東路盤山等七處
行宫事務總管一員
盤山
行宫在薊州西北盤山南麓玉石莊東乾隆九年

遵化通志　卷十　陵寢　行宫　一

图 104　清光绪十二年（公元 1886 年）《遵化通志》“陵寝志”关于“行宫”的记载

宜，并派内管防司员兼理，各由总管暨达喇嘛呈报核夺（图 104）。

管理东路盘山等七处行宫事务，总管一员（志书所记七处包括：盘山行宫、燕郊行宫、白涧行宫、独乐寺行宫、桃花寺行宫、隆福寺行宫、蟠龙山行宫、丫髻山行宫。根据志书所记，东路应是八处）。

管理北路汤山等八处行宫事务，总管一员（志书所记八处包括：汤山行宫、蔺沟行宫、南石槽行宫、祇园寺行宫、刘家庄行宫、罗家桥行宫、要亭行宫、三家店行宫）。

丫髻山行宫，在怀柔县东南九十里有丫髻山二峰，上有碧霞元君祠（《昌平山水记》。《昌平山水记》，为清代顾炎武著。顾炎武是著名思想家、史学家、语言学家，与黄宗羲、王夫之并称明末清初三大儒。学问渊博，晚年治经重考证，开清代考据、训诂的朴学风气）。行宫在山东四里（《日下旧闻考》。《日下旧闻考》，见《丫髻山文献诗文一》）。内围千总一员，委署千总一员，兵四名。

5. 清道光二十九年（公元 1849 年）《鸿雪因缘图记》

清《鸿雪因缘图记》，麟庆撰。麟庆，姓完颜氏，满洲镶黄旗（亦署长白，今吉林省长白县）人，为女真贵族后裔。嘉庆十四年（公元1809年）中进士，授中书，后历任湖北巡抚、江南河道总督等。擅诗文，有诗文集《凝香室集》存世。

麟庆曾宦游大江南北，性好山水，所至之处皆登临考察，并将所见所闻所感加以记述，复请画家汪英福（春泉）、陈鉴（朗斋）、汪圻（甸卿）等按题绘图。道光十八年（公元1828年），麟庆门生王国佐将《图记》初、二集付梓，因“图帙缜密，未得镌手，故只刊记文，未刊图画”。至其殁后三年，即道光二十九年（公元1849年），其子崇实、崇厚在扬州觅得良工，将初、二、三集全部文字、图画刻板印行。全书共三集，每集上下两卷，一事一图，一图一记，凡图240幅，记240篇，反映了道光年间山川、古迹、风土、民俗、风俗、河防、水利等广阔的社会风貌。郑振铎先生评价此书：“以图来记叙自己生平，刻得很精彩，可考见当时的生活实况。《鸿雪因缘图记》凡三集，卷帙最为浩瀚。”

图105　凝香室鸿雪因缘图记“丫髻进香”图

《鸿雪因缘图记》第三集有《丫髻进香》图1幅（图105），文1篇：

丫髻山，在京城东北一百四十里，怀柔县境。

双峰高耸，状如童角之丱。其西峰顶，有天仙圣母碧霞元君庙，元、明以来香火俱盛。我朝重修，宝殿千花，崇墉百雉，尤为壮丽。例以四月十八日致祭，乙巳届期，内务府以拈香请。得旨，遣镇国公载岱钦此。

时余腿疾未愈，两儿崇实、崇厚乞祷于山，笑允谐行。出东直门，宿小店，翌辰经沙岭、峪口，午至山下。觅舆登顶，远近群山尽皆拱伏。入门，钟、鼓二楼对峙天半。左峰顶圆殿，为玉皇阁。康熙五十二年，臣民建以祝厘，有圣制碑纪事；右峰顶方殿，为天仙宫，前树白玉石坊。

降舆右转，两儿扶掖而登，凡历三百六十余级，始至坊前。入坊进香，殿下仰瞻：圣祖赐额曰“敷锡广生”，高宗赐额曰“神霄朗照”，仁宗赐额曰“功襄泰宇”，皇上赐额曰“赞育显昭”。并询知道光十六年春毁于火，发帑重建。十七年工蕆，恭慈皇太后亲诣开光，臣民益深钦仰。礼毕，回至山门，欲瞻圆殿，以足力弗胜而止。

随下山，宿东院。两儿以“元君故宝”请，余答以“天地大德”。曰：“生万物非母不育，震居东方，坤厚载物。元君之奉义取诸此，且万物成于艮。艮，东北之卦。艮为山，山阴象丫髻山，在都城东北，是以香火为诸山冠，儒理不过如是。然以神道设教，非援仙经释典，不足觉世警愚，且供谈资诗料，正不必拘执迂腐之见也。”

再，庙南另有一山，双峰角起，较此少低，无树无庙。问何名？羽士曰：“气不愤。”名虽俚，而甚趣。

所绘《丫髻进香》图，东顶玉皇阁、西顶碧霞元君祠、钟鼓楼、道士房、山门等清晰可见，气势非凡。右下角四个轿夫所抬者，当是文章作者麟庆，后面跟随二人，无疑是麟庆二子崇实、崇厚了。

《丫髻进香》文，应该是一篇游记，对丫髻山山景、庙宇及行踪记述生动、准确，有霞客遗韵。此文写于道光乙巳年，即道光二十五年（公元 1845 年），时值丫髻山四月庙会。对于研究丫髻山，具有重要的历史文化价值。尤为重要者，是文中明确记述了西顶碧霞元君祠悬挂着康熙、乾隆、嘉庆、道光四位皇帝御制匾额，而过去只知康熙、乾隆两位皇帝匾额。对于丫髻山而言，当是一个重要发现。看来，这四位皇帝之所以为丫髻山题写匾额，根本上应该是来过或与丫髻山有重要关联。比如，康熙皇帝两次来丫髻山，且立御碑；乾隆皇帝三次来丫髻山；道光皇帝做太子时，奉嘉庆皇帝之命，十余次来丫髻山“诣山瞻礼”，做皇帝后亲奉皇太后“安舆祇诣升香”，且立御碑。嘉庆皇帝也来住在了丫髻山行宫，是否上山再行研究。

“状如童角之丱”之“丱”字，指古代儿童束的上翘的两只角辫。

康熙五十二年，为公元 1713 年，康熙皇帝六十大寿，建了玉皇阁，康熙皇帝为此御制玉皇阁记碑。

道光十六年，为公元 1836 年。

圣祖，为康熙皇帝。

高宗，为乾隆皇帝。

仁宗，为嘉庆皇帝。

皇上，为当时在位的道光皇帝。

“发帑重建”之“帑”字，指国库里的钱。

“十七年工蕆”之“十七年”，指道光十七年（公元1837年）。“蕆”字，在此意为完成或竣工。

“宿东院”之“东院”，当指紫霄宫东院，即在紫霄宫东侧，隔南北向一道小街，过去有一建筑群，据说是万和会（一说万缘宫），又称东宫，现仅存一座东大殿。而民间一般称紫霄宫为西宫。

这里说“庙南另有一山”，是“气不愤”山，现在当地人说气不愤山为气不忿山，在丫髻山东北，为镇域内最高峰，海拔474.6米，而不是“庙南”。

“较此少低”之“少”字，当通“稍”字。意即气不愤山比丫髻山稍微低些或矮些。实际上，丫髻山海拔361米，而气不愤山海拔474.6米，高100多米。不知是今人抑或古人错了，暂且存疑。

6. 明、清《怀柔县志》

明万历三十二年《怀柔县志》

明万历三十二年（公元1604年）《怀柔县志》，为当时怀柔县知县史国典聘请顺天府学教官、蜀人周仲士所纂，是怀柔县建县后第一部县志。怀柔建县于明洪武元年（公元1368年），至编志时已200余年了。全志共4卷，分为地理、宫室、赋役、职官、人物、兵戎、灾祥、艺文等，记述上较为简略。

志中对瓦堂寺、云岩禅寺都有简略记述，收录了景泰六年（公元1455年）光禄大夫少傅太子太师吏部尚书胡濙撰《敕赐云岩寺碑记》

碑文，此碑为御马监太监阮让所立；还收录了正德十四年（公元1519年）赐同进士出身承德郎刑部贵州清吏司主事紫府王源撰《重修瓦堂寺碑记》以及几首题写松棚的诗。明代怀柔八景有寒泉喷珠、黍谷阳和、钓台秋月、龙潭春水、红螺呈秀、定慧双塔、松棚挽翠，所以“松棚挽翠”为明代怀柔八景之一。志“宫室·寺观”中对丫髻山简略记述：

丫髻山，在县东九十里。二峰高耸，形如丫髻，故名。上有天仙圣母宫，灵应如响。四方之人，于每岁四月十八日大会五日致祈云。

清康熙六十年《怀柔县志》

清康熙六十年（公元1721年）《怀柔县志》，由时任怀柔知县吴景果辑撰，是继明万历三十二年（公元1604年）《怀柔县志》后的又一部新志，已相距110余年了。全志共8卷，体例较为完备，记述较为翔实，除吸收一些旧志内容外，大量为新编撰，如诗文就占了3卷。志中收录了胡濙撰《敕赐云岩寺碑记》碑文，还收录了明代近300年科举考试中第二个“三元及第”（同时获得解元、会元、状元）（第一个是黄观，被朱棣除名，所以又说商辂是明代唯一“三元及第”），历仕英宗、代宗、宪宗三朝，历官兵部尚书、户部尚书、太子少保、吏部尚书、谨身殿大学士商辂所撰《重修云岩寺碑》文，更收录了康熙皇帝《御制丫髻山玉皇阁碑》文、和硕诚亲王胤祉《万寿亭碑》文以及关于丫髻山、栲栳山、松棚等多首诗，并对松棚崇惠寺及古松有记述，对其他一些人事也有记载，尤其对云岩寺和丫髻山记述较为翔实。

卷一　建置　山川

丫髻山，在县东九十里，二峰高出云际，形如丫髻，故名（图106）。上有护国天仙宫，即碧霞元君祠，详见庙寺。

卷二　行宫　祠墓

护国天仙宫，在丫髻山。

山旧有碧霞元君庙三间，明嘉靖中有王姓老媪发愿修建，以山高风烈，瓦易飘失，募化铁瓦，独身运至山上，往来迅速。人异之，施者渐众，殿以告成。每岁四月十八日，四方聚会五日。

入国朝香火日盛，康熙三十七年，道士李居祥撤铁瓦之殿，改建大殿三间。殿后为寝宫，为圣母阁，皆极宏丽。殿旁楼房鳞次，其东客座三间，临眺尤胜，皆居祥所创。殿前大牌坊一座。循级而下，为钟楼，有明时“敕赐护国天仙宫”门额。再下为三皇殿，殿前建立御制玉皇阁碑。由三皇殿东拾级而上，为鼓楼。再上为玉皇顶，建圆殿，八面皆窗，围以朱栏。三皇

图106　丫髻山景（摄于1961年）

殿之南，为庙总门。门之外有万寿碑亭，中立和硕诚亲王撰碑。

康熙四十三年，驾幸丫髻山。是年六月，遣养心殿监造官王道化，赍御书“敷锡广生”四大字匾额，悬天仙殿前。

康熙五十二年，恭遇皇上六旬万寿，命皇十子敦郡王胤䄉、皇十二子固山贝子胤祹及御前太监魏珠，赍敕降香。诸王大臣及旗民人等，延在京道官四十八员，至山启建万寿道场，于三月初一日始。是夜圣灯涌见，散若金星，满山照耀，见者踊跃称瑞。至十八日万寿节，在京皇会至山进香，彩楼仪仗，凡二三万人。时道士李居祥创建玉皇阁，魏珠转奏，特赐内帑，并皇会布施银共五千两，建玉皇阁于山顶，崇文门监督尚之杰董其事。明年阁成，赐御制碑文。又遣十二贝子赍赐御书匾额“清虚真宰”四大字，“金阙握灵枢览九州惟善是福，玉衡施妙运育兆姓以仁为归”二十四字对联。

康熙五十五年，驾幸丫髻山，赐帑金三百两，修造庙宇。赐道士张士杰为道录司觉义、王士照等二十二人，皆给度牒。

康熙五十六年，直隶总督臣赵宏燮建御座书室五楹于殿门之东，建凉亭一座于西小峰之上，并增建玉皇阁下台基、坝墙、阶级等处。

康熙五十九年，又捐建鼓楼于三皇殿前之东，以配钟楼。修筑磴道，自山下至庙门凡三里，悉甃条石，高陡处皆设阶级，于是规制大备矣。

山半，旧有魏忠贤生祠。明天启时，巡按御史倪文焕请建，赐名崇功祠。未成而忠贤败，其基址甚宏壮，道士李居祥即其地建回香亭。每岁四月，京师及四方进香者，于此回向。

山下，有娘娘行宫，为道士下院。

这里的“娘娘行宫”，即为“道士下院”，又在丫髻山“山下”，当指紫霄宫。

卷八　诗

丫髻山三首

吴景果

（一）

秀出群峰上，双螺望俨然。
骈枝排玉笋，并蒂涌青莲。
劈削疑无路，清虚别有天。
欣逢銮辂驻，林岫倍增妍。

（二）

兹山称福地，灵应著畿封。
报赛来千里，经营出九重。
绣幡宫锦丽，宝鼎御香浓。
共祝无疆寿，三呼上碧峰。

（三）

未甘称俗吏，境内有名山。
为爱双峰好，来消半日闲。
凭高风自爽，坐久暑全删。
长啸下山去，依然尘土颜。

前题二首

刘　震

（一）

谁向青冥插翠翘，五云楼阁御香飘。
参差螺黛环群岫，缥缈神灵接九霄。
斜日檀州霜角断，西风碣石海天遥。
冈峦法驾曾停处，芳草经冬绿未消。

（二）

望中金碧荡云霞，霞表宸章龙攫拿。
仙乐九成皆帝德，宝幡百幅自天家。
春来士女蚊蠓集，夜拥香灯星汉斜。
惟我登临瞻仰后，还随尘土客京华。

7. 清袁枚《子不语》

袁枚（公元1716—1797年），浙江钱塘人，清乾隆四年（公元1739年）进士，授翰林院庶吉士。乾隆七年外调做官，曾任江宁、上元等地知县，深得总督尹继善赏识。33岁时父亲亡故，辞官养母，在江宁（南京）购置隋氏废园，改名“随园”，世称随园先生。在此度过近50年闲适生活，从事诗文著述，著有《小仓山房集》、《随园诗话》、《子不语》等。袁枚是乾隆、嘉庆时期代表诗人之一，与赵翼、蒋士铨合称“乾隆三大家”。《子不语》中故事多为鬼怪神奇之事，宣扬一种因果报应、惩恶扬善的思想。《孝女》为《子不语》中故事之一。

孝 女

京师崇文门外，花儿市居民，皆以制通草花为业。

有幼女奉老父居，亦以制花生活。父久病不起，女忘啜废寝，明慰暗忧。适有邻媪纠众妇女往丫髻山进香者，女因问："进香可能疗父病否?"媪曰："诚心祈祷，灵应如响。"女曰："此间去山，道里几何?"曰："百余里。"曰："一里几何"？媪曰："二百五十步。"女谨记之。每夜静父寝，持香一炷，自计步数里数，绕院叩头默祝。身为女子，不能朝山之故，如是半月有余。

向例丫髻山奉祀碧霞元君，凡王公缙绅，每至四月无不进香。以鸡鸣时即上殿拈香者为头香，头香必待大富贵家，庶人无敢僭越。时有太监张某，往进头香，甫辟殿门，已有香在炉中。张怒责庙主，庙主曰："殿不曾开，不识此香何由得上?"张曰："既往不咎，明日当来上头香，汝可待我。毋许别人先入!"庙主唯唯。

次日，始四更，张已至。至则炉中香已宛然，一女子方礼拜伏地，闻人声，倏不见。张曰："岂有神圣之前，鬼怪敢公然出现者，此必有因。"坐二山门外，聚香客而告之，并详述所见容态服饰。一媪听良久曰："据君所见，乃吾邻女某也。"因说其在家救父礼拜之事。张叹曰："此孝女感神也。"进香毕，即策马至女家，厚赐之，认为义女。

父病旋愈，因太监周恤故，家渐温饱。女嫁大兴张氏，为富商妻。

8. 民国《立言画刊》

《立言画刊》(图 107）创刊于 1938 年 10 月，16 开本，30 多页，每星期出 1 期。画刊维持了 7 年，出版 356 期，到 1945 年抗战胜利时终刊。这是一份娱乐性杂志，由北京立言画刊社发行，以介绍戏剧为主，兼有民俗风物研究以及当时各报刊大都有的长篇小说连载等内容，是深受读者欢迎的大众读物。主编为金受申先生，是位人所共知的“通才”。金受申自 1938 年在《立言画刊》上开辟《北京通》专栏，到 1945 年《立言画刊》停刊，共发表了 300 多篇研究清末民初北京社会生活的文章，内容涉及北京的风土人情、历史掌故、三教九流、五行八作。因此，世人称其为“北京通”。刘仲绂《碎珮丛玲》这篇游记，刊载于 1938 年第 8 期《立言画刊》。

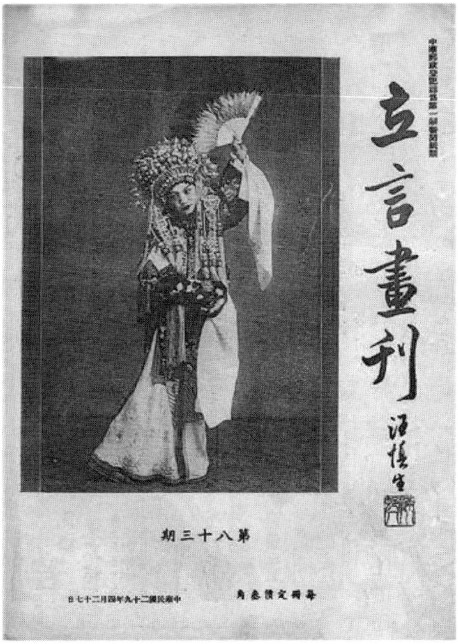

图 107　1940 年 4 月 第 83 期《立言画刊》封面

碎珮丛玲

刘仲绂

久居城市，殊苦喧嚣。欲免躁烦，舍接近自然，乌有所谓精神上之慰安与陶冶？吾于是忆山矣！气压茅屋，光摇翠微，饥餐一钵，渴饮三泉，随分登临，眼空翳障，乐也何如？虽然，是只可与知者道，难与俗人言也。嗟夫，西山已劳梦想，东山更余回忆，记之亦可当屠门之嚼焉。

京师东北百四十里，有丫髻山，香火之盛颉颃乎妙高峰。岁以四月朔开山，至十八日封山。环山各县中，田氓野老，踵接肩摩；里媪村姬，顶礼膜拜。好事者结党支棚，盛茶水之供；无赖子联朋华服，扮社火之剧，亦仿佛妙高峰也。考是山隶怀柔县境，双峰高耸，状如童角，西峰祀碧霞玄君，东峰奉金阙玉帝。余以甲子年四月初五日往游。

出东直门，经孙河镇，宿二十里铺。翌晨，过顺义县，止于杨各庄。夜十二时，万籁元声，一灯如豆，奔波旷野间。迟明，抵山麓，微雨薄洒，为洗尘襟，顿豁丽瞩。所谓崇墉百雉，宝殿千花之娘娘顶，巍然可望矣！

既而参谒山灵，过天齐殿、回香亭，入寺门。鼍鼓鲸钟，对峙天半；螺峰鹫岭，拱伏目前。左峰圆阁，题曰“玉清”；右峰方宫，是名“灵应”。石坊署“鬟云宝界”，历级数百，始至于斯。相设庄严，庙貌弘丽，功襄泰宇，本绀苑之香林；敷锡广生，信黄图之甲观。飞阁复道，无非净筵；影窟化城，都传妙相。是盖圣人有卜可测之盛德，野老有迫欲尽之愚忱，始能因缘结于香火，供养结乎人天也。

息于杜家店，夜二时许，鸡声初唱，蝶梦犹酣，惺忪间随喜拈香。更陟山半，浮岚破晓，参差鬟髻之堆；疎木锁烟，隐约町畦之路。浩浩凌虚，踽踽独返。少焉，绮旭现其曈昽，彤霞呈乎艳赫。市声既浮，山容转肃。红男绿女，竞插鬓侧之花；白叟黄童，亦饰额旁以柏。农铫农耜充溢街中，干杏干桃交集路上。纷陈杂货，半出日□，错列什物，间以土产，叹观止矣。

盍归休乎？爰以浴佛之第二日返京。是游也，偷忙里之闲，寻苦中之乐，蹇声得得，残照一鞭；行色匆匆，只身双屐，可云避喧嚣、免躁烦之一剂清凉散也已。

这应该是丫髻山较早的一篇游记，作者刘仲绂是何许人也，今已无从知晓。

四、丫髻山碑刻

丫髻山山上山下，历史上不仅遍布着大大小小的道观建筑，而且遍布着碑刻，当地至今流传着一句歇后语“丫髻山的石碑”，后面的意思是“数不清”，可见丫髻山石碑之多了。这些石碑大多毁于20世纪五六十年代。记得笔者曾从山上往山下走，一边走一边数散落山间的碑座，达数十个。一部分碑座已收集到回香亭大殿西侧集中保护（图108），一部分碑座坐落殿旁路边，上面再树新碑被充分利用了。

图 108　丫髻山回香亭正殿西侧，收集的散落碑座、残碑等遗物（摄于 2011 年 9 月）

图 109　丫髻山万寿亭东侧碑场子碑林（摄于 2007 年 10 月）

尽管如此，还是有一部分碑刻保存下来了，大致有十几通，还有一部分碑刻在 20 世纪 50 年代县文化部门进行了拓片，拓本保存至今，也是难能可贵了。当然，据当地人说，20 世纪 60 年代在丫髻山北坡开凿防空洞时，有一些碑刻运到洞里砌墙了。在北吉山村北 2 里处有个地方叫“三十六亩地”，20 世纪六七十年代开挖大口井，四五通碑被运去蓬了大口井。散落其他地方的碑刻，可能还有。这些碑刻若是认真寻找，尚可找到。现在，能够见到的丫髻山碑文有 40 多篇，对于研究丫髻山道教文化、丫髻山民俗文化及丫髻山建筑等，具有重要的文物、历史与艺术价值（图 109）。

丫髻山碑刻除“敕赐护国天仙宫”为明代皇帝所赐的匾额外，尚未发现其他明代碑刻，主要是清代与民国时期的。最早的为“丫髻山进香碑记”，立于清康熙三十五年（公元 1696 年）；最晚的为“重修回香亭殿宇以及盘道碑记”，立于民国二十四年（公元 1935 年）。至于当代所立的功德、记事、题诗、题辞、摩崖石刻等碑刻，则不在这个范围内，故未列入。

丫髻山碑刻可以从多方面研究，比如内容上，可以分为记事碑，如清嘉庆十三年“一山善人灯会记事碑”；祷告碑，如清康熙三十五年“丫髻山进香碑记”；纪胜碑，如清康熙四十五年“丫髻山天仙圣母庙碑记”；题名碑，如未标明立碑年代的“东直门外三顶老会”碑等。从朝代上分，可分为清代和民国。这里，我们从撰写、书丹、立碑人的角度划分，大致可分为皇帝御碑、王公大臣碑、善男信女碑、花会老会碑及道士碑等 5 种。

皇帝御碑

皇帝御碑，主要有两通，一是清康熙五十四年（公元 1715 年）“丫髻山玉皇阁碑”，立于丫髻山两顶之间三皇殿前东侧。碑为青石质，螭首，额篆“御制同归”，首题“丫髻山玉皇阁碑记”。碑文为康熙皇帝所撰，落款处钤有康熙皇帝印。刻工、额篆为鸿胪寺序班加二级朱圭（图 110）。

碑文记述了丫髻山悠久历史及为康熙皇帝 60 大寿祝禧而创建玉皇阁之事。

图 110 “丫髻山玉皇阁碑记”拓本

丫髻山玉皇阁碑记

距京师百里有山曰丫髻，隶怀柔县。两峰高矗，望之如髻，故得是名。

自元、明以来，号为近畿福地。因上有碧霞元君之祠，是以每岁孟夏，四方之民会此祈祷者，骈肩叠迹，不可胜计。古称积高之区，神明所舍。况兹山北倚紫塞，南拱神京，冈峦回合，蜿蜒磅礴，而钟秀于是，则其神气之感，数有灵应，理固然也。

康熙五十二年，值朕六旬诞期，诸臣民就兹山瞻礼，为朕祝禧。因共建玉皇阁，以祈延寿。经始于癸巳三月十八日，落成于甲午三月十八日，而请记其事。

朕御极五十余年，夙夜孜孜，惟体上帝仁爱斯民之心，以抚绥天下。幸四海清晏，年谷顺成。朕与天下臣民，得同享太平之福者，皆上帝之眷祐也。朕之祗承于上帝者，唯在天下臣民之永安。而天下臣民之祝愿于上帝者，惟在朕躬之永年。然则兹阁之建，即上帝之陟降监观，于是乎在矣。爰立贞珉，载其始末，以传永久云。

康熙五十四年四月十八日

碑阴题文：

御书处监造兼骁骑校加一级臣哲库纳奉敕监造

鸿胪寺序班加二级臣朱圭奉敕勒石并篆额

二是清道光十七年（公元1837年）“重修丫髻山碧霞元君庙碑”，立于丫髻山西顶碧霞元君祠前。碑为汉白玉质，也是螭首须弥座。额篆“御制”二字，首题“重修丫髻山碧霞元君庙碑文”。碑文为道光皇帝所撰，碑末钤二方“□月微名”、“道光宸翰”印。“宸翰”：宸指北极星所在，后借指帝王所居，又引申为王位、帝王的代称；翰指长而坚硬的羽毛，借指毛笔和文字、书信等。“宸翰”，简言之，即帝王的墨迹。碑阴无文。此碑形如一把剑柄，“剑”身插入地下。此类形制的碑，笔者在其他地方见过，但不多见。碑已断为两截，近年修复（图111）。

图111　重修丫髻山碧霞元君庙碑（摄于2003年12月）

碑文记述了丫髻山历史、丫髻山庙宇遭火灾而重建以及复建后躬奉圣母皇太后亲来进香之事，表达了对神灵的感念之情。

碑文中“丙申暮春，郁攸偶炽”句：“丙申”即道光十六年（公元 1836 年）；“郁攸”，指火气，火焰，即火灾。是说道光十六年三月发生火灾，根据碑文所记，应该烧毁的是主殿碧霞元君祠，且把康熙、乾隆、嘉庆及道光四位皇帝题写的匾额也烧毁了，已驾崩的皇帝不可再写，只得“恭摹列圣御书”，而道光皇帝则“复亲题榜”。修好后，第二年三月十三日，道光皇帝陪母后来丫髻山进香。

时隔 183 年，即 2019 年 3 月 30 日（农历二月二十四日时为仲春），密云区东邵渠镇高各庄村南，村民修理水管，不慎点燃杂草，引发山火。因风势较大，火情迅速向丫髻山蔓延。国家应急管理部主要领导调度部署，市、区、镇主要领导现场指挥扑救，各方扑火队员共同扑救。31 日，山火扑灭，总过火面积约 640 亩。火场东西长近 3 公里，南北长近 3 公里。丫髻山西侧，火场已逼近西顶山岩，山岩上面不远处即主殿碧霞元君祠；北侧及东侧亦有火场。由于处置及时，使丫髻山道观群幸免于难，亦无人员伤亡。

重修丫髻山碧霞元君庙碑文

丫髻山在京师东北百余里怀柔县境，与黍谷、白檀、凤林诸山脉络连接。两峰高耸，象形而名，又谓之鸦髻。

旧有碧霞元君庙，建自前明，我朝康熙年间规模益备。感佑弥昭，列圣銮辂时临，为民祈福，龙章宝额照耀香岩，洵真灵之奥宅，近畿之福地也。

予在藩邸时，恭奉皇考之命，诣山瞻礼，前后十有余次。见其林峦葱蔚，祠宇庄严，四方之民，岁时祈报。凡年谷之顺成，品物之康阜，阴阳风雨之和会，惟神之惠，实永赖焉。

岁在丙申暮春，郁攸偶炽，京尹据情入告，特命禧恩估修，督办经营。周岁，仍还旧观，不雕不饰，以妥以侑。于是恭摹列圣御书，重悬殿额，复亲题榜，榜用绍前模。

工既竣，诹吉于丁酉三月十三日，躬奉圣母皇太后安舆祗诣升香。跸路所经，春雨敷滋，万胜如绣，慈颜有怿，兆庶腾欢，岂非灵祇肸蠁昭格之明征耶？

夫元宫閟祀，肇始岱宗富媪之功，覃及区寓。惟神出自震方，而兹山久适当都城之艮位。震以生之，艮以成之，储祥毓秀，信非偶然。

山之玉皇阁，有我圣祖仁皇帝御制碑记，以为积高之区，神明所舍，其神气之感，数有灵应，盖当时因臣民祝釐而推念于神佑。自兹以后百余年来，报祀维虔，而神之所以庇荫无穷者，亦愈久而愈著。

今幸年丰人乐，中外禔福，予又得以答神佑者。仰祝慈釐，夫岂绀宇琳宫，侈陈壮丽，亦惟冀含宏之德，溥锡乎群生，赞育之施，长绵于亿祺。

是则予勒石纪事，昭示永久之意云尔。

道光十七年岁次丁酉孟冬月御笔

王公大臣及重要官员碑

在丫髻山诸多碑刻中，现存的王公大臣碑主要有：康熙三十五年（公元 1696 年）赐进士出身内阁学士兼礼部侍郎（应为正一品）张榕端所撰“丫髻山天仙祠碑”、康熙三十五年（公元 1696 年）赐同进士出身翰林院检讨（掌修国史，明清属翰林院，从七品）宋如辰所撰“丫髻山进香碑”、康熙四十五年（公元 1706 年）赐进士出身翰林院庶吉士郭于蕃所撰“怀柔县丫髻山天仙圣母庙碑”、康熙四十七年（公元 1708 年）钦赐进士第皇太子讲官内廷供奉翰林院编修汪灏所撰“诚意会碑”、康熙四十八年（公元 1709 年）赐进士出身光禄大夫文华殿大学士（辅助皇帝管理政务，统辖百官，正一品）兼户部尚书加五级丹徒张玉书［江苏丹徒，今江苏镇江人，居官 50 载。康熙二十九年（公元 1690 年）升文华殿大学士兼户部尚书，成为当朝宰相，到随侍康熙卒于热河，整 20 年。曾担任总裁修成的书籍有《三朝国史》、《大清会典》、《大清一统志》、《平定三逆方略》、《平定朔漠方略》、《政治典训》、《治河方略》等］所撰“丫髻山天仙庙碑”、清康熙五十二年（公元 1713 年）赐进士出身通议大夫工部都水司郎中加四级陆遐昌敬书“丫髻山工部献灯老会碑”、康熙五十三年（公元 1714 年）皇三子诚亲王胤祉奉敕书、鸿胪寺序班加二级朱圭镌刻“丫髻山行宫碑”、雍正元年（公元 1723 年）国子监祭酒王图炳恭写“丫髻山进香碑”、乾隆十年（公元 1745 年）固山贝子弘景撰文并书“如意攒香供献鲜花寿桃胜会碑”、嘉庆十三年（公元 1808 年）太子少保协办大学士户部尚书信官戴衢亨撰文并书“一山善人灯会碑”等 10 通。

这些王公大臣碑刻，清康熙朝更为集中，占了 7 通，其他雍正、乾隆、嘉庆朝各占一通，道光以后基本没有了。从一个侧面，反映了在帝王重视下，大臣热情的关注倡导。当然由此亦可大略看到，康乾盛世之景及清后期国势逐步衰微之势。

清康熙三十五年（公元 1696 年）“丫髻山进香碑”，立于丫髻山两顶之间三皇殿前西侧（图 112）。碑为青石质，螭首，额题双钩“崇善老会”，首题“丫髻山进香碑记”。碑文为赐同进士出身翰林院检讨宋如辰所撰。碑阴额题双勾“万古流芳”，下镌会众题名。碑左侧刻“京都地安门白米斜街崇善三顶圣会香首王门叶氏等建立”字。

碑文应是丫髻山进香时的一篇祷辞。

图 112　丫髻山进香碑（摄于 1961 年）

丫髻山进香碑记

太极未判，混混沌沌。二气既奠，万物滋生。万物之灵，聿迺唯人。秉兹鸿钧，有邪有贞。积气之贞，崭然为神。周武之封，封表于情。代多具性，弗匮谥旌。赫奕威灵，永敷海滨。岳渎社稷，上下荐陈。爰民神凭，爰神民成。冥冥昭昭，迺经乃纶。钟灵名山，是矜是程。粤燕京东，有山峥嵘。号曰丫髻，巉岩轮囷。屹然中处，万山拱循。碧霞圣母，行宫西崙。微范壶峤，兽鳌霄云。贵贱谒献，君蒿氛氲。余友王君，念年礼尊。友室曰叶，随展殷勤。董诸善女，爇檀焚沉。壶谊若跦，厥志可珍。品诣臧否，敬肆伪真。厥唯肃佈，砺疵刈蓁。巍巍荡荡，民无能名。庙貌峨峨，整容饬形。法像爚爚，洁志凝精。矧乎圣母，声灵振振。报施贞谣，曰正曰平。叩之輒应，石火击金。咄咄象教，杜公确论。思彼建立，圣人深心。上哲敬天，中哲畏神。唯敬唯畏，滌垢揃新。人人具兹，海晏河清。叶之投诚，余顾珍钦。匪侔祈祷，匪侔游巡。况和于夫，于义何泯。允符于义，神纳其馨，树厥帼上，庸何伤云。猗欤休哉，唯神之灵。猗欤祯哉，唯人之纯。嵬嵬山岳，皎皎星辰。仰之而光，依之而宁。辰也岳也，悠悠古今。

赐同进士出身翰林院检讨宋如辰撰

康熙三十五年岁次丙子孟夏月谷旦会首王门叶氏立

焚修住持李居祥

清康熙四十八年（公元1709年）“丫髻山天仙庙碑”，今已无存，仅存碑阳拓本。首题“丫髻山天仙庙碑记”，碑文为赐进士出身光禄大夫文华殿大学士兼户部尚书加五级丹徒张玉书所撰。落款处有张玉书阳文“张玉书印”和阴文“素存”印章。

碑文记述了怀柔之名始于唐贞观六年（公元632年），城由土城而筑石城，描写了丫髻山形胜、碧霞元君名号由来及建魏忠贤崇功祠之事。这里说一下魏忠贤，明朝末期宦官。北直隶肃宁（今河北沧州肃宁县）人，汉人，原名李进忠。入宫后，出任秉笔太监，改名魏忠贤。明熹宗朱由校时期，出任司礼秉笔太监，极受宠信，被称为

“九千九百岁”。排除异己，专断国政，以致人们“只知有忠贤，而不知有皇上”。明思宗朱由检（崇祯皇帝）继位后，打击惩治阉党，治魏忠贤十大罪，命逮捕法办，自缢而亡，其余党亦被肃清。

此碑文对研究怀柔古城、研究丫髻山碧霞元君祠及魏忠贤崇功祠具有重要的历史价值和文物价值。

丫髻山天仙庙碑记

怀柔古白檀地也，其名昉于唐贞观六年。历代皆土城，至明成化三年始甃以石，遂屹然巨丽。

其东南九十里，有山奕如双峰插天，因名丫髻，绵历数百年。其上则碧霞元君祠焉，与栲栳山并峙，巍峨岩峻。登其巅者，西盼黍谷，望邹先生之吹律，叹其神灵。北眺红螺，诸山丹崖碧藓，云霞辉映，鸟语钟声，时相赠答。俯临小泉，雁溪入于白河，碧流清冽，渊若潮河之远源焉。南望朝鲤，东睇隗山，郁郁淙淙，烟霞万状，宜碧霞元君妥侑于斯也。

元君者，西王母之第三女也，诞于四月十八日，此华山石池玉女洗盆之说也。或曰不然，乃湄州林都检之女，渡海云游，于宋宣和间以护佑路行人功，始有庙祀。历元明，累功封天仙圣母、碧霞元君徽号。六百余年，至今不废，斯言谅哉！

我皇清受命，声灵赫濯。元君代天宣化，神运厥功，为民请命。康熙岁次，玉趾幸临，以答卫国护民之意。燕之信士绍娄胡君、弘宇张君，偕都人善良者，乐其教，薰其德，岁时皈依，焚香荐帛，顶礼惟谨。又仰体元君捍海深仁与御寇勤劳之至德，出其祀事之余，周济贫乏，每举无绌。非曰谄以邀福也，事神济人，聊以补过，士君子目监在兹之义云尔。

当明之季，有台谏欲建魏珰祠于其山者，赐名崇功祠，未成而珰败。人咸称元君褫其魄而速之诛，其威万英爽类如此。士民因钦崇奉祀，笔其事于石，以志元君之福庇善类、祸族佥邪，神功乌可没哉？

余因此山之葱郁，水之明秀，而又慕元君之正气炳耀，爰书数言而之记。

赐进士出身光禄大夫文华殿大学士兼户部尚书加五级丹徒张玉书熏沐拜撰

时康熙肆拾捌年岁次己丑蕤宾中浣谷旦

清康熙五十三年（公元 1714 年）“丫髻山行宫碑”，立于丫髻山西顶下万寿碑亭内。万寿亭始建于清康熙时，康熙六十年《怀柔县志》所绘“丫髻山图”绘有万寿亭，现存建筑为 2004 年在原址复建。亭为六角形，下为石砌基座，重檐攒尖顶，顶及檐面覆黄琉璃瓦，上置宝珠。亭六面砌筑砖墙，饰以红色。亭南面辟券门，下面石基砌垂带踏跺。檐下施小点金旋子彩绘，悬挂“万寿亭”匾额。亭内所立“丫髻山行宫碑”为汉白玉质，螭首龟趺。额题“恩光普照”，首题“丫髻山行宫碑文”。碑文为康熙皇帝三子诚亲王胤祉奉敕书，鸿胪寺序班加二级朱圭镌刻（图 113）。

康熙皇帝第三子诚亲王胤祉，雍正登基后，为避讳改为允祉，精

图 113　丫髻山行宫碑，照片右为援藏干部马维贵、左为其女儿马丽彬（摄于 1990 年 4 月）

于历法、数学，奉命编辑《律历渊源》、《古今图书集成》等典籍，去世后葬在峪口镇东樊各庄村东北。碑文描写了时值康熙皇帝 60 大寿之际，丫髻山出现的祥瑞之景及书写的颂词。碑文中将丫髻山称为“泰岱行宫”，所指的应该是供奉碧霞元君的庙宇。而“维时良宵未艾，夜景乍明，焕发祥光，宣昭上瑞。岩开丽照，树灿琪花。初的烁以疑星，继荧煌而似月”所记，就是《光绪顺天府志·地理志·祠祀》记述丫髻山，“康熙五十二年，恭遇皇上六旬万寿，命皇十子敦郡王、皇十二子固山贝子及御前太监魏珠，赍敕降香。诸王大臣及旗民人等，延在京道官四十八员至山，启建万寿道场。于三月初一日始建，是夜圣灯涌见，散若金星，满山照耀，见者踊跃称瑞”之事。

丫髻山行宫碑文

盖自两仪甫判，坤德上配乾元。五岳肇封岱宗，尊居震位。衮东作镇，夙举明堙。畿辅效灵，别崇祀典。圣世怀柔之有道，明神显赫以呈祥。

钦惟我皇帝陛下，仁周六合，道格三灵。耕织日廑于宸衷，雨旸时关于圣虑。遂使丰穰屡奏，甘澍应时。屡施赈粟之仁，频下蠲租之诏。黄童白叟，同击壤于康衢；属国遐陬，共献琛于辇毂。既帡幪乎覆载，思报答乎涓埃。每当万寿嘉辰，遂合舆情颂祷。

维兹丫髻胜地，实为泰岱行宫。值三月之艳阳，祝万年之纯嘏。条风披拂，淑气回旋。花馥郁以凝香，草青葱而散碧。翔鸾窈窕，绣盖缤纷。舞凤婵娟，朱旗缭绕。爇沉檀于宝鼎，簇萧鼓于鵷行。爰至山隈，乃经信宿。

维时良宵未艾，夜景乍明，焕发祥光，宣昭上瑞。岩开丽照，树灿琪花。初的烁以疑星，继荧煌而似月。彩映北辰之座，辉联南极之精。较之烈山纪瑞，王屋兆符，迈炎德以加隆，卜姬年而逾永。信神明之昭格，知盛世之休征。

迨及曙色将分，晨熹倏启。玲珑贝阙，旭日升自林端；确瑷珠宫，彤云翔于天际。共伸封祝，咸效嵩呼。灵豫神嬉，降祥锡庆。晴岚缥缈，甘露宵滋。佳气郁葱，醴泉地涌。群灵协而共祐，百福萃而来同。合亿兆之欢心，愿一人之有庆。每十年而申祝，历万禩以加虔。愧摛藻之未工，敬勒石以纪瑞。颂曰：

天亶圣神，乘乾御宇。道配清宁，化隆三五。八表同仁，九畴时叙。川岳贡珍，灵只锡祜。惟此双峰，耸秀畿东。泰岱是副，祀典兼崇。舆情祝圣，帝座聿通。神贶昭明，煜爚瞳昽。绀殿琼楼，辉煌景灿。掩映列星，昭回云汉。璧合珠联，晶莹绚烂。瑞拟荣光，庆逾复旦。休祥众睹，纯嘏方昌。圣寿悠久，天地无疆。仁风翔洽，化日舒长。愿登舆颂，永播宫商。

大清康熙岁次甲午孟夏谷旦　皇三子诚亲王胤祉奉　敕书　鸿胪寺序班加二级臣朱圭恭镌

清雍正元年（公元1723年）“丫髻山进香碑”，立于丫髻山三官庙东北侧御碑亭内。御碑亭始建于清雍正时，现存建筑为2004年在原址复建的（图114）。此亭与万寿亭形制一样，也为六角形，下为石砌基座，重檐攒尖顶，顶及檐面覆黄琉璃瓦，上置宝珠。亭六面砌筑砖墙，饰以

图114　丫髻山御碑亭（摄于2006年8月）

图115　丫髻山进香碑（摄于2004年4月）

红色。亭南面辟有券门，下面石基砌垂带踏跺。檐下施大点金旋子彩绘，悬挂“御碑亭”匾额。亭内所立“丫髻山进香碑文”为汉白玉质，螭首。首题“丫髻山进香碑文”，国子监祭酒王图炳书丹（图115）。

碑文颂扬了康熙皇帝盛德，记述自康熙五十二年始，皇帝每10年要到丫髻山进香一次，今逢雍正皇帝嗣承大统，且期届10年，皇帝日理万机，故派人进香之事。

丫髻山进香碑文

盖闻圣人有不能忘之盛德，臣民抱迫欲尽之愚忱，非勉而然也，盖其深恩厚泽，沦浃乎肝腑髓液之间。斯以历万年如一日，合亿兆同一心，所谓盛德至善，民不能忘者，皆发于至诚而动于不容自已也。

我圣祖仁皇帝，德周万汇，道协三灵。制作超迈乎前王，典章垂宪于万世。遐荒绝域，服声教者六十余年；海澨山陬，沐膏泽者几千百国。自维辇毂诸臣，蒙恩最重，宫闱近侍，荷眷尤深。欲输犬马之忱，图效涓埃之报。

爰于康熙五十二年三月初一日，虔修香疏，肃整旗幡，前诣丫髻山进香。同词致祷，交口陈忱，且请以每十年进香一次。蒙圣祖御制碑文，详记其事，乃圣不自圣，惟祇承上帝，以祈天下人民之永安。仰瞻天语，蔼若和风，炳如皎日。

今期届十年，恭惟皇帝陛下嗣承大统，继志述事，率由旧章，天下人民其永安矣。况圣祖灵爽式凭，上帝眷佑长注，申锡无疆，诚足以上慰圣祖在天之灵。臣民于雍正元年三月初一日，仍趋叩山前，共毕前愿。实出自效之愚忱，敢云报高深之盛德？

庶几天鉴不远，陟降于昭，臣民曷胜瞻仰激切，愧缀语之未工，敬质言以纪事。

雍正元年岁在癸卯三月初一日敬立　国子监祭酒臣王图炳恭写

花会老会碑

现存丫髻山碑刻及拓本中，花会老会碑刻及拓本最多，近30通，主要有康熙四十七年（公元1708年）钦赐进士第皇太子讲官内廷供奉翰林院编修汪灏撰文、东华门皇城内外众善人等同立“诚意会碑”、康熙五十二年（公元1713年）赐进士出身通议大夫工部都水司郎中加四级陆遐昌所书“丫髻山工部献灯老会碑”、康熙五十二年（公元1713年）赐进士出身前翰林院庶吉士原任兵部督捕右侍郎加一级章云鹭书“京都正阳门外猪市口迤南天桥元宝老会碑”、康熙五十五年（公元1716年）京都顺天府大宛二县崇文门内单牌楼各坊巷人等同立“福善圣会朝山碑”、康熙五十六年（公元1717年）“二顶放堂老会碑”、康熙六十年（公元1721年）“永远胜会碑”、乾隆七年（公元1742年）京都皇城东安门内小南城众善诚起报恩源留放堂老会所立“报恩源留放堂老会碑”、乾隆十年（公元1745年）固山贝子弘景撰文并书丹“如意攒香供献鲜花寿桃胜会碑”、乾隆十七年（公元1752年）“如意掸尘净炉老会碑”、乾隆二十年（公元1755年）景山南府福善老会众善同立“福善香茶斗香老会酬愿答报四恩碑铭”、乾隆三十二年（公元1767年）京都顺天府大兴县朝阳门外六里屯东口外善男信女石广智、石门刘氏等立“纯善源溜老会碑”、乾隆三十五年（公元1770年）“四顶源流子孙老会酬恩碑记”、乾隆三十八年（公元1773年）京都地安门内帘子库众善所立“永远帘子老会碑”、乾隆四十五年（公元1780年）信官蒋泉所立“永远放堂济贫舍饭碑”、乾隆五十一年（公元1786年）京都顺天府东直门外三条中街合会众善公立“合意进供鲜花老会碑”、乾隆五十九年（公元1794年）京都顺天府大宛二县东四牌楼北八巷朱□会同外西安门内旗民众人合会善信立“龙灯老会碑”、乾隆六十年（公元1795年）“子午香长香会碑记”同治二年（公元1863年）“香河县南窝头村合义会碑”、同治三年（公元1864年）“香武二邑大后家湾恭意老会碑记”、光绪元年（公元1875年）京东怀邑寅洞里众善引右各村人等立“永远济贫放堂老会碑记”、光绪十九年（公元1893年）京东顺天府东路厅香河县西小屯庄花儿老会合会人等公立“天仙圣母九位元君灵感显应碑记”、光绪二十三年（公元1897年）“顺义县助善老会碑”、光绪三十一年（公元1905年）“宝坻县城南如意老会碑”、光绪三十一年（公元1905年）“万诚老会碑”、光绪三十二年（公元1906年）京都顺天府东路厅香武二邑大后家湾恭意会众善弟子立“香武二邑大后家湾恭意会重建碑”、清代“东直门外三顶老会碑”、民国十年（公元1921年）“诚意圣会碑记”等，是研究民俗文化的重要的第一手资料。这些花会老会碑刻，对研究北京地区以及我国北方民俗文化具有重要价值。其数量之多、地域之广、历史之久、保存之完好（包括拓本），为他处所罕见，不仅甲于京都，甚至可以说甲于天下！

清康熙五十六年（公元1717年）“二顶放堂老会碑”，立于丫髻山万寿亭东侧碑场子（图116）。碑已残，而碑文内容基本完整。首题“二顶放堂老会碑记”。

碑文描写了丫髻山山川草木的秀美，记述了丫髻山圣母有求必应、

图 116 二顶放堂老会碑
（摄于 2011 年 10 月）

人们竞相进香朝拜之景及颂祷铭文。

二顶放堂老会碑记

圣母得道，髫年成真，夙禀乾坤之正气；冲幼识彻，入仙入道，实分星斗之光芒。至圣至灵，广大包罗于宇宙；曰仁曰德，普济众生之橐籥。彰善瘅恶，慎用六柄，元君威灵孔赫不可诬也。昔圣母得道于泰山，仙趾降临以丫髻。

夫是山也，高有千寻，广有亿丈。而最奇特者，地搜胜概，物无遁形。欣欣有向荣之木，涓涓有纳流之泉。仰而曰山，俯而曰水。自西自东，以及南北，接应不暇者，此则丫髻山之大观也。双峰矗立，由天之显瑞；六龙驾幸，自地脉之增灵。山树为盖，岩石为屏。朝散彩霞，暮凝紫气。春夏秋冬，佳气郁葱。猗欤休哉，不可殚述也。

是以有求必应，有祷必灵。故四方老少男女贤愚，莫不奔驰。捧香顶烛，络绎不绝，解衣散钱，自朝及暮，由国运之富厚。民无疵疠，岁有丰登，鼓腹歌乐，手足宽闲，乃尧舜之仁风。因此，京中崇文门内、单牌楼、皇城内外、定府大街等处放堂老会历有年矣，每逢四月朔日朝谒金容，进□名香，冠袍带履，香信等仪，表众芹诚。

假兹片善立石在山，上铭：圣母恩光，普照尤祝。当今皇帝，睿算绵长。四海升平，歌雍熙于万祼；八纮宁谧，书大有于无疆。同乐太平盛化，咸欣治世长春。以祈各门获庆，长稚均安。商贾起居，贸易兴隆。属□作文，直述其事，叙以志其万一云尔。

康熙岁次丁酉孟夏朔日谷旦

清乾隆十年（公元 1745 年）“如意攒香供献鲜花寿桃胜会碑”，今已无存，仅存碑阳拓本（图 117）。首题：“如意攒香供献鲜花寿桃胜会碑记”，为固山贝子弘景撰文并书丹，会首护卫史鹏立石。碑文记述了丫髻山及如意攒香供献鲜花寿桃胜会设立等。简单说一下弘景，康熙皇帝第七子胤佑第六子，封为多罗醇郡王。善画画，尤其善画人物，作有《读画辑略》。嫡福晋伊尔根觉罗氏。碑文写到“弘景偕福金伊尔根觉罗氏及会首善信人等”，“福金”，拓片即是如此。

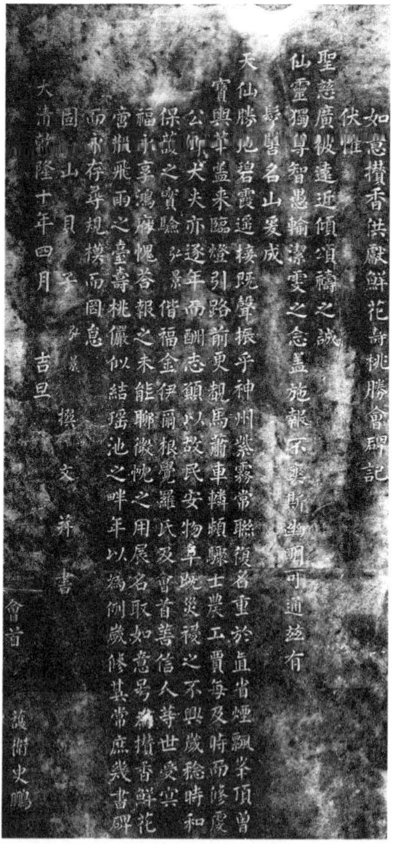
图 117 “如意攒香供献鲜花寿桃胜会碑记”拓本

如意攒香供献鲜花寿桃胜会碑记

伏惟圣慈广被，远近倾颂祷之诚，仙灵独尊。智愚输洁雯之念，盖施报不爽，斯幽明可通。

兹有丫髻名山，爰成天仙胜地。碧霞遥接，既声振乎神州；紫雾常联，复名重于直省。烟飘峰顶，曾瞻宝舆。华盖来临，灯引路前。更睹马萧车辚频骤，士农工贾每及时而修虔诚，公卿大夫亦逐年而酬志愿。以故民安物阜，既灾祲之不兴；岁稔时和，更保护之实验。

弘景偕福金伊尔根觉罗氏及会首善信人等，世受冥福，永享鸿庥。愧答报之未能，聊微忱之用辰。名取如意，号为攒香。鲜花不啻散飞雨之台，寿桃俨似结瑶池之畔。年以为例，岁修其常。庶几书碑铭而永存，寻规模而罔怠。

固山贝子弘景撰文并书

大清乾隆十年四月吉旦

会首护卫史鹏

清光绪元年（公元1875年）“永远济贫放堂老会碑”，今已无存，仅存碑阳拓本。首题：“京东怀邑寅洞里众善引右各村人等永远济贫放堂老会碑记”。

碑文记录了捐钱的数量、所购民田的亩数，佃户所在村落以及众善姓名等。规定每年四月初五日于回香亭赈济放堂成为定例。

京东怀邑寅洞里众善引右各村人等永远济贫放堂老会碑记

盖闻天地有好生之德，仁人恻隐之心，以善及人。惟德动天，一人之善虑其孤，一日之善虑其浅。

兹因丫髻山天仙圣母瑞诞之辰，进香朝顶而后，所见号寒啼饥者不少，不能无怵惕之心。而恤孤怜贫，亦体圣心而行仁者也。由是倡举引善之道，劝捐聚资，意欲济人之急，救人之危，共成乐善不倦之事。

今约计捐东钱贰仟有余，仆等鲜克有终，更为畴头，以成万古不乏之策。所买民田壹顷九拾亩，共计得租钱叁百二十余吊。佃户坐落前、后芮家营、天井三村内，除钱粮银四两六钱，具契纸租项尽归紫霄宫收存承管。

同众商明，定于历年四月初五日，于回香亭永远放堂为证。

刘全五　捐钱三百吊　齐福衍　捐钱五十吊

刘　鑫　捐钱二百吊　张延武　捐钱五十吊

天育堂　捐钱一百吊　杨　奎　捐钱五十吊

议叙守备刘全五　蔡文升　捐钱壹百吊

田海龙　捐钱五十吊

引善人　陈　瑞　王桂林　捐钱壹百吊

陈秀如　捐钱五十吊　张廷武　刘　珅　捐钱八十吊

徐宏经　捐钱五十吊　赵　维　捐钱八十吊

单守保　捐钱五十吊　杨绍□　捐钱六十吊

徐廷桂　捐钱七十五吊　王继光　捐钱六十吊

王天昆　捐钱五十吊　李凤翔　捐钱四十吊

张景旺　捐钱五十吊　邹文达　捐钱四十吊

岳继中　捐钱五十吊　李方奇　捐钱四十吊

李长祥　捐钱二十吊　范天庆　杨　宽　捐钱三十吊

赵希泊　捐钱二十吊　孙寅亮　李延畴　捐钱三十吊

王　坤　捐钱十五吊　康朝相　陈　瑞　捐钱二十吊

孙凤仪　捐钱十五吊　赵子英　郭　镗　捐钱二十吊

范常庆　徐延俊　赵云良　李天双　捐钱二十吊

刘　鉴　张绍明　赵云库　徐□起　捐钱二十吊

闫兆熊　王然□　闫兆奎　王　瑞　捐钱二十吊

杜　明　刘　顺　闫兆宏　张延弼　捐钱二十吊

赵得发　王浩印　闫玉枝　范延章　捐钱二十吊

赵国平　郭延苍　范宝庆　李九功　捐钱二十吊

刘　鉴　辛文斋　屈延相　刘玉成　刘永生　□　亮　王　富

李□玉　李方秀　张□澄　李连登　龚得好　张伯基　徐延臣

刘俊永　范永奉　张定基　张　浩　徐廷相　王　闰　龚□珍

王万年　张延顺　以上捐钱十吊

杨刘氏　捐钱壹百吊　刘徐氏　捐钱五十吊

信女　刘赵氏　捐钱五十吊　徐陈氏　捐钱五十吊

胡王氏　捐钱十吊　□石氏　捐钱十吊

郭刘氏　捐钱二十吊　岳陆氏　捐钱十吊

李秦氏　捐钱二十吊　郑刘氏　捐钱二十吊

大清光绪元年四月初□日吉立

民国十年（公元1921年）“诚意圣会碑”，立于丫髻山万寿亭东侧碑场子。碑已残，近年修复。碑为青白石质，方首，线刻云海纹饰。额题“诚意圣会”。碑阳镌刻碑文，碑阴镌刻会首名姓。大兴安则泰撰文，大兴金兰言书丹（图118）。

碑文记述了诚意圣会由清初发起，且刻有碑记，后因山墙坠落而碑被掩埋。民国九年发现，再勒石以记其事。由此可见诚意圣会历史之久远。

诚意圣会者，由前清国初发起于京城内外大、宛两县人民，夏历四月向丫髻山礼神祈福之善举也。初由京城人民办理，惟四月初四日在喇苏营供驾用斋。迨乾隆末年，即归喇苏营承办。

早年原有碑记，屹立山前。后因山墙坠落，压覆难寻。至民国九年，该碑始行出现。合会善信人等，以为久蒙神恩之呵护，佑我平安，幸此碑记之犹存，岂容湮没。爰将旧碑整建，用昭灵况。于当年复树新碑告成，以垂永久于后世。

惟愿合会人等，同勉诚心向善，仰邀圣德垂慈，庶不负成会建碑之旨也。是为记。

中华民国十年夏历辛酉四月谷旦

大兴安则泰谨志　大兴金兰言敬书

图 118　诚意圣会碑（摄于 2011 年 10 月）

善男信女碑

善男信女碑，这类碑刻在丫髻山碑刻中数量不多，主要有乾隆二十四年（公元1759年）袁士库等“制造引路一山神灯序碑”、嘉庆十三年（公元1808年）太子少保协办大学士户部尚书戴衢亨撰文并书丹、信士王光治、李宗培等12人所立“一山善人灯会记事碑”、同治十二年（公元1873年）“丫髻山拜顶碑”、光绪十二年（公元1886年）“敬献翠冠碑”等数通，其中记有百余年间，“一山”，“善人”灯会前后相继的过程。

乾隆二十四年（公元1759年）“制造引路一山神灯序”碑，今已无存，仅存碑阳拓本（图119）。首题“制造引路一山神灯序”。平谷县庠生王际康撰文并书丹，杨成麒镌字。

碑文记述了信士袁士库夫妇等捐助“一山”神灯之事。

图119 “制造引路一山神灯序碑”拓本

制造引路一山神灯序

兹丫髻山盘道夜设神灯，接济往来。

自都中德胜门内绦儿胡同信士袁士库同妻钱氏夫妇二人，捐募诚造金灯一百零八盏，设立娘娘宝顶。恐其日久断续，既而又置山下地一顷七十五亩，每年收租银三十五两，舍在山院，为修神灯烛人工之费。

图 120　一山善人灯会记事碑（摄于 2011 年 10 月）

此非库一人之善念，乃大众之功德也。固镌石以志不朽。

重修弟子袁孝秀、金陈氏。

大真人府知事厅本山住持张显才、王显信

大真人府提点司傅显扬

平谷县庠生王际康叙事并书

大真人府掌事厅张一茂

时

乾隆二十四年岁次己卯季夏月之吉辰

镌石人杨成麒

嘉庆十三年（公元 1808 年）“一山善人灯会记事碑”，立于丫髻山万寿亭东侧碑场子。碑为青石质，螭首，额题篆书“万古流芳”四字。碑阳镌刻碑文，碑左侧镌刻“京都龙灯老会挂灯献茶”。碑阴无字。太子少保协办大学士户部尚书戴衢亨撰文并书丹。信士王光治、李宗培等 12 人立石（图 120）。

碑文记述了丫髻山顶“一山”灯列设如常，而“善人”竟至中辄，王勋等捐助使之复烂然如故之事。而撰文书丹者戴衢亨，为乾隆时状元，历任侍读学士、军机大臣、体仁阁大学士等职，是嘉庆时一代重臣。

丫髻山在都城之东，相距百余里。北倚紫塞，南拱神京。冈峦回合，蜿蜒磅礴。而钟秀特奇，洵近畿福地也。

上有碧霞元君祠，灵感异常，有祷辄应。是以每岁孟夏，四方人士会于此者，或辇纸帛，或舁香烛，拜叩登山各为胜会，骈肩叠迹不可数计。其尤著者，山之阳向有一山善人灯会。其制以众小灯排成四字，每当日暮时，月色灯光辉映山谷，虽数十里外犹隐隐可辨焉。

讵意费用浩繁，盛事难继。其“一山”二字灯系另股会众承办，至今列设如常。而“善人”二字，以会无存项，仅赖募化集事。后因年歉助薄，竟至中辄。自癸亥岁王公勋等诚敬进香，询得其详，慨然有复新志，遂醵白银五百两寄存生息。即以每年所得息银七十金为灯烛茶水之资，而“善人”二字灯复烂然如故矣。

夫碧霞圣母，自元、明以来历加赠典。致我朝而资福流庆，愈昭显赫，故列圣之敬而礼之者亦倍至。凡属士民，更宜如何崇报，以仰答神庥耶？则兹灯之设，虽巧而不为糜，虽费而不为奢也。予故美其事之可传诸久远，而为之记。

太子少保协办大学士户部尚书信官戴衢亨敬撰并书

信士　王光治　李宗培　车　雷　倪国亮　许瀛川　王　勋　朱二格　许殿英　诸　福　祁永龄　沈正谊　莫象南等敬立石

嘉庆十三年岁次戊辰三月谷旦

清同治十二年（公元 1873 年）“丫髻山拜顶碑”，今已无存，现仅存碑阳拓本。题“立众善供俸干果素烛以及照善士拜顶碑文”。

碑文记述了为人字灯会、善字灯会等众善捐助之事。

立众善供俸干果素烛以及照善士拜顶碑文

尝闻献干果以祝圣寿，点夜灯以照人行，奈无众而圣会不兴。

兹因本山于四月朔日恭逢天仙圣母瑞诞之辰，向例供俸干果与人字灯、善字灯，使众善得以朝顶拜谒。但香灯之荐非财不济，而资财之用岂一人而独成？由是敬叩引善领袖，倡义于广种福田之家，共计捐成纹银二百七十两，置租以息。坐落东、西樊各庄、梨各庄、杨家桥、云峰寺、胡辛庄，共计起租钱三百九十七吊三百四十文，以备每年干果素烛与人工之费。

成此盛举，从一片石上留芳姓字之香，宝座以前常有光辉之盛。勒碑刻铭，功德不朽。

引善人王友棠

顺义县槐阴堂王友棠助银三十两　崇门外榄杆市大街张如源助银三十两

浙江山阴县人沈松亭助银三十两　顺天府大兴县孙谦山助银三十两

顺天府宛平县人周子庄助银三十两　顺天府大兴县王东屏助银三十两

浙江会稽县人倪静山助银三十两　隐善室助银三十两

顺天府大兴县陆梦松助银三十两

大清同治十二年四月初一日　本山住持道赵承学敬叩

清光绪十二年（公元 1886 年）“敬献翠冠碑”，今已无存，仅存碑阳拓本。首题“敬献翠冠碑序”。

碑文记述了帘子库众信士捐银敬献圣母翠冠之事。

敬献翠冠碑序

尝思冠以饰首，服之至尊者也。是以天子有冕冠，前后十二旒，以象天也。冠之为用，岂不重哉！况神圣冠之不修，何以肃观瞻而显威灵也？

兹因丫髻山天仙圣母泽被寰区，恩周海内，凡神袍带履进者如市，无不焕然维新。惟有翠冠一节，京都旧有翠冠老会，年例进香献冠。只因钱粮浩大，难以永继。帘子库众善人等，年例于四月初一进香献帘。偶见冠之不整，不胜惶恐惶惧。处心共议，竭巾捐资，整神冠于不废。共捐银六百两，交紫霄宫置租地生息，以为作冠之费。

年例四月初一日，翠冠与神帘一同上献。此乃永垂不朽之功德，万世常昭之胜举也。是以勒碑为记。

京都前门外住甘井胡同信士弟子樊丽生捐银三百两

京都地安门外兵马司南锣古巷信士弟子王淇捐银一百五十两

京都东华门内北池子麒凤楼信士弟子王士泰捐银一百五十两

大清光绪十二年四月初一日立　住持道　王宗然叩

道士碑

丫髻山山上山下，至今保存一些道士碑或拓本，主要有康熙

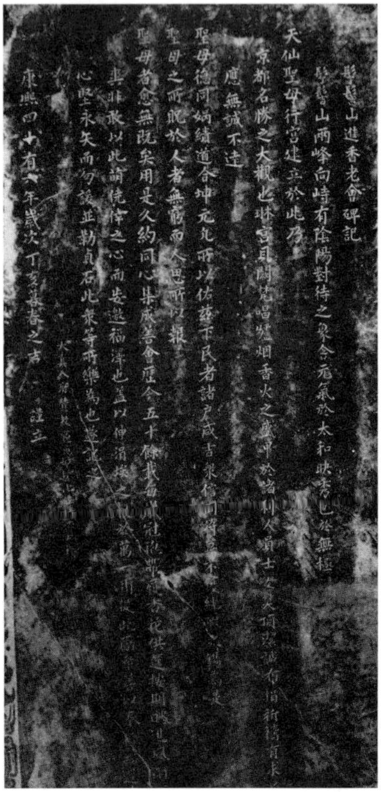

图 121 “丫髻山进香老会碑记”拓本

四十六年（公元 1707 年）大真人府赞教厅兼丫髻山住持李居祥撰文并立石“丫髻山进香老会碑”、乾隆二十九年（公元 1764 年）丫髻山第十五代住持傅显扬等“寅洞里丫髻山护国天仙宫地基碑”、光绪三十二年（公元 1906 年）丫髻山第二十一代住持赵德化“立施舍香火地租碑”、民国二十四年（公元 1935 年）丫髻山第二十二代住持道赵大安“重修回香亭殿宇以及盘道碑”等，是丫髻山道教发展等重要资料。

清康熙四十六年（公元 1707 年）“丫髻山进香老会碑”，今已无存，仅存碑阳拓本（图 121）。首题“丫髻山进香老会碑记”。大真人府赞教厅兼丫髻山第十三代住持李居祥撰文并立石。

碑文描写丫髻山为京都名胜大观，记述了丫髻山圣母有求必应，人思所报，进而集成善会之事。

丫髻山进香老会碑记

丫髻山两峰向峙，有阴阳对待之象。含元气于太和，映秀色于无极。天仙圣母行宫建立于此，乃京都名胜之大观也。

琳宫贝阙，梵唱炉烟，香火之盛，甲于诸刹。人员士女，焚顶洁诚，布捐祈祷，有求必应，无诚不达。圣母德同娲绩，道合坤元。凡所以佑兹下民者，诸户咸吉，众信同符，莫不获纯嘏之锡焉。是圣母之所贶于人者无穷，而人思所以报圣母者愈无既矣。

用是久约同心，集成善会。历今五十余载，每岁冠袍带履，香花供筵，按期醵进，风雨不爽。非敢以此萌侥幸之心，而□邀福泽也，盖以伸涓埃之报于万一尔。从此，励众善以奉，行无违素心，坚永矢而勿谖，并勒贞石，此众等所乐为也。遂记之。

大真人府赞教厅兼丫髻山住持李居祥

康熙四十有六年岁次丁亥暮春之吉谨立

清乾隆二十九年（公元1764年）“丫髻山护国天仙宫地基四至碑”，今已无存，仅存碑阳拓本。曹观光撰书。

碑文记述了丫髻山护国天仙宫地基四至及第十三代住持李居祥笔书且勒石，第十五代住持傅显扬复刻铭以传后世之事。这里东至瓦堂寺，现在遗址尚存；西至唐家峪，就在丫髻山西边隔一道山梁的那道山谷，现在还叫唐家峪；北至黄花顶，就是康熙六十年《怀柔县志》所绘丫髻山图标示的黄花岭，现在还叫黄花岭，当地亦称黄花顶；南至石门，就是现在丫髻山南部山脚太极广场牌楼东侧平谷新十六景之一“神桃天降”的神桃峰，当地俗称“石门子”。

京都顺天府昌平州怀柔县寅洞里地方，丫髻山敕赐护国天仙宫地基四至：东至瓦堂寺，西至唐家峪，北至黄花顶，南至石门，四至分明。

于康熙二十八年岁次己巳季春望日，重修山门毕，本山十三代焚修住持李居祥等，恐久传无凭，故笔之于书，以示后弟使之闻之。

至乾隆二十九年孟夏朔十日，十五代傅显扬等恐其久而有差，故复勒碑刻铭，以传后世，庶几永垂不朽矣。

时

大清乾隆甲申岁仲吕谷日李居祥等傅显扬等熏沐敬刊

曹观光　撰书

清光绪三十二年（公元1906年）“立施舍香火地租碑”，立于丫髻山万寿亭东侧碑场子。

碑为青石质，方首抹角，线刻云纹。额题“万古流芳”，首题“立施舍香火地租碑记”。丫髻山住持赵德化立石（图122）。

碑文记述了三河县刘作霖、刘作清施舍香火地租之事。

图122　立施舍香火地租碑（摄于2011年10月）

立施舍香火地租碑记

尝闻人言，有乐善好施者，果能以福报之乎？盖乐善不倦，人所固有之长情也。善为至宝，一生用之不尽也。

《书》曰：“作善降之百祥。”《易》云：“积善之家，必有余庆。”千祥云集，百福骈臻，岂不报之以福乎！今有顺天府三河县庞里庄窠刘作霖、（刘作）清，虔心好施，诚愿将祖贻民地租项四千余吊，施舍在丫髻山天仙圣母懿前，于四月圣会作为永远帮助献戏舍粥之费。此租坐落在梨各庄、坨头寺二处，每年秋后起现租钱三百八十余吊。诚哉好施也！

盖施舍财源，善种福田。名垂千古，裕后光前。德业隆盛，后代贤明。广行阴骘，上格苍穹。天必锡汝以福，岂不以乐善好施中得来者哉！

引善人　王殿勋　杨魁三　张延立

大清光绪三十二年四月谷旦日

本山住持道赵德化　敬立

民国二十四年（公元 1935 年）“重修回香亭殿宇以及盘道碑”，立于丫髻山万寿亭东侧碑场子。碑身断裂残缺，后修复。现存 20 世纪 50 年代所拓拓本，文字完整。碑为青石质，方首抹角，浅浮雕二龙戏珠图案，额题双勾行楷“万善同归”。首题“重修回香亭殿宇以及盘道碑记”。碑阴额题双勾“永垂不朽”。

碑文记述了各县庄人捐助重修回香亭殿宇以及盘道之事。

重修回香亭殿宇以及盘道碑记

古者神道设教，昭然列乎祝典；佛法流通，运动本夫民情。汉代建禅林，武帝修寺院，无非神道依夫人民。而人民之通乎神明，所以向善敦化者，未有不赖夫灵应默佑者也。

缘据丫髻山，昔有东西二顶、玉皇上帝宝阁、天仙圣母牌楼、钟鼓二楼、回香亭、娘娘大殿诸神殿宇以及盘道。虽然岁时修葺，未便一新，久被风霜剥蚀，渗漏凋残，实难目睹。人心向善，贵官长者、众会董事、诸君子等不邀同心竭志捐资之意。重修鸠工庀（庀）材，丹垩雕阑，庙貌足以观瞻，神像亦堪祝仰，以及盘道告竣。其工虽速，而需款甚巨。未免捐资邻村，集腋成裘，而共成是举。

好善乐施之士，巨擘赞成。恐其代远年湮，所以勒碑刻铭。大柜效力，王勋卿撰，而著施助之芳名于左叶，期永远不朽云尔。

本山住持道赵大安叩

中华民国二十四年十一月十五日吉日立

过去，丫髻山山上山下旧时碑刻确实很多，现存数十通碑刻及拓本，并在西顶下建有碑林（图 123，图 124）。此外，丫髻山后大虫峪，为明清时期道士墓，由西至东按辈分排列，墓前都竖有小石碑（图 125）。20 世纪 80 年代，道士墓被平，且在上面植了树木，那些墓碑多掩埋于地下。2014 年 5 月来此，道士墓这个地方已被承包丫髻山林场的洛娃集团辟为鹿场，草早已被啃光。除以前看到的丫髻山第十五代道士

图 123 丫髻山西顶下碑林（摄于 1982 年 8 月）

图 125 丫髻山道士墓（摄于 2018 年 8 月）

图 124 丫髻山西顶下碑林（摄于 2012 年 5 月）

李显华墓碑（图 126）外，发现一通墓碑露出半截（图 127），经清理，碑上自左至右竖着镌刻 3 行字迹："原命丙寅相五月十五日吉时受生，羽化讳嗣岩邢公之墓，大限丁未年五月十八日吉时□殁。"这个道士名邢嗣岩，属于嗣字辈，为第十七代。另外还有一半截墓碑，通过碑上"羽化祖耿居"字迹可知，这是与第十三代住持李居祥同辈的道士。2018 年 8 月再来，见鹿场不知何时已迁至沟口"金潮玉玛丫髻山森林酒店"东侧。而李显华及邢嗣岩两方墓碑立于墓地，还散落着一方碑首，另有一碑掩埋地下仅露一点碑首，线刻着流畅的祥云图案，细看二碑应该不是"羽化祖耿居"残碑。这些道士碑，无疑为研究丫髻山道士活动及丫髻山

图 126　丫髻山第十五代道士李显华墓碑（摄于 2008 年 6 月）

图 127　丫髻山第十七代道士邢嗣岩墓碑（摄于 2014 年 5 月）

道士辈分序列提供了新的资料。

丫髻山还有 3 方敕赐匾额，一方为明代“敕赐护国天仙宫”匾额，原镶嵌于西顶钟楼门楣上。此匾额专家认定为明嘉靖时物。清《光绪顺天府志·地理志·祠祀》记载丫髻山护国天仙宫，亦述“钟楼，有明时‘敕赐护国天仙宫’门额”（图 128），可为参照。二是“敕建护国玉清宫”匾额，原镶嵌于东顶玉皇阁鼓楼上，为清代遗物。2013 年 5 月北吉山村一农家院施工挖出，可惜又砌在了墙下，好在当时拍了照片（图 129，图 130）。《光绪顺天府志》记载：“康熙五十九年（公元 1720 年），又捐建鼓楼于三皇殿前之东，以配钟楼。”此额当制于此

图 128 “敕赐护国天仙宫”匾额（摄于 2007 年 4 月）

图 129 清代“敕建护国玉清宫”匾额（左，摄于 2013 年 5 月）

图 130 清代“敕建护国玉清宫”匾额（右，摄于 2013 年 5 月）

图 131 “敕建灵应宫”匾额拓本

时。三是“敕建灵应宫”匾额（图 131），现镶嵌丫髻山山门上。专家初步认定、《平谷文物志》等也记载为明代之物。但经与东顶鼓楼“敕建护国玉清宫”匾额比对，感觉形制类似，尤其“敕建”二字写法一致。所以，此额极可能是与“敕建护国玉清宫”同时的清代匾额。也就是说，当建完东顶玉皇阁及鼓楼后，或是建造了东西顶前的山门，在山门上镶嵌了这方匾额。况且，如是明代之物，《光绪顺天府志》不会漏而不记的。

总之，这些碑刻，是研究丫髻山道教文化和丫髻山发展历史及民俗文化的重要实物遗存。无论从道教、文物、历史、石刻，还是书法艺术等方面说，都具有重要价值。

五、丫髻山传说

传说，应该属于民间文学。翻阅有关《民间文学概论》书籍，传说又称民间传说，与民间故事同属于民间文学，但又有不同之处。传说里的人物、事件、地点等都是以历史上的实有人物、事件和地方风物作为叙述的真实背景，以此演化出生动、传奇的情节。我国流传“四大传说”，即《白蛇传》、《孟姜女》、《牛郎与织女》和《梁山伯与祝英台》。而民间故事中的人物、时间、地点、情节等都是不确定的、泛指的，是虚构的产物，可以分为动物故事、魔法故事、生活故事、民间笑话四大类。我们不是讲民间故事，这里就不细说了。而丫髻山的这些传说，应该属于民间传说。

丫髻山历史悠久，传说众多。经近年来人们的搜集整理，传说不下百篇。这些轶闻传说，源于丫髻山的山川风物，源于丫髻山的庙宇建筑，源于与丫髻山有关的历史人物，也源于丫髻山的道教文化等等，洋洋洒洒，丰富多彩。既有生动的可读性，又有较高的艺术性，还有一定的写实性，既朴实、又浪漫，既充满智慧教化、又充满奇思妙想，是丫髻山历史文化的重要组成部分。

归纳起来，这些轶闻传说，大致可分为以下几类：

丫髻山有关来历的传说

图 132 丫髻山西顶碧霞元君祠前四月庙会时情景（摄于 2010 年 5 月）

丫髻山山上山下殿堂、景观及风物等，是实有其物，实有其景，而附以相关轶闻传说。清康熙六十年《怀柔县志》记载：“山旧有碧霞元君庙（图 132）三间，明嘉靖中有王姓老媪发愿修建，以山高风烈，瓦易飘失，募化铁瓦，独身运至山上，往来迅速。人异之，施者渐众，殿以告成。”这是志书所记，我们看《铁瓦殿的来历》的传说：

话说明朝嘉靖年间，香河有位老太太，80 多岁了，耳不聋眼不花，不咳不喘，头发没有一根银丝，身子骨很是硬朗。大伙都说她是前生今世修来的福。她排行老二，人称王二奶奶。

有一回，王二奶奶骑着毛驴到丫髻山一带走亲戚，正巧碰见一个老道化缘。老人家一向心善，连忙从褥套里拿出仅有的一吊钱施舍了。出门回来她绕道到丫髻山进香，看到庙宇残墙烂壁不像样子，心里很不是滋味，立志重修这座庙宇。

她骑着毛驴四处募捐，求乞布施。她想，山上庙堂势高风大，保不准哪天让风把瓦揭了，于是就托人铸了很多的铁瓦。为早些把这些材料运上山，她起早贪黑地搬运，饿了啃几口干粮，渴了捧几口山泉水喝，鞋穿坏了十几双，衣服不知补了多少回。运了100天整，山底下的物件还剩多一半。你说怪不怪，从101天起，原来每天每趟背10块砖瓦还够呛，现在每天每趟背20块还不觉得重。原先白天加着紧才背三四趟，这会儿一个晚上就能背10来趟。到108天，一大堆东西全运完了。

老太太的诚心感动了天神，传遍周围十几个村，大家自愿来帮她干活。干了七七四十九天，一座前出廊后出厦、翘角飞檐、铁瓦覆顶的大殿便建成了。

王二奶奶行善积德心眼好，阎王爷给她增了寿，活了140多岁。老太太过世以后，人们为她塑像供奉在了殿堂内。

（张爱林　搜集整理）

明、清所编《怀柔县志》等相关典籍，有类似记载，借助于传说，更具体生动了。

再有《回香亭的来历》，我们看清康熙六十年《怀柔县志》记载："山半，旧有魏忠贤生祠。明天启时，巡按御史倪文焕请建，赐名崇功祠。未成而忠贤败，其基址甚宏壮，道士李居祥即其地建回香亭。每岁四月，京师及四方进香者，于此回向。"这个传说基本是真实的历史，连人物、事迹、年号、年代都是准确的，没有虚构与夸张：

丫髻山自山脚至山顶，庙宇林立，其中山腰有一座回香亭（图 133）。回香亭内供奉着存身娘娘，即碧霞元君。因清初整修碧霞元君祠，元君娘娘像暂存于此。后碧霞元君祠修葺完成，随即将娘娘像请回祠中。而人们进香时，经过此处常来拜祀，便塑像于此，故称存身娘娘。

图 133 丫髻山回香亭正殿（摄于 2011 年 9 月）

这地儿当初可不是回香亭，而是明朝臭名昭著的宦官魏忠贤的生祠。魏忠贤是河间肃宁（今属河北）人，家境贫寒，却好逸恶劳，酗酒聚赌，后来赌输了钱，又还不起，就自宫了，进皇宫当了太监。他竭尽能事讨好主子，成为实握朝廷大权、炙手可热的人物。他朋比为奸，结成阉党，变朝廷为魏家天下，大兴冤狱，残害忠良，实行血腥屠杀。一些无耻之徒，争相拜在他的门下，认阉人为父，充当干儿义孙。

天启六年（公元 1626 年），有人上书，对他歌功颂德，并为他请建生祠，得准。于是，建生祠、建牌坊、供生像，一阵风似的刮了起来，各地争相造祠造坊。有个趋炎附势的巡按御使倪文焕，在相好丫髻山这块“近畿福地”后，即在山腰进香必经的路旁，建造魏忠贤生祠，熹宗朱由校赐名“崇功祠”。

谁料天有不测风云，这个荒淫无度、不理朝政、只爱耍弄木匠锯斧的昏庸皇帝于天启七年“驾崩”，思宗朱由检继位。思宗对魏忠贤早深恶痛绝，不久即拿他问罪，生祠未成，人先丧命。崇功祠随之停建，成为他为自己邀功树碑的一个罪证。

至清康熙年间（公元1662—1722年），大规模修建丫髻山，第十三代住持李居祥便将崇功祠改为回香亭了。

（柴福善　搜集整理）

丫髻山有关历史人物的传说

这类传说中的历史人物，上至皇帝、王公大臣，下至丫髻山道士以及百姓，往往是实有其人。如《王二奶奶的传说》，志书所记“王姓老媪”、“王姓老妪”，当是在此基础上衍生出来：

图134　王二奶奶塑像（摄于2007年10月）

丫髻山上有一座铁瓦殿，殿里有个女人塑像，旁边还有一头小黑驴像，人们都管女的叫王二奶奶（图134）。

据说，这王二奶奶是香河人，来到丫髻山是给修庙的师傅们做饭的。这个人挺勤快的，做完饭，就赶着小黑驴，从山底下北髻山北边那大土坑子里，往上运土，每运一趟，还要用衣襟兜一兜儿土。她兜这一趟土，也顶人们用驴驮一驮子的。

庙修完后，王二奶奶骑着小黑驴家去了一趟。正她到家这天，家里见个小姑娘。等王二奶奶进家了，把驴拴好了，听见孩子哭，就问："是见个小小子吧？"家里人说："不是，是个小闺女。"家里人说是个小闺女，这王二奶奶生说是个小小子。等把孩子抱过来一瞅，真变成一个小小子儿了。

这事一传出来，人们都说她成仙了，就在丫髻山给她修了个铁瓦殿，里面供着她和小黑驴的泥像。

（海力　搜集整理）

丫髻山传说中，关于乾隆皇帝的传说很多，毕竟乾隆皇帝先后3次驾临丫髻山：如《乾隆还愿》，当了皇帝也不能不讲诚信，许愿是要还愿的：

据说，乾隆还没做皇帝的时候，曾经生过一场大病。宫内御医使遍了各种秘方，用尽了各种珍贵药材，也不见好。后来，他托人到丫髻山向娘娘许下了愿："娘娘如能保我身体康复，我情愿放弃人间荣华富贵，到丫髻山为道。"

说来也怪，乾隆的病慢慢地还就真的好转了，病好后就当了皇帝。近臣也有向乾隆皇帝提起过还愿的事，可乾隆皇帝想："我是大清皇帝，真龙天子，倒要看看不去还愿，能有何后果。”没把还愿当回事。

一天夜里，乾隆皇帝梦见有一自称来自丫髻山的老妇人，对他说：“你身为帝王，说话不算数，以何德服人？”从此以后，不是南边发大水，便是西边闹地震，总是不得安宁。

乾隆皇帝害了怕，这才感到必须得快去丫髻山，还了自己许下的大愿。可是，自己怎么可以放弃皇位，去当道士呢？苦苦想了很多日子，最后终于效仿前人故事，找了一个很像自己的人，到丫髻山替自己出家当了道士，道名乾一康。

（刘廷海　搜集整理）

又如《乾隆赏钱》，作为皇帝尽管富有天下，可也不能滥夸海口：

过去，丫髻山乃近畿福地，每年四月初庙会，各方人士便都到这里，或是做买卖，或是拜娘娘，要饭的花子自然也不会放弃这样一个填饱肚皮的机会。丫髻山上的花子多，便成了庙会一景。

有一年，乾隆皇帝来朝山，看到山路上一拨又一拨要饭花子，心里十分不快，想我大清帝国，地大物博，风调雨顺，太平盛世，哪里会有这么多的乞丐流民？于是叫过左右，问道：“谁知这山上究竟有多少乞丐？”左摇头，右摆首，说知道怕乾隆爷恼怒，说不知道也怕乾隆爷恼怒。谁知乾隆皇帝哈哈一笑，说：“我大清国有的是金银财宝，一个花子给一枚铜钱，最后发出去多少铜钱就有多少个花子，我就不信这点小事弄不明白！”说完，叫人抬来几笸箩铜钱，放在山门口，过来一个花子就给一枚铜钱。山上山下的花子闻听后，都来领钱，从日出发到日落，雀鸟归窝，星月当空，笸箩里的钱没有了，没领着钱的要饭花子还聚在山门口乱嚷嚷。带来的钱发没了，乾隆皇帝傻了眼，干搓手没有辙。

第二天早上，乾隆皇帝起来一看，丫髻山上出了一桩怪事：往日满山的草叶尖上顶的是一颗颗银光闪闪的露水珠儿，今日草叶尖上顶的是一枚枚金光闪闪的大铜钱。原来，丫髻山娘娘瞧乾隆皇帝说下了大话，便有意教训他一下，将满山的青草点化成了要饭的花子。乾隆皇帝瞧着满山草叶上的铜钱，愣了多半晌，这才明白是自己口出妄语，急忙跑上西顶，跪倒请娘娘恕罪。

（胡永连　搜集整理）

再如《罗汉头顶上的虾米须草帽是怎么戴上的》，君子无戏言，何况皇帝，而皇帝对神亦不可随意戏耍：

那时候儿，乾隆爷到丫髻山来，走的是这条道儿，从东、西樊各庄两夹间儿那儿，奔张各庄，张各庄庄北边那儿不有个行宫吗？那是打茶尖儿的地方。乾隆爷从北京出来，在那儿歇会儿，再随着刚才说的道往这边来，先奔烈虎桥，再奔磕头沟这么过来。

磕头沟这儿有一个上寺，一个下寺。乾隆爷到了下寺，喝碗茶，歇会儿，说："这上寺什么样啊？咱们到那儿凉快凉快去。"这文武大臣们护着驾就去了。

到上寺这儿一瞅，这十八罗汉当中，有一个浑身上下都是汗。这十八罗汉是泥胎不是啊？咋会出汗呢？乾隆爷觉得新鲜，说："横不能你是热的，咋出这些汗呢？"把自个头上的虾米须草帽摘下来，给那罗汉戴上了。

乾隆爷这句话是说着玩的不是，等玩够了，凉快够了，再想摘这草帽可摘不下来了。乾隆爷说："难道你是保驾的？"他这么一说呢，泥罗汉的头往下一低，点了点。乾隆爷就说："得了，算你有功，虾米须草帽就赐给你戴吧。"

打那儿以后，上寺甲的那个罗汉就戴上虾米须草帽了。

（海力　搜集整理）

要说来丫髻山进香朝拜的王公大臣，真不知有多少位了，仅仅清康熙五十二年（公元 1713 年），康熙皇帝 60 大寿，皇十子敦郡王、皇十二子固山贝子及御前太监魏珠来赍敕（携持诏书）降香，诸王大臣及旗民人等延在京道官 48 员至山，启建万寿道场。一次就有 48 位在京大员，更不要说平常陆续来朝山的了。就是道光皇帝做太子时，还 10 余次来丫髻山进香呢。至于清官海瑞是否来过，没有记载，但民间却有关于《海瑞踢鼓》的传说：

丫髻山，西顶供娘娘，东顶供玉皇；黄花岭，正殿供真武，配殿供狐仙。

只说那真武得道后，受丫髻山香火，把那吃人的龟蛇化成哼哈二将，又把自己的肠肚、剑鞘化成周公、桃花女，分列两边，好不威武。

大明年间，海瑞来朝丫髻山，先拜娘娘，再拜玉皇，求一个大明基业久，皇恩永浩荡。随后又上黄花岭，想看看空胸净腹的真武大帝的神威。

庙门开着，院里无人。海瑞正要抬腿往里走，不知从哪儿跑出两个童子来，嘻嘻哈哈堵住门，咋说不让海瑞进。

海瑞也不凡，忙睁慧眼一看：俩童子分明是两个狐仙所变。海瑞大喝一声，说："好大胆！我是钦差，谁敢阻拦！不知趣的，让你们尝尝尚方剑！"

海瑞说完，庙里传出话语："你帝王有帝王威，我神仙有神仙律。我真武帝本是空胸净腹神，怎容你个穿着牛皮朝靴的人进我的素洁之地！知趣的趁早回去，要不你就脱靴光脚来拜我真武帝！"

海瑞气个够呛，四下一望：庙墙外有一面牛皮大鼓正拴在木架上。海瑞三步两步走上前，解下大鼓，一脚踢下山。嘴里说："好你个空胸净腹，却每日里好听人敲这牛皮鼓。这牛皮的鼓面是荤还是素，想你真武帝比我清楚！"

牛皮鼓轰隆隆地滚下山去，动地惊天。到头来，不知是神仙服了帝王，还是帝王服了神仙。

（刘廷海　搜集整理）

《大安点穴》，是关于丫髻山道士的传说。几百年间，丫髻山住着很多的道士，按着谱系传承。康熙时李居祥为第十三代住持，到赵大安时已传至第二十二代了。当然不是最末一代，因为在赵大安之后，到新中国成立初期，已传至第二十五代，为“久”字辈了，名叫陈久东。

1947 年丫髻山宫观被拆，道士被遣散回家。

丫髻山最后一位住持赵大安，怀揣一身武功绝技，恋恋不舍地回到辛庄子老家。此时他已是快 80 岁的人了，靠侄男侄女侍候安度晚年。

辛庄子村有个孟庆明，20 郎当岁，听说道长会武功，整天吵着要跟着学武。赵大安自觉年岁大了，怕招事惹事伤了孩子，暗下决心不教授孩子武功。可孟庆明死乞白赖缠着，不教不行。实在没有办法，赵大安说：这样吧，我在屋待着，你出去找个顺手的木棍狠狠地打我，不准留虚情。

孟庆明以为三伯真要教他武功，就找个粗细得手的棍子，进屋铆足劲狠狠朝他头上打去。这时只觉得木棍被东西拨了一下，孟庆明从里屋重重地摔倒在堂屋地下。孟庆明如梦方醒，起来捂着肚子就叫三大伯：您真有两下子，我咋出去的都不知道。打这以后，孟庆明再也不嚷着学武了。

赵大安说，学武要讲武德，吃苦肯学是第一；悟性是第二。刚才你打我，我用烟袋竿一拨了，这叫一巧破千斤。在丫髻山当道士学武那会，师父教过我点穴功夫，但没教我如何解穴，还告诉我点穴这招千万不能使。千叮咛万嘱咐，怕我鲁莽惹出麻烦来。有一回我从山顶下来，碰见几个放羊的牧童死说活说不让我下山。从这边走这边拉着，从那边走那边拽着，把我惹烦了给一个牧童点了穴。那个牧童大眼珠子骨碌着，会说话不会动弹，可把几个放羊的牧童吓傻了，趴在地下央求我。我也傻了，我只会点穴不会解呀！我赶紧下山找师父去，师父来了帮着解开穴道。师父说，亏你知道我去哪了，要不会出人命的。

赵大安 1950 年羽化，享年 82 岁。

（张久成　搜集整理）

丫髻山有关风物的传说

丫髻山水少，可为啥水少呢？有一传说《丫髻山上为啥没有水》，所说蓟县盘山确实水多，旧时盘山号称“三胜”：上盘松，中盘石，下盘水。这里无非是借助于神仙之口而娓娓道出，读来也就更有情趣了：

早先，丫髻山上沟沟有水，坡坡有树，是个好地方。盘山老祖和丫髻山娘娘都瞧中了这块宝地，打算在山上修造洞府。盘山老祖早到一步，把蒲团撂在前山坡，就到后山转悠去了。

丫髻山娘娘这会儿来了，一见那蒲团，知道来晚了。可是这么好的宝地被人家占去又不甘心，于是从身上取出一双绣花鞋，压在蒲团底下，然后闪到一旁。一会儿，盘山老祖回来了，丫髻山娘娘好像没有瞧见似地踱过去。

盘山老祖瞧见了丫髻山娘娘，招呼说：“娘娘干啥来了？”

丫髻山娘娘反问道：“你干啥来了？”

盘山老祖说：“我要在这里修造洞府。”

丫髻山娘娘说："我也要在这里修造洞府。"

盘山老祖说："这地方我先占下的，你到别处去吧。"

丫髻山娘娘说："这地方是我先占下的，你到别处去吧。"

盘山老祖生气了："你先占下的有啥凭证？"

丫髻山娘娘也不服软："你先占下的有啥凭证？"

盘山老祖一指山坡："你瞧，我的蒲团在那儿撂着呢。"

丫髻山娘娘一指蒲团："你掀开蒲团瞧瞧。"

盘山老祖掀开蒲团一瞧，底下有一双绣花鞋，心里挺纳闷儿。

丫髻山娘娘逮住理了："你说你先来，我的绣花鞋咋在你蒲团下边呢？"

"方才我没看见这双鞋呀？"

"那是你老眼昏花，没瞅清呗！"

盘山老祖眼不花，他看穿了娘娘耍的花活，想了想问道："你非得在这里修造洞府？"

丫髻山娘娘"嗯"了一声。

盘山老祖点点头："好吧，这座山就让给你了！"

丫髻山娘娘高兴了，眉眼笑成一朵花。

忽然，盘山老祖打怀里掏出一只甘露瓶，嘴里喊声"来"，眼瞅着满山泉水化成千条线儿，丝丝缕缕钻进了瓶里。

丫髻山娘娘急了："你别把水收走哇！"

盘山老祖不理她，挟起蒲团，提着瓶子下山了。在山脚，丫髻山娘娘追上来，两只手拽住瓶，你拉过来，我扯过去，瓶里溅出几滴水。到末了，盘山老祖夺去瓶儿，气呼呼地走远了。

从那儿起，丫髻山上泉干了，水尽了，山脚下那条小河，是从盘山老祖的甘露瓶里溅出来的水变成的。

（胡永连　搜集整理）

丫髻山花草树木很多，其中有一种结长果的树，称之为山黄瓜树。这种树应该是自然生长的结果，可民间却赋予了一种优美的传说《山黄瓜树的来历》：

丫髻山上本来有水，让狠心的盘山老祖抢走了；丫髻山下本来有潭，让打架的黑龙白龙带走了。自此丫髻山上没有水，丫髻山下没有潭。远远的有一条小河，却解不了近渴，人担驴驮，来回几里山道，难着呢。

山上的老道们常常渴着干活儿，渴着念经，渴着烧香，渴着拜神。可是活儿又照样干得好，经照样念得亮，香照样烧得勤，神照样拜得诚，照样苦修苦行，照样守规守矩，照样四月开山门，接八方香客，迎十方善人。

灵官受了感动，告诉了菩萨。菩萨受了感动，告诉了娘娘。娘娘受了感动，告诉了玉皇。玉皇也受了感动，召来了众神商量。商量的结果，是让丫髻山长一种特殊的树，结一种特殊的果，供老道们食用解渴。

树长起来了，树干像檀，树叶像簪，开白花，结长果。咬一口有桃子甜，有杏子酸，有地瓜面，有黄瓜鲜。吃一颗一天心里不渴，吃两颗三天嗓子不干。人们叫它山黄瓜，那树便成了山黄瓜树（图135）。

这树如今还有，照样年年开花，照样年年结果，来得是时候，照样吃得着。

（刘云飞　搜集整理）

图 135　丫髻山巡山庙前山黄瓜树（摄于 2011 年 9 月）

丫髻山有关惩恶扬善的传说

丫髻山传说中，有一部分是关于惩恶扬善内容的，这也是我国文学的传统主题，民间文学亦不例外，毕竟民间文学是百姓心声的直接反映。如《烈虎桥的传说》：

图 136　峪口镇东樊各庄村烈虎桥（摄于 2008 年 5 月）

烈虎桥在峪口镇东樊各庄西北 1.5 公里处，是一座古石桥。据有关资料记载，此桥建于明代，距今已有 400

余年。桥面长约 12 米，宽约 4 米，两墩三孔，桥墩高约 4 米，桥面设有 1 米高的桥栏。桥南北两端有 4 只石虎踞守（图 136）。

过去，这里是京城去丫髻金顶朝山进香必经之路。清康熙皇帝 60 大寿时在东顶修玉皇阁，建万寿道场，乾隆、道光及王公大臣等前来朝山，都要从这里经过。所以，这座桥有的说是清康熙所建，有的说是清帝乾隆所建。还有一说，是与王二奶奶密切相关。

王二奶奶是河北香河人，勤谨贤惠，一心向善。明嘉靖年间，丫髻山大兴土木，王二奶奶闻讯后，骑着家里的小黑毛驴前来帮工。主持派她给修庙的师傅们做饭。几百口人的饭就够劳累的了，可她每天做完饭后，还要顶星披月的赶着小黑毛驴，到北吉山北边那个大土坑子里，往山上运盖大殿用的土。驴驮子装满后，她还要撩起衣襟，兜一大兜子土，然后再哄着小黑毛驴上山。

庙修完后，王二奶奶才骑着小黑毛驴回家。那时候，樊各庄北边这条河的水很大，河上也没有桥，有专人在这里摆渡。摆渡用的是一个柳条编的大笸箩，每次只能载一人过河。王二奶奶来到河边后，天正晌午，艳阳高照。摆渡的人坐岸边抽烟，他去过丫髻山，认识王二奶奶。一见王二奶奶骑着小黑驴奔河边走来，便磕掉烟灰站起身来，笑模滋滋地问："您回家啊？"王二奶奶走到跟前，下了驴，说："庙修完了，家里儿媳妇要坐月子，我回去瞧瞧。我这手里没多少钱了，少给你点儿行不行？"摆渡的人说："一个大子儿也不跟您要。您修庙搭了那么大的辛苦，我摆渡您还要钱，那不真成了见钱眼开了。就算我也做点善事吧。我先把驴给您拉过去。"王二奶奶将驴缰绳递给了摆渡的人，摆渡的人把小黑毛驴拉过了河。

摆渡的人刚在对岸将小黑毛驴拴好，正要转身过河来渡王二奶奶，天空突然变了，乌云滚滚，雷声隆隆，狂风大作，还有一股呛鼻子腥味儿。王二奶奶惊魂刚定，就见半空中飞下四只白老虎，张牙舞爪，血口如盆，咆哮震天。那四只白老虎直扑南岸，小黑毛驴挣断缰绳刚要逃命，被一只老虎一口咬断喉咙倒在地上，另外三只老虎一拥而上，三下五除二，就把小黑毛驴吃得毛都没剩一根儿。掉过头来，又将吓瘫在地的摆渡人给吃了。然后，大吼一声，一齐蹿到北岸。

原来这四只虎是远方来的妖虎。许是吃了一驴一人不多饿了，也许是王二奶奶身上真的有什么不同凡响之处，反正是它们没有马上吃掉王二奶奶，只是瞪着灯笼似的大眼，将她团团围住。王二奶奶见白老虎蹿到北岸时，便以为自己也难逃虎口了，便眼一闭任由它去了，谁知愣了好大一会儿，老虎还没来吃她，睁眼一瞧，看到四只白老虎瞪着八只大眼呆呆地瞧着她。王二奶奶胆子大起来，站起身，掸掸衣服上的尘土，开导起四只老虎来。人过留名，雁过留声啊；恶有恶报，善有善报啊；别图一时痛快，坠入地狱啊；积德行善，造福万代啊；放下屠刀，立地成佛啊……把四只白老虎说愣啦！王二奶奶又把自个如何百里迢迢前来修庙，家中儿媳就要生孩子，自己如何心切想回家瞧瞧，说了一遍，末了说：“反正庙也修完了，我的心愿也达到了，只是想回家看看我儿媳生了个啥。我求求你们，等我了完这个心愿，我再回到这里让你们吃，行吗?”四只白老虎听完王二奶奶最后一句话，浑身一震，头垂下来了。再说丫髻山娘娘这天正在洞府打坐，心中忽然一阵慌乱，掐指一算，知是王二奶奶有难，急忙驾起祥云，来到河边。那四只白老虎见丫髻山娘娘来到，更是不知如何是好，一个个俯首帖耳，甘愿受罚。丫髻山娘娘命令两只虎留在北岸，两只虎到南岸，头朝外，背向河，四条尾巴搭在一起，然后寻来那只柳条笸箩，放在虎尾巴搭成的架上，虎尾巴软禁不住柳条笸箩，丫髻山娘娘便从河边的柳树上折了两根柳枝，撑在虎尾巴下。然后，丫髻山娘娘念动咒语，手一指喊声变，一座牢固的石桥便架在了河上，四只白老虎化作石虎守护在桥头。王二奶奶过了桥，又停住脚步，说："小黑毛驴没了，我这样步尺撵，哪年月才能到家呢？"丫髻山娘娘说："你闭上眼吧。"王二奶奶照丫髻山娘娘的吩咐闭上了眼，便觉双脚腾空，耳边风响，急忙睁眼一看，落到了地上，四周一察看，已经到了家门口，百八十里地眨眼工夫就到了。

正好这天，她儿媳妇生了个闺女。王二奶奶听到孩子哭，就问："是个小小子儿吧？"家里人说："不是，是个小闺女。"可王二奶奶愣说是个小小子儿。家里人把孩子抱过来一瞧，真变成了一个小小子儿。

王二奶奶的事一传出，人们都说她成仙了，就在丫髻山上给她修了个铁瓦殿，里边供着她和小黑毛驴的塑像。那座桥因为是四只白老虎变成的，便唤作烈虎桥。

（胡永连　搜集整理）

传说中有一个《厨师把式匠》，内容颇有佛教"放下屠刀，立地成佛"的意味：

丫髻山紫霄宫总当家的不知从哪儿找了个厨师，这厨师新来乍到就安排在回香亭，给三当家的和道士做饭。

厨师50多岁，中等个，不胖也不瘦，模样一般。这厨师干净利落，做饭时套袖一戴，围裙一系，透着利索。厨房内锅、碗、瓢、盆归整摆放有序，锅台、案板刷得干净，柴火码放整齐，一看就知道有头脑有心计。厨师说话带山东口音，和他熟了的人管他叫山师傅。他不说“是”也不说“不”，等于自己承认姓山。三当家的也非等闲之辈，做事分轻重缓急，急事先办，轻事快办，是个城府很深的人。三当家的察言观色，慢慢揣摩山师傅。其他道士也认为这个厨师背后有来历，和总当家的关系不一般。

厨师为回香亭的道士一天做三顿饭，事不多也不忙。其他时间帮着道士打扫殿堂，洒扫庭院，侍候院内丁香、芍药等花草。在他和道士们的辛勤劳动下，前、后院拾掇得干净，人勤花草也壮。厨师的心情好像好多了，由寡言少语变得爱说爱笑了。

在一个隆冬的早晨，大约四五点钟的时候，三当家的起夜去厕所，发现院内有人影晃动，定睛细看，见厨师打拳踢腿，一招一式有板有眼，一看就知是个行家。道长未言语就悄然回屋。早饭后，三当家的未去殿堂做功课，便将厨师轻声唤到方丈室内，问其缘由，厨师见三当家的一问，便爽快地兜底直言：我老家在山东，因有人命案在外脱逃几载，估摸着官府已不再捉拿我了。道长对我不错，总当家的不计前嫌从朋友处将我要来，我后半生就归丫髻山了。在庙上多积阴德，多做好事，免受轮回之苦。三当家的说：我看出来了，你非等闲之辈，一肚子话早该道出来了。自己知道错了就好，你有家不能回就在这虔心修行将功抵过吧。你练拳腿咋回事？厨师说：我这把岁数了啥也不怕，前几年因练拳脚打恼了一位阔少，阔少使出绝招欲置我于死地，把我逼急了也使出了看家本领，一拳一脚打死了阔少，这才惹出一场人命官司。道长说：既然这样，你有家不能回，有父母尽不了孝道，有妻子儿女尽不了义务，你这就是出家的命呀！干脆你出家当道士，甭管人间凡事了。

经当家的合议，此后年轻的道士子夜丑时到回香亭找山师傅习武，山师傅认真教，道士们认真学，每天习武二三个时辰。几年的光景，道士们的功夫已有很大长进。道士们习武时间长了，附近百姓也有耳闻，当地的年轻人也按道士的钟点来回香亭习武。

厨师死后，丫髻山的道士们为他举行了隆重葬礼，当时的副监院赵大安等身穿法衣为其做盛大的度亡道场。前、北髻山和他习武的后生们在清明节都自觉地带上祭品为师傅上坟，以表悼念之情。

（佚名　搜集整理）

有篇传说名《县官讹钱》，为官一任就要造福一方，不能动不动就起贪心，甚至在神的面前也起贪心。贪心结果，只能是自身受到惩罚，这是罪有应得：

大清国那会儿，怀柔县一个新到任的县官来丫髻山朝顶进香，住在东宫。这位县官没来过，但早就听说丫髻山灵应，人气旺，香火也旺，方圆一二百里的信士都来拜庙烧香。县官刚到任，手头挺紧的，心想到丫髻山要找点钱花。他万万没有想到，丫髻山是皇家祭祀的地方，阔是阔但没人敢在这拔根毫毛。为啥？没人惹得起当朝的皇上替身。

县官坐着轿来了，想直接进紫霄宫，被把门的当值道士拦住说：文官下轿，武官下马，请大人把轿抬到东宫去。县官没办法，只好坐着轿来到东宫。紫霄宫方丈听到本县地方官来了，放下经卷，忙不迭地走出紫霄宫到东宫接应，把县官安顿在东宫五间房住。

这位县官没见过多大世面，第二天没朝山不说，丫髻山住持顿顿侍候着，他还横挑鼻子竖挑眼，跟厨师嚷嚷吃喝不好。他到花厅和住持相见，在喝茶时说：茶叶是陈茶，水不开叶子不落。嫌住持慢待他。弄得住持恼不得气不得，心想：一个七品芝麻官来朝山，还摆这么大的谱儿，皇上要来了不得让我们死呀！

你不是爱挑毛病吗？这回就叫你见识见识！住持暗地里叫监院禀报名誉住持、皇上替身乾一丙，让他穿上龙袍在紫霄宫院内走一遭，看县官咋样。当安排好后，住持陪县官从花厅出来，打正门进紫霄宫。当时紫霄宫大门洞开，一边两个道士手拿拂尘当值。住持进大门先行三叩九拜大礼，然

图 137　丫髻山紫霄宫（摄于 2011 年 9 月）

后再请县官进。县官一看皇上不在，心想行什么三叩九拜大礼，自己就把大礼免了，大大咧咧跟没事似的和住持进了紫霄宫（图 137）。

紫霄宫乃皇帝朝山的行宫，面积不大，房子不多，但格局按规矩建造。因有皇上替身在，门口二檩上悬挂“圣旨”匾，从前向后共有九道门槛，人称九龙口。门外还有上、下马石。平时道士们进紫霄宫走旁门，不走正门，今为啥开正门，县官当然不知道了。当县官迈到八道门槛时，见有道士身穿龙袍在后院散步，他不知咋回事，心慌了胆小了，趴在地上就叩头。身穿龙袍的小道士连搭理都没搭理他，迈着不紧不慢的方步悠然地走出了紫霄宫。县官蒙了，忙起身相送，当送到大门口抬头向上望时，突然看见“圣旨”匾，身子犹如瘫痪了一样，连步都迈不动了，问住持：刚才穿龙袍的是谁？住持说：县长大人，刚才那位是当朝天子的替身。县官心里一哆嗦打了一个冷战，这才如梦方醒，当朝天子替身在，奈何不得。县官的谱当时就没了，吃饭也不挑了，精神气也少了一半，蔫了吧唧的话也少了。

俗话说：官再大，还大过皇上去。第二天，县官老早地去山上进香，草草地吃了午饭，拜别了住持，自个蔫不叽的脚底下抹油溜了。县官在丫髻山没捞着钱不说，还弄一鼻子灰，脸难堪得没地儿搁了。后来听说县官回怀柔县衙后，有气没法出，独自生闷气，郁闷地生疮了。

（张久成　搜集整理）

丫髻山有关人与神鬼之情的传说

在民间传说中，人与神与鬼可以互通，宛若真实存在，典型的像蒲松龄《聊斋志异》、纪晓岚《阅微草堂笔记》、袁枚《子不语》等即是如此。而通过这些故事，歌颂美好的东西，善良的东西，鞭挞丑恶的东西。丫髻山传说中也有不少这样的故事，比如《阎王爷打小鬼》：

丫髻山神多、庙多、殿堂多，年年得修，岁岁要整，时时动土木，天天有木匠。木匠请了九十九，东西南北，哪儿人都有。

有个木匠打南边来的，人好，活好，胆子大，分派回香亭配殿里干活计。回香亭，正殿供娘娘，配殿供阎王。阎王脸黑脸，判官红脸，下辖着七十二司各路鬼。有大鬼，有小鬼，有老鬼，有少鬼，有男鬼，有女鬼，有好鬼，有坏鬼，有凶鬼，有善鬼，有勤鬼，有懒鬼，这木匠偏偏喜爱个拘魂鬼。

木匠有个嗜好，不讲究吃，却爱喝酒，没酒难下饭。请来的师傅半拉子客，庙里的酒有的是，任他喝。早晨喝，晌午喝，晚上还喝。庙里清静寡酒难饮，木匠就叫那拘魂鬼陪他喝。泥抓的鬼胎不会动，那木匠便一盅一盅地把酒往拘魂鬼的嘴里倒，边倒边说："鬼大哥，多喝点。你思阳世我想家，咱俩都是个没伴儿的人，做个相好吧。"

话是一说一过，日子水一般往后流，木匠记不清自己喝了多少酒，也不知拘魂鬼陪他喝了多少酒。转眼到了八月节，木匠告了假，要回家去看看父母，看看媳妇，因此早早要了后上（晚上）饭，酒没大喝，多一半让给了拘魂鬼。吃完喝完，扛了杆锛子就上了路。

八月天短，走不多会儿就黑了天。木匠想家，脚大步大。走着走着，忽听后边有人喊："木匠兄弟，等等我，咱俩一块走。"木匠回头一看，任啥没有。小秋风吹得树叶子刷刷响。还是走，走。走没多远，又听见后边有人喊他："木匠兄弟，等等我，咱俩一块走。"木匠回头一看，还是任啥没有。小秋风吹动路上的柴火叶，哗哗啦啦地跑。

木匠还是走，走。又没走多远，又听见后边有人喊："木匠兄弟，等等我，咱俩一块儿走。"这回木匠站住脚，回过身，手提着锛子喊一声："暗处的，你听着，若是人，你就亮亮相，若是鬼，你也亮亮相。"呼啦啦刮来个小旋风，旋风一停，木匠面前站着个拘魂鬼。

鬼说："兄弟别害怕，本该跟你一块去，到南边去拘一个魂，不想你晚上给我喝了那么多的酒，喝完睡个觉，故此来晚了。"

木匠胆大，任啥不怕，跟鬼搭了伴儿，边说边走，不知不觉到了三更天，一望，到了自家的庄头上。

鬼说："兄弟，咱该分手了。你回你的家，我拘我的魂。"

木匠说："是了吧。"

呼啦一下，拘魂鬼不见了。

木匠的家在庄西头，左边一棵槐，右边一棵柏，当中一扇黑漆门。木匠敲敲门，没人应。木匠推推门，门闩着。木匠拨拨门闩棍，门闩棍落了吊死鬼，拨不开。木匠急了，一锛子锛开门，几步蹿进里间屋，一看：吓坏了。板柜上放着煤油灯，炕沿上坐着木匠媳妇。媳妇一身花衣，满脸眼泪手里端着一碗盐卤，正要喝。木匠想喊，喊不出声，木匠想扑过去要，脚却不能动。

原来，木匠家那天做豆腐。豆浆磨得了，放进盆里，婆婆叫媳妇把豆浆端进屋里去，媳妇端起盆，没走几步，不知啥东西绊了脚，把盆扔出去老远。摔了盆，洒了浆，把婆婆气个够呛，上去给了媳妇两巴掌。公公知道了，跳出屋子来，帮婆婆冲着媳妇嚷。媳妇委屈，媳妇难过，媳妇气量窄，再也不想活。只说是三更喝下断肠的盐卤，四更便成了阴曹的客，远比活着强得多。只可惜临死见不着木匠的面，死后眼难合。

图 138　丫髻山回香亭西配殿内尚未彩画的塑像（摄于 2005 年 12 月）

图 139　丫髻山回香亭西配殿内塑像（摄于 2011 年 9 月）

想木匠，木匠便进来了。瞅见了，看见了，心里再无所怨了。盐卤碗挨到了嘴唇边，呼啦啦一个旋风刮进来，刮掉了媳妇的盐卤碗。

碗打了，盐卤洒了。窗外有人说了话：“木匠兄弟，可别怪罪，真不知该拘的魂灵是弟媳。天不早了，鸡要叫了，我要回去了。”

鬼走了，纵着风，驾着雾，转眼到了丫髻山，进了阎王殿（图 138，图 139），两手空空，战战兢兢，咋来咋去一学说，把阎王爷气个疯。大喊一声：“给我上刑！”

呼啦啦上来一群鬼，挥鞭举棍，左打右打，上打下打，前打后打，直打得那个拘魂鬼哭爹喊妈。

过了两天，木匠又回到了丫髻山，进得阎王殿，弯腰给拘魂鬼把大礼参。拘魂鬼不言不语，两眼却扑簌簌的掉泪。木匠上前去，看见了鬼哥哥浑身都是棍痕鞭。

（张文志 搜集整理）

又如《狐仙爷请酒》、《不敬香别吃肉》，表达了人们敬神，而神亦敬人，人神互敬的思想。《狐仙爷请酒》：

北店村过去每年都办黄花顶三月三庙会。

行宫以北七个村有个组织叫七和会，每到这时七个村的会头就攒会印赶庙会，一图神仙保佑全村人人平安，二图当年收成好。

这天上庙的人很多，附近村的花会也赶来朝山献艺。当花会撂完档，上庙的顺完香，陆续下山回家，七和会的会头就把庙会上的贡品、酒水取来招待庙会期间落忙的人们，称为谢值。

这一年，北店村办会的会头见香客逐渐散去，就张罗把馒头从供桌上撤下来温热，叫厨子炒菜。随后让落忙的把院内再清扫一遍，把凉菜、热菜端出来放在院内地下，每桌一壶酒，大家席地而坐。每桌多者六七人，少者五六人。然后轮流把盏开怀畅饮。酒过数巡之后，有人感到纳闷，问：今日带多少酒？不知是谁应了一声：“酒随便喝，狐仙爷管够。”这时谁也没多想多问，继续大口喝酒、大口吃菜。行宫村一位先生酒量小，喝七八盅后，就对同桌的人说：“大家慢慢喝，我先吃馒头了。”

这位先生吃完饭，到正殿供桌看看，总共三瓶酒，酒倒满后还剩三个多半瓶。心想：酒壶没续酒又喝这么一大阵子，今天这壶咋这么好使？他跟大伙一提醒，大家一琢磨，感到奇怪。大家议论纷纷：“今儿是狐仙爷显灵，请咱们喝酒。”

这会儿不知是谁说：“今天就喝到这儿，大家别喝了。”有人好奇，拿起壶子想再来一盅，可是壶里一滴酒也没有了。有人到殿内拿瓶，瓶里也空了。

（张久成　搜集整理）

上面讲了人敬神，狐仙可以请人喝酒；反过来，人对神不敬也不行，才有《不敬香别吃肉》，就是说人不按规矩来，私自吃肉喝酒要遭报应。

六十年前，顺义杨各庄水屯有一攒香老会，年年来丫髻山朝顶进香。

有一年，一个姓孙的年轻督官来丫髻山打前站，看房子定好没有，还缺啥短啥不，这个年轻督官问问情况，一看准备得不错，觉得没啥事可做，自己就到街上喝酒吃肉去了。这个姓孙的青年吃饱喝足后，到住房休息。

等第二天会到了，姓孙的青年才起床，他眼直勾勾的，脸蜡黄蜡黄的，蔫蔫的不爱说话，和平时判若两人。会首问他："你是不是病了？昨天忌没忌口，吃没吃肉？"年轻督官点点头说："吃肉了。"随后会首拿香，冲娘娘顶烧香磕头，并说："年轻人不懂规矩，没敬香先吃肉，请老娘娘不要怪罪。"你说怪事不，烧香过了一个时辰左右，年轻督官的病就好了，还随着会上了金顶。

当地人随便咋说都行，外地敬香的人规规矩矩从不乱来，一个坏字都不敢说，怕娘娘怪罪。

（张久成　搜集整理）

以上仅仅是从大的方面简略析谈，诸多丫髻山传说中，有些传说可能归纳不到这里边来，但又是很好的传说。如《半拉瓷西瓜》，说了丫髻山道士使用的一件器物，对丫髻山某一方面有助于进一步了解：

丫髻山下有个刘印，十几岁时给丫髻山庙会上帮忙，道长让他在金顶元君殿前扫地、打香火，有急事、忙事帮道长跑跑腿。

有一天早晨，赵大安道长把他叫到方丈室，给五个铜钱让他到东顶下面的茶汤铺买茶汤，顺手把桌上的半拉瓷西瓜给他，说：拿这个盛茶汤用。他从没看见过这玩意，觉得挺好玩。瓷挺细致，西瓜皮有指头厚，外面绿皮白道特像西瓜。当时好奇地问道长一句："您这半拉西瓜从哪儿买的？"赵道长一笑，说："师父传下来的。"他翻过来一看，西瓜底面有字、有戳。

他捧着瓷西瓜小心地从西顶下来，走到茶汤铺把半拉瓷西瓜交给掌柜打满茶汤后，把钱交给掌柜的，掌柜的没接。买茶汤的人挺多，掌柜的仍低着头盛茶汤说："道长喝茶汤不要钱。"他赶紧说："道长说了不要钱他不喝。"掌柜的说："告诉道长，散庙后我跟他结账去。"

他手捧西瓜小心翼翼地回到西顶，把钱交给赵道长。后来才知道，半拉瓷西瓜是庙上当家使的物件，平时不用，只有庙会上用几天。卖茶汤的掌柜知道这事，所以不收道长的钱。

（张久成　搜集整理）

传说《锔山》，以前面不给锔小物件为铺垫，写出后边锔丫髻山裂缝，想象新奇大胆：

很早很早以前，有位远道而来的锔锅锔碗的手艺人，来到了河北香河境内。他边走边喊："锔锅锔碗啦！"百姓们听到吆喝声，都把自己家用坏的锅碗拿来让锔匠修补。他说："你们拿来这么小的锅碗，我怎么能锔呢？"

有位老人听罢，把自己家的破大缸拿来让他锔。锔匠说："这大缸也小了点儿，还是不值我一锔。"老人心想：这个手艺人不同其他手艺人，嘴里喊着，可百姓把用坏的东西拿来，他又不给锔，这不是存心捉弄咱们吗？老人暗自想了想，说："北面百余里处有个丫髻山，山后有处山崖，两崖之间有一缝隙，您老给锔上得啦！"

锔匠听罢，说："老翁此言当真？"老人说："那还有假？丫髻山是四娘娘之庙，您老去那里锔崖去好了。"锔匠说："那好，我今夜起程就去！”可不是，第二天早晨，丫髻山后的两个裂开的崖缝锔上了。您不信，至今还留下一线痕迹呢。

（胡殿基　搜集整理）

丫髻山传说经过民间几百年口口相传，不断充实，不断创造，不断丰富，不断完善，可以说是流传很久，也流传很广了，以至今天仍在流传。其内容丰富，题材广泛，形式多样，对于丫髻山的研究，具有重要的历史价值、文学价值、艺术价值、民俗价值以及人性价值，远不是这简单几语就可以归纳说清的。当然，一些篇章由于受时代局限，难免有宣扬迷信糟粕之处，这是在阅读及整理中需要注意的。尽管如此，也不可泯灭丫髻山轶闻传说的价值，更期待有兴趣的人进一步征集整理，进一步深入研究，使之更好地流传于后世。

云岩禅寺

云岩禅寺，坐落孔城峪村磕头沟自然村西半山石崖上。从南面北眺，大有山西恒山悬空寺之势。

孔城峪村旧有 7 座大小庙宇，包括道教庙宇娘娘庙、财神庙 2 座、五道庙及佛教庙宇云岩禅寺、上白果寺、下白果寺，还有两座古塔等。这几座庙和塔，应该是以云岩禅寺为中心，建在上云岩禅寺的香道两

图 140　孔城峪磕头沟里上白果寺遗址（摄于 2011 年 11 月）

旁或云岩禅寺西沟祖师塔下面，当是后来陆续所建。道教庙宇娘娘庙、五道庙及 2 座财神庙将在“寺庙”中记述，在此不再复述。

上白果寺，在云岩禅寺西约 500 米处，与云岩禅寺隔一道山梁，那是一道南北向的沟谷，上白果寺就在沟谷里边。不知建于何时，亦不知毁于何时、由于什么被毁。现在，沟谷里还保存着一道大坝墙，高八九米，20 来米长，以大石所砌。坝墙东部有一巨石，2 米多长，1 米宽，在没有现代起重设备的过去，不知如何垒上去的。在石缝上面长出 1 棵榆树，直径有四五寸的粗细。遗址在沟谷尽头（图 140），很宽阔，坝墙上面，分三级阶地，各有低矮的阶坝。这道大坝墙及最北面矮坝墙，应该垒砌很早了，石缝间旧有树桩，长有七八寸粗细，都糟朽了，这需要时间。

下白果寺，在磕头沟村西部北面，坐北朝南，有正殿，还有东跨院，大约在 20 世纪 30 年代就已毁为一片废墟。现在，还可见东部残墙（图 141）及一些散落的瓦砾。

白果寺因有白果树而得名，据说上白果寺有 1 棵大白果树，结的白果能吃。下白果寺西侧有1棵大白果树，结的白果是臭的，不能吃。而下白果寺的白果树，在遗址西南角，据说三四人搂抱不过来，当年放倒时，锯下的树根部直径有三四十厘米。

图141　孔城峪磕头沟村西部北边下白果寺东部残墙（摄于2011年11月）

对于白果寺，志书文献没有相关记载，详情不得而知。当地有“拆了上寺盖下寺”之说，这说明上白果寺要早于下白果寺。也有“拆了上白果寺盖云岩寺，拆了下白果寺盖磕头庙”之说。如果真的如此，那么在明景泰年间（公元1450—1457年）御马监太监阮让捐资重修时，上白果寺已经有了。当初编写《平谷寺庙志略》，认为“上白果寺起码在辽乾统时就有了，其始建年代应早于乾统之时”当不甚妥，因为开始称为“栲栳砖”，是阮让重修后，皇上赐名，才称为“云岩禅寺”的。云岩禅寺明景泰时重修，只能说这时上白果寺一定有了，但不能说辽乾统时或早于乾统时一定有了。清康熙六十年（公元1721年）《怀柔县志》记载：“入国朝……山下增建娘娘庙。”如果村人所谈属实，即是说下白果寺大致毁于清康熙年间了。

村里人世代居住于此，有些早年之事往往口口相传，有所源本的。

只是上下白果寺供奉什么，今已无从查考，据名字推论，一般称之为“寺”者，多是佛教庙宇。

云岩禅寺，在孔城峪磕头沟。里边那道沟叫磕头沟，沟口外这个小村叫磕头沟村，是孔城峪村的一个小自然村，在孔城峪村东北1.5公里处（图142）。村西一道沟谷，云岩禅寺在谷里半山石崖上，以前进香人累了，据说常在下面沟口磕头烧香，沟由此得名。现在，磕头沟村仅10来户人家，30多口人，也是后来聚集而成的小村落。

据文献记载，云岩禅寺始建于辽乾统初年（公元1101—1110年），当时义琛禅师建有道院，名梣栳砖。明景泰年间（公元1450—1457年），御马监太监阮让捐资重建，景帝

图142　孔城峪磕头沟77岁王桂文谈云岩禅寺，他曾在镇罗营关上北山庙（今东寺峪沐浴庵）当和尚8年（摄于2007年5月）

图143　孔城峪磕头沟云岩禅寺遗址，上面长满了树木（摄于2011年11月）

朱祁钰赐名“云岩禅寺”，且赐经一藏，并令僧德洽来寺住持。成化三年（公元1466年）再次进行修复。明末又废。清康熙年间（公元1662—1722年），僧来宽渐次修整，再复旧观。1941年1月云岩禅寺毁于战火（图143）。2015年春，开始清理遗址（图144），现正复建中。

云岩禅寺坐北朝南，寺前和东侧为石崖，以石砌筑坝墙（图145），南侧坝墙上镶嵌一方刻石，风化日久，已有些漫漶不清，右行字基本无存，尚可看出“康熙十七年”、“二十五年”等字迹（图146）。康熙六十年（公元1721年）《怀柔县志》记载：“入国朝，草场地

图144　孔城峪磕头沟云岩禅寺遗址进行清理，准备复建（摄于2015年5月）

图145　孔城峪磕头沟云岩禅寺遗址坝墙（摄于2007年5月）

图146　孔城峪磕头沟云岩禅寺遗址坝墙上镶嵌的刻石（摄于2007年5月）

复被侵占，迩年寺僧来宽渐次恢复，（云岩）寺亦修整。”“迩年”即近年，两相印证，是否可以认为：从康熙十七年（公元1678年）至二十五年（公元1686年）间，云岩禅寺在僧人来宽主持下“渐次恢复”呢？包括这高大坝墙以及刻石当是来宽主持垒砌和镌刻的了。寺庙前隔沟谷，面对大山。寺前西侧为山谷，十数丈石崖绝壁，雨季山水流下形成瀑布，秋冬可见瀑布痕迹（图147）。寺后倚山崖峭壁。远远望去，整座寺庙就坐落石崖托起的高台上，景象颇为壮观。

图147　孔城峪磕头沟云岩禅寺遗址前山谷绝壁（摄于2007年5月）

云岩禅寺西侧北边辟山门，山门上镌刻着“敕赐云岩禅寺”字迹。山门南侧有西厢房三间，北与山门相接，作为厨房。在厨房与西配殿之间，形成一个南北向过道。要进入寺庙院内，须进山门后往南走，至西配殿南侧与南倒座之间，形成一敞门，由此往东即至院内。从现存遗址看，基本是这种格局，而且大致可以看出，南倒座房应是贴南部石崖所建，残墙尚在。南为倒座房10间，中间一间为过道，过道两侧，有一间住和尚，一间供奉韦陀木雕站像，面向北，正对大殿。东有配殿三间，供奉3尊木雕像，为和尚祖师像；西有配殿三间，供奉3尊木雕坐

图 148　孔城峪磕头沟正在清理中的云岩禅寺遗址（摄于 2015 年 5 月）

图 149　孔城峪磕头沟云岩禅寺复建中（摄于 2017 年 5 月）

像，其中中间为西方老祖。南面一间为狐仙庙，有狐仙画像，为一慈祥老人形象（图 148，图 149）。

北为正殿，面阔三间，所谓“明三暗九”格局。当地人说顶为四面坡，俗称“四方八厦”，当是古建筑中的“歇山顶”了。正殿檐下悬挂木匾，上写“大雄宝殿”四个黑底金色大字。殿内供奉 3 尊木雕坐像，中间为释迦牟尼，下为莲花宝座；东为文殊菩萨，下为坐骑狮子；西为普贤菩萨，下为坐骑象。供奉的佛祖释迦牟尼与文殊、普贤菩萨，称为“华严三圣”。殿内两边有 18 罗汉木雕像，一般

图 150　孔城峪磕头沟云岩禅寺复建中的正殿（摄于 2017 年 5 月）

供奉有佛祖的殿堂，才会有罗汉。而唐以前为 16 罗汉，是释迦牟尼弟子。据经典说，他们受了佛的嘱咐，不入涅槃，常住世间弘法，而受世人供养。唐以后又加上二位尊者，成为十八罗汉。这二位尊者有庆友、宾头卢或者降龙、伏虎罗汉等不同说法。还有 500 罗汉等之说，不一一列举。其中西侧伏虎罗汉戴着一顶虾米须草帽，当地相传是康熙皇帝一年四月十八日来进香，见一罗汉满头是汗，随手就把带来的草帽给那尊罗汉戴上了，说："我上山这么轻松，是你护我上来的吧？"等走时想摘，却摘不下来了（图 150）。

寺东北角，有一山洞，叫"磕懒头"，一说磕头沟名由此而来。洞口有门窗，洞里供奉"圣母菩萨"塑像。现在山洞尚存，可见门窗痕迹（图 151）。洞前，为砖砌高台，过去建有二层楼，当地人称作槁，又称塔楼，以砖砌筑，方形，面阔一间，进深一间。一层供奉地藏王，二层供奉三皇。这次清理塔楼遗址，清理出一个石质莲花瓣座（图 152），而莲花瓣一般为佛教之物，或是供奉地藏王所坐的了。地藏王就是地藏王菩萨，为佛教四大菩萨之一，道场在安徽九华山。佛教讲普度众生，地藏王菩萨讲"地狱不空，誓不成佛"。塔楼有木板梯，两边

图 151　孔城峪磕头沟云岩禅寺遗址东侧，贴石壁有砖垒的斜坡道，上去就是一开凿的石洞（摄于 2011 年 11 月）

图 152　孔城峪磕头沟云岩禅寺遗址东侧石洞前塔楼遗址清理出石质莲花瓣座（摄于 2017 年 5 月）

有铁链，可上二楼（图 153）。槅下边，东配殿东面，还有四间房，称东四间。

整体上看，云岩禅寺以大雄宝殿为中心，前有东西配殿，东西配殿外各有一排建筑，南为南倒座 10 间，是一座方正、对称、严谨的院落，幽隐于半山间的就岩石垒起的高台上。如果不转过山去，是看不到庙宇的，正是“深山藏古寺”了。

抗战时期，日军在这一带掠夺开采金矿，就住庙里。还有一说日军派所谓“护山警”2 个班，住在这里，即所谓伪军。1941 年 1 月，据说日军到密云过年去了，剩下几个伪矿警看守。这时八路军过来，乘机将其歼灭，战斗中寺庙也被烧毁了。对于寺庙烧毁时间，过去根据访谈村里老人所说的时间，写作“据说1942年底”。为编写《刘家店史话》，2018年7月来村访谈，65岁村民贾树旺记得，他母亲今年94了，16岁即1940年秋后结婚。过了旧历年，正月初三云岩禅寺烧了。查万年历，这天是1941年1月29日，应该是确切时间。在清理寺东侧山洞前塔楼遗址时，就清理出一截被烧毁的柱子，应该是挨着柱础部分，没有完全烧尽（图154），证明当年寺庙确实被火所烧毁。而《北京市平谷县地名志》记载孔城峪村时写道：“抗日战争时期，

图153　孔城峪磕头沟云岩禅寺遗址东侧石洞前塔楼遗址（摄于2017年5月）

图154　1941年1月，云岩禅寺毁于战火，这是东面塔楼被烧毁的柱子（摄于2015年5月）

日军驻守此处，以监督开采当地金矿。到 1939 年，日伪矿警被八路军歼灭，将庙烧毁。”也是不准确的了。

应该说，云岩禅寺始建于辽，明代盛极一时（图 155，图 156）。客观地说，云岩禅寺在明代的影响应该大于丫髻山，丫髻山鼎盛之时在清康乾时期。云岩禅寺与明代皇家和太监有一定关联，且那个捐建庙宇的御马监太监阮让去世后，经皇帝允许，就葬于寺庙西侧不远处。不仅如此，庙内还有 3 通明代碑刻。

据记载，云岩禅寺 3 通碑刻，一是碑文收录在明万历三十二年《怀柔县志》（图 157）和清康熙六十年《怀柔县志》的“敕赐云岩禅寺

图 155　过去上云岩禅寺进香的老香道（摄于 2011 年 11 月）

图 156　过去上云岩禅寺进香的老香道（摄于 2015 年 5 月）

碑”，署名为光禄大夫少傅太子太师礼部尚书胡濙。这次为复建清理遗址时，清理出胡濙“敕赐云岩禅寺碑”（图 158），已残，为上半截，下半截不知下落。碑为青石质，方首圆角，浅浮雕二龙戏珠及祥云，应是常说的螭首。额题“敕赐云岩禅寺之记”。根据现存两个残龟趺座，此碑当是龟趺座。碑文记述了御马监太监阮让，捐资和募众缘在旧址建造云岩禅寺及皇帝御赐“云岩禅寺”事。

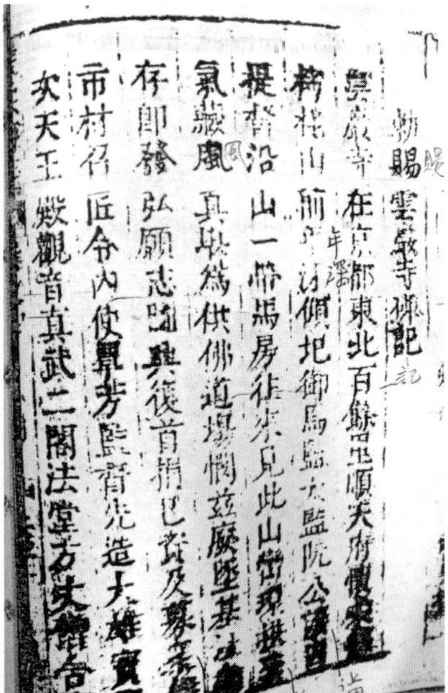
勅賜雲巖寺碑記
雲巖寺在京都東北百餘里順天府懷柔縣
稱梯山前……御馬監太監阮公讓
提督沿山一帶馬房往來見此山嵐環拱
氣融風……真勝爲供佛道場憫茲廢墜基址
存即發弘願志圖興復首捐己資及募衆
市材召匠命內使畢芳監督先造大雄寶殿
次天王殿觀音真武二閣法堂方丈禪

图 157　明万历三十二年《怀柔县志》收录的光禄大夫少傅太子太师礼部尚书胡濙“敕赐云岩禅寺碑”文

图 158　孔城峪磕头沟云岩禅寺遗址清理出的胡濙“敕赐云岩禅寺碑”（摄于 2015 年 5 月）

敕赐云岩禅寺记

光禄大夫少傅太子太师礼部尚书□□胡濙撰

通议大夫太常寺卿兼总进侍书□□程□云书

通议大夫工部左侍郎建安赵□□

云岩寺，在京都东北百余里，顺天府怀柔县栲栳山前，年深倾圮。御马监太监阮公让，因提督沿山一带马房，往来见此山峰峦环拱，聚气藏风，真堪为供佛道场。悯兹废坠，基场仅存，即发弘愿，志图兴复。

首捐己资及募众缘，市材召匠，令内使覃芳监督。先造大雄宝殿，次天王殿、观音、真武二阁、法堂、方丈、僧舍、斋堂、钟鼓二楼、享堂。但过东西两庑、行者寮、休息亭、庖湢、库庾、中门、外门，缭以围垣。或先或后，以渐创建，日增月益，完美伟然，规制宏俊，装饰雄丽，金碧辉煌，成大方之体，瞻者竦敬。

为无寺额、藏经，景泰六年五月十五日，太监具奏，钦蒙圣恩，还赐予做“云岩禅寺”，赐经一藏。令僧德洽住持，朝暮焚修，祝延圣寿。其近寺兔儿山花板石，并越府草场、田土，俱蒙圣恩赐与，以充本寺应用，并供佛殿香灯及赡僧用度。

太监惧事迹久而湮泯，征予为记勒石，以垂不朽。予推太监，历事太宗文皇帝、仁宗昭皇帝、宣宗章皇帝、太上皇帝、今上皇帝。列圣宠眷，思无补报，特兴兹寺。其创建之勤，缔构之美，沐恩深厚，诚可书也。故不辞其请，为之录其颠末，俾刻于石，以昭示无穷焉。

景泰六年□月吉日奉佛弟子御马监太监阮让立石

整理碑文中，不仅参考了明、清两部点校本《怀柔县志》，而且参考了怀柔档案局所藏的明代《怀柔县志》原版以及2015年5月清理云岩禅寺遗址时发现的仅存上半截的胡濙碑。首题，胡濙碑首题为“敕赐云岩禅寺记”，原版、点校本写作“敕赐云岩寺碑记”，清康熙县志写作“栲栳山云岩寺碑”。而“光禄大夫少傅太子太师礼部尚书□□胡濙撰”、“通议大夫太常寺卿兼总进侍书□□程□云书”、“通议大夫工部左侍郎建安赵□□”，原版和点校本在碑记末尾，而胡濙碑则在首题下。“胡濙撰”，当指胡濙撰写碑文。“程□云书”，当指程□云书写碑文，即所谓“书丹”。“赵□□”，点校本如此，原版此处三字模糊。即是前二人一为撰文，一为书丹，而根据碑额“敕赐云岩禅寺之记”篆字，赵或为篆额者了。庖湢，即厨房、浴室。又如“库庾”，就是粮仓。原版、清康熙县志及胡濙碑均如是，点校本写作“库瘐”。“规制宏俊”，胡濙碑虽然有些漫漶，但后二字基本可以看出，且请书法家辨识，为“宏俊”二字。点校本及清康熙县志写作“规制宏壮”，原版“规制□□”二字略有模糊。“还赐予做”，原版、点校本及清康熙县志皆如是。而胡濙碑则明显为三个字，只是中间那个字有些漫漶不清，但不像是“赐予”二字。“以充本寺应用”，原本模糊，难以识别。点校本写作“本寺应用”，清康熙县志亦如是，直接上面“赐予”二字了。胡濙碑为“以充”二字无疑。由此看来，清人编写志书时，或未到此庙与碑文核对，只是照录前志，对模糊不清者，甚至直接予以省略了，人为造成缺漏字。“赡僧用度”，原本模糊，难以识别，点校本及清康熙县志写作“住僧用度”，可从原本看应该不是“住”字。看胡湠碑，那字左边“贝”字旁较为清晰，右边似是“詹”字，基本认定为“赡”字，意思可通。“湮泯”，原版、清康熙县志亦如是，点校本写作“湮歿”。碑文最后，胡湠碑写作“奉佛弟子御马监太监阮让立石”，字迹清晰。原版“御马监太监阮让□□”，末两字漫漶不清。点校本写作“御马监太监□□□”，似少画了一□。

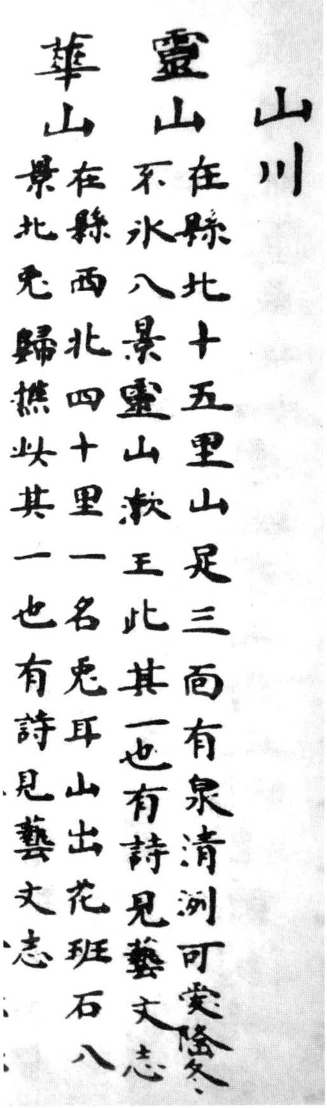
山川
靈山 在縣北十五里山足三面有泉清洌可愛隆冬不冰八景靈山漱玉此其一也有詩見藝文志
華山 在縣西北四十里一名兎耳山出花班石八景北兎歸樵此其一也有詩見藝文志

图 159　清康熙十二年（公元 1673 年）《三河县志》“山川”关于兔耳山花班石的记载

碑文“其近寺兔儿山花板石”之“兔儿山”，2009 年北京出版社出版的新编《顺义县志》“自然环境 · 山丘”记载：“二十里长山，北起沙岭乡的庞山，经尹家府乡斜向东南大孙各庄镇吴雄寺，排列着华山、户耳山、椒园山、羊山、大山、长山等十数座山峰，长达 20 余华里，故称二十里长山。”其中，“户耳山，一名兔耳山，在户耳山村北，海拔 131.3 米”。过去这一带属三河县管辖，现存清康熙十二年（公元 1673 年）《三河县志》（手写影印本），“山川”目写有“华山，在县西北四十里，一名兔耳山，出花班石”（图 159）。看来，兔耳山，即是碑文之“兔儿

图 160 孔城峪磕头沟云岩禅寺大殿铺砌的花班石地面，东西宽 80 厘米，南北长 82.5 厘米，厚 14.5 厘米（摄于 2015 年 5 月）

图 161 孔城峪磕头沟云岩禅寺南倒座房中间地上铺砌的花斑石（摄于 2015 年 4 月）

山”，今称户耳山，为顺义境内东部二十里长山的一部分，就在与平谷交界的张镇西南一带，距云岩禅寺 10 余里，故称“近寺”。至于华山与兔耳山是一座山还是两座山，这里暂且不论。当然，这个华山与大华山镇的华山无关，其实大华山镇的华山一般还写作铧山，不细说了。清康熙时《三河县志》所记之“花班石”，应该就是碑文之“花板石”了。意味着云岩禅寺铺在大殿及南倒座房中间的“花板石”（图 160，图 161），即出自二十里长山之兔耳山，且“俱蒙圣恩，赐予本寺应用”了，也证明县志和碑刻所记不虚。这时应为景泰皇帝、代宗朱祁钰所赐。

碑文还写到，“推太监历事太宗文皇帝、仁宗昭皇帝、宣宗章皇帝、太上皇帝、今上皇帝”，这里的太宗文皇帝，为明成祖朱棣；仁宗昭皇帝，为明仁宗朱高炽；宣宗章皇帝，为明宣宗朱瞻基；太上皇帝，为明英宗朱祁镇。朱祁镇为明朝第六位皇帝，两次在位，第一次，年仅九岁，继位称帝，年号正统（公元 1435—1449 年）。正统十四年（公元 1449 年），“土木堡之变”，朱祁镇被瓦剌俘虏，其弟郕王朱祁钰登基称帝，遥尊英宗为太上皇，改元景泰。后瓦剌释放英宗，景泰帝将其软禁于南宫。景泰八年（公元 1457 年），趁朱祁钰生病卧床之机，英宗朱祁镇复位称帝，改元天顺。此碑立于景泰六年（公元 1455 年），正是朱祁钰在位之时，所谓今上皇帝。说明太监阮让从小至老，历经 5 位皇帝，才有“列圣宠眷，思无补报，特兴兹寺”语。太监进宫一般很小，而从明成祖朱棣永乐元年（公元 1403 年）至阮让去世的天顺四年（公元 1460 年），共 57 年，假如阮让 10 来岁进宫，大概近 70 岁。作为一个太监，能够受到五代皇帝赏识和重用，不易。

碑文撰写者胡濙，江苏武进人，建文二年（公元 1400 年）进士，授兵科给事中。永乐元年成祖即位，迁户科给事中。《明史 · 胡濙传》载：“惠帝之崩于火，或言遁去，诸旧臣多从者，帝（指成祖）疑之。（永乐）五年遣颁御制诸书，并访仙人张邋遢，遍行天下州郡乡邑，隐察建文帝安在，以故在外最久。”即从永乐五年（公元 1407 年）起连续 14 年，胡濙在外暗访建文帝踪迹。永乐十四年（公元 1416 年）回朝，擢礼部左侍郎。宣德元年（公元 1426 年），进礼部尚书。“土木堡之变”，英宗被俘，加兼太子太师。天顺元年（公元 1457 年），英宗复辟，称病辞归。历仕六朝，卒年 89 岁。胡濙节俭宽厚，喜怒不形于色，能以身下人。对医学、文学颇有研究。明英宗正统十二年（公元1447年），胡濙曾为峨嵋山兴善寺撰写“敕赐兴善寺记”。而撰写“敕赐云岩禅寺碑”则在明代宗景泰六年（公元1455年），也就是8年以后，已改朝换代，朱祁钰为皇帝了。当然，2年以后又改为英宗了。世事风云，这就是历史。

二是住持德洽所立碑，清康熙六十年《怀柔县志》在胡濙《椤栳山云岩寺碑》所录碑文后加有“按：沙门德洽有兴造碑，与此文大略相同，故不录”语，即是说，御马监太监阮让捐资及募缘在旧址兴造庙宇后，当时住持德洽也是立了碑的，只是内容与胡濙碑文大致相同，而县志没有收录。2015年5月，清理前遗址未见此碑，清理中发现一小块残碑首（图162）。为碑的右上部一角，有“敕赐云”字，看碑首形制，基本与胡濙碑一样，当属同时。而胡濙碑不缺此角，商辂碑缺此角可碑首不同。所以，应该是德洽住持所立的那通碑了。

图162　云岩禅寺遗址上清理出来的残碑，为碑右上部一角，有“敕赐云”字（摄于2015年4月）

我们再看第三通碑，碑文收录在清康熙六十年《怀柔县志》

的“重修云岩寺碑”，署名兵部尚书商辂。此碑一直散落云岩禅寺遗址上，早断为两截。碑为青石质，螭首，额题篆书“敕赐云岩禅寺重修记”（图163，图164）。年款为“庚寅秋九月重阳日”。现将志书所录碑文与遗址残碑结合整理碑文如下：

图163　孔城峪磕头沟云岩禅寺遗址散落的明代商辂所撰“敕赐云岩禅寺重修记”碑（摄于2007年5月）

敕赐云岩禅寺重修记

□……□兵部尚书兼翰林院学士知制经筵官淳安商辂撰

□……□中书舍人直仁智殿　　江右陈…□

□……□郎中书舍人直仁智殿　　洮阳任杰…□

云岩寺，在怀柔县栲栳山，乃古刹也。

景泰初，御马监太监阮公让奉命提督沿山诸处马房，因见栲栳山峰峦秀拔，溪流澄澈。中有古刹，殿宇虽圮，遗址尚存。乃慨然以兴造为任，首捐己赀，徐募众缘，重建殿廊，装严像设，广厦重墉，焕然一新。事闻蒙赐额曰“云岩禅寺”，兼赐护持、藏经及寺前故越府草场空地，与寺内永为长住，命僧德洽住持领众焚修。

太监先是宣德间随征迤北有功，升御用太监，至是改任御马监。丙子冬，奉敕督军征剿湖寇。事竣，因留镇湖贵地方。明年，复进剿东苗，诛其首恶，余党悉平。天顺庚辰秋八月，以疾卒。柩还，蒙赐祭葬于本寺西庑之侧。

岁月滋久，殿廊颓毁，地土荒芜，多见侵于人。同事御用太监潘公瑛实睹其事，乃于成化丁亥六月，奏复前地，择贤而能者主之，令监工官覃芳再修殿宇，重建廊庑，由是寺获更新，田无失业。庶几僧众晨香夕灯，祝厘祈福，永有所赖。

图164 孔城峪磕头沟云岩禅寺遗址散落的明代商辂所撰“敕赐云岩禅寺重修记”碑拓本

且佛氏之教，本以劝人为善，而世人崇奉之者，亦以善心之发也。二公兴建于前，而修复于后，庸非一念之善，有以贯而通之乎？使后之人皆以二公之心为心，嗣而葺之，则寺以永存，化及一方，将贪嗔之念弗萌，而斗争之风自息，是重有裨于时者矣。

潘公求予为记，而并及阮公履历者，不没其善，抑以使后来者有所于考也。

岁庚寅秋九月重阳日记。

商辂（公元1414—1486年），明时一代首辅，浙江淳安人。于宣德十年（公元1435年），举乡试第一（解元）。第二年会试落第，遂入太学潜心读书达十年，深受国子监祭酒李时勉赏识。正统十年（公元1445年）以会试（会元）、殿试（状元）双第一，大魁天下，成为所谓“三元及第”。《明史》有传，记载商辂，“终明之世，三试第一者，辂一人而已”。其实，明代近300年科举考试，第一个“三元及第”的应该是黄观，商辂为第二人。黄观后被朱棣除名，所以又说商辂是明代唯一“三元及第”者，时年31岁。商辂为人平粹简重，宽厚有容。至临大事，决大议，则果敢刚毅，不为他人所动。历仕英宗、代宗、宪宗三朝，历官兵部尚书、户部尚书、太子少保、吏部尚书、谨身殿大学士，时人称“我朝贤佐，商公第一”。商辂著有《商文毅疏稿略》、《商文毅公集》，纂有《宋元通鉴纲目》等。现在浙江淳安保存有商辂故居、纪念的庙宇等，且在街头立有雕像，影响至今。

根据胡潆碑撰文等顺序，碑文即是商辂所撰，那么，江右陈…□当为书丹者，洮阳任杰…□当为篆额者。碑文中，“丙子”，即景泰七年（公元1456年）。“明年，复进剿东苗”，“明年”指景泰八年，亦是天顺元年（公元1457年），上面讲了，代宗朱祁钰卧病，太上皇、英宗朱祁镇乘机复位。“进剿东苗”事，偶见《贵州水东大事年表》，引用《明英宗实录》天顺三年（公元1459年）记载：“四月，赞理湖广贵州军务白圭在进剿东苗奏疏中，有进兵青崖、牛皮箐、鬼山等语”，可为印证。“天顺庚辰”，为天顺四年（公元1460年），阮让于1460年秋在湖贵一带因病去世。“柩还，蒙赐祭葬于本寺西庑之侧。”过去对阮让墓所在地一直说得不是很清楚，包括对记载怎么理解？“庑”，指大殿前对面和两侧的屋子。这句话，意为阮让灵柩由湖贵一带运回来，英宗皇帝赐与安葬在云岩禅寺大殿前西面屋子的边上。清康熙六十年（公元1721年）《怀柔县志》“卷二·祠墓”记载：“御马监太监阮公让墓，在栲栳山云岩寺侧，有尚书商辂碑。”两相印证，可以基本认定：阮让墓就在云岩禅寺院内大殿前西侧，前面立有商辂碑。既然商辂碑在大殿前西侧，那么，先立的胡濙碑则在大殿前东侧无疑。访谈中，磕头沟人并没有谈及寺庙院里有墓。踏察实地，也没发现墓冢等遗迹，是早已毁了还是一开始就不碑不树，不得而知。“成化丁亥”为成化三年（公元1467年），也就是阮让去世后的第七年，将云岩禅寺进行修复。撰文立碑为“庚寅”年，即成化六年（公元1470年）。当时阮让作为御马监太监“奉命提督沿山诸处马房”，经过这一带，不仅见这里“因见栲栳山峰峦秀拔，溪流澄彻。中有古刹，殿宇虽圮，遗址尚存”，或许还有这里风水等好，所谓“聚气藏风”，心灵深处是否也有为自己身后百年之计呢？

应该说，如此两位重臣，为云岩禅寺两次重建先后撰写碑文，可见两次重建人的位置及寺庙在当时影响非同一般。云岩禅寺遗址上，

图 165 孔城峪磕头沟云岩禅寺遗址散落的两个残龟趺座（摄于 2007 年 5 月）

图 166 孔城峪磕头沟云岩禅寺遗址散落的须弥座（摄于 2007 年 5 月）

半掩着两个残损的龟趺碑座（图 165），应一为商辂碑座，另一为胡濙碑座了。这次还清理出一个残损的须弥座（图 166），当是住持德洽所立碑座了。

另外，寺正殿北面有宽五六米、高约 2 米多、深约三四米的天然崖棚，还有东面山洞及洞东面石砬上，都有历代题记，不下三四十处，最早可至金章宗明昌年间（公元 1190—1196 年），距今已 800 多年了。如：“大兴府北岸，五月二十日，山长水远永无□。明昌三年五月，中都王□□。（图 167）”这在山洞东侧。“明昌”为金章宗年号，金明昌三年为公元 1192 年，中都为金中都。金海

图 167　孔城峪磕头沟云岩禅寺东北、山洞东侧金代明昌时摩崖题记（摄于 2015 年 4 月）

图 168　孔城峪磕头沟云岩禅寺前绝壁飞瀑（摄于 2016 年 7 月）

陵王完颜亮弑金熙宗即位，于天德三年（公元 1151 年）四月颁诏决定自上京会宁府（今黑龙江阿城南白城子）迁都燕京，在辽南京城基础上历时两年营建而城，定名中都大兴府。此题记人或是面对寺前沟谷流水，兴致油然而生所写（图 168）。我们借助于今人这幅照片（应该其水势、其树木等都今难与昔比），想当年绝壁飞瀑，鸟鸣啾啾，花木禅房，梵声钟鼓，幽深清净，置身其间，怎不让人生发无尽感慨。金代题记还有泰和二年（公元 1202 年）六月一则，为三河县御马坊里人所题。在寺西北部岩石上写有《华严经》（图 169，图 170，图 171），时间为“蒙古国至元十一年五月”，即元代至元十一年（公元 1274 年），为元朝初年元世祖忽必烈时。可能是进香信众所写，也不排除寺里僧人将所诵之经题于石壁之上。20 世纪 80 年代后期，笔者写县志时曾来这里，看到寺东北角山洞洞顶有明、清年间题记：“京都前三门……会首于祥芝、白承吾、傅春□、杨瑞芝、崔芝、胡瑞云”，“通州北门……万历三十八年四月”等字样。这是明代老会留题。殿北崖棚石壁题有“康熙十年”，“京都顺天府香河县仓头庄会首安体孝、安体恒”等字迹（图 172）。有的是一首题诗：“清虚日月度山□，僧家不比富□□。

图 169 孔城峪磕头沟云岩禅寺西北元代摩崖题记（摄于 2014 年 1 月）

图 170 孔城峪磕头沟云岩禅寺西北元代摩崖题记（摄于 2014 年 1 月）

图 171 孔城峪磕头沟云岩禅寺西北元代摩崖题记（摄于 2014 年 1 月）

图 172 孔城峪磕头沟云岩禅寺正殿北崖棚石壁题记（摄于 2014 年 1 月）

从来客至无□□，□勤只是一杯茶。”落款是“京都顺天府大兴县……题，前门外大黄庄会至此”（图 173）。应该也是老会所题，但题写人更像一位文人雅士，或更具文人情怀。还有像“宣武门外菜市大街……进香善友……十四人到此一游”（图 174）。由此可以看出，人过留名，雁过留声，到处题写“到此一游”者古来有之，并非今人始。客观上，说明当时这一带风景应该确实不错。这些题记，多是墨笔所书，个别也有朱笔所题（图 175）。目前看到的最早题记是金代明昌时的，是否还有更早者，尚需进一步调查整理。这些题记，应该多是前来朝山进香以及观光者所题留，起码从金代至民国，来这里朝山进香的人很多，这些题记就是明证。而这些题记，具有宗教、历史、民俗、书法等诸多价值，值得进一步深入研究。

图 173　孔城峪磕头沟云岩禅寺正殿北崖棚石壁题记（摄于 2014 年 1 月）

图 174　孔城峪磕头沟云岩禅寺北面石壁题记（摄于 2015 年 4 月）

而从寺庙后面的石壁金、元时人题记来看，说明辽、金之时寺庙

图 175　孔城峪磕头沟云岩禅寺北面石壁朱笔题记（摄于 2015 年 4 月）

图 176　从西侧山冈处眺望云岩禅寺遗址及山崖（摄于 2011 年 11 月）

即建于此，这里原先应该是悬崖峭壁，略加开凿，开凿出的整块石头用以建造庙宇，碎石、山土等随之垫在巨石之上，填充庙基了。这种地势，至今未曾改变（图 176）。不然，如果一次次放炮开山，金、元题记将早不复存在。再者，云岩禅寺北距丫髻山不过四五里远近，墨书中又写有“四月”等字样，尤其到了明、清之际，或许是从京城、通州、大兴等那边来丫髻山朝山进香的各个老会，经过云岩禅寺时先来进香，这也与上面传说的康熙皇帝来云岩禅寺进香吻合。当然，关于这个传说，当地也有乾隆皇帝之说。海力搜集整理了这个传说，并收进了丫髻山传说的书中，题目是《罗汉头顶上的虾米须草帽是怎么戴上的》：

那时候儿，乾隆爷到丫髻山来，走的是这条道儿，从东、西樊各庄两夹间儿那儿，奔张各庄，张各庄庄北边那儿不有个行宫吗？那是打茶尖儿的地方。乾隆爷从北京出来，在那儿歇会儿，再随着刚才说的道往这边来，先奔烈虎桥，再奔磕头沟这么过来。

磕头沟这儿有一个上寺，一个下寺。乾隆爷到了下寺，喝碗茶，歇会儿，说："这上寺什么样啊？咱们到那儿凉快凉快去。"这文武大臣们护着驾就去了。

到这上寺这一瞅，这十八罗汉当中，有一个浑身上下都是汗。这十八罗汉是泥胎不是啊？咋会出汗呢？乾隆爷觉得新鲜，说："横不能你是热的，咋出这些汗呢？"把自个头上的虾米须草帽摘下来给那罗汉戴上了。

乾隆爷这句话是说着玩的不是，等玩够了，凉快够了，再想摘这草帽可摘不下来了。乾隆爷说："难道你是保驾的？"他这么一说呢，泥罗汉的头往下一低，点了点。乾隆爷就说："得了，算你有功，虾米须草帽就赐给你戴吧。"

打那儿以后，上寺里的那个罗汉就戴上虾米须草帽了。

也许塑像当初，就塑造了这么戴帽子的一罗汉呢，附会成了与乾隆皇上有关的一个传说。毕竟云岩禅寺塑有这尊罗汉，乾隆皇上不止一次来过丫髻山，有历史的真实在里边。可能经历代口口相传，会有不同的演绎，因而形成不同的版本，实属正常。全文录此，供读者和研究者参考。

为编写史话，笔者再次来村访谈，61 岁的村民李福说，据说云岩禅寺有个洞，具体在哪儿不清楚，通峪口棉纺厂那儿。在洞外面听着，洞里有轧金子的声儿。有俩唱戏的武生拿着家伙就下去了，再也没上来。还说乾隆皇帝上云岩禅寺，边上有棵槐树。乾隆皇帝说：这儿小槐树。从此以后，这槐树长到两搂多粗皮也是奔儿嫩的。也有人说是在下寺，那就是娘娘庙。

上面是云岩禅寺主要部分，寺西边有一道南北向山沟，应该也属于云岩禅寺一部分。在山沟最里边，是上白果寺。上白果寺南约三四百米处，财神殿西北侧，坝墙根底下，有一八棱经幢，一节，汉白玉质地，上有幢帽，1 米多高，下为砖砌筑的底座。经幢现残存两三截儿（图 177，图 178），可见上面镌刻着字迹。一般经幢八角，多刻

图 177　孔城峪磕头沟云岩禅寺遗址西边沟谷里，财神殿遗址西北侧残存的经幢（摄于 2011 年 12 月）

图 178　孔城峪磕头沟云岩禅寺遗址西边沟谷里，财神殿遗址西北侧残存的经幢（摄于 2015 年 4 月）

佛教经文《陀罗尼经》。所以，从零星可见的字迹看，这个经幢上面刊刻的也应是《陀罗尼经》。其中一块儿，上面不仅有“尼曰”等，一面还有似是莲瓣儿等线刻图案（图 179）。

经幢东北侧四五米处，有一座古塔，当地人称和尚塔，以砖砌筑，实心，底座为汉白玉。根据访谈时村里老人所述，其形制为楼阁式塔。当地有塔为三层、五层乃至十三层之说，但一致认为与平谷城南文峰塔照片一样，且说塔有 2 丈多高，合六七米。根据塔的高度来推测，大约是三层，至多五层。和尚塔（图 180）毁于 20 世纪 40 年代末 50 年代初，塔内发现一小水杯大的瓷罐，绿釉，罐底有几个字，当时没人认

图 179　孔城峪磕头沟云岩禅寺遗址西边沟谷里，财神殿遗址西北侧残存的经幢（摄于 2015 年 4 月）

图 180　孔城峪磕头沟西侧山沟和尚塔遗址（摄于 2011 年 11 月）

识。在塔的二层，每面都镶有一方塔铭，八九十公分见方，上有镌刻着字迹。张福老人记得，拆塔时，有认识字，念着，他一边听着，记得说是十二三岁一个人，是一个皇亲，出家了。据此，塔铭是否为记述佛祖释迦牟尼事迹，尚未可知。

图 181　孔城峪磕头沟西侧山沟和尚塔残存的辽代沟纹砖（摄于 2011 年 11 月）

现在，塔遗址尚存，散落一地辽代沟纹砖（图 181）。据此，塔应为辽代所建，一般辽金塔应为密檐式塔。当然，也不排除楼阁式塔。清《钦定日下旧闻考》记载：“乾统初，于榜栳砖立小院，前后访法者二百余人，（义琛禅师）后染末疾入定如眠，有红光发于顶面，照满一室，今塔尚存。”清康熙六十年《怀柔县志》卷三“人物仙释”记载：“金华严祖师，法名义琛，玉田李氏子。幼丧母，事继母克尽孝。年十二，即辞家访道，遇高人，传清虚修炼之术。父访觅令还家，更习儒业，博通文史，诗赋超群。金寿昌五年，试中甲，荐名上不赴。志抛红尘，遂落发为僧。乾统初，蒙恩得度。后于榜栳砖立小院，精修净业，参访受法者前后二百余人，远近持供者无数。后染末疾，入定如眠，有红光发于顶面及脐上，光照满室，咸以为得道之验。今塔尚存。人呼为华严祖师塔云。”清《光绪顺天府志》也记载：“云岩寺在县东榜栳山。山向有道院，名榜栳砖，创自金乾统中，义琛禅师所居，参访受法者前后三百余人，义琛入定坐化，备著灵异。有沙门圆揆塔记。”“乾统”，即辽天祚帝时（公元1101—1110年），已是辽末了。“寿昌五年”，为辽道宗年号，此年号在“乾统”之前。而寿昌五年，即公元1099年。所记“金寿昌五年”之“金”字，或为志书笔误。三书都记述有塔，而现存塔遗址，可见坍塌散落的辽代沟纹砖，当为义琛禅师之塔了。从辽塔进而联系到经幢，经幢极可能为辽代遗物。

和尚砖塔西南二三百米远的山坡上，有1座白塔，当地人称为“镇山塔”，说塔上过去有字，就这么写的，且说塔像倒扣的坛子，1丈多高，白色，就像北京北海的那座白塔那样，只是比北海白塔要小，塔刹有一圆盘，上为塔尖。塔下建有地宫，辟一小门，人可进去。抗日战争时期，日伪军“扫荡”，老百姓“跑反”时躲藏里边，可以藏六七个人。镇山塔毁于20世纪60年代。2011年11月，笔者到村里访谈。孔城峪村书记、61岁的韩秀礼小时见过此塔，并依记忆现场画出塔的形状。现在遗址处，散落着大量残转，尤其一大半圆的石盘，边部浑圆，雕刻着精致的祥云图案，正是白塔上部塔刹部分的圆盘（图182），周边还散落着三四块残片。一块圆形砖恰好与圆盘边吻合，又有几

图182　孔城峪磕头沟云岩禅寺西侧山坡镇山塔塔刹圆盘残部（摄于2011年11月）

块较大的圆形转，在地上摆了半个圆圈（图 183），应是塔身遗物了，可大致看出圆形塔身 1 米五六的直径。这进一步印证了韩秀礼记忆的准确无误。

图 183　孔城峪磕头沟云岩禅寺西侧山坡镇山塔残砖（摄于 2011 年 11 月）

这座白塔所建时间不清楚，文献也没有记载，地方也没有具体口碑资料。村里人谈及的北京北海白塔建于清顺治八年（公元 1651 年），而北京西城区阜成门内还有一座妙应寺白塔，为我国现存元代最早最大的一座藏式佛塔，建于元至元八年（公元 1271 年）。可以说，地方志书对云岩禅寺记载，主要在于明代，清代又进行整修，所以，这座白塔也应是围绕着云岩禅寺而建，其建造时间，大致在明、清之际，尤其清代可能性大。村里人也有说镇山塔与磕头沟外面的娘娘庙有联系，如果是这样，镇山塔大约建于清康熙年间（公元 1662—1722 年）了。

白塔西边有一道杨树沟，当地人说过去有和尚坟六七座，早都给挖了，也没挖出什么。在磕头沟东南，娘娘庙西边，20 世纪 60 年代建的选矿厂的那个地方，也是一片和尚坟，没有塔，就是一片墓地。另据清康熙六十年（公元 1721 年）《怀柔县志》“卷四 · 杂缀”记载：“栲栳山下，路旁石洞中，有水一洼，白色，称之曰‘元宝汤’。每进香时，人必过而饮之，以为得财之谶。”这应该是一道山泉水，几年前去实地踏察，磕头沟人称“元宝仓”（图 184），说在云岩禅寺西边约 500 米处的沟谷中，和

图 184　孔城峪村书记韩秀礼经与村里老人调查，指着说这就是“元宝汤”（摄于 2018 年 8 月）

图 185　孔城峪磕头沟云岩禅寺正殿残存的石头垒砌的东墙根（摄于 2007 年 5 月）

图 186　孔城峪村磕头沟云岩禅寺正在复建中（摄于 2018 年 8 月）

尚塔南约 50 米、西侧半山上，有一山洞，约一人高矮，斜坡下去，三四丈深。洞不知为人工所挖，抑或天然形成，洞中无冬历夏有水，为山中缝隙所积存的山水，当地人称“空山水”。现在，此山洞尚存。在此洞北面不远处，也有一山洞，是过去当地人采金形成的矿洞，前些年为采金做掌，在洞前挖了一条很长的探沟，洞也给豁开了，这个洞与元宝汤洞无关。而当地人所说“元宝仓”，或是说白了，为“元宝汤”之误。元宝汤洞东北约 10 米处就是财神殿，洞中水下流经庙前再向南流去。过去人们进香时，“过而饮之，以为得财之谶”，一方面是人们一直以为水就是财，另一方面与洞下面就是财神殿也不一定无关。

总之，具有 900 多年历史

的云岩禅寺，毁于战火（图 185，图 186），现已进行复建。不久的将来，必将再现一座超越昔日的辉煌壮观的云岩禅寺！

松棚挽翠

“松棚挽翠”，为明时怀柔八景之一。

明万历三十二年（公元 1604 年）《怀柔县志》“卷之一·地理志第一·十社庄·景致附”记载：

景致

寒泉喷珠，在县北十里许，在红螺寺前。

黍谷阳和，在县东四十里。

钓台秋月，在县西三里。

龙潭春水，在县南采家里。

红螺呈秀，在县北二十里。

宝慧双塔，在县北十八里。

松棚挽翠，在县东八十里。

金鸡鸣祥，在县东五十里。

明代县志所记怀柔八景，较为简略，没有景物的具体记述。而在其

“卷之四·艺文志第八·诗”收录了戴仁、叶胜、马文卿吟咏松棚的诗。

过丛惠寺题松棚

提学御史　戴仁

檀州使节移东南，偶来丛惠解雕鞍。
入刹忽然骇心目，松荫满地蛟龙蟠。

从容问历几年纪？不知何代栽植始。
子叶孙枝偃盖低，宿雾卧云坚不起。

年年不改旧岁寒，地抵根将百亩宽。
鸟不敢栖蚁不集，神灵守护凭苍官。

古刹新成烂金玉，物灵信亦秀钟毓。
延年想有千年苓，欲使借锄根下斸。

掌兵中贵许总戎，雕栏爱护成奇功。
应知此物贵且寿，终年只与乾坤同。

名知九重赐新额，来观谁不托奇特？
神奇鬼怪性不移，圣主欲移移不得。

遨游何处无名山？似此蟠龙非等闲。

安能策起济亢旱，普施霖雨舒天颜。

诗题写作“丛惠寺”，清康熙六十年（公元 1721 年）《怀柔县志》写作“崇惠寺”，当地人称“松棚寺”。明万历县志未记此寺，却写入了八景，并收录多首诗作。戴仁何处人等无考，官为提学御史，这是专差御史名。其职任是提督两京及直隶府州县学，任期 3 年，其间须两次考试诸生。

题松棚

建德　叶胜

清霄独立大夫官，翠盖底重十亩宽。

风度清声疑鹤唳，月来层影见龙蟠。

浪夸妖艳妍春□，□□孤高耐岁寒。

阅尽炎凉几千载，至今犹护碧栏杆。

叶胜为建德人，今浙江杭州建德市。叶胜居官何职不得而知。诗句“浪夸妖艳妍春□”，原版“春”字后空缺，点校本写作“暖”字。

题松棚

巡关御史仪真　马文卿

潇寺清森一任空，殿前惟见护佛松。

根连琥珀通泉窟，枝挽曲屈盘卧龙。
翠盖擎天常锦障，青阴铺地多云封。
老僧几度修斋事，久向禅关作龛龙。

马文卿为仪真人，据记载，明洪武二年（公元1369年），改扬子县为仪真县，属扬州府。清雍正元年（公元1723年），复改仪征县。汉武帝元封五年（公元前106年）始置县，1986年7月，经国务院批准，撤销仪征县，设立仪征市，为江苏省扬州市所辖。巡关御史，为明代官职。明朝设监察机构都察院，下属十三道监察御史。监察御史在京城都察院者称内差，若奉命外出称外差。监察御史奉命外出巡视关防者，即为巡关御史。“潇寺清森一任空”之“潇”字，原版基本能够看清，而点校本写作“箫”字。

清康熙六十年（公元1721年）《怀柔县志》“卷二·庙寺”记载：“崇慧寺，在县东松棚庄，今废。”“卷四·杂缀”记载：“松棚庄崇惠寺，有古松甚大，浓荫广覆如棚，庄以此得名。明时有监军中贵许某爱其奇古，设木阑以护之，并重修寺宇，游观日众。有欲将此松移献禁苑者，因其根盘结亩计，难于移取，乃止。今寺久圮，松亦不知斫伐于何时。惜哉！”“卷八·诗”中，只收录提学御史戴仁的诗，建德叶胜及巡关御史仪真马文卿诗未录。所录戴仁诗，与明代县志所录有多处不同：

诗题“丛”字改为“崇”字，即《过崇慧寺题松棚》；

“偶来丛惠解雕鞍”之“丛”字，亦改为“崇”字；

“地抵根将百亩宽”之“抵”字改为“底”字，“百”字改为“一”字；

“物灵信亦秀钟毓”之“亦”字，改为“乃”字；

“延年想有千年苓”之“想”字，改为“定”字；

“欲使借锄根下斸”之“欲使”，改为“便欲”；

“名知九重赐新额”之“知”字，改为“闻”字；

“来观谁不托奇特”之“托”字，改为“羡”字；

“神奇鬼怪性不移”句，改为“神物应知禀性殊”；

“普施霖雨舒天颜”之“霖”字，改为“灵”字。

清康熙六十年（公元1721年）《怀柔县志》为今人点校本，有无个别点校之误不得而知。如此多不同之处，清康熙六十年编志者时一定对此诗进行修改了。

图187　怀柔八景之一“松棚挽翠”（王静画于2014年5月）

明万历时《怀柔县志》所记，寺松尚在，且收录有吟咏的诗歌。如“年年不改旧岁寒，地抵根将百亩宽。鸟不敢栖蚁不集，神灵守护凭苍官。”诗虽有夸张，但还是写出了松树的气势。自明万历至康熙（公元1573—1722年）时，不过百十年光景，一切竟荡然无存了。

崇惠寺当地人又称松棚寺，位于村西，坐北朝南，遗址东西宽约100米，南北长八九十米。应该是佛教庙宇，但建于何时、有几进殿堂、供奉什么佛像，当地人都不清楚，村里老人也没见过。大概如清康熙六十年所记“今寺久圮，松亦不知斫伐于何时”，看来以后没再复建。相传那棵大松树，连山门带大殿都遮上了，可见松树之大。而从记载“根盘结亩计”，亦可见松树之古（图187）。

当地人记得遗址上有一节带棱的碑，各面有字，上有帽子，下面有座。这应该是经幢，一般是八棱，多为辽、金遗物。据此，崇惠寺或建于辽、金时期。

村　落

刘家店镇下辖14个行政村，村落形成时间、人口源流各不相同。现在，全镇共4200余户，8700余人。

北店村

北店村坐落镇域北部，西南紧邻北吉山村，南隔泇河与凤落滩村相望，北与密云区东邵渠镇太保庄接壤（图188，图189）。

图188　北店村委会（摄于2007年5月）

北店村的得名与立庄，86岁老村书记任志合

图 189 北店村委会（摄于 2018 年 7 月）

说，相传立庄之前，这里有一个小店，开店的不知道叫啥，就知道姓曹。以后一点点发展，人家多了就立了庄户。这儿是平谷西北部，过去归怀柔管，1949 年以前就叫北店。76 岁老村副书记王志友记得也有人说，北店是老胡家开店，叫胡俊山，是大兴庄镇韩屯的胡，过继到北店，继父也姓胡，不用改姓。任志合老人说，胡俊山继父排行老二，叫啥不清楚，没见过，100 多年前就没了。他开的店叫胡二店，就是胡家老店。过去口外有拉骆驼的也住，赶大车的也住。76 岁老村书记王海清说，北店原来是姓胡的开的店，村北 5 里还有个茶棚店，不知道谁开的。新中国成立以后，那地方还有好些砖瓦呢。我听老人说，就是由于北边一个茶棚店，南边一个胡家店，立庄的时候就叫北店。王志友老人接着说，听说是出家人开的茶棚店。

村人对此所说不一，看来，立庄之前，这里有一个姓曹的开的小店。后人家越来越多，聚而成村，称为北店。以店为名，前面加个北字，任志合老人所说也许是实情。至于胡二店，至今胡家仅传至第七代人，不过一百三四十年，就晚了。

历史上，北店由怀柔县管辖。明万历三十二年（公元 1604 年）

《怀柔县志》“卷之一·地理志·社庄”记载有“寅洞里”，但在“乡庄”下，没有我们现在的一个村名，北店村自然也没有。清康熙六十年（公元 1721 年）《怀柔县志》“卷二·里社”记载还有寅洞里，并在下面记载了 19 个村庄，其中有北店庄，说明这以前北店已经立庄。即是因曹家在此开店而后立庄，当是随着丫髻山兴盛而开店了。这时清入关已近 80 年，极可能是这期间在曹家店周围或附近人家越聚越多而成村。新编《怀柔县志》“第一编建置区划·第二章行政区划·第二节区划·三、民国区划”记载民国初期，“第八区（寅洞里）所辖 20 庄，有北店庄”。民国二十九年（公元 1940 年）日伪组织新民会所编写的《河北省怀柔县事情》“第二章地志风俗·第一节地志·第六项·户口”记载，全县划为 4 个区，刘家店地区属于第四区，所记村庄有北店村。而在“第三章地方制度·第二节地方区划”中，日伪将全县划为 4 警区 36 乡，刘家店地区属于日伪第四警区，其中丫髻山乡有北店村。1946 年 3 月，将怀柔县 18 个行政村划归平谷，其中亦有北店。而《北京市平谷县地名志》记载：“清初有人在此开店久居成村，因在刘家店北面，故称。抗日战争时期化名河北村。”这里，地名志说是在刘家店北面而称北店，不知所依何据。访谈时村人未曾这样说，志书也未曾这样记载，还应以村人所说为准。

至于谁最早来的，或说王为信的王家，或说赵彬的赵家，或说老曹家，没有一致公认的姓氏。也许这三姓来得不晚，都是北店的老户。

王姓，村里有 3 个王姓。一是密云石峨王，王志友老人（图 190）说，我们这个王，是从密云石峨搬来的。石峨离这儿 15 里，我爷爷一

图 190　76 岁老村副书记王志友（摄于 2018 年 7 月）

图 191　76 岁老村书记王海清（摄于 2018 年 7 月）

挑子挑过来的。父亲就在这边生的，要活着不是 100 岁就是 101 岁，到这儿够 100 年了，民国初年过来的。1975 年以前，我还到石峨那边去填祖坟。祖坟 2 亩多地，一大片坟头，没有石碑，有大椿树、大杨树，一搂多粗。70 年代末祖坟给平了。我爷爷叫王瑞，父亲叫王兴元。我儿子叫王金山，孙女叫王佳慧。现在，王家有 6 户，20 多人。

一是密云石匣王，也就是王为信的王家，从密云石匣搬来的。王海清老人记得，听说过去王家有个人学《奇门遁甲》，个儿绑上会飞起来。家盖房是以西为上，不以北为上。咱们看着是厢房，他家就当正房。现在，这个王有 6 户，20 多人。

一是北埝头王。王海清老人（图 191）说，我们这个王，是从大兴庄镇北埝头村搬来的。就是我父亲搬来的，在 20 世纪 30 年代末 40 年代初，我 1942 年生的，就生在这边。那时家儿穷，一挑子挑过来的。我姥姥家是这儿，就搬来了，记得五几年还去北埝头那边填坟。那时候辈分排到云字，往下就不知道咋排了。

2017年，笔者为编写《大兴庄史话》，曾去北埝头村访谈，全村基本都姓王。而王姓从山东随龙过来的，也就是燕王扫北的时候，即明朝初年。传说是老祖宗王政立的庄，最后他带着小儿子回老家了，老太太领着仨儿子在这边过生活，就形成了王家三门。所以，这边立祖是老太太，3个儿子叫啥不知道了。过去王家5代一修家谱，王家所用的字是："鸿庭者德显，奇文永云凤。志"，"志"再往下就不论了。王家三门，"显"字是统一的，"瑞"字相当于"云"字辈儿，一部分家改为"瑞"字了。

王海清老人说，我父亲叫王贵臣，爷爷叫王奇印，爷爷安葬在了北埝头那边。太爷叫王显常。我儿子叫王云祥、王云成，孙子叫王健，重孙子叫王子默。现在，王家有10多户，百十来人。

任姓，任志合老人说，任家从行宫村搬来的，随皇上过来的，修过行宫。任家不是北店占山户，可也是比较早的。从过去的土地看，任家过去地多，村北窑沟都是老任家的，西沟也是，以及大道往西的地都是，入社了才分给人家。行宫东边任家老坟，靠南边扒走两个，我数数还有28个坟头呢。过去清明填坟，我们四家子得溜溜半天，谁也没有老任家坟多。怀柔任家也从这儿搬去的。我父亲叫任友，爷爷叫任玉安，我4岁的时候爷爷就去世了，那时还没到土改呢。儿子叫任全利，孙子叫任崇。现在，任家有10多户，百十来人。

图 192　52 岁北店村书记岳凤山（摄于 2007 年 5 月）

图 193　63 岁北店村书记岳凤山（摄于 2018 年 7 月）

岳姓，63 岁村书记岳凤山（图 192，图 193）说，刘家店镇就北店村有姓岳的，不知道跟其他哪儿村岳姓是本家。50 岁村民岳凤来记得老人说过，岳家爷仨，老祖叫岳天齐，俩儿子岳自本、岳自信，一扁担从山西挑着来的。而王志友老人过去听岳青山说，岳家从河南搬来的，相传是岳飞的后代，不知道咋过来的。村人所说不一，究竟从哪儿来的，与平谷区内其他村岳姓有无关联？作者编写《马昌营史话》时，去马昌营镇王各庄访谈，王各庄村岳姓是大姓。85 岁老村书记岳金秀记得，岳姓从河南迁来，先到果各庄，小时还跟着大人到果各庄那边去上祖坟，吃官坟。为了追根溯源，笔者又专程去马坊镇果各庄访谈。果各庄岳姓人肯定地说，岳姓当初从河南驻马店搬来，是老哥仨，老大岳景石，那哥俩搬走了，也就没留下名字。从果各庄再陆续迁到马昌营镇王各庄、王官屯，大华山镇后北宫，刘家店镇北店等村。在这里，果各庄岳姓人专门提到了北店，所言应该无误。

这样看来，就北店岳姓事，起码可以明确三点：一是北店岳姓祖籍地为河南驻马店，二是北店岳姓从马坊镇果各庄搬来，三是搬到果各庄的第一代岳姓始祖叫岳景石，也就意味着果各庄、王各庄、王官屯、后北宫及北店的岳姓共同始祖为岳景石。当然，到北店的第一代始祖叫岳天齐，为岳景石后代了。

岳家祖坟在东山根儿下，大松树围着，松树直径有 1 尺多，又称松树坟。祖坟没有石碑。岳家在村东大硷根儿那儿留下 2 亩地，谁家种地，到清明时管各家上坟人的饭，那地后来发大水给冲了。村民岳凤来（图 194）说，我父亲叫岳清顺，爷爷叫岳广山，太爷叫岳福增，老太爷叫岳安，再往上还有谁、几辈儿不知道了。最上面，就是一扁担挑来的岳天齐那爷仨了。我儿子叫岳新争，孙子叫岳修平。76 岁老村书记王海清说，岳家最兴旺的是岳安那辈儿，南门哥六个，北门哥六个，形成了后来的南六门、北六门。现在，岳家有 120 户，400 多人，全村 70% 都姓岳。

图 194　50 岁村民岳凤来（摄于 2018 年 7 月）

图 195 45 岁村民胡金刚（摄于 2018 年 10 月）

胡姓，45 岁村民胡金刚（图 195）初步整理了胡氏家谱，胡家从峪口镇峪口村搬迁至此，而峪口胡与大兴庄镇韩屯胡是一个胡。近年所编《峪口村志》，“姓氏”中并未细述胡姓来源及分布。既然志里记述邢、鲁、杜、马、刘为峪口五大占山户，全部为明初移民，那么，也就意味着胡姓不是占山户，且不是明初移民了，最起码到峪口要晚于这五大姓。笔者编写《大兴庄史话》时，去韩屯访谈，关于胡姓，81 岁村民胡德旺记得，胡姓从山西大槐树搬来，来的是胡旺、胡鹰老哥俩，立为东门、西门，与大官庄胡、密云葫芦峪胡都是同一个胡。峪口镇北杨家桥胡永莲曾编写胡氏家谱，记述这个胡是清乾隆年间从大官庄迁至北杨家桥村。而大官庄胡姓，是“明永乐年间，由山西省平阳府洪洞县大槐树下移民至北平，被安置在今大官庄村”。这与胡德旺老人所说“胡姓从山西大槐树搬来”相一致。所说“胡旺、胡鹰老哥俩”，也许像北杨家桥胡姓由大官庄搬去一样，不排除这哥俩由大官庄搬至韩屯，而立为“东门”、“西门”的。这样说来，大官庄、峪口、北杨家桥、韩屯、北店的胡，都是一个胡了，而且极可能是胡姓首先到大官庄，而后陆续分散到周边这些村落。

胡金刚说，北店胡家第一辈儿叫胡永顺，在这儿开个可以住宿、吃饭等店铺，因其排行老二，故称胡二店。第二辈儿胡万勋。胡万勋之子早夭，故从韩屯过继胡俊山为子，是为第三辈儿。胡俊山生有6子：胡德忠、胡德厚、胡德久、胡德常、胡德真及胡德宾，是为第四辈儿。其中，胡德真迁回韩屯。胡德厚因有制作砖瓦手艺，“文化大革命”后遂在北店村开窑烧砖瓦，继续使用聚顺店（胡二店）字号。第五辈儿，胡金朋、胡长青、胡金满、胡金喜、胡金刚。胡金喜、胡金刚继承聚顺店字号，做布匹、农业等产品经营销售，打造诚信信誉。第六辈儿，胡鸿鹤、胡强、胡昊雪。第七辈儿，胡予泽、胡梓桐。这样看来，按7辈儿计算，胡家至此150年左右。现在，胡家有5户，40来人。

村里还有其他一些姓，任志合、王海清等老人说：

曹姓，曹德良的曹，是老户，曹德良从小父母双亡，在西山外姐姐家长大、结婚，土改的时候搬回来的，有两个儿子。现在，曹家有3户，10来人。

赵姓，赵彬的赵家，不知道从哪里搬来的，过去赵家人曾到熊儿寨乡上白羊养蜂去。现在，赵家人口也不多。

贾姓，贾贵臣的贾，从顺义张镇厂门口过继过来。这边姓贾，那边也姓贾，这边没儿子，就过继过来了。现在，就贾贵臣1户，四五口人。

马姓，马贵祥的马，从密云西邵渠搬来。现在，马家有四五户，20来人。

图 196　北店村全貌俯瞰（刘果摄于 2018 年 10 月）

刘姓，刘子合的刘，也是老户。刘子合过去是大编乡乡长，地主，土改时死了。现在，刘家有 20 来户，50 多人。

花姓，花自五的花，从大华山镇大华山村搬来。现在，花家有 6 户，十七八口人。

民国二十九年（公元 1940 年）《河北省怀柔县事情》记载，北店，38 户，273 人。任志合老人记得，土改时全村 40 多户，240 多人。现在，全村有 180 多户，600 多人。

王海清老人说，北店村南北向的主街，传说是按龙的形状建的，错着管儿，从南头瞅不见北头，在北头瞅不见南头，叫鱼鳞街（图 196）。据说一建村就这么设计的。过去北店村会耍龙有名，一开始是一条龙，我记事儿的时候还是一条龙呢。到 1958 年，为庆祝人民公社成立儿就有两条龙了。现在是 6 条龙，包括女的耍的龙。1989 年，还到天安门广场耍过龙。

北吉山村

北吉山村坐落镇域北部，地处山间平地，西倚丫髻山，东濒泃河。因村落沿泃河而建，故成弧形。20 世纪 70 年代初，整治泃河，将泃河自北店村往南调直，北吉山村就远离泃河了。至今登高下眺，可见其景（图 197）。村南隔一道河沟与前吉山村相邻，东北与北店村相接。20 世纪 90 年代初，与北店村尚距四五百米，今已连为一起了。

北吉山村得名，83 岁退休教师刘普说，过去叫纸坊庄。我一小儿记得现在村委会东边不远路南，史瑞亚家东房山上，写着“纸坊庄”三个大白字，是作坊的“坊”。对此，75 岁老赤脚医生李信说，开始

图 197　沿着泃河古道右侧，左起北店村、北吉山村及前吉山村，三村几乎连在一起了（摄于 2016 年 9 月）

就叫丫髻山村，明代建的，分南街、北街，过去是一个村。住的都是破草房，没有砖，都是石头，还低矮，要塌的样儿。据说乾隆皇帝来这儿一看，问大臣：“这是啥村？”大臣回答：“丫髻山村，这是南街、北街。”乾隆皇帝一听：“嗨，纸房庄吧。”是房子的“房”，意思这庄是纸儿糊的房子。过去南街、北街中间有一道河沟子，上面一座木头桥，鬼子一打仗，就把那桥给烧了。桥一烧，人们就从地上走，要上坡下坡。91岁老生产队长刘长全说，那桥是咱庄修的，为四月庙方便走道儿，庙会完了把桥再拆了，桥板啥的留着，转年再使。叫北吉山是八路军来以后起的化名，前吉山叫南吉山。后来就这样叫下来了。李信老人（图198）记得，一解放，这俩村就叫前、北吉山了。这里所说的南街应该是今天的前吉山，北街是北吉山。

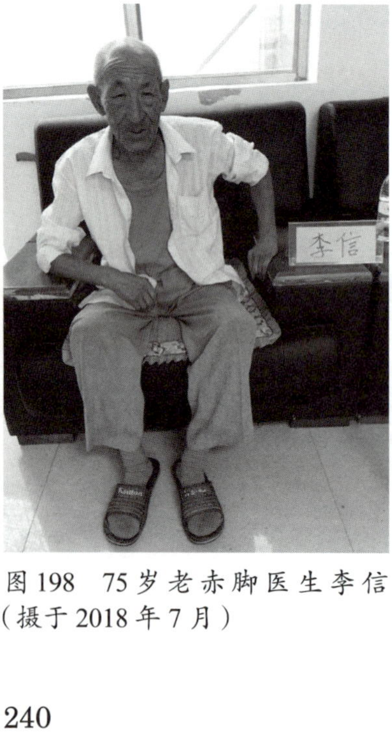

图198　75岁老赤脚医生李信（摄于2018年7月）

看来，以前北吉山叫纸房庄或纸坊庄。明万历三十二年（公元1604年）《怀柔县志》“卷之一·地理志第一·十社庄”，“乡庄”下所记五六十个村庄，没有刘家店地区的村落记述，“纸坊庄”或“纸房庄”当时应该建庄了。因为在此志“卷之四·艺文志第八”收录的赐同进士出身、承德郎、刑部贵州清吏司主事、紫府王源于正德十四年（公元1519年）所撰《重修瓦堂寺碑记》写到："览其形势，远望密云，近接宝泉。大道在其东，并及清流。主山列其西。前向□房村，西靠抱虎……真乃祇园之胜境也。"写瓦堂寺"前向□房村"，说明两点：一是"□房村"应该就是纸房村，所缺当是"纸"字；二是"前向□房村"，所指应该是今北吉山村，因为北吉山村就在瓦堂寺南面二三百米处，故说"前向"了。亦说明明中期纸房庄已经建庄，碑刻上就写作"纸房庄"。清康熙六十年（公元1721年）《怀柔县志》"卷二·里社"记载"寅洞里"所属19庄，也有"纸房庄"（图199，图200）。

新编《怀柔县志》记载怀柔县民国初期行政区划，共设9区，其中第八区（寅洞里）辖20庄，有纸房庄、新庄窠，新庄窠当是今天的前吉山村。而民国二十九年（公元1940年）日伪组织"中华民国新民会中央总会"编写的《河北省怀柔县事情》，

图199　北吉山村委会（摄于2007年2月）

图200　北吉山村委会（摄于2018年7月）

日伪统治下，将全县划为四警区、36乡，刘家店地区属于日伪第四警区，其中“丫髻山乡”下为9村，有“纸房庄”和“辛庄窠”，辛庄窠就是新庄窠，今天的前吉山。而在“怀柔县各区村户口一览表”中，第四区里没写“纸房庄”和“辛庄窠”，只写了“丫髻山村”，应该包括纸房庄和辛庄窠村。说明那时，“纸房庄”与“丫髻山村”两名并称，辛庄窠还没完全独立成村，正说明前吉山独立成村较晚，由北吉山村慢慢向河沟南发展而成村。称“丫髻山村”，当以山名而名村。至于纸房庄为何又写作纸坊庄，新编《怀柔县志》记载“怀柔县1948年行政区划，共设1镇13乡”，其中有“纸坊乡”。也就是说，在1948年国民党统治之时，刘家店地区设有纸坊乡，且将原来志书等一直写的“纸房”写作了“纸坊”，就像“新庄窠”也写作“辛庄窠”一样，或许这两个村名亦是在这时前后所写了。

《北京市平谷县地名志》记载：“远在新石器时期有人活动，聚落名称不详。唐代西山建有房舍。明代形成相当规模的村落，称纸坊庄。后因丫髻山庙会兴盛，远近闻名，改称丫髻山。抗日战争时期，以村中石桥为界，分为二行政村，该村在桥北，演化为今名。”地名志所记“抗日战争时期，以村中石桥为界，分为二行政村”。这里所说石桥不妥，村里人明确说是木桥，且可拆卸。又说“远在新石器时期有人活动，聚落名称不详”，当指前吉山于20世纪60年代中期在村南发现的新石器出土地点了。另外，地名志所记“唐代西山建有房舍”，亦值得研究。这西山应该是指丫髻山，唐代丫髻山应该没有殿堂类建筑，清康熙六十年（公元1721年）《怀柔县志》记载丫髻山，至明嘉靖时，“旧有碧霞元君庙三间”。大致在元时西顶才有殿堂类建筑的，但这也不等于立庄，立庄应在明朝中前期。

北吉山村，现有李姓、刘姓等大姓。而村里人公认，是张姓先来立的庄。

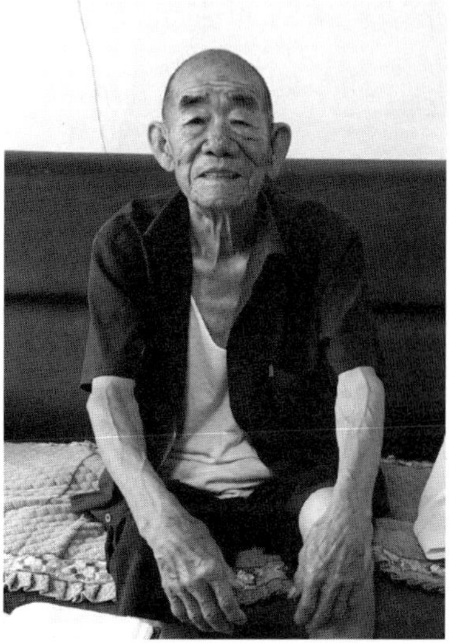

图 201　84 岁老生产队长张德泉（摄于 2018 年 7 月）

村有两个张姓。84 岁老生产队长张德泉（图 201）说，不知道我们这个张从哪儿来的，父亲叫张长顺，爷爷叫张余亮，太爷叫张福奎，是太爷从老刘家过继给张家。儿子叫张斌，孙子叫张晨阳，重孙女叫张可可。张家就这一家，五六个人。这样看来，立庄的应该不是这个张。

图 202　86 岁村民张福（摄于 2018 年 7 月）

还有一个南头张。86 岁村民张福（图 202）说，听念叨我们这个张是从山东过来的，啥时候来的、到这儿第一辈儿叫啥说不清楚，到我这儿多少辈儿也不知道。张家老坟在东山，离村 1 里多地，二三亩地。我看到坟地那儿有好几个坟坑子，大概早扒别处埋去了。坟地上没有石碑，也没有大树。我父亲叫张永清，爷爷叫张贵，太爷叫张广兴，再往上不知道了。我儿子叫张景泉，孙子叫张涛，重孙女小名悠悠。我仨儿子俩闺女，我哥也仨儿子。现在，张家共 6 家，20 多人。看来，如果是张姓立的庄，也当是张福这个南头张了。

李姓，2016 年来村访谈，村人李信、李文祥都 70 多岁，说李家从山东德州来的，并说那里也有大槐树。过去李姓就是一门，没有大门、小门之分，只是有一户李家穷，安不起大门，从此村里人就称这家为“小门”了。这个李到这儿也不知传了多少辈儿，没有家谱。2018 年再次来村访谈，75 岁老赤脚医生李信说，我父亲叫李春亮，爷爷叫李升，太爷叫啥不知道了。我儿子叫李文成、李文杰，孙子叫李岩，孙女叫李芳。现在，李家有 40 多户，100 多人。村里不是一个李姓，别的李姓也不知从哪儿来的。

刘姓，91 岁老生产队长刘长全记得，刘家从山东阳清县过来的，据说是老哥俩挑着站筐，一边走一边要饭，老大刘德元落这儿了，老二落密云东邵渠镇东葫芦峪了。那边也有好几十家，过去清明还有人来这边填坟。老大在这边要几年饭，又说一个人，给人家扛活，就落下脚了。爷爷、太爷我都知道，就是老了想不起来，我父亲叫刘仲，大儿子叫刘树清，二儿子叫刘树林，孙子叫刘玉松、刘玉森，重孙子叫刘杰。刘普老人说，父亲叫刘俊田，爷爷叫刘缓，太爷叫刘长海，老太爷辈儿为刘福、刘禄等，老老太爷就是刘德元，到我这儿 6 辈儿。我下面，儿子刘艳章、刘艳彩，孙子刘靖宇，重孙子刘子墨。现在，刘家已见着 9 辈人，搬这儿大致一百七八十年，刘家清是后期道光、咸丰前后过来的了。村里刘姓也不是一个刘，这个刘现在有 60 多户，200 来人。

图 203　85 岁老生产队长王福顺（摄于 2018 年 7 月）

王姓，85 岁老生产队长王福顺（图 203）说，自己原来住在县城塔儿胡同北头西侧。祖上也是大户人家，家有个门楼子，朝东开，下面门墩子是个鼓形石。门楼东边还有一座小庙。门楼上有块匾额，上面好像写着三个字“岚进士”，不知什么意思。那匾写着多少年我忘了，上面还写着“王西舜”仨字。匾天蓝色地儿，金字，四周没有雕花，大致长一米五，宽八九十公分。我父亲他们哥好几个，父亲没出息，家境衰落了，我就跑这儿来了。我 12 岁来的，今年虚岁 85 岁，那就是 1945 年。这边也没亲戚，就从县城要饭要到这儿，落下脚。我有俩儿子，王立刚、王立忠；仨孙子，王健林、王健森、王明川；还有一闺女，叫王秀玲。现在，我家有八九口人。这个王来村不过二三辈人，很晚了。

图 204　70 岁老村书记周友林（摄于 2018 年 7 月）

周姓，70 岁老村书记周友林（图 204）说，我不知道周家从哪儿来的，父亲叫周连仲，爷爷叫周永先。女儿周彩伶，儿子周金良，孙女周晓佳。

周友林女儿周彩伶，现为区政协学习与文史委员会主任，曾编著《文化平谷》及《神韵丫髻》等书。周彩伶对周家资料初步整理，更为翔实具体：

图 205　周永先画像（画于 1954 年）

周永先（公元 1881 年—1957 年），当地人称“周老爷”，是我太爷，曾在丫髻山紫霄宫做工，现存一张 1954 年太爷画像（图 205）。我爷爷周连仲青年时在北京学徒，认识一位张姓画家，这位画家专程来丫髻山，在家给太爷画像，约勾画了一小时，然后悉心收拾，半天完工。这位堪称大师级画家的作品造型逼真，神韵十足，如果不是耳朵和顶部头发处理稍显简约，几乎和照片没有区别。广泛征集老照片并编辑出版《平谷老照片》一书的收藏家李润波先生，最初见到画像时也认为是照片，在我奶奶张桂芝的肯定之下，慢慢才从耳朵和顶部头发细微处发现画像迹象端倪，可见这张画像之传神。李先生认为，这是平谷境内发现的最早画像，而且为专业画家所画。

图 206　89 岁张桂芝手持自己刺绣的活儿（摄于 2018 年 4 月）

周永先长子周连仲，是我爷爷，早年在北京学徒，后来在峪口开洋车行，建国后国有企业峪口五金厂将洋车行并入，爷爷成为五金厂的一名技术工人。据现在 70 岁左右的人讲，因爷爷焊接活做得好，为人随和，当时自官庄以北到密云东邵渠一带，爷爷都较有名气，受人赞誉。修自行车、焊水桶和烧水的汆子等，但凡人们相求，爷爷定是全力而为，真是有求必应，十里八村内有“大好人”之称。遗憾的是爷爷于 1975 年因肝癌去世。周连仲妻张桂芝，是我奶奶，现年 89 岁（图 206）。奶奶建国前参加党组织工作，在随组织南下中抉择再三，因女儿较小，家人不愿意，只能放弃南下。奶奶的父亲张义存，原籍大辛寨村，化名张义廷，曾参加过大官庄战斗，后为躲避敌人追捕，全家迁到北店村以锥鞋为生。奶奶的母亲王书芳，也是老党员，享受建国前老党员待遇，享年 88 岁。奶奶挂在嘴边、发自肺腑的话是：“我谁都不信，我就信共产党。”她说这话掷地有声，声音的洪亮根本不像近 90 岁的人发出的。我们喜欢听奶奶这样表达，她用孩子般的真诚和纯粹向我们传递着不可撼动的信仰正能量。

周永先次子，周连元。

周连仲长女周素华、长子周友林、次子周宝林、三子周建林、四子周敬林。1961 年，北京一个亲戚来时，在家院内拍摄一张全家福（图 207）：左起周素华、周建林、张桂芝、周敬林（时为 1 岁多）、周连仲、周宝林、周友林。

周素华，我姑姑。平谷中学毕业，成绩优秀，因时代原因未能如愿踏入大学门槛成为其一生之憾。粮食局职工学校教师退休，曾教授政治经济学等课程。

周友林，我父亲。曾在村里当干部多年，现在享受组织部给予的

图 207　周连仲全家福，左起周素华、周建林、张桂芝（周彩伶奶奶）、周敬林（时为 1 岁多）、周连仲（周彩伶爷爷）、周宝林、周友林（周彩伶父亲）（摄于 1961 年）

村书记补贴待遇。村里许多家有红白喜事都找父亲帮着“落忙”，“大执宾”的角色至今没有卸任。母亲陈秀兰，娘家在北辛庄村，母亲属龙，农历五月十五出生，据说母亲出生那天大雨倾盆，街面的水都漫到了院里，大有云行雨施之象。我是长女（图208），下面有个弟弟周金良，金良生有女儿周晓佳。

图 208　2001 年 6 月 29 日，周彩伶主持平谷区庆祝建党 80 周年大型文艺演出

周宝林，我二叔，早年在县交通局上班。1972年，在一次修路工伤事故中去世。奶奶曾说，民间会“过阴”的一位老太太，自二叔出生时便断言其不长寿，少则 10 岁，最多寿命不超过 20 岁，并称二叔是天上的浇花童子，因用热水浇花被罚落人间，在人间仅有 10 年，为报父母之恩，可延长寿命 10 年。这种说法被老人讲了又讲，不知是偶然巧合，还是真的民间有人能洞察天机，二叔恰在 20 岁时去世。早年在刘店中学上学时，二叔成绩特别优异，被陈谊老师起绰号为“周天才”。“文化大革命”时，陈谊因此还受到批判。

周建林，我三叔，原区经管站站长。他最引以为豪的是2011年10月，时任北京市委书记刘淇专门到平谷区经管站调研。区经管站一些成功做法得到认可，引来关注。国务院发展研究中心农村经济研究部、农业部、市委、市政府、市农研中心、《农民日报》、各区县相关部门等纷纷前来视察考察、参观学习。三叔感慨：在改革开放三十多年的发展历程中，平谷经管站经历了从无到有、从弱到强、从虚到实、从边缘化到中心区的角色转变，一系列创新性、前瞻性工作取得了实效，有力推进了农业增效、农民增收、农村发展。周建林生有一子周金明，金明生有一儿一女，女儿周環璇、儿子周义璇。

周敬林，我四叔。上世纪七八十年代曾负责为平谷西北部各村放电影，后自己经商。任村书记9年，于2018年9月辞职。生有二子，长子周金龙，不幸于2003年病逝。次子周金磊，金磊生有一子周芃泽。

我们周家在村是独门独户，向来秉承着崇德厚礼的家风。自有“周老爷”之誉的太爷爷开始，到被一个地区民众尊为“大好人”的爷爷周连仲，均有着敬老怀幼、慈心于物、周人之急、与人为善的传统美德，我们这些晚辈后人定当传承良好家风，奉行“忠厚传家久，诗书继世长”传统，将周家向上向善之门户风尚发扬光大。

现在，周家有4户，分别是周友林、周敬林、周向林（我二爷周连元之子）、周金良，共20多人。

这些姓外，还有焦、谢、苑、贾、赵、肖等姓，人都不多。

民国二十九年（公元1940年）《河北省怀柔县事情》记载，丫髻山村，有 80 户，503 人。这应是北吉山村和前吉山村尚未分村的户数与人口。现在，北吉山村有 300 多户，800 多人。

东山下村

东山下村坐落于镇域中部偏东北，东南与行宫村相邻，西北与凤落滩村相接，村西泇河由北向南流过（图 209，图 210）。

图 209　东山下村委会（摄于 2007 年 8 月）

图 210　东山下村委会（摄于 2018 年 7 月）

东山下得名，87 岁老村副书记郭天福说，历史上就叫东山下，村在东山脚下的意思。抗战时八路军取化名靠山村，过去归怀柔四区管。这个说法基本符合事实。当然还有另一个说法。

78岁村民李瑞庆（图211）说，东山下得名，在洪武年间修丫髻山庙之时。皇帝上庙来，一回去得找地方住，在行宫那儿当时修的是宫。皇上问大臣在哪儿下榻也？大臣就说在东边山下头。实际上那时候还没人住呢，行宫那儿也没有人，都是给皇帝服务的在旗的人住，等那儿一建宫就带过点人居住这儿。我是听张文彬说的，他在村里当时岁数比较大。此说值得推敲，“洪武”为明朝开国皇帝朱元璋年号，况且明代也没有皇帝来过丫髻山。又说“在旗”，清入关以后才有旗人，似将明、清两朝混淆一起了，尤其可能把皇帝记混了。即是在旗，说明已是清时。“那时候还没人住呢，行宫那儿也没有人”语，说得或是实情，为祖辈口口相传。也就是说，建丫髻山行宫前，这一带还没有人居住。另外，一些村大姓祖坟就在东山下这边，如松棚张家祖坟在东山下东边，行宫北边，有一二亩地，好几十个坟头。过去每到清明上坟时，连东山下、密云娘子水的张也是这的张，也过来一起上坟。这也从侧面说明，早先这一带应该是人家的土地，才会在此建造祖坟。《北京市平谷县地名志》记载：“明初成村，因位于东山脚下，故名。抗日战争时期化名靠山村。”说东山下是“明初成村”，不知有何依据，也就值得研究了。

图211　78岁村民李瑞庆（摄于2018年7月）

东山下历史上为怀柔县管辖，明万历三十二年（公元1604年）《怀柔县志》“卷之一·地理志·社庄”记载有“寅洞里”，可“乡庄”下所记58个乡庄，没有刘家店地区现在的一个村名，自然没有东山下了。当然，东山下明代应该还没有成村。清康熙六十年（公元1721年）《怀柔县志》“卷二·里社”记载有“寅洞里”，“寅洞里”下有19个村庄，其中有东山下庄。这即是说，清康熙六十年以前，东山下已经立庄。但也不会太早，根据村民访谈及志书所记，东山下立庄或在清朝初年。新编《怀柔县志》“第一编建置区划·第二章行政区划·第二节区划·三、民国区划”记载，“怀柔县民国初期行政区划（共设9区，辖115庄）”，其中，“第八区（寅洞里）辖20庄，有东山下庄”。民国二十九年（公元1940年）《河北省怀柔县事情》“第二章地志风俗·第一节地志·第六项·户口”记载，第四区有东山下。而在“第三章地方制度·第二节地方区划”中，日伪将全县划为4警区36乡，刘家店地区属于日伪第四警区，其中丫髻山乡有东山下。1946年3月，东山下划归平谷。

图212 74岁村民张发（摄于2018年7月）

东山下村有张、姚两大户，是张家先来立的庄，称坐山户，为村人所公认。

张姓，74岁村民张发（图212）

过去听说，张家是从山西省洪洞县大槐树底下跟着老憨王来的。老憨王也是一个皇上，叫啥咱不知道，说是扫北来的。这里说的憨王，也许说白了，或是燕王，因为历史上有燕王扫北之说，况且老人也有“扫北来的”的话儿。

所谓燕王，就是朱棣，为明太祖朱元璋第四子，领重兵镇守大都（今北京）。朱元璋长子朱标早逝，朱元璋死后便将皇位传给皇太孙朱允炆，这就是建文帝。建文帝即位后，与侍臣谋划削藩。燕王朱棣以“诛奸臣，清君侧”之名起兵，建文帝派兵平叛。双方在河北和山东等地进行三四年争战。最后燕王朱棣率军攻入南京，《明史》记载，“城破，宫中火起，帝不知所终”。公元1403年朱棣登帝位，改号永乐，后又迁都北京。史称此为“靖难之战”，即民间流传的“燕王扫北”。燕王当初也担心“民心向彼，奈何?”结果一起兵，就遭到各地官民抵抗。《南宫县志》记载，“燕兵所过，各州县义民目为叛逆，争抗拒之”。燕王军队受挫，“燕王愤甚，燕京以南，所过为墟，屠戮无遗”。经过元末明初的长期战争，“青燐白骨，怵惊心目”，河北地区的人大量外逃，造成人口急剧减少。包括平谷地区，那时也一定是人烟稀少，荒芜惨淡，以致很多村落都是明清以后成村。当然，明成祖朱棣是一位雄才大略、且有作为的皇帝，就从山西、山东大量移民。因此，笔者在各村访谈中，几乎一说祖先不是山西就是山东过来的，就很正常了。笔者十几年前去山西洪洞，在大槐树公园买了一本当地编写的《洪洞古大槐树志》，其中有洪洞移民到平谷等地的记载。

图 213　74 岁退休职工张启荣（摄于 2018 年 7 月）

74 岁退休职工张启荣（图 213）说，我、张启祥、张发仨人都是一个张，连松棚、北吉山、密云娘子水等村的张都是从这里搬出去的。张家祖坟在村南半里，有 1 亩多地，上边挨巴儿的都是坟头，没有石碑。张家是一个张，分南张和北张，过去有家谱，就是墙上挂着的，现在不好找了。我父亲叫张文生，爷爷叫张福来，太爷叫张仕宽。我儿子叫张海永，孙子叫张博。71 岁退休职工张启祥说，我父亲叫张文翠，爷爷叫张福顺，太爷叫张春，老太爷叫张仕宽。我儿子叫张月江，孙女叫张丽。就村里排，在张家我都当太爷，下边有重孙子了。现在，张家有 30 多户，110 多人。

张姓由张启祥老人所谈，爷爷张福顺上面是太爷张春，而张启荣老人谈及爷爷张福来上面是太爷张仕宽，似应缺一辈儿两个字的，也许一时记忆有失。另外，说“连松棚、北吉山、密云娘子水等村的张都是从这里搬出去的”与松棚张家人所谈正相反，是松棚张家搬到东山下、娘子水等。松棚张家已传到第十辈儿，全村有 30 多户、120 多人。这个张究竟是从松棚搬到东山下的，还是从东山下搬到松棚的，以后再行研究，笔者是倾向于由松棚搬到这儿之说的。

总之，这个张随着燕王扫北由山西洪洞大槐树下迁来，当在明朝初年。初来时，未必直接落在这里，而是先落他处，行宫修建前才搬来，其时间当在清初可能性大。从1940年全村仅43户、168人，至今才百十来户、200多人的规模看，也不会立庄很早。

图214　73岁老村书记姚俊旺（摄于2018年7月）

姚姓，73岁老村书记姚俊旺（图214）说，姚家从黑龙江那边搬来。还有峪口镇兴隆庄及密云石峨的姚是一个姚，都从黑龙江那边过来的。我爷爷死在黑龙江那边了，不知道叫啥。我父亲叫姚成先，就是父亲要饭过来，落这儿了。我儿子叫姚春生、姚春龙，闺女叫姚晓玲，孙子随他妈姓叫赵小成，孙女叫姚家桐。姚家就晚了，当在1949年以前，80年左右，至多到不了百年。现在，全村姚家有20多户，五六十人。

赵姓，63岁村民赵成才说，我们这个赵，从杨家桥搬来的，究竟杨家桥的赵从哪儿搬来的就不知道了。过去我听成武二哥说的，成武是赵明智（75岁）爸爸，我们是一个祖宗，成武比我爸爸岁数还大呢。我只知道祖坟在坨头寺南庄头，那儿有7个坟咕嘟（指7个坟头）。今年我63岁了，我十五六的时候跟着去上坟，第一年去有，第二年去有，到第三年去的时候就平没了。我父亲叫赵青山，爷爷叫赵广会，太爷叫赵德福，再往上我说不好了。明智爸爸给我抄的祖宗牌就到这儿，我就记到这儿，实际上到我这儿比五六辈儿得多。我就一人，没儿女。在赵家我辈儿最大，赵继英是我孙子辈儿，连他都有孙子了。赵家在东山下是一个赵，我爷爷是老的，我有个大爷，就是赵明智太爷，分家的时候，西头老房分我大爷了，叫西赵；我爷爷分在东头，叫东赵。村里南张、北张也是这么来的。现在，赵家有七八户，30 来人。

这样说来，如按到赵成才五六辈儿算，下面又 4 辈儿，一共 10 来辈儿，大致 230 年左右，约在清乾隆末年、嘉庆初年，也就是清中后期。当初赵家搬来时，三河旧志所记就是杨家桥，还没分南、北两村。南杨家桥与北杨家桥、厂门口、桥头过去是一个村，1935 年至 1945 年间各自才独立成村。

李姓，李瑞庆老人说，李家从行宫搬来的，行宫的李听说是跟李闯王进京过来的，也是旗人。据说看宫的是老张家，李家是外围服务的。我爷爷他们哥四个，那边俩人，这边俩人。我父亲叫李万盛，爷爷叫李文明。我儿子叫李苍松，孙子叫李帅。父亲活了 97 岁，是我爷爷搬来不久，就在这边生的，2007 年去世。这就意味着，李家由行宫搬到这儿 110 年左右，清末了。李姓现在有 3 户，20 多人。

郭姓，87 岁老村副书记郭天福说，郭家从山东搬来的，从山东搬到密云石匣，从石匣搬到行宫，从行宫搬到东山下。好像是跟着闯王进京过来的，可闯王在北京没待多长时间，就被清朝推翻了，走了，这些老百姓就不管了，撂下了。搬到行宫的第一辈儿叫郭梦雄，第二辈儿叫郭金、郭银，第三辈儿叫郭君福、郭君禄，第四辈儿叫郭好仁，是我父亲。郭君福是我爷爷，郭金是我太爷，是我太爷这哥俩从行宫搬到东山下。郭梦雄是我老太爷子。我儿子叫郭有才、郭有良，孙女郭欣欣（郭有才之女嫁到怀柔，有外孙子了）、郭丽华（郭有良之女）。这样看来，郭家到此7辈儿，150年左右，为清后期。现在，郭姓有4户，20来人。

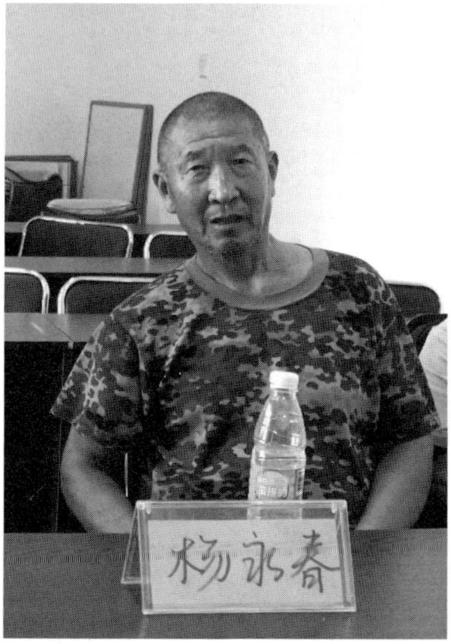

图215　68岁老村书记杨永春（摄于2018年7月）

杨姓，68岁老村书记杨永春（图215）说，杨家从大华山搬到密云娘子水，从娘子水又搬到这儿。就是我爷爷那辈儿过来的，过去家穷，只能串房檐住。听我奶奶说就是一站筐挑子挑到娘子水。我父亲叫杨茂森，爷爷叫杨知栋，我闺女叫杨清华、杨洁，外甥叫袁明扬。杨家就我们一家子，我父辈老哥仨，到我们少辈儿哥儿六个，一屋俩：我父亲杨茂森，下面是我杨永春、我弟杨永生；我二叔杨茂山，儿子叫

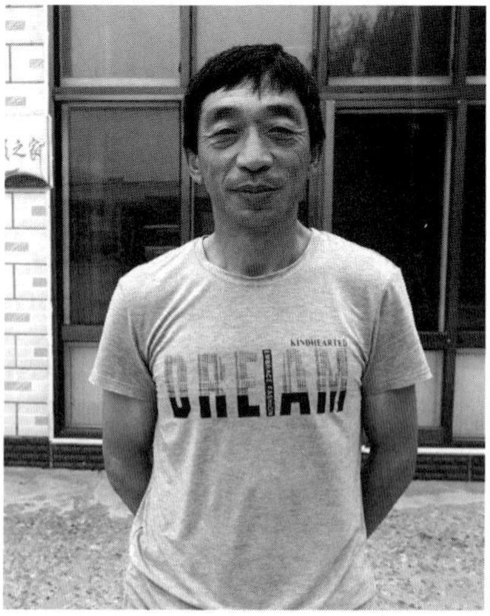

图216　50岁村书记苏东波（摄于2018年7月）

杨永明、杨永清；三叔杨茂林，儿子杨永才、杨永泉。现在，杨家有 6 户，20 多口人。

苏姓，50 岁村书记苏东波（图 216）说，苏家从顺义白塔搬来，父亲叫苏宝山，爷爷叫苏德友，再往上不知道了，哪辈儿搬来的也不知道。我儿子叫苏峰，孙女叫苏雨凝。苏家现在七八户，20 多人。

另外，村里还有陶姓 1 户、4 人，过去来的是哥俩，一个搬到行宫村了。王家、刘家都一两户，人口不多。

据民国二十九年（公元 1940 年）《河北省怀柔县事情》记载：1940 年，东山下有 43 户，168 人，其中男 143 人，女 125 人。此处所记总数与男女数加起来对不上，看当时的整体记载，40 多户应 200 多人。至七几年集体时，全村达 80 多户，380 人，为人口最高峰。现在，全村 100 来户，仅 200 多人。

凤落滩村

凤落滩村坐落于镇域北部，沏河经村东北及村西向南流去，北隔沏河与北店村相邻，南与东山下村接壤（图 217，图 218）。

清康熙六十年（公元 1721 年）《怀柔县志》“卷二・里社”记载有“寅洞里”，“寅洞里”下有 19 个村庄，其中有冯家滩庄，查看密云地名志，与刘家店地区接壤的附近没有类似的村名，当是今天的凤落滩村了。新

图 217　凤落滩村委会（摄于 2007 年 7 月）

图 218　凤落滩村委会（摄于 2018 年 7 月）

编《怀柔县志》“第一编建置区划·第二章行政区划·第二节区划·三、民国区划”记载，“怀柔县民国初期行政区划（共设9区，辖115庄）”，其中，第八区（寅洞里）辖20庄，仍有冯家滩庄。民国二十九年（公元1940年）《河北省怀柔县事情》“第二章·第一节·第六项·户口”记载，日伪将全县划为4个区，刘家店地区属于日伪第四区，所记村庄有冯滩村，当是冯家滩庄简称，与村人至今还说的“冯滩”吻合了。而在“第三章地方制度·第二节地方区划”中，日伪将全县划为4警区36乡，刘家店地区属于日伪第四警区，计6编乡33村庄。其中，丫髻山乡亦有冯滩。此书前面，绘有“怀柔县全图”，紧邻“东山下”北面，标示着“冯滩”二字，证明冯家滩或冯滩即是今天的凤落滩无疑。1946年3月，从怀柔县划入平谷18个行政村，有“凤落滩”，这是官方志书第一次出现此名。

也就是说，怀柔志书一直写作冯家滩或冯滩，没有凤落滩这个名字。来村访谈，村书记王宝祥说村名演变不详，过去村里有个姓冯的老人，是五保户（失明），叫冯瑞，早去世了。村里人过去一直说“冯滩”，现在村里人还这么说。不知道是哪个冯字，以致过去村里开介绍信，有时还写成了“丰滩”。

88岁老村会计李宝山说，村名咋来的，也是左一代右一代地往下传说，谁也没啥实际证据。据说乾隆皇帝上这儿降香，居住行宫。黑夜做了一梦，早晨让刘大人刘罗锅圆梦。刘大人说：“万岁，您由这儿奔西北方向走。”乾隆皇帝就由行宫到我们村来了。村里有个西曹家，西曹家有个美女，乾隆皇帝一眼就瞧上了。后来，就纳她为妃子。过去，村南一家有个大门，我一小就听传说，没见着这个门了。上面不管多大的官，经过这个门，文官见着要下轿，武官见着要离鞍，可能这大门是乾隆皇帝赐给的。凤落滩的村名，大概就是这样来的。如此看来，村名与曹家出个美女、被乾隆皇帝纳为妃子有关了。2018年10月，笔者再来访谈李宝山

图219　88岁村老会计李宝山（摄于2018年10月）

老人（图 219），老人为村里最年长者，而且头脑清楚，谈吐明白。笔者谈及历史上怀柔志书冯家滩或冯滩的记载，老人说没听说过这个村名，大概是凤落滩叫白了，就是凤滩了，冯滩会不会是这么来的呢？笔者在街头遇见老村书记任德富及 78 岁村民韩德山等老人，都说不知道冯家滩的名字，过去就随口叫“冯滩”、“冯滩”的。抗战时期叫过河南村，村北就是泃河，北店在河北边，凤落滩在河南边。并说凤落滩就是凤落沙滩的意思，泃河的河套就是沙滩，即泃河河滩。

李宝山老人接着说，过去村里有家姓冯的，叫冯瑞，要活着 87 岁，比我小一岁，我姑奶奶是他奶奶，我们是表兄弟。冯瑞结婚以后，媳妇就走了，所以没儿女，就一人，晚年去乡敬老院了，八几年去世，冯家就没人了。小时听说冯家是从鹿角来的，哪的鹿角不知道。笔者问原区人大副主任、五中副校长、西鹿角人贾喜庚，说西鹿角没有姓冯的。再问原东高村镇宣传部长、东鹿角人于建国，也说没听说东鹿角有姓冯的。冯瑞父亲冯福顺，庄稼活儿一窍不通，年轻轻沾染上抽大烟的毛病，抗战的时候死在北京了。冯家坟地在村东南的东山根，就一两个坟头。

根据怀柔志书等记载，一直到 1946 年划归平谷以前，都是冯家滩或冯滩。划归平谷以后，就写作凤落滩了。按说过去的志书一般不会把一个村名写错。如叫冯家滩或冯滩，当为冯家先来立庄。由于过去泃河流过村北、村东及村南，尤其在村西绕了一个大弯儿，三面环绕村庄，村子名副其实地坐落在泃河的河滩上，故名。况且村里过去也有冯姓，只是现在没人了。一般立庄户多人丁不旺，这儿也如是。《北京市平谷县地名志》也记载："明代成村，冯姓落户久居，因地处沙滩附近，称冯家滩。以后传说西河滩上落过凤凰，改为今名。抗日战争时期化名河南村。"其实，冯家先来立庄，不是没有可能。而村人所称"冯滩"，尽管说的是这个音，应该是志书所记的冯滩，渐渐演化为"凤落滩"，并附以河滩落凤凰之说。即使传说乾隆皇帝上丫髻山降香，居住行宫，见西曹家美女，而纳为妃子，由此称为凤落滩，也是立庄在先，应先有别的村名，乾隆时才改为凤落滩的，毕竟康熙六十年以前冯家滩庄已经立庄了。当然，就其1940年全村仅25户、117人，现在才62户、180多人的规模而言，立庄不会太早，极可能清初或明末清初，应该到不了地名志所写的"明代成村"。如若明初成村，至今650年，起码王家要延续二十六七辈儿，仅王家一姓也不会这么些户这么些人的。如2012年出版的《峪口村志》记载明初移民、五大占山户之一、峪口第一大户的刘姓，已传29代，共792人，就是例证。

如不是冯姓，村人哪个姓来得最早？李宝山老人说，凤落滩王家来得最早，是由山东逃荒到的这儿。凤落滩庄不大，姓不少，比较大的姓，有曹姓、任姓、李姓、张姓、苏姓、王姓等。姓王的有3个王，书记王宝祥这个王是立庄王。还有王兆贵的王，从大华山镇东辛撞村搬来的，现在有2户9人；王玉清的王，从大华山镇小峪子村搬来的，现在已经没人了。

王姓，51岁村书记王宝祥（图220，图221）小时候听爷爷说，我们这个王从山东过来的。第一辈儿叫王七，在家排行老七，大名不知道。王家在那边也是大户人家，王七与当地一个土匪头子有联系。后

图 220　40 岁凤落滩村书记王宝祥（摄于 2007 年 7 月）

图 221　51 岁村书记王宝祥（摄于 2018 年 7 月）

来，官府把王七抓去，追问那个土匪头子下落，严刑拷打之下说了。那个土匪头子被抓住后，对王七说，等我出来，灭你们全家！那边没法待了，王七带着家人就逃荒到这边来了。我父亲叫王文彩，爷爷叫王山，太爷叫王富常。往上，是太爷上面就是王七，还是中间隔着几辈儿不知道，我爷爷说没说想不起来了。我儿子叫王琳轩，孙子叫王伯阳。现在，王家有 4 户，17 人。

李姓，李宝山老人说，李家从京南大兴采峪过来的，先到万庄子，再搬到凤落滩。到万庄子的李，第一辈儿叫李奎江，第二辈儿叫李天宝，第三辈儿叫李友春。就是李友春搬到凤落滩，是我太爷。往下李德福，是我爷爷。李德福生李有海、李有江、李有清 3 个儿子，李有江是我父亲。我儿子叫李元富，孙子叫李忠和，重孙子叫李健。从到万庄子算起，满打满算已见着9辈儿人，200年左右，大致在清道光时。而到凤落滩，是7辈儿，150年左右，清晚期。现在，李家有3户，12人。

图222 笔者在凤落滩街头访谈80岁老村书记任德富（摄于2018年10月）

任姓，80岁老村书记任德富（图222）说，任家从西马坊搬来的，第一辈叫啥不知道，啥时候过来的也不清楚。我父亲叫任义，爷爷去世早，不知道叫啥。我儿子叫任有利，孙女叫任小雨。现在，任家有6户，20多人。西马坊为马坊镇河北村，笔者请镇里干部帮助打听，告说河北村现在没有姓任的。河北村是始终就没有姓任的，还是姓任的早已搬走了或任姓没有后人了，不得而知。

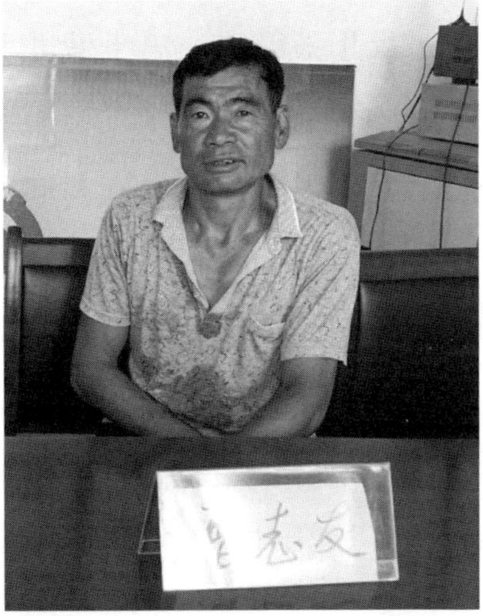

图223 58岁村委曹志友（摄于2018年7月）

曹姓，凤落滩曹姓分东曹、西曹，西曹家现在没人了。58岁村委曹志友（图223）说，我们是东曹，听父亲说是随龙过来的，落在了凤落滩。我父亲叫曹瑞起，爷爷叫曹海良，太爷叫曹连科。我女儿叫曹丽萍，外孙叫徐佳轩。现在，曹家有 3 户，17 人。

李宝山老人等村人谈到其他一些姓的大致情况：

张姓，从大兴庄镇韩屯搬来的。十几年前，笔者到韩屯访谈，曾听北京皮鞋厂退休职工张发说：峪口、韩屯、东杏园三村张姓皆为一祖，原有家谱、磬、鼎等物，早已无存。2017 年 11 月，笔者再次来村访谈 82 岁张发老人，记得张姓祖坟在峪口村西北三四里的山前，约 40 亩地。过去峪口、韩屯及杏园的张姓人，都到那里上坟去。张姓从通州平家滩搬来，从峪口搬到这儿的是第六辈儿张儒，到张发这儿已是 12 辈儿。根据张发口述及所存墓碑整理：第一辈儿始祖张应节，第二辈儿张世龙，第三辈儿张名弼，第四辈儿张炳，第五辈儿张承基，第六辈儿张儒，第七辈儿张永富，第八辈儿张宽，第九辈儿张得禄，第十辈儿张发爷爷张震，第十一辈儿张发父亲张锡荣，第十二辈儿张发，第十三辈儿张发之子张良栋，第十四辈儿张发之孙张然，第十五辈儿张发重孙张俊西。张发说，张姓有不少到北京、秦皇岛等地工作，就在那边成家了。现在，韩屯村里村外的张姓人，大致算来有 300 多人了。而张应节从通县迁至峪口，大致为清朝初年，到张儒辈儿后迁到韩屯村。

凤落滩张姓，张宝华，张宝华父亲叫张明，爷爷叫张凤武，太爷叫张云。张宝华儿子叫张新，有个女儿，已有外孙子。现在，张家已见着 6 辈儿人，如果是从张云这辈儿搬来，130 年左右，大致在清末。而太爷张云，大致与韩屯第十辈儿张发爷爷张震为同辈儿，韩屯第十二辈

图 224 78 岁村民韩德山（摄于 2018 年 10 月）

儿、83 岁张发，应与这边张宝华父亲张明同辈儿。现在，凤落滩张家，共 4 户，11 人。

苏姓，从密云北务搬来的，苏建国，苏建国父亲叫苏德山，爷爷叫苏玉明。苏建国女儿叫苏晶，已有外孙子。现在，苏家有 4 户，16 人。

韩姓，从王辛庄镇杏园搬来的，韩德山（图 224），韩德山父亲叫韩宗顺，儿子叫韩春华，孙女叫韩彩云。现在，韩家有 2 户，9 人。

田姓，从平谷城东坎利津搬来的，田福海，田福海父亲叫田增胜，爷爷叫田德全。田福海女儿叫田丽颖。现在，田家有 2 户，5 人。

乔姓，从河北三河搬来的，乔全河，乔全河父亲叫乔旺，女儿叫乔雅丽。现在，乔家有 2 户，4 人。

明姓，从怀柔桃园搬来的，明德发，明德发父亲叫明贵，爷爷叫明福春。明德发儿子叫明继成，孙子叫明言。现在，明家有 4 户，21 人。

凤落滩村西，过去有座戏楼。李宝山老人记得，戏楼坐南朝北，北面正冲丫髻山娘娘顶。过去庙会唱戏，都冲着娘娘顶唱。我七八岁时，也就是约 80 年前，记得凤落滩有 30 来户，120 人。民国二十九年（公元 1940 年）《河北省怀柔县事情》记载，凤落滩当时为冯滩村，在

1940年全村有25户，117人。老人所记与书上所记相差不多。现在，凤落滩有62户，180多人。

胡家店村

胡家店村坐落镇域东南部，北与寅洞村相邻，南与峪口镇胡家营村接壤，村西泇河由北往南流出刘家店镇（图225，图226）。

图225　胡家店村委会（摄于2007年8月）

图226　胡家店村委会（摄于2018年7月）

胡家店村分两个自然村，南边为大庄，北边为小庄，小庄就是平谷地图上标示的“庄户”。关于胡家店得名，74岁村防疫员胡振山说，我们这个胡从山东挑挑子逃荒过来的，在这儿落下脚儿，是坐山户。我们姓胡，就叫胡家店了。村有南胡、北胡之说，我们是北胡。81岁老村主任胡维臣接着说，我们过来，有人说是明朝，也有人说是清朝，跟着憨王过来的，也有说顺治皇帝就是憨王。过来的时候，是跑马占圈，骑着马一跑，楔上橛儿，这地方就是你的了。谁先来，这地方就是谁的。据说南胡是皇族，吃皇粮不纳税。他们原来姓啥不知道，就是老胡家从山东先到这儿，说您姓胡我们也姓胡吧，认了当家子，这就是南胡。后来老邱家就来了。79岁村民胡朝珍（图227）说，我们是南胡，也是占山户，从山东挑挑子过来的。我们在山东就姓胡，人家北胡来得早，就认本家了。2007年8月，笔者曾来村里访谈，78岁邱洪章（图228）说，祖上是随着“憨王扫北”过来的，老家是山东坡庐口（坡庐口是村人所说读音，是否为笸箩口？），老两口一挑子从山东挑着来的。这位邱洪章，过去是楦管箩、楦

图227　79岁村民胡朝珍（摄于2018年7月）

图228　笔者在胡家店街头访谈邱洪章等（摄于2007年8月）

簸箕的，称之为“叉柳”，手耍的哗啦哗啦响的四个铁片，叫作“唤头”。进村一耍“唤头”，人们就知道楦笸箩、楦簸箕的来了，无需吆喝。村人所说“憨王”，也有说顺治皇帝就是憨王，这也只是相传。从邱洪章祖上随着“憨王扫北”过来的可知，应该是“燕王扫北”，或是久而久之说白了。而燕王当是明太祖朱元璋第四子、后来做了皇帝的明成祖朱棣了。这样看来，胡家店应该是北胡先来，不久南胡就来了，随后邱家也来了，这 3 姓应该是前后脚，时间应在明朝初年，也就意味着胡家店立庄即在此时。

历史上，胡家店由怀柔县管辖。明万历三十二年（公元 1604 年）《怀柔县志》“卷之一·地理志·社庄”记载有“寅洞里”，但寅洞里下没记载现在刘家店地区的一个村庄，自然也就没有胡家店了。清康熙六十年（公元 1721 年）《怀柔县志》“卷二·里社”记载依然有“寅洞里”，“寅洞里”下有 19 个村庄，其中有胡家店庄。新编《怀柔县志》“第一编建置区划·第二章行政区划·第二节区划·三、民国区划”记载“怀柔县民国初期行政区划（共设 9 区，辖 115 庄）”，其中，“第八区（寅洞里）辖 20 庄，亦有胡家店庄。民国二十九年（公元 1940 年）日伪组织新民会编写的《河北省怀柔县事情》，“第二章地志风俗·第一节地志·第六项·户口”记载，日伪将全县划为 4 个区，刘家店地区属于第四区。所记村庄有胡家店。在“第三章地方制度·第二节地方区划”中，日伪将全县划为 4 警区 36 乡，刘家店地区属于日伪第四警区，计 6 编乡 33 村庄。其中，万庄乡下有胡家店。1946 年 3 月，从怀柔县将 18 个行政村划归平谷，包括胡家店。

这是志书关于胡家店的记载，其名字始终没有变化。而《北京市平谷县地名志》记载："商初有人居住，聚落情况不详。明洪武年间有胡姓来此开店落户久居得今名。抗日战争时期化名岭北和古月。"所说"商初有人居住"，当是《平谷文物志》记载：胡家店村南，有商代遗址。说明商时已经有人在此定居，且留下了居住的遗址。但是，地名志说是"商初"，就值得研究。因为商代居住遗址，不一定商代初年就来人居住，商代近 600 年，文物志也没具体写这个遗址为商初。如南独乐河镇刘家河商代墓葬，经专家研究，为商代中期，即是例证。况且这个居住遗址，与今天的胡家店村没有必然联系。也就是说，不是商人延续至今的。

现在，胡姓、邱姓、杨姓、安姓、赵姓为村里大姓，其他还有刘姓、王姓、单姓、闫姓、戴姓等。

胡姓，胡振山老人（图 229）记得，胡家过去有家谱，盖房子的时候失落了。我父亲那辈儿哥六个，那时家里穷，有的上了河北兴隆等。父亲叫胡奇，是最小的；爷爷叫胡永兴。我儿子叫胡维松，孙女叫胡新圆。胡维臣老人说，胡振山是我叔叔，说到家谱，我小时候看见过，跟画儿似的，两边有木头轴，往墙上一挂。最上面是老祖宗，往下分杈儿。从腊月三十

图 229　76 岁村老防疫员胡振山（摄于 2018 年 7 月）

挂出来，过完正月十五再摘下来，还有时候挂一个月，出正月再摘，记不住有多少辈儿了。我父亲叫胡振廷，爷爷叫胡宽，太爷叫胡永兴。我儿子叫胡福明，孙子叫胡靖辉，重孙女叫胡子硕。北胡有五六十户，150 多人。

南胡，胡朝珍老人说，我父亲叫胡振维，爷爷叫胡自顺，太爷叫胡仲然，老太爷不知道叫啥了。就是从老太爷的爷爷那辈儿过来的，到我这儿 7 辈儿。我儿子叫胡宝军，孙子叫胡凯月，下面还有一个重孙子辈儿的，上下共 10 辈儿，约 230 年，大致在清乾隆末期、嘉庆初期。又认为上面可能还有，具体说不清了。即是明朝初年立庄，所传当不止 10 辈儿，600 多年，起码二十四五辈儿。如新编《密云县志》记载：明洪武五年（公元 1372 年）置密云中卫，领 29 屯；三十年（公元 1397 年）置密云后卫，领 6 屯，统由守备掌管。清康熙四年（公元 1665 年）裁去守备，原守备掌管的密云中卫、后卫 35 屯中，有 24 屯并于密云县，设中卫里。这即是说，明洪武三十年（公元 1372 年）所设密云后卫中，有汝口屯，清康熙时划归地方。应该是由汝口屯，演变为今天的峪口村了。2012 年所编《峪口村志》，谈及姓氏，“明朝以前，峪口原住民已不可考。明朝以后，峪口住民主要由五大姓氏组成，分别为邢、鲁、杜、马、刘，俗称五大‘占山户’，全部为明初移民”。其中刘姓为第一大户，达 792 人，已传 29 代，即是例证。现在，南胡有 30 多户，110 多人。

邱姓，93 岁退休职工邱维三（图 230）说，胡维臣老人等补充，据说是老祖宗从山东挑着哥俩过来的，村东北 1 里地有邱家祖坟，祖坟北边有 1 棵大槐树，四五个人才能搂过来。大槐树长了 7 个大树杈，都比大柁粗，八几年的夏天打雷，把一个大树杈给劈下来了。祖坟从北往南埋的，大槐树在祖坟上头。也就是说，北边是1个祖坟，底下就是那哥俩，哥俩往下就多了。邱家祖坟有1亩来地，以后又分四五处。我父亲叫邱怀余，爷爷没见过，不知道叫啥。我儿子叫邱全章，孙子叫邱大鹏，重孙子叫邱正。邱姓有100多户，400多人。

图230　93岁退休职工邱维三（摄于2018年7月）

杨姓，85岁村民杨润泽（图231）说，杨家据说从山东来的，谁最早来的不知道，父亲叫杨玉斌，爷爷叫杨茂，往上不知道了。我儿子叫杨树全，孙子叫杨青山，重孙子叫杨子奥。88岁村民杨树发说，润泽是我叔，我父亲叫杨润坤，爷爷叫杨玉春，太爷叫杨茂。我儿子叫杨仕久，孙子叫杨占玉，重孙女叫杨子璇。杨姓有30来户，百十来人。

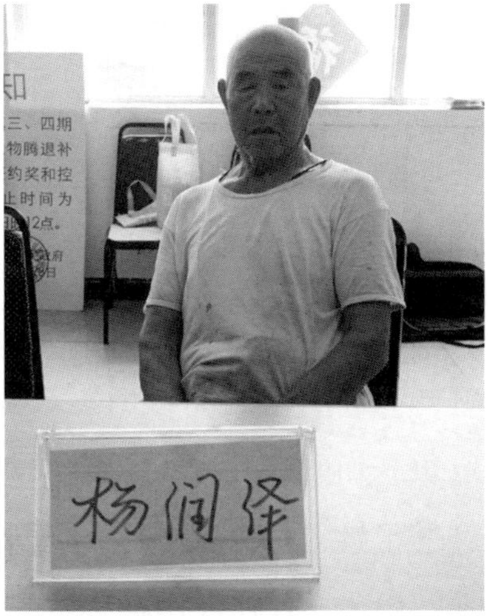

图231　85岁村民杨润泽（摄于2018年7月）

安姓，村里人说，安姓从王辛庄镇许家务搬来的。安姓与杨姓差不离儿，也是30来户，百十来人。

赵姓，村里人说，赵姓是在旗满族。据说过去是为看啥坟搬来的，就因为村西从北往南流过的这条河叫错河，后来坟就没埋这，看坟也不用他们了，他们就落这儿了，现在还有些家是满族户口。赵姓有30来户，百十来人。村里还有一个赵，赵廷扣的那个赵，从海子水库副坝上边山沟里搬来的。

图232　73岁老村书记刘长宝（摄于2018年7月）

刘姓，73岁老村书记刘长宝（图232）说，过去听父亲辈念叨，刘家从山东榆树下搬来的，那地方有槐树下、榆树下，我们是榆树下，到这儿的第一辈儿记不住了。我父亲叫刘成，爷爷叫刘玉山，太爷叫刘绪，老太爷叫刘项，再往上姓于，听说是于、刘不分。坟地在磕头沟外头，姓于，有人就起名那地方叫煎饼锅子，意思是锅包鱼。当时姥姥家姓于，没儿子，就过继了姓刘的外甥养老，后来又改过来姓刘了。刘姓现在有2户，10人。

图233　58岁村书记王学军（摄于2018年7月）

王姓，58岁村书记王学军（图233）说，我们这个王姓，从山东搬来的，听我父亲说是太爷那辈儿过来的，但没见过。父亲叫王久江，爷爷叫王长顺，两个闺女，女儿叫王晓旭，外孙女叫陈子函。王姓有10来户，30来人。

另外，还有单姓1户；闫姓2户，3人；戴姓1户，3人。

民国二十九年（公元1940年）《河北省怀柔县事情》记载，胡家店有93户，574人。现在，胡家店有350户，1000多人。

江米洞村

江米洞村坐落于镇域东北部，南与辛庄子村相邻，东与熊儿寨乡接壤（图234，图235）。

图234　江米洞村委会（摄于2007年8月）

图235　江米洞村委会（摄于2018年6月）

江米洞村北山上一洞，人称江米洞（图236），村以此得名。过去依洞穴建有真武庙，洞里住个老道。洞北壁一个小窟窿眼，传说往外流江米。每天流一碗，就够老道吃了。可那老道财迷，想把这窟窿眼弄大点，结果

图 236　江米洞村北山间江米洞（摄于 2018 年 6 月）

图 237　江米洞村陈家门楼东侧墙垛上刻有“江水洞庄”四字（摄于 2018 年 6 月）

一凿，再也不往外流江米了，甚至说流出的是沙子了。洞外面东南七八米处，有 1 眼水井，一人多深，常年有水，天多旱也没干过。水流下来，流到山下河里。别处的水是清泠的，这井水据说就跟米汤一样。所以，过去叫江水洞，这在现存的陈俊峰家老门楼的砖上刻着“江水洞庄”（图 237）四字，可做证明。

历史上，刘家店地区属怀柔县管辖，江米洞在其间，但明万历、清康熙等志书均未有记载。新编《怀柔县志》及民国二十九年（公元 1940 年）日伪组织新民会编写的《河北省怀柔县事情》，也没记载江米洞村。1946 年 3 月，从怀柔县将 18 个行政村划归平谷，还没有江米洞村。说明直到这时，江米洞还没有独立成村。

《北京市平谷县地名志》记载江米洞："清末成村，村北山崖下有一洞，流水似乳，一经震动便掉出江米粒状的石渣，村以此得名。抗日战争时期化名汉光。"地名志所记江米洞清末成村，其实，清末民初这里才有人家，并没有正式独立成村。83 岁老村干部王振安记得，20 世纪 30 年代，这里就有王、陈、常 3 户，20 多人。而王家来得最早，是老太爷一挑子挑过来的，就在清末民初。82 岁村民陈俊波（图 238）也说，陈家是 1924 年从刘家店搬到这儿的，94 年了。实际上，王家、陈家应该是前后脚来的，王家比陈家略早些，也不会早多少。没有独立成村前，陈家归刘家店村管，因为陈姓是从那儿搬来的。1956 年入社，是联合社，又归辛庄子。也就在这时，由江水洞改为江米洞。1968 年，正式独立成村，称江米洞村至今。地名志记载抗日战争时期刘家店化名汉光，因刘姓人先来立庄，东汉开国皇帝刘秀称作光武帝，从而取名"汉光"。可在这里，也说江米洞抗战时期化名"汉光"。如果当时江米洞与刘家店是一个村，这样说可以。实际上，这里尽管仅几户人家，村里老人特意说，抗战时期也有化名，叫作"江山"。大概是地名志笔误了。

图 238　82 岁村民陈俊波（摄于 2018 年 6 月）

王姓，王振安老人记得，王家是太爷挑着俩儿子，从平谷坎利津（西利津）挑来的。太爷不知叫啥了，爷爷叫王殿永，父亲叫王祥。我儿子叫王秀文，孙女叫王晓璇，外重孙女叫朱红玉。这样看来，王姓大致在清末民初过来的，现有 20 户，50 多人。

陈姓，85 岁老村会计陈希增（图 239）说，陈姓从刘家店搬来的，爷爷叫陈仲，父亲叫陈连普，儿子叫陈俊才，孙子叫陈浩文，重孙子叫陈旭阳。陈俊波老人接着说：刘家店陈是从东北随龙过来的，东北哪儿的不清楚。这里所说“从东北随龙过来”，当指随满清入关到了刘家店。后来穷了，就搬到这儿了。过去家有名堂，“文化大革命”中烧了。记得到这儿的第一辈儿叫陈仲，是我太爷，爷爷叫陈连科，父亲叫陈瑞增，儿子叫陈贵文，孙子叫陈义龙，重孙子叫陈泽鑫。陈俊波老人清楚记得，陈家搬到这儿 94 年了。这么说来，是 1924 年过来的了。65 岁村支委陈俊如（图 240）

图 239　85 岁老村会计陈希增（摄于 2018 年 6 月）

图 240　65 岁村支委陈俊如（摄于 2018 年 6 月）

说，陈家过去找识字的人排有字号，叫“德明连增俊，仁义礼志信”。最初叫“德明连增寿”，有个叫陈寿康的，后来大家觉得寿字不好起名，又找排字号的人改成了“俊”字。现在，陈姓有 18 户，50 多人。

王、陈两姓，为江米洞村最大的两姓。

常姓，是大华山镇后北宫的根。王振安老人说，常家过去在北京拉洋车，混不下去了，就在这儿压了两间小房儿，接北京的下来，落这儿了。他们是 20 世纪 30 年代来的，来的是我奶奶的兄弟，也就是我舅爷。第一辈叫常仲田，往下是常树德，再往下是常万利，常万利下面是常佳兴。现在就 1 户，3 口人。

张姓，72 岁老村干部张茂（图 241）说，张家从王辛庄镇放光村先搬到大华山老鸹顶，从老鸹顶又搬到这儿。当时老鸹顶那儿一共有 9 户人家，老鸹顶后来被人买了，那儿也就没人了。1981 年张茂和父母来到这儿，父亲叫张福胜。搬来的时候哥五个，现在，张姓有 3 户，9 口人。

图 241　72 岁老村干部张茂（摄于 2018 年 6 月）

还有一张姓，张德田，从镇罗营镇西寺峪村搬来，1 户，4 口人。

祝姓，也是一家，叫祝希廷，1980 年前后从河北兴隆搬来。他是郭占文婶子的亲侄子，郭占文二叔落这儿了，以前有一儿子死了，就把祝希廷过继过来了。郭占文是从兴隆搬来，1969 年村支部建立，第一任村支部书记是郭占文。郭家现在已经没人了。祝希廷儿子叫祝自广，孙女叫祝金玉。

王振安老人记得，1945 年以前，江米洞只有 5 户，30 多人。到了 1962 年，全村有 12 户，七八十人。现在全村有 48 户，130 多人。

孔城峪村

孔城峪村坐落于镇域西南部，西北与密云区接壤，南与峪口镇三白山村毗连，东与万家庄村相邻。孔城峪村，包括孔城峪和磕头沟两个自然村，以孔城峪为主，且村委会驻地于此（图 242，图 243）。

历史上，孔城峪村由怀柔县管辖。明万历三十二年（公元 1604 年）《怀柔县志》“卷之一·地理志·社庄”记载有“寅洞里”，没记载孔城峪村。清康熙六十年（公元 1721 年）《怀柔县志》“卷二·里社”记载还有“寅

图 242　孔城峪村委会（摄于 2007 年 5 月）

洞里”，“寅洞里”下有19个村庄，不知为何也没有孔城峪村，是那时还未立庄么？新编《怀柔县志》“第一编建置区划·第二章行政区划·第二节区划·三、民国区划”记载民国初期，第八区（寅洞里）所辖20庄，还没有孔城峪村。这时一定建庄了，是否遗漏了不得而知。民国二十九年（公元1940年）日伪组织新民会编写的《河北省怀柔县事情》，在“第二章地志风俗·第一节地志·第六项·户口”记载，日伪将全县划为4个区，刘家店地区属于第四区，所记村庄中有孔城峪村。而在“第三章地方制度·第二节地方区划”中，日伪将全县划为4警区36乡，刘家店地区属于日伪第四警区，计6编乡33村庄。其中，万庄乡有孔城峪。1946年3月，从怀柔县将18个行政村划归平谷，包括孔城峪。

图243　孔城峪村委会（摄于2018年7月）

孔城峪自然村，68岁村书记韩秀礼（图244）认为，村东口处有一天然山缝，高20多米，宽四五米，是一个悬崖峭壁的山口，过去村里人称其为裂巴涧。山口里边四面环山，跟城墙一样，孔城峪村就坐落中间，只有东边这个山口可以出去，好像一个城池，村以此得名。应该是清代就有孔城峪村了，最早来的是齐姓和李姓。1960年到1970

图 244　孔城峪村书记韩秀礼（摄于 2007 年 5 月）

图 245　韩秀礼书记指着村东头山口的南侧砬尖（摄于 2018 年 7 月）

年，国家在这儿采金矿，用打巷道的毛石把裂巴涧填平了，现在的油漆路，进村后比较平坦的这一段，是国家采矿时的矿车道。裂巴涧北边已经看不见了，南边还能看见砬尖儿（图 245）。《北京市平谷县地名志》记载：孔城峪自然村，“清代成村，四面临山，形似城墙，坐落峪内，只有东南一孔为出口，故以此得名。抗日战争时期化名金山。”可作参考。

韩秀礼书记记得，过去有个瞧风水的石先生，来给家里瞧坟地，经过裂巴涧时说，这个地方啥时候填平了，孔城峪人就阔了，结果六几年建了金矿。为啥叫万庄金矿？实际上万庄没金矿，金矿的山全在孔城峪呢，就是矿厂建在那里，就叫万庄金矿了。国家一开始正式采矿，就把裂巴涧填平了。孔城峪离东边万庄子七八里地，过去村里人都上万庄子赶着毛驴驮水去。后来，在裂巴涧口子里边修一个南北向的小水坝，高2米多，长七八米，等阴天下雨了就能存点水，一沉淀水也挺清冷的。那时候人也少，就吃这水，省得大老远驮去了。74岁老村副书记、赤脚医生李向林也说，村东北破嘴山北半拉山上，有个天然山洞，常年流水，天多旱也不干，夏天连雨天也不涨，老是那样流，一天流个四五十挑水。那时候我家在村西边住，离那洞儿有2里多地，不算多远，可要爬山走沟。家穷没驴，我爷爷就老上那儿挑水去，那水好喝着呢。我爷爷要活着130多岁了，挑水那扁担100多年了，国槐的。我不到20岁就使那扁担，我都使50多年了，那扁担奔奔儿（结实的意思）的还有呢（图246）。

图246　74岁老村副书记李向林挑着爷爷留下来的扁担（摄于2018年9月）

孔城峪自然村主要有贾姓、张姓、韩姓、李姓等。

贾姓，65岁村民贾树旺（图247）听父亲说过，贾家最早由山西洪洞先搬到山东，从山东又搬到中罗庄，而许家务、放光、中罗庄的贾都是一个贾，我们这个贾，就是从王辛庄镇许家务搬来的。过去贾家坟在王辛庄村东南1里，有100多亩地，大部分是坟头，坟

图 247　65 岁村民贾树旺（摄于 2018 年 7 月）

地上边都是大松树、大杨树，老鸹有的是，坟地还有石碑。我曾去山西洪洞，洪洞大槐树不远有个贾村，我去了一打听，贾村一户姓贾的都没有了。

当年，是老太爷贾维珍一挑子挑到孔城峪的，这就是第一辈，第二辈儿太爷叫贾文生。太爷这辈儿哥四，老大和老小去口外，落河北围场的锥子山那边了。家里剩老二、老三，老二就是我太爷贾文生。第三辈儿爷爷叫贾宗恒，第四辈儿父亲叫贾洪友，我是第五辈儿，第六辈儿我儿子叫贾怀志，第七辈儿孙子叫贾宇宸。我们现在跟许家务都排着辈儿，按顺序：维、文、宗、洪、树、怀、凤。我孙子应该是“凤”字辈儿，许家务也排到了“凤”字，可到“凤”字一些家没排着，就叫乱了。实际上，“维”字上边还有“玉”字、“逢”、“良”字，我从许家务已出五服的三爷贾宗起那儿，得到了过去供祖宗写树的底儿，是两张毛头纸，一张上写着：故高祖贾良佐，故曾祖贾逢善、贾逢庆、贾逢祥，故祖贾玉德；另一张上写着：故曾祖父贾玉德、故祖父贾维安、故父贾文满。

第一张，既然贾玉德被称为“故祖”，即是祖父，此纸或由贾文满所写；第二张，既然贾文满被称为“故父”，此纸或由贾宗起所写，即贾树旺那位没出五服的三爷。笔者研究清代平谷唯一进士贾名伸时，在王辛庄镇放光村贾氏后人手中，看到贾名伸亲手修撰的《贾氏家谱》，家谱前拟定“发凡十二则”，其中第七则写到（图248）：

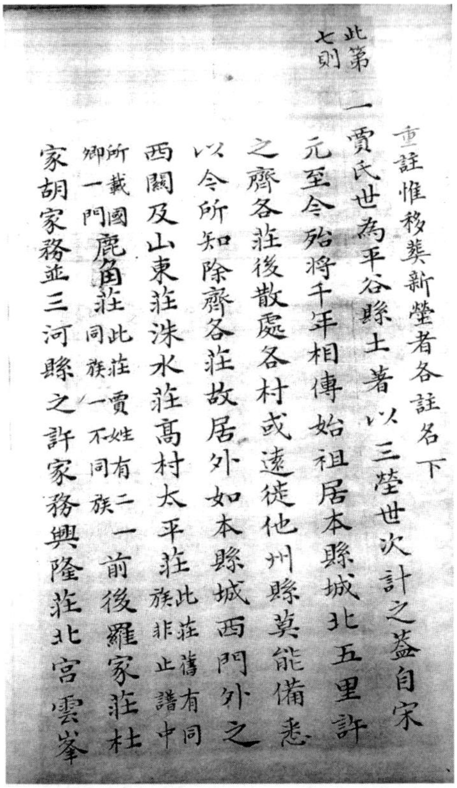
此第七則
重註惟移葬新塋者各註名下
一賈氏世為平谷縣土著以三塋世次計之葢自宋
元至今殆將千年相傳始祖居本縣城北五里許
之齊各莊後散處各村或遠徙他州縣莫能備悉
以今所知除齊各莊故居外如本縣城西門外之
西關及山東莊洙水莊高村太平莊此莊舊有同族非止譜中
所載國卿一門鹿角莊此莊賈姓有二一同族一不同族前後羅家莊杜
家胡家務並三河縣之許家務興隆莊北宮雲峯

图 248 贾氏家谱发凡第七则

贾氏，世为平谷县土著。以三茔世次计之，盖自宋、元，至今殆将千年。相传始祖居本县城北五里许之齐各庄，后散处各村，或远徙他州县，莫能备悉。以今所知，除齐各庄故居外，如本县城西门外之西关及山东庄、洙水庄、高村、太平庄（此庄旧有同族非止谱中所载国卿一门）、鹿角庄（此庄贾姓有二,一同族，一不同族）、前后罗家庄、杜家、胡家务，并三河县之许家务、兴隆庄、北宫、云峰寺、蓟州之大白塔庄支，分派别统，俟将来另为祥考，以作合谱。

说明放光贾氏来自于齐各庄，由齐各庄分散县内及外地。这里的“杜家”后面或许缺一“庄”字，不知是否就是后罗庄东面的杜辛庄？

家谱中还绘有“北茔全图”，并于嘉庆十三年（公元1808年）镌碑立于北茔，名伸为之作“北茔全图碑记”，刻于碑阴。碑记亦写道：

贾氏，为平谷旧族。其始居县北五里之齐各庄，未祥何代也。既居其地，即葬其所，族人谓之老茔。后乃别营葬地，于清沟河之南，距齐各庄仅里许，谓之中茔，亦曰南茔。（南茔）分三门，曰东门，曰中门，曰西门，各自为昭穆。不数传，而西门子孙迁葬其支祖于清沟河之北，谓之北茔。此吾放光庄贾氏之所，由别族而处也。统三茔计之，不下二十余世。三十年为一世，盖六七百年矣。

贾名伸所记，放光、前后罗庄、许家务等贾，都出自齐各庄，说明孔城峪贾家所说与放光、罗庄、许家务是一个贾，所言不谬。而贾名伸所记这个贾原居齐各庄，且已20多代，有六七百年，为平谷旧族。这与孔城峪贾家所说从山西洪洞搬到山东，从山东又搬到中罗庄有异，因为一般平谷地区所说从山西、山东搬来，多在明朝初年，所谓“随龙过来的”，即元末战乱之后，明初由山西、山东往河北、北京地区移民之时。资料存此，供读者及研究者参考。

孔城峪贾家，至今已经7辈儿，150年左右，现在有10多户，40多人。

张姓，75岁老村书记张国起（图249）说，张家是我爷爷从前吉山村过来的。张家最早是从山东逃荒要饭来到前吉山，后来我爷爷在前吉山生活不了了，就一挑子挑到孔城峪，刨镐头地落下脚。爷爷叫张凤柱，父亲叫张贺，儿子叫张桂永、张桂新，孙子叫张泽庚。张家来这儿仅 5 辈儿，百十年左右。现在有 3 户，10 来口人。

图 249　75 岁老村书记张国起（摄于 2018 年 7 月）

韩姓，韩秀礼书记说，韩家是从刘家店来的，刘家店的韩是从山东来的。刘家店的韩分南韩、北韩，南韩是老末，人不旺，北韩人旺。我们这个韩是南韩，是太爷这辈儿过来的。太爷叫韩宗美，过去在刘家店看庙，没有孩子，后来到了孔城峪。爷爷叫韩步三，过继给太爷的，称为“过门槛”。父亲叫韩震山，儿子叫韩春奇，孙女叫韩月。韩家来这儿已 6 辈儿，130 年左右。现在，有七八户，30 来人。

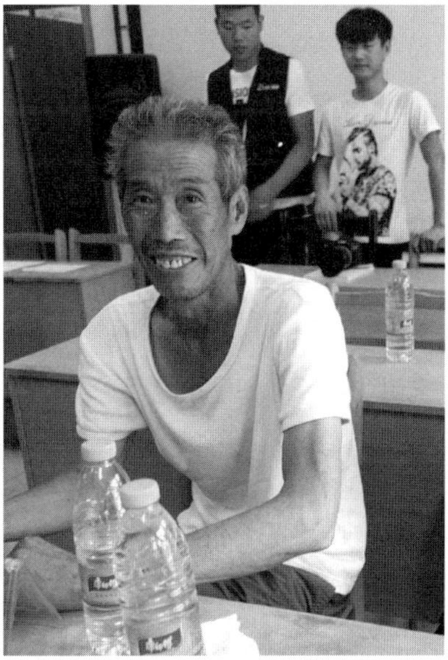
图 250　61 岁村民李福（摄于 2018 年 7 月）

李姓，61 岁村民李福（图 250）说，我们这个李，是爷爷从南独河镇张辛庄搬来的，张辛庄的李从哪儿来的不知道。爷爷叫李志胜，父亲叫李茂堂，儿子叫李江涛，孙女叫李想。李家 2 户，7 口人。

还有一个李姓，74 岁村民李树茂

图 251　74 岁村民李树茂（摄于 2018 年 7 月）

（图 251）说，李家是我爷爷从王辛庄镇乐政务村搬过来的，爷爷去世早，没见过，也不知道叫啥。父亲叫李臣祥，儿子叫李忠诚，孙女叫李淇雯。这个李就 2 户，五六口人。

这两个李来这儿都是 5 辈儿，百十年左右。

另外一个李，李向林老人说，这个李应该是孔城峪一立庄就来了，从哪来的不清楚了，像熊儿寨乡南树林和河口等村的李，都是从这儿搬去的。实际上，孔城峪最早来的是齐姓，那时实行跑马占圈，就是骑着马，跑到哪儿手一划，这片地就是你的了。那时候这里没人，谁先来谁先占。孔城峪现在没有齐姓了，都搬到平谷了，万庄子有姓齐的，也从这儿搬去的。我们李家比齐家来得略微晚点，是前后脚。过去有家谱，上面有格，写着去世的一辈辈儿的名儿，到春节就挂出来（应该是名堂），“四清”时候“破四旧”就毁了。还有一本一本记着的（这应该是家谱），到 1980 年搬家拿到新房去了，以后也没了。李家坟在村西 1 里多的地方，有 2 亩来地，二三十个坟头，一排一排，有好几排，没有石碑。记得小时，河口、南树林那边人还过来上坟。爷爷叫李进海，父亲叫李香，儿子叫李大龙、李小龙，孙子叫李嘉明、李崇阳。现在，我们这个李有 4 户，十几口人。

访谈中，李向林说我们这个李与李树茂应该是一个李，就是远点了。这就值得研究了，既然这个李是立庄户，仅略晚于齐姓，并有名堂与家谱，起码一二百年以上了。而李树茂这个李，是他爷爷那辈儿从乐政务搬来的，满打满算5辈儿人，百十来年，大概在20世纪二三十年代搬来，应该晚多了。根据老人所言，孔城峪立庄为齐姓人了。李向林的李家不知道什么时候来的，可以不论，就说贾家，从老太爷子辈儿搬来，已7辈儿，起码150年左右，清同治、光绪时，清晚期，立庄应该比这早些。而清康熙六十年（公元1721年）《怀柔县志》未记此庄，看来那时尚未立庄，也就意味着立庄要晚于康熙六十年。因此，孔城峪立庄大致应在清中后期。从1940年两个自然村总数仅32户、183人看，立庄也不会太早。

孔城峪有60多户，150多人。

磕头沟自然村，坐落于孔城峪东北约3里处，磕头沟沟口外。沟里半山间有云岩禅寺，过去一些进香的人就在沟口这儿烧香磕头，久而久之，就称这道沟为磕头沟，村以沟名而名村。

磕头沟主要是陈姓，78岁村民陈长林（图252）说，陈家是我爷爷从王辛庄镇北辛庄子搬来的，北辛庄的

图252 78岁村民陈长林（摄于2018年7月）

陈家是大户，不知道从哪儿来的。最早住在沟里边，陈家有 4 户，30 来人。陈继广一家就有 9 个儿子、2 个闺女，儿子叫陈有仁、陈有义、陈有礼、陈有智、陈有信、陈有荣、陈有华、陈有富、陈有贵，有的就搬出去了，沟里边现在还有房岔子及一口水井。入社以后，由磕头沟里陆续搬到沟口外面。我爷爷叫陈永友，父亲叫陈福稳，儿子叫陈国庆，孙子叫陈伟，已有重孙女。现在，陈家有 4 户，20 来人。

这样看来，磕头沟陈姓来此近百年，即在 20 世纪 20 年代搬来的。《北京市平谷县地名志》记载磕头沟自然村“1927 年成村”，大致差不多。当然，沟外面过去也有二三户，如王桂武、王桂文、王桂清等。磕头沟其他姓是后来陆续搬来的，如张福、张禄是从见子庄搬来的，李茂堂从张辛庄搬来的，还有郭姓等，有的又搬走了。而今磕头沟总共 9 户，30 多人。

据民国二十九年（公元 1940 年）《河北省怀柔县事情》记载，1940 年，孔城峪有 32 户，183 人。现在，有 70 多户，190 多人。

刘家店村

刘家店村坐落于镇域中南部，村东洳河从北往南流过，东与辛庄子村隔河相望，南与万家庄村相邻（图 253，图 254）。镇政府原在村南，于 1991 年底迁至寅洞村东南今址。

图 253　刘家店村委会（摄于 2007 年 7 月）

图 254　刘家店村委会（摄于 2018 年 7 月）

关于村名的来历，89 岁退休干部龚庆同说，听说是姓刘的先来这儿开个店，就叫刘家店了。这即是说，是刘家先来此开店并立庄的了。村人基本认同此说。而北店村 86 岁老村书记任志合也说，刘家店镇有胡家店、刘家店、北店仨店，仨村名都叫店。据说刘家店是丫髻山娘娘与盘山老祖打架，盘山老祖就把水带走了。娘娘后边追，说："留点、留点。"到刘家店北头洳河拐弯那儿，盘山老祖把水弄洒了。往往别处没水，那儿还有水。根据"留点"的谐音，就叫刘家店了。这未免有些传说附会了。《北京市平谷县地名志》记载："明代刘姓在此开店定居成村，故称。抗日战争时期化名汉光。"大致如此。

历史上，刘家店属怀柔县管辖。明万历三十二年（公元 1604 年）《怀柔县志》"卷之一 · 地理志 · 社庄"记载有寅洞里，寅洞里没记载有刘家店村。清康熙六十年（公元1721年）《怀柔县志》“卷二·里社”记载仍有寅洞里，寅洞里下有19个村庄，其中有刘家店庄。新编《怀柔县志》“第一编建置区划·第二章行政区划·第二节区划·三、民国区划”记载民国初期，“第八区（寅洞里）辖20庄，有刘家店”。民国二十九年（公元1940年）日伪组织新民会编写的《河北省怀柔县事情》，“第二章地志风俗·第一节地志·第六项·户口”记载，日伪将全县划为4个区，刘家店地区属于第四区，所记村庄也有刘家店。在“第三章地方制度·第二节地方区划”中，日伪将全县划为4警区36乡，刘家店地区属于日伪第四警区，计6编乡33村庄。其中，丫髻山乡有刘家店。1946年3月，将怀柔县18个行政村划归平谷，亦有刘家店。

刘家店村最早的姓为刘姓，最大的姓为龚姓，其他还有陈姓、韩姓、赵姓、张姓等。

刘姓，82岁老生产队长刘建增（图255）说，村里人都说我们刘家来得早，刘家是从山东来的，到这儿的始祖不知道叫啥。父亲叫刘汉臣，爷爷叫刘继清，太爷叫刘玉书，再往上不知道了。我儿子叫刘海涛，孙子叫刘胜利，重孙女叫刘欣欣。我们刘家祖坟，在老镇政府那地方。坟地上有石供桌（图256）、石香炉，过去刘家人清明填坟时，就在上面上供。现在，石供桌还在村边那儿扔

图255　82岁老生产队长刘建增（摄于2018年7月）

着，石香炉不知下落了。刘家祖坟有四片，10多亩地，从西北往东南排，脚踩胡家店东边的小山，那是个孤零零的小山，像个香炉；头枕高堡顶，在堡子顶北边。坟地在20世纪六七十年代陆续平了。现在，刘家有十四五户，50多人。

图256 散落街头的刘家祖坟前的石供桌（摄于2018年7月）

陈姓，83岁村民龚维秀说，刘姓之后，陈姓就来了，听说是陈虎、陈豹哥俩，在刘家店这一带挺有名气。村西有山，我们叫西山，离村六七里地。西山又叫堡子顶，现在山顶上还有房子的地基。听说过去山上有山贼，占山为寇，抢男霸女。山贼嫉恨这哥俩，想请这哥俩上山，趁机把这哥俩制服。到了山上，让哥俩吃肉。山贼手拿着刀子扎块肉，使劲往哥俩嘴里捅，结果这哥俩把刀一下叼住了。山贼的刀想拔拔不出来，想捅又捅不进去。山贼服了，不敢在这儿待了，就走了。85岁村民陈连继（图257）接着说，陈家从山东来的，据说陈虎、陈豹来得最早。传说先是有人占山为王，抢男霸女。想请这哥俩上去弄服了，结果让这哥俩给弄服了。原来那拨人就跑了，一下就平安了。我父亲叫陈彦明，爷爷叫陈德润，太爷记不得了。我儿子叫陈树增，孙子叫陈志。江米洞的陈是从这儿搬去的，他们排辈还是按这边排的。

图 257　85 岁村民陈连继（摄于 2018 年 7 月）

我爷爷是清末秀才，记得爷爷穿的衣裳有大马蹄袖，帽子上有红顶子，平时不穿，一到“点主”的时候才穿呢。我也不知道“点主”啥意思，爷爷现在要活着有 140 来岁了。现在，陈家有 40 多户，300 来人。

谈及“点主”，笔者 2010 年访谈峪口镇东樊各庄村 83 岁宋德臣老人，老人记得：

还有“点主”的事，有的大家主去世了，出殡前进行点“主”。过去家有祖匣，里边有牌位，在牌位上将去世的人写上：“清故先考某某某　王”或“清故先妣某某氏　王”，后边那“主”字不写点，请有“功名”的人用笔蘸着公鸡血，往牌位上提前写好的“王”字上一点，就成了“主”字。“点主”有大点和小点之分，大点就是有“功名”的人穿上补子衣服，还要念念有词地念着“二十四孝”等。小点就没这么庄重了。

笔者访谈峪口镇中桥村陈氏后人时，见到陈氏第八代祖陈文元及夫人牌位（图 258），可见上面已经“点主”，且做参考。

龚姓，83 岁村民龚维秀说，龚家从河南来的，不知具体啥地方。来的时候是哥俩，叫龚天禄、龚可久，到这儿以后分成南龚、北龚，龚可久是南龚，龚天禄是北龚。龚庆同老人说，这哥俩是一挑子挑来的，祖坟也是一个祖坟。祖坟在村西1里，有11亩地，没有石碑、石供桌，坟地上都是坟头，上面栽着大杨树，是大青杨，又称大傻杨，最粗的有1搂多粗，后来全卖了。坟地在20世纪70年代平了。我是南龚，记得祖宗牌儿上，头一位就是龚可久。我父亲叫龚全德，爷爷叫龚福旺，太爷叫龚永聚。我儿子叫龚伯柱，孙女叫龚云飞，重外孙叫李扬扬。龚维秀老人说，我是北龚，老祖宗就是龚天禄。我父亲叫龚守稳，爷爷叫龚福俊，太爷叫龚永文，再往上不知道了。我儿子叫龚青山，孙女叫龚元元，有重外孙了。南龚的“庆”字与北龚的“维”字，是平辈儿，也就是说，龚庆同与龚维秀是同一辈儿人了。64岁的退休干部龚良才（图259）在北京整理了龚氏家谱，并将自己一脉相传的辈

图258　中桥村陈氏第八代祖陈文元及夫人牌位，可见上面已经“点主”（摄于2014年3月）

图259　64岁退休干部龚良才

分整理如下：

刘家店龚，迁至本村始祖为龚昌泰，大约明末从河北省三河县邦均镇迁至刘家店，早逝，葬回原籍，留下二子，即为刘家店龚氏始祖。龚姓人从刘家店先后迁往本镇辛庄子，镇罗营镇五里庙，大华山镇小峪子，密云县东邵渠镇黑窝村、石峨村，太师屯镇海子村及河北省围场县等，参加工作落户遍布各城区有八九十人。

第一辈儿，龚可久，妻王氏，子文学，是为长门南龚；龚天禄，招赘至寅洞村张姓人家，后又迁回，改回龚姓，是为北支始祖，即北龚。

第二辈儿，龚文学，妻周氏，子二：存仁、存志。

第三辈儿，龚存仁，妻赵氏，子四：万仓、万良（无传）、万敖（无传）、万库（南龚西支祖）。龚存志（无传）。

第四辈儿，龚万仓，子三：良卿、良臣（无子）、良贵。

第五辈儿，龚良卿，妻王氏，无子，过继三弟良贵长子德好兼祧良卿、良臣两支；良贵二子德起无传，良贵三子德明为南龚油坊胡同一支分祖。

第六辈儿，龚德好，妻王氏，三子：永仪、永爽、永本。

第七辈儿，龚永仪，无子，续西支族弟永璨子福瑞为继子。

第八辈儿，高祖龚福瑞，妻王氏，子一：全性。

第九辈儿，曾祖龚全性，妻王氏，莲花潭村人，子四：庆蒲，妻王氏，莲花潭村人，子一：博仁，无传；庆田，妻苏氏，翟各庄村人，子一：博久；庆阁；庆萍，妻刘氏，东沟村人，子二：博厚、博友。

第十辈儿，祖父龚庆阁，1904 年 11 月生人，1972 年冬去世。祖母吴氏，顺义蔡家坡村人，早逝，生子博明；继祖母齐玉兰，莲花潭村人，生姑淑英、叔博旭。

第十一辈儿，父亲龚博明，生于1932年11月19日，故于2015年8月27日，妻张素莲，北城子村人。子三：良才，生于1955年6月12日；育才，生于1963年7月1日；英才，生于1971年5月27日。

第十二辈儿，已身龚良才，妻刘国芹，东高村镇克头村人，子一：广翔。

第十三辈儿，子龚广翔，妻聂红靖，本市丰台区人，孙一：思源。

第十四辈儿，孙龚思源。

现在，龚家已传至14辈儿。实际上，来此第一辈儿应该是龚昌泰，因早逝而葬回原籍，留下龚可久、龚天禄二子。这样算来是15辈儿，最小一辈儿还是小孩儿不够成年，按14辈儿、每辈儿25年计，龚家来此大致350年，当在清初，或说明末。如今，龚家有200多户，800来人，占全村人口的60%。

图260 89岁老村治保主任韩春元（摄于2018年7月）

韩姓，89岁老村治保主任韩春元（图260）说，韩家不知道从哪儿搬来的，我父亲叫韩秀林，爷爷叫韩步江，再往上记不住了。我没有儿女。还有一个韩，我听老人说，是从古北口外搬来的，不知道叫啥了。到这儿一打听我们姓韩，就说我也姓韩，咱们认当家子吧，就认我们韩家的祖宗了，过去祖坟里也一块儿埋。孔城峪的韩是从这儿搬去的。孔城峪村书记韩秀礼也说，韩家是从刘家店来的，并具体说刘家店的韩是从山东来的。现在，韩家有 30 多户，100 多人。

张姓，73 岁村赤脚医生张进明（图 261）说，听说张家是从山东济南来的，祖宗牌（实际就是春节就墙上挂出来的名堂，也有称此为家谱的）上，写的第一代是张国庆，往下还有好几辈儿记不住了，到

图 261　73 岁老村赤脚医生张进明（摄于 2018 年 7 月）

图 262　85 岁退休职工赵印斋（摄于 2018 年 7 月）

我这儿也不知道多少辈儿了，我就记到我太爷。我父亲叫张希荣，爷爷叫张连增，太爷叫张明庆，再往上不知道了。我闺女叫张彩霞，外孙子叫赵子暄。现在，张家有 4 户，10 多个人。

赵姓，85 岁退休职工赵印斋（图 262）说，赵家从山西大槐树搬来的，父亲叫赵明达，爷爷叫赵景旺，往上不知道了。我儿子叫赵希胜，孙子叫赵大鹏。现在，赵家有 46 户，160 来人。

村里还有山、李、郭、孙、王、陶以及另一个张等姓，这些姓人都不多。过去还有姓何的，现在早没人了。

民国二十九年（公元 1940 年）《河北省怀柔县事情》记载，1940 年，刘家店有 107 户，707 人。现在，全村 420 多户，1400 人。

前吉山村

前吉山村坐落于镇域北部，北隔一道水沟与北吉山村相邻，南与松棚村相接，沏河自村东从北往南流过（图 263，图 264）。

历史上，前吉山村属怀柔县管辖。明万历三十二年（公元 1604 年）《怀柔县志》“卷之一·地理志·社庄”记载有寅洞里，没有前吉山村。清康熙六十年（公元 1721 年）《怀柔县志》“卷二·里社”记载仍有寅洞里，“寅洞里”下有 19 个村庄，其中有纸房庄，即今天的北吉山村，还没有前吉山村，说明这时前吉山村与北吉山村应为一个村，还没有独

图 263　前吉山村委会（摄于 2007 年 7 月）

图 264　前吉山村委会（摄于 2018 年 6 月）

立成村。两村之间有一条由西向东流的小河沟，上面有一座小桥。也许河沟南边这时已有些人家，当属纸房庄一部分。根据一般情况，最初是纸房庄人家的地在沟南，后来这些人家在白家地上盖了房了，一部分人就搬过来了，渐渐形成一片聚落，往往新庄、庄户等称呼就这么来的。笔者最近访谈东高村镇南宅村，老人们谈及南宅庄户，就说过去那里是南宅人的地，后来盖了房子，人就过去了，由于属于南宅村，就称南宅庄户，可做例证。新编《怀柔县志》“第一编建置区划·第二章行政区划·第二节区划·三、民国区划”记载民国初期，怀柔县第八区（寅洞里）辖 20 庄，不仅有纸房庄，还有新庄窠，新庄窠当是前吉山村的前身。民国二十九年（公元 1940 年）日伪组织新民会编写的《河北省怀柔县事情》在“第二章地志风俗·第一节地志·第六项·户口”记载，全县划为4个区，刘家店地区属于日伪第四区，所记村庄有丫髻山村，且记载全村80户，503人，前吉山当在其中。而在“第三章地方制度·第二节地方区划”中，日伪将全县划为4警区36乡，刘家店地区属于日伪第四警区，计6编乡33村庄。其中，丫髻山乡有纸房庄、辛庄窠，辛庄窠就是新庄窠，即今天的前吉山。辛庄窠不是辛庄子，在万庄乡下有辛庄子。82岁退休教师刘富（图265）记得，他八九岁的时候，村里墙上还写着辛庄窠呢。看来访谈中谈及抗战，村里老人常说到前吉山日伪设的四分局，当与日伪第四警区相对应的了。1946年3月，从怀柔县将18个行政村划归平谷，新编《平谷县志》“第一编·建置沿革”所记，第一次出现前吉山村名，应该是以今日村名而记述了。76岁村民李占禄也说，前吉山村原先叫辛庄户，小时大街一个房山石灰牌上写着的。我四五岁时，就叫南吉山了。桥以南叫南吉山，桥以北叫北吉山。这南与难字谐音，五几年入社以后，村里人觉得叫“难”不好听，就改成前吉山了。1964年5月，北京大学学生编写的《辛庄子村史》所绘抗日战争形势图中，标示着刘家店地区的各个村名，其中就写着“南吉山”，说明那时人们还这么称呼呢。《北京市平谷县地名志》亦记载：“新石

图265　82岁退休教师刘富（摄于2018年7月）

器时期有人活动，聚落名称不详。清代称丫髻山新庄户，与今北吉山同一行政村。抗日战争时期以村中石河桥为界分为 2 村，该村在桥南，演化称南吉山，后因忌讳南（难）字，改为今名。”

简言之，所谓“新庄窠”、“辛庄户”与“新庄户”，应该都是今天的前吉山。“窠”、“户”字大意是指人居住的地方或人家，往往是在老庄旁边渐渐建造起新的人家。由此也可以看出，历史上应该是先有纸房庄，而后纸房庄的一些人家随着人口增多或新搬来的一些人家，渐渐在沟南建起新的院落，逐步形成一个新的村落。既然 1940 年所记只有纸房庄或丫髻山村，说明这时还没有分为两个独立村。李占禄老人所说四五岁时就改成南吉山了，即是 70 年前已经改了。即在 1940 年至 1948 年间，独立成村至今。地名志所记“抗日战争时期以村中石河桥为界分为 2 村”，基本确切。所说“新石器时期有人活动，聚落名称不详”，当指前吉山于 20 世纪 60 年代中期在村南发现的新石器的出土地点了。

关于前吉山村的主要姓氏，64 岁村书记李连义说，全村共有张、刘、李、王、周、刁、杜、赵、谭、李、安、钱 12 个姓，张姓来得最早，是占山户，也就是张姓先来立的庄，即搞收藏的张桂松他们这个张。这个张姓，现有 3 户，10 来人。张国起、张国良是另一个张，由这儿去的孔城峪村。64 岁退休职工杜德芳对村情素有研究：我听念叨，村里最早来的是秦姓，刘姓来的也比较早，再有就是李姓。我家有个买房契约（图 266），特意强调：我这个契约不是收集的，是家里传下来的。时间是清朝雍正七年（公元 1729 年），上有“南街房侯鲁新”的名字，说明过去这村有姓侯的。据说有个人叫侯宽，怀柔知县手下一个当差的，在村里很有影响。笔者在北吉山村访谈，75岁老赤脚医生李信曾说，过去分南街、北街，是一个村，中间一道河沟子，上面一座木头桥。地契上所写的“南街房”之南街，证明了李信老人所言。当然，这也说明，清雍正时河沟南面已有人家了。

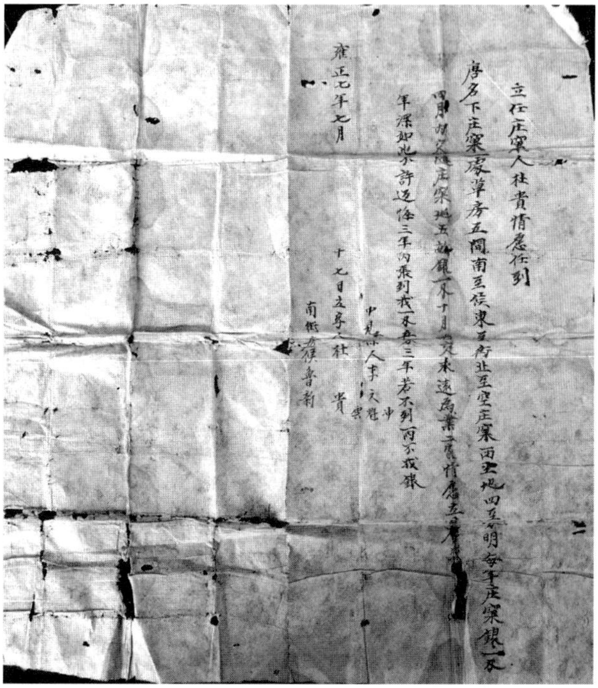

图266　64岁退休职工杜德芳收藏的清雍正七年（公元1729年）地契

刘姓，85岁老村会计刘明说，刘姓是从顺义尹家府一桃子挑来的，尹家府的刘不知是哪儿的。来时哥俩，老大直接奔张家口了，后来不知下落。老二就落在这儿，到我11辈儿。我父亲叫刘景臣，爷爷叫刘玺，再往上不知道了。我儿子叫刘富松，孙女叫刘醒春，算下来共13辈，300年左右，大致在清康熙末期、雍正初期。82岁退休教师刘富应该与刘明是一个刘，且是同辈儿。刘富记得，太爷叫刘志邦，爷爷叫刘德，父亲叫刘景存，儿子叫刘立新，孙子叫刘傲。刘家有个博士，叫刘保华，44 岁，学习桥梁建筑，做顺义地下污水管理工作。现在，刘姓有十几户，60 多人。

村里还有两个刘，76 岁村民李占禄说，一个刘，叫刘步云，从云峰寺村搬来的，啥时候来的不知道。有仨儿子，分 3 家。仨儿子下面，大儿子有俩儿子，分两家；二儿子 1 个儿子，就这 1 家；三儿子 5 个儿子，又分 5 个家。所以，现在这个云峰寺刘共有 8 户，30 多人。另一个刘，从万庄子搬来的，而万庄子刘姓现在有 100 多户、400 来人，是全村第一大户，这个刘据说从山东槐树庄搬来的，已见到 16 辈人。前吉山村这个刘分两支儿，一支儿是“南场儿刘”，又称“玉成家”或“玉成刘”，买卖号叫“玉成”，有 10 多户，50 多人；一支儿是“老宅子刘”，又叫“玉顺家”或“玉顺刘”，买卖号叫“玉顺”。“玉顺刘”买卖大，在峪口以及外面都有买卖。地也多，约有 60 顷地（一顷 100 亩），到北边的东西邵渠都是他家地。外面放地吃租子，一收租子出去 200 多里，过去宫里（即丫髻山紫霄宫，又称西宫）收租子也没他家多。“老宅子刘”在村里还有 1 户两口子，别人都不在家了。“南场儿刘”和“老宅子刘”，属于一个刘。

图 267　76 岁老村书记李占禄（摄于 2018 年 6 月）

李姓，李占禄老人（图 267）说，我们这个李据说从山东来的，啥时候来的、第一辈儿叫啥不清楚。祖坟在

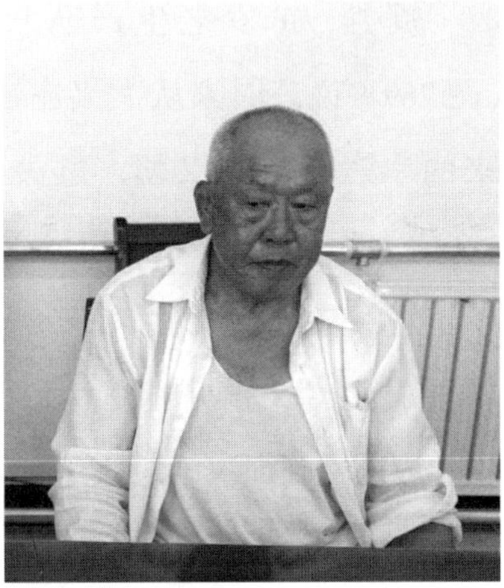
图 268　83 岁老村干部王朝利（摄于 2018 年 6 月）

村东 3 里地，江米洞下边，那片坟有 1 亩多地，三四十个坟头，祖坟没有墓碑，记得我小时还到江米洞那边填坟。后来李家又有两片坟地，村南一片，有 10 多个坟头；村西沟一片，有 9 个坟头。我太爷叫李宽，爷爷叫李凤旺，父亲叫李怀敏，儿子叫李良国，孙子叫李奇。李家现在有 15 户，50 来人。

王姓，83 岁老村干部王朝利（图 268）说，王家从山东搬过来的，先搬到周村，由周村又搬到这儿。笔者编写《大兴庄史话》时，曾到周村访谈。周村王与岳各庄王、白各庄王，都是一个王，是老哥仨，随燕王扫北从山东周村过来的。老大王君佐，落在了周村；老二王君佑，落在了白各庄；老三王君章，落在了岳各庄。王朝利老人记得，祖宗牌上写的到这儿的第一辈是王吉、王兴，祖坟在行宫东边 1 里多地，这儿离行宫有 2 里地，那时候那个地方没人占，坟地有 1 亩多，是最早的坟。后来又搬到村南杨树湾子，有 10 多个坟头。这边最早的坟是王天德，一座空坟，里边一块砖写着这个名字，他应该是葬到东边坟地了。我父亲叫王尚魁，爷爷叫王斌，太爷叫王桂芝。我儿子叫王建忠，孙女叫王欣佳。不记得到这儿多少辈了，我们这个王有 16 户，50 多人。

周姓，76岁老生产队长周保金（图269）说，周家从大兴庄镇周村搬来的，第一辈周汉朝，过去有家谱，“文化大革命”前“破四旧”的时候毁了。西山有周家坟，1亩来地。我父亲叫周成义，爷爷叫周俊，太爷叫周永文，周永文到周汉朝应该还有4辈。我儿子叫周英，孙子叫周鹏飞。79岁周成好是我叔，下边都有曾孙子了，是老周家最大辈数了。这样算来，周姓已见着11辈人了，250年左右。我们这个周，跟北吉山周保军是一个周。现在，周姓有18户，50多人。

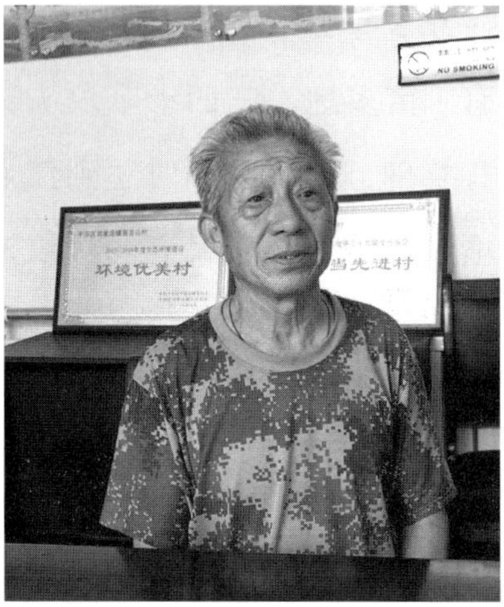

图269　76岁老生产队长周保金（摄于2018年7月）

刁姓，72岁村民刁久祥（图270）说，刁家从松棚过来的，松棚的刁从山东过来的。刁家老坟在辛庄子北边1里的盆窑的地方，约3亩地，没有大树，也没有石碑，我10多岁时还去那儿上坟。到这儿的第一辈儿是太爷刁玉合，爷爷叫刁永贵，父亲叫刁振义，我儿子叫刁长雨，孙女叫刁奕霏。现在，刁姓有六七户，20多人。

图270　72岁村民刁久祥（摄于2018年7月）

杜姓，64岁退休职工杜德芳（图271）过去听老人说，杜家从山东大柳树搬过来的，分几支，一支落在了怀柔，一支落在了顺义，一支落在了这儿。听说这一支开始落在了万庄子，祖坟就在万庄子村北，有1亩多地，20多个坟头，从北往南排，有四五排。后来祖坟迁到前吉山南山的地方，属于松棚的地，有10多个坟头。我打听过，万庄子村没有姓杜的。到前吉山的第一辈儿是我老太爷叫杜发，第二辈儿太爷叫杜富合，第三辈儿爷爷叫杜荣，第四辈儿父亲叫杜占魁，第五辈儿是我，第六辈儿我女儿叫杜晓敬。现在，杜姓有8户，30多人。

图271　64岁退休职工杜德芳（摄于2018年7月）

现在，前吉山全村共有180户，450多人。

松棚村

松棚村坐落于镇域中北部，北与前吉山村相邻，东南与刘家店村接壤，东隔洳河与东山下、行宫两村相望（图272，图273）。

图 272　松棚村委会（摄于 2007 年 7 月）

图 273　松棚村委会（摄于 2018 年 6 月）

村名的来历，85 岁老村大队长刁长智听老人说，过去村里有个松棚寺，庙里有棵大松树。庙不知啥时建的，也不知啥时毁的，没人见过寺庙和松树。寺址在村西北，现在是一片桃树地了。村子以此而得名。

历史上，松棚村属怀柔县管辖。明万历三十二年（公元 1604 年）《怀柔县志》“卷之一 · 地理志 · 社庄”记载有寅洞里，“乡庄”下却没记载刘家店地区一个村名，当然也没有松棚村。清康熙六十年（公元 1721 年）《怀柔县志》“卷二 · 里社”记载仍有寅洞里，寅洞里下所记 19 个村庄，其中有松棚庄。新编《怀柔县志》“第一编建置区划 · 第二章行政区划 · 第二节区划 · 三、民国区划”记载怀柔县民国初期设 9 区，辖 115 庄，其中第八区（寅洞里）所辖 20 庄中亦有松棚庄。民国二十九年

（公元 1940 年）日伪组织新民会编写的《河北省怀柔县事情》“第二章地志风俗·第一节地志·第六项·户口”记载，日伪将全县划为 4 个区，刘家店地区属于第四区，所记村庄有松棚村。而在“第三章地方制度·第二节地方区划”中，日伪将全县划为 4 警区 36 乡，刘家店地区属于日伪第四警区，计 6 编乡 33 村庄。其中，丫髻山乡有松棚村。1946 年 3 月，将怀柔县 18 个行政村划归平谷，包括松棚村。

《北京市平谷县地名志》记载：“汉代曾设驿站，称松峪传舍。后聚落渐扩，到金、元时期称松棚铺，因崇慧寺前有巨松一棵，遮阴亩许呈棚状得名。清代铺舍撤销，演为今称。抗日战争时期化名西山下。”这里所写“汉代曾设驿站，称松峪传舍。后聚落渐扩，到金、元时期称松棚铺”，不知所依何据，出自何处？查阅相关资料，一时未见有记。

明万历三十二年（公元 1604 年）《怀柔县志》“卷之一·宫室志·公署”记载：“铺舍，县前总铺，在县治前。”“松棚铺，在县东一百里。”清康熙六十年（公元 1721 年）《怀柔县志》“卷之一·廨宇”记载：“县前总铺，在县治前。”“松棚铺，在县东九十里。”两志所记近似，只是康熙志没有“铺舍”二字，且由“一百里”写作“九十里”。所谓铺舍，一般认为即是铺屋，古时街坊巡逻军卒驻扎、办公之所。安徽黄山脚下太平县（今称黄山区），新编《太平县志》“第二章邮电·第一节铺舍邮局”记载：“铺舍，明嘉靖十五年（公元 1536 年），县城仙源设总铺，外设 6 铺。”“共配铺司 9 名，铺兵 24 名。”看太平志将“铺舍”列“邮电”章下，且第一节先写“铺舍”，再写“邮局”。

看来古代铺舍是有今天邮电功用的了。笔者对此没有研究，记此仅作参考。而明、清怀柔志书，都没有写到汉代驿站事。一方志书，主要记述一方之事。如明、清之前相关书中有记，编志者不至于看不到，而看到定当引用、收录，不至遗漏。况且，铺舍也只是三四个铺兵的办公之所，算不得聚落，地名志"聚落渐扩"之说就值得探究了。当然，笔者目前尚未看到，如以后看到再行修正与补记。

设若如其所记"聚落渐扩"，意味着这里金、元之前即已成村，且具一定规模。可至今松棚村不过140户，380多人，莫说在区内，就在刘家店镇内，也只能算得中下规模村落。而村里最大的张、刁二姓，户数、人口相差不多，前后脚来此，根据所传辈分，距今230年左右，大致在清乾隆末期、嘉庆初期，即清中后期。当然，此二姓不为最早，相传于姓先来立庄。73岁村民刁长顺听老人说，老于家先来。村里有于家胡同，在村中心。过去，于家胡同一边一个稍门，指根牙子栅的。要把稍门关上，就走不了了。过去一般是白天开着，黑夜关上。59岁村民于万海曾听父亲说过，于家是老祖从山东挑挑子随龙过来的。要是这样，使劲说也就在燕王扫北时，即明朝初年，而不会更早。

松棚村主要有张、刁、焦三大姓，形成全村人口主体。

张姓，57岁村书记张永胜（图274）说，张家据说从山东大槐树与李自成一块儿过来的，来哥四，

图274　松棚村书记张永胜（摄于2007年7月）

图 275　57 岁村书记张永胜保存的张家名堂

落这儿了。老大叫张玑，老二叫张琨，是南张；老三叫张琏、老四叫张环，是北张。张家祖坟在东山下东边，行宫北边，有一二亩地，好几十个坟头。过去每到清明上坟时，上坟的有几十人，连东山下、密云娘子水的张也是这儿的张，也一起过来上坟。互相都不认识了。上坟上供的点心，小孩儿拿着分吃了。

张永胜手里保存着过去春节挂出来的家谱（名堂）（图 275），明确写着：

第一辈儿，南张张玑、张琨
　　　　　北张张琏、张环
第二辈儿，南张张国甫
　　　　　北张张国宝
第三辈儿，南张张庆、张顺、张祥
　　　　　北张张仁
第四辈儿，南张张德旺、张德林
　　　　　北张张德山
第五辈儿，南张张稳、张安、张志、张伦

北张张典、张申

第六辈儿，南张张福瑞、张安福珍、张福云、张福江、张福海、张福起、张福恒

北张张福泉、张福禄、张福生、张福臣、张福廷

第七辈儿，南张张文生、张文常、张文学、张文林、张文志、张文山、张文忠、张文清、张文明、张文顺、张文成、张文玉、张文良等

北张张文仲、张文臣、张文礼、张文志、张文光、张文甫、张文福、张文才、张文贵、张文宝、张文昆、张文起、张文满等

第八辈儿，南张张永生、张永来、张永成、张永智、张永祥、张永军、张永兵、张二合

北张张全福、张全胜、张小红、张永胜、张永利、张永江、张永海

第九辈儿，南张张志伟、张洋、张凯

北张张涛、张强、张雷、张玉龙

第十辈儿，北张张婷娅、张艺萱、张云熙

第十辈儿还很少也很小，目前还没有南张。张永胜听父亲说过，家谱写的这些辈儿也不全，中间有断线的，如第一辈儿的哥四个，也只是相传；第二辈儿这哥俩，就知道一个是从老大、老二传下来，一个从老三、老四传下来，具体是谁传下来的不知道。到我这儿是第八辈

儿，我父亲叫张文福，爷爷叫张福臣，太爷叫张典。我两个儿子张强、张雷是第九辈儿，两个孙女张云熙、张艺萱是第十辈儿。现在，张姓有 30 多户，120 多人。

张家名堂所记应该基本无误，起码辈分不致有差。若此，大致算来，张家到此 230 年左右，应该到不了明朝末年的。如果访谈所说是真，即与李自成一块过来的，也是在明朝末年。另外，也不排除过来时或先到别处，至张玑等哥四而迁此。张永胜记得过去家里有张地契，房子四至中，写着“西至杨氏墙根”，说明过去村里有杨姓人家，现在没有了。

刁姓，85 岁老村大队长刁长智说，刁姓据说从山东过来的，到这儿第一辈儿叫啥不知道了。我父亲叫刁久荣，爷爷叫刁振林，太爷叫刁永安。我儿子叫刁春义，孙女叫刁曼曼。85 岁刁长智与 73 岁刁长顺是亲兄弟，刁长智为老二，刁长顺为老五。刁长顺（图 276）补充道，过去听老人念叨，刁家是从山东过来的，老老太爷辈儿哥俩，叫刁明、刁亮，往上叫刁国新，再往上不知道了。我儿子叫刁春永，孙子叫刁宇，我们刁家已见着 9 辈儿人。过去刁家有大门、小门，我们属于大门，又称长门。刁家搬到外面的也不少，村治保主任刁春明是大门，上辈儿哥四，留下一个，其他三个搬到密云老爷庙、高各庄、镇罗营镇四道岭，开荒种地；搬到

图 276　73 岁村民刁长顺（摄于 2018 年 6 月）

前吉山村的，是刁久成他们这一支，是小门，那边也辈儿大。刁家坟在行宫村南边，有三四亩地，48个坟头。现在，刁家有30多户，120多人。这样看来，刁姓从山东过来，大约200年，亦为清中后期，与张姓前后脚。

图277　85岁退休职工焦月（摄于2018年6月）

焦姓，85岁退休职工焦月（图277）说，焦家从顺义草寺村搬来，草寺在通州和顺义交界的地方。父亲叫焦付臣，爷爷叫焦会，太爷去世早不知道叫啥，叔伯太爷叫焦云旺，在口外种菜，老了就回来了，一辈子没结婚，就跟我们过。我儿子叫焦世来，孙子叫焦艳辉，重孙子叫焦子涵。村里分东焦、西焦，我们是东焦。西焦先来，我们后来，都从草寺来的。老坟也不在一起，东焦老坟在村南1里多地，叫杨树坟的地方，有3亩来地，五六个坟头。西焦老坟在村西南1里地，叫杨坡峪的地方。那里有棵大杨树，一搂多粗，10来个坟头。这两座老坟都没有石碑。焦家过去有家谱，春节三十挂出来，过完年挂到正月十五，一般正月十六就卷起来了，搁一年再挂。下面摆个碗，摆双筷子，摆着苹果、梨等水果，吃饭时，把菜饭往碗里盛些，咱吃啥让老祖宗也吃啥，不挑。过去过了正月十五，正月十六就该给地主扛活去了。老人这里说的家谱，应

图 278　59 岁村民于万海（摄于 2018 年 9 月）

该是过去写着去世先人名字、一到春节就挂出来的名堂。焦姓现在有 20 多户，70 多人。

于姓，59 岁村民于万海（图 278）听其父亲说，于家是老祖从山东挑挑子随龙过来的，父亲叫于占元，爷爷叫于珍，太爷叫于同和，老太爷于德龙，再往上记不住了，上面应该还有，有多少辈儿不知道。我儿子叫于建军，孙子叫于洋，孙女叫于佳。我记得在北京做小工时，遇见山东人，脱鞋认祖宗。就是瞧小脚趾两瓣儿的指甲，据说是斧子砍的，留下了印迹。现在，于家有 7 户，30 来人。

村里还有谭姓，也是小姓，仅 4 户，10 多个人，从密云娘子水搬来的。

民国二十九年（公元 1940 年）《河北省怀柔县事情》记载：1940 年，松棚村有 34 户，191 人。现在，松棚村已 140 户，380 多人。

万家庄村

万家庄村坐落于镇域东南部，西北与刘家店村相邻，东南与胡家店村相接，村东泇河从北向南流过，隔泇河东与辛庄子、寅洞两村相望（图 279，图 280）。

图 279　万家庄村委会（摄于 2007 年 8 月）

图 280　万家庄村委会（摄于 2018 年 7 月）

万家庄得名及立庄，92 岁老村治保主任刘长发说，开始叫万家庄，后来叫万家庄了。就是姓万的先来立的庄，就叫万家庄。现在村里没有姓万的，村西 1 里多地老坟沟的地方，过去有万家坟，就几个坟头，没有石碑。我 92 岁了，小时一记事儿，就没有姓万的了。93 岁老生产队长景启恒说，村西半里地，过去有个王庄子，我小时候见着的就是房岔子，早没人家了。应该是在还没有万庄子的时候，就先有的王庄子，后来王庄子没人了。我听人家说，村西王庄子西边有片坟地，是刘家店老赵家的坟地。这个坟地风水好，头枕堡子顶，脚踩万盏灯。这万盏灯，指的就是万庄子。为了镇这片坟，在村西街口修了一间征王庙（村人所说征王庙，应该是说白了，其实就是真武庙）。85 岁村民李元顺（图 281）说，西边叫小王庄，万庄子的人是从小王庄搬过来的。真武庙，在街西头，画着真武大帝，还有周公、桃花女。真武大帝冲西，就是为镇这片坟。刘长发老人补充说，应该是以后葬的坟。

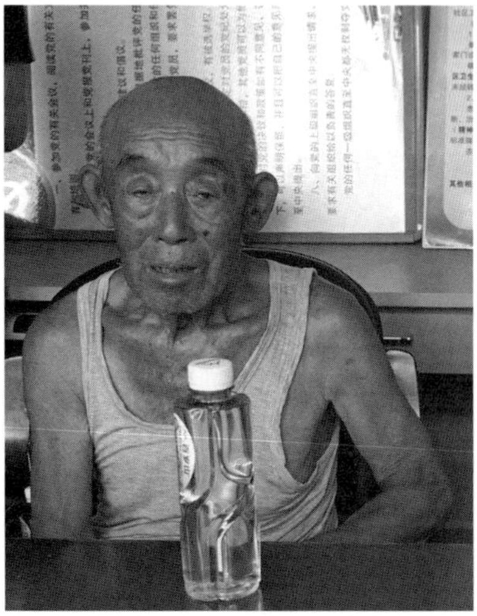

图 281　85 岁村民李元顺（摄于 2018 年 7 月）

综而观之，刘长发老人所言应该更符合历史的真实，即姓万的先来立的庄，故称万家庄，渐渐叫白了，就叫成万庄子了。起码 100 多年前就没有万姓了，不知是没有后人，还是搬往他处。村西半里的王庄子，先于万家庄建村，不知啥时啥原因村庄毁了。应该说，王庄子与万家庄没有关联，并不是那边的村子一毁，就在这边重新建村。或是毁了多少年后，这边万姓人才来立庄。而赵家坟即是刘家店赵家人的墓地，应该如刘长发老人所说，是以后安葬的。所谓“头枕堡子顶，脚踩万盏灯”，正说明刘家店赵家当初选墓地，是万家庄早已立庄了。刘长发老人谈及刘姓，说万庄子刘姓人最多，平谷、三河大地震（清康熙十八年，公元 1679 年）以后这儿几乎没人了，刘家就来了。过来最早，就跑马占圈。李家、赵家后来的，就给刘家做活。老人一定是听上辈儿人口口相传至今，当是实情，也意味着清朝初年以前，万家庄已经立庄，说明朝立庄，基本可信。《北京市平谷县地名志》也记载：“明代由万姓来此落户久居成村，村以姓得名。抗日战争时期化名百家村。”

历史上，万家庄属怀柔县管辖。明万历三十二年（公元 1604 年）《怀柔县志》“卷之一·地理志·社庄”记载有寅洞里，而下面“乡庄”记载却没有万家庄村。直至清康熙六十年（公元 1721 年）《怀柔县志》“卷二·里社”记载“寅洞里”下，才有万家庄。新编《怀柔县志》“第一编建置区划·第二章行政区划·第二节区划·三、民国区划”记载，民国初期“第八区（寅洞里）辖 20 庄，亦有万家庄”。民国二十九年（公元 1940 年）日伪组织新民会编写的《河北省怀柔县事情》“第二章·第一节·第六项·户口”记载，日伪将全县划为 4 个区，刘家店地区属于第四区，所记村庄有万家庄。而在“第三章地方制度·第二节地方区划”中，日伪将全县划为 4 警区 36 乡，刘家店地区属于日伪第四警区，计 6 编乡 33 村庄。其中，万庄乡有万家庄。1946 年 3 月，将怀柔县 18 个行政村划归平谷，新编《平谷县志》就写作万庄子。看来，怀柔官方志书一直写作万家庄，万庄子当为民间俗称。划归平谷后，新编县志当依今名而写作了“万庄子”。规划局所编地名志仍写作“万家庄”。规划局设地名办，统一管理全区地名等，为地名管理的权威部门。村委会门前挂有 3 个牌子，两个写着“万庄子”，一个写着“万家庄”，也不统一。在此，应统一于地名志所写“万家庄”为宜。

万家庄主要有刘姓、李姓、赵姓等。

刘姓，为全村第一大姓。刘长发老人说，刘家从山东槐树庄搬来。

我父亲叫刘维庆，爷爷叫刘永，太爷叫刘德奎，老太爷叫刘永彬。我儿子叫刘全起，孙子叫刘建林，重孙子叫刘金行。刘家到我这儿13辈儿，现在已见着16辈人了。刘长发老人记得，前吉山的刘是从这里搬出去的，现在，刘家有百十户，400来人。

李姓，分老李姓和新李姓。

老李姓，78岁退休职工李希恩（图282）说，我们这个李，据说是洼子李，从洼子搬到这儿的。所谓洼子，应该是马坊镇洼里村了。笔者在撰写马坊查家文章时，曾到洼里村访谈，查家为津门盐商巨贾，其百年寿地选在了洼里、北石渠一带。查为义墓，就在洼里村西百草沟，且一直雇人看坟，俗称“坟奴”，其墓就由李家看。而李家一说从山东来，一说从三河县黄庄来，李家人自己也说不清了。这或许就是李希恩老人所称的洼子李了。李希恩老人说，我父亲叫李兆丰，爷爷叫李明山，太爷叫李怀德，再往上不知道了。应该是从太爷这辈儿过来的。我儿子叫李兵义，孙女叫李悠然。按从太爷辈儿来算，李家至今6辈儿人，那是130年左右，清末光绪时了。现在，老李家有七八十户，300来人。老李家人丁兴旺，估计今天这人口规模，不是五六辈儿能够繁衍的，应该比太爷辈儿来得要早。

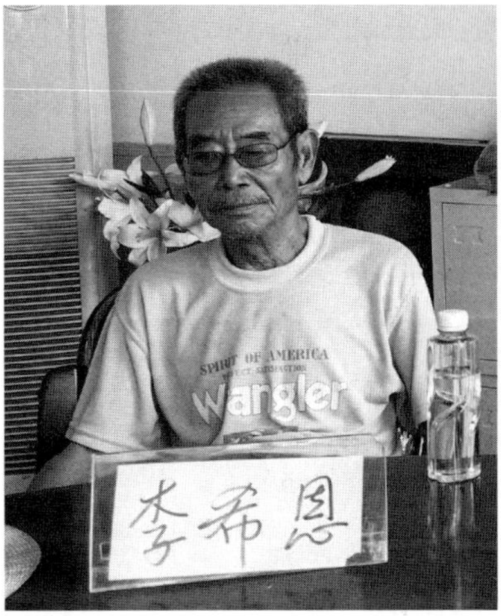

图282　78岁退休职工李希恩（摄于2018年7月）

新李姓，85 岁村民李元顺说，我们这个李，从京南彩峪来的，来这儿第一辈儿叫李奎江，往下不知道了。我父亲叫李宝义，爷爷叫李有利。我儿子叫李忠军、李忠良，孙子叫李国生、李国林，重孙子叫李豪杰，重孙女叫李雨墨。现在，新李家有二三十户，六七十人。

赵姓，村里人把赵会春的赵称为新赵，赵洪富的赵称为老赵，这是从来的先后划分了。习惯上，又有前街老赵家，后街老李家的话，这是从住的地方划分了。

老赵姓，84 岁村民赵洪富（图 283）说，我们这个赵不知道从哪儿来的，我父亲叫赵继发，爷爷叫赵文华，太爷叫赵义。我儿子叫赵信久，孙子叫赵天齐，重孙子叫赵玉林。现在，老赵家有六七十户，300 来人。

图 283　84 岁村民赵洪富（摄于 2018 年 7 月）

新赵姓，83 岁村民赵会春（图 284）说，我们这个赵是从峪口镇小官庄搬来的。父亲叫赵其昌，爷爷叫赵耀庭，太爷叫啥不知道了，就是太爷从小官庄搬来的。我儿子叫赵建军，孙女叫赵曦，外重孙女叫高珊。现在，赵家有 4 户，20 来人。

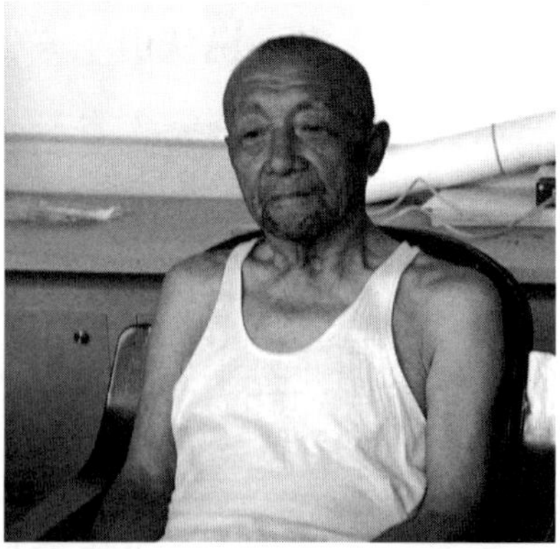

图 284　83 岁村民赵会春（摄于 2018 年 7 月）

此外，还有景姓、张姓等。

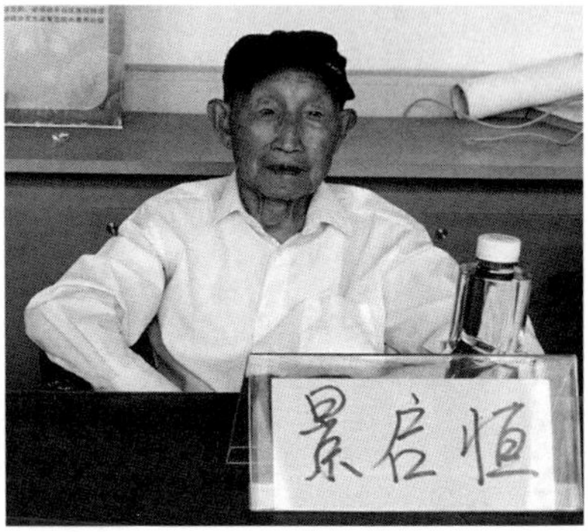

图 285　93 岁老生产队长景启恒（摄于 2018 年 7 月）

景姓，93 岁老生产队长景启恒（图 285）说，景家从大华山镇大华山村搬来的，我们是满族，正白旗。记得过去写祖宗牌儿，就是“爱新觉罗”。清朝初年进关，随龙过来的。是老哥仨，一个落在了沈阳，一个落在了北京，一个落在了大华山。落在大华山的，是老三景璧。大华山景家坟，在村东 2 里地，就两个坟头，没有石碑，坟头就是景璧的。据说开始皇上要葬在这儿，选坟的说这里是卧龙岗。我们来就是看坟的，吃俸禄。由于这地方西边靠山，是红沙子，东边靠河，是白沙子，又说是沙龙岗，“沙”、“杀”不好听，就不葬这儿，去遵化马兰峪了。当时地都选好了，一顷地，就是 100 亩。在村东边，四角一角栽一根大石柱子，一尺见方，一丈来高，上面是圆的，这就是界桩。我们家就在这一顷地上，就我们一家。我不到 1 岁时父亲就死了，我妈改嫁出门子了，我就到这儿跟我二大爷过。我爸叫景忠岐，二大爷叫景忠佩。我们就姓景，外边有人说我们姓金，其实是我二大爷号叫金玉廷，有人就认为姓金了。我爷爷叫景延年，再往上太爷说不清了，说是从太爷这辈儿过来的。我儿子叫景有明，孙子叫景山，重孙女景乐璇。景启恒老人说至太爷，称是景璧，或记忆有误或口误，前面说清初入关的老三就是景璧，不会自家人还重名的。当然，所说景璧是否准确，还需以后与大华山景家印证。现在，景家有 3 户，

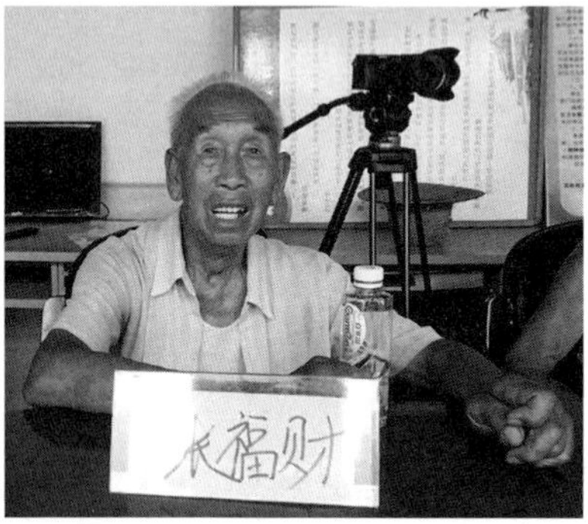

图 286　85 岁村民张福财（摄于 2018 年 7 月）

10 来人。

张姓，85 岁村民张福财（图 286）说，张家是万庄子坐山户，一直就在这儿。刘长发老人接着说，万庄子有张八台之说，也就是南山和西山的台子都是张家占的。刘家作为占山户先来，占的都是平原好地。张家来得晚些，就只能占山上台地了。张福财老人说，我父亲叫张珍，爷爷叫张和云，太爷叫张耀。过去祖宗牌正坐，写着张万鳌。我儿子叫张庆东，孙子叫张玉山，重孙女叫张毛毛。现在，张家有 3 户，20 多人。

据民国二十九年（公元 1940 年）《河北省怀柔县事情》记载，1940 年，万家庄有 164 户，930 人。现在，全村有 480 户，1600 人。

辛庄子村

辛庄子村坐落于镇域东南部，南与寅洞村相邻，东北与江米洞村相接，西北与行宫村毗连，泇河西北流来，经村西向东南流去，西与刘家店、万家庄两村隔泇河相望（图 287，图 288）。

历史上，辛庄子属怀柔县管辖。明万历三十二年（公元 1604 年）

图 287　辛庄子村委会（摄于 2007 年 7 月）

图 288　辛庄子村委会（摄于 2018 年 7 月）

《怀柔县志》“卷之一·地理志·社庄”记载有“寅洞里”，却没记载刘家店地区现在的一个村名，自然没有辛庄子了。清康熙六十年（公元 1721 年）《怀柔县志》“卷二·里社”记载“寅洞里”，不仅有寅洞庄，还有寅洞新庄。这“寅洞新庄”，当是今天的辛庄子。新编《怀柔县志》“第一编建置区划·第二章行政区划·第二节区划·三、民国区划”记载，“怀柔县民国初期行政区划”中，第八区（寅洞里）所辖 20 庄，仍有寅洞辛庄，只是将“新”字写作“辛”字了。看方位，今天的辛庄子在寅洞村北 1 里多地，当是由寅洞新庄而演化为寅洞辛庄，最后简称辛庄子的。民国二十九年（公元 1940 年）日伪组织新民会编写的《河北省怀柔县事情》“第二章·第一节·第六项·户口”记载，日伪将全县划为 4 个

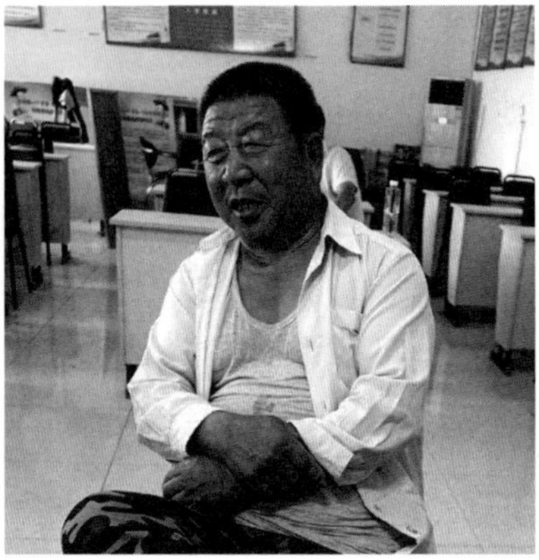

图 289　68 岁老村书记任建和（摄于 2018 年 7 月）

区，刘家店地区属于第四区。所记村庄有辛庄子。这里没有了“寅洞新庄”或“寅洞辛庄”，直接写作“辛庄子”了。故此，68 岁老村书记任建和（图 289）听老人说过，是寅洞先立庄，辛庄子后立庄，是新村，就叫新庄子，后来又改成辛苦的辛，是简笔画好写还是咋着，就叫辛庄子了。而在《河北省怀柔县事情》“第三章地方制度·第二节地方区划”中，日伪将全县划为 4 警区 36 乡，刘家店地区属于日伪第四警区，计 6 编乡 33 村庄。其中，万庄乡有辛庄子。看来，当是官方志书写作寅洞辛庄，而民间称为辛庄子。1946 年 3 月，从怀柔县划入 18 个行政村归平谷，包括辛庄子，新编《平谷县志》“第一编·建置沿革”记述此事，亦写作辛庄子，新志当以今名而记述了。抗战时期，为保密起见，迷惑敌人，寅洞的寅字，按天干地支为寅虎，就叫虎村。我们村根据新旧的新字，就化名旧村。村里老人所谈，与志书所记基本一致。《北京市平谷县地名志》亦记载：“明初成村，因比邻村寅洞成村晚，称新庄，后演化为今名。抗日战争时期化名旧村。”

这里所说辛庄子“明初成村”，对村史深有研究的 58 岁老村书记王长有听爷爷说，辛庄子最早是我们王家还有张家先来立的庄。张纯庆爱人、85 岁老村书记秦秀凤（图 290）听老人说，张家现在已见着

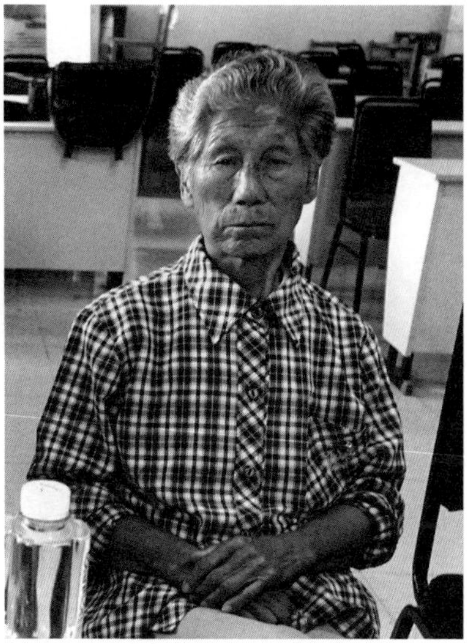
图 290　85 岁老村书记秦秀凤（摄于 2018 年 7 月）

16 辈儿。这样算来，张家来此 380 年左右。既然大家公认张家是立庄户，那么，也就意味着辛庄子立庄于明末或明晚期了。2007 年来村访谈，81 岁离休干部孟庆祥、73 岁退休职工赵俊臣说，王家分东街、西街，东街王修水库移民从西峪搬来的，西街王是立庄户，用挑子挑来的。作为立庄户，张家在村北头，王家在村南头。过去有山东来的大庙前栽榆树，山西来的大庙前栽槐树之说。张家又分南张、北张。

另外，如果仅仅是比寅洞成村晚，就叫寅洞新村，为啥不叫别的新村呢？似乎难以令人置信。况且怀柔志书明确写着寅洞新庄，如无关联是不可能如此名村的。其实，之所以称寅洞新庄，当是寅洞人先来这里。或是寅洞人先来这里，极可能这里是寅洞人的地或与寅洞人有关，在这里盖房子先居住下来，渐而成村。写前吉山村时曾写过，东高村镇南宅村老人谈及南宅庄户，就说过去那里是南宅人的地，后来盖了房子，人就过去了，由于属于南宅村，就称南宅庄户，就是例证。

王姓，老村书记王长有（图 291）说，我们这个王，是从山东大槐树下来的，是村里老户。我爷爷叫王相，父亲叫王永荣。我儿子叫王

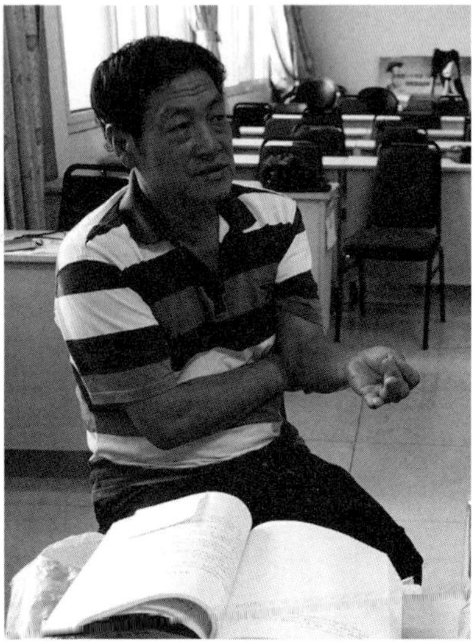

图 291　58 岁老村书记王长有（摄于 2018 年 7 月）

图 292　77 岁老村大队长王振宝（摄于 2018 年 7 月）

犇。现在有老哥五个，少个八个。王家共有 9 户，20 多人。

张姓，85 岁离休教师张纯庆说，张家从山东大槐树根底下来的，来的时候是老哥俩，叫张进忠、张进孝。到这村，张进忠在村南头，张进孝在村北头。所以，有南进忠、北进孝之说。过去我写祖宗牌，记得父亲叫张宝善，爷爷叫张廷珠，太爷叫张天喜，再往上不知道了。我儿子叫张爱平、张爱民，孙子叫张琪、张林、张进、张昕，重孙子叫张瑜航，张家现在已见着 16 辈儿人了。我们属于北张，现在有 20 户，80 来人；南张有 9 户，30 多人。

村里还有一个王姓，是村中大户，来这儿正好 50 年。77 岁老村大队长王振宝（图 292）说，我们这个王，是从大华山镇西峪村搬来的。

1968年修西峪水库，移民到这里。当时上镇的人搬到大华山镇，以前叫华山林业队，搬去之后就叫胜利队了。西峪的移民搬到辛庄子，计划是40户、200人，当时有2户、10人搬来以后，觉得不熟识，又搬回去了，就剩38户、190人。这38户，包括王姓14户、徐姓5户、李姓2户、刘姓1户、张姓7户、范姓1户、陈姓1户、杜姓2户等。我们王家，从密云小河曹搬到西峪，又从西峪搬到辛庄子，西峪第一辈儿叫王宗义，第二辈儿叫王作金、王作武，到我这儿大概是13辈了。到这儿，是父亲和我一起过来的。父亲叫王尊，爷爷叫王俊方，太爷叫王凤来，老太爷叫王廷洞，老老太爷叫王湖，再往上不知道了，到第二辈儿中间缺5辈儿。我儿子叫王永军、王永士，孙女叫王敬一、王林伟。我们这个王，是一个王，分东王西王，我们是东王，来的时候是11户，50多人。现在，王家有20多户，近百人。

任姓，任建和老人听爷爷说，任家从峪口镇西樊各庄搬来的，西樊各庄的任从哪儿来的就不知道了。笔者就此访谈曾整理西樊各庄任氏家谱、现为区煤炭公司经理的任维鹏，说有说是山东，有说是河南。一位本家解放战争中随军在山东作战，记不清在什么地方了，在一个大坟圈子那儿，看到一通大石碑，上面有任姓前往平谷等地的文字。任维鹏记得，王辛庄镇贾各庄任姓、南独乐河镇峨嵋山任姓和西樊各庄任姓是本家，据说是老哥仨，其中贾各庄是老大，过去大伙儿都到贾各庄那儿上坟。并说，最近西樊各庄发现了一部清代编写的任氏家谱，找来一看，封面已残，看拍摄的照片，似与下页连在了一起。封面（图293）第一行字写着“乾隆十六年”，即公元1751年，或是任家从山东或河

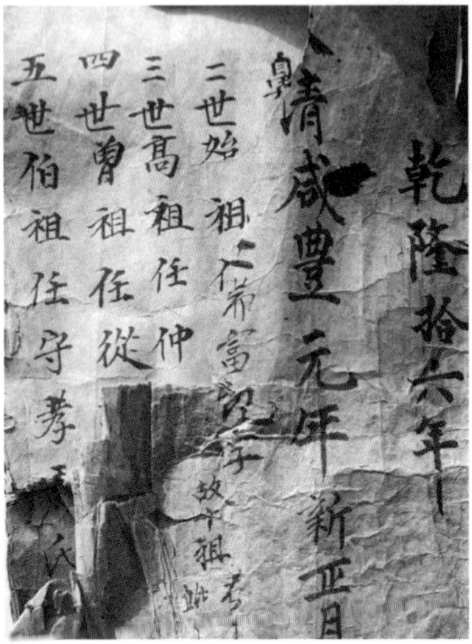

图 293　峪口镇西樊各庄 70 多岁村民任国金保存的任氏家谱首页

图 294　56 岁原区委研究室主任、科协主席任建义（摄于 2018 年 8 月）

南来到西樊各庄的时间，至 2018 年已 267 年。接着第二行所写的“咸丰元年”，即公元 1851 年，当是编写这本家谱的时间，距所来整整一百年。当然，家谱里边的辈分、人名不排除有后续或随手填写者。而西樊各庄任家始祖叫任万增，已至 13 辈儿，大致二百七八十年，基本也可推算至乾隆时，与家谱所记基本吻合。整理这些资料，且作辛庄子任家参考。

任建和说，我父亲叫任冠英，爷爷叫任尚志，太爷叫任永安，老太爷叫任德位，再往上不清楚了。到我这儿是 13 辈儿。我儿子叫任进忠、任进良，孙女叫任妍、任心媛，到现在共 15 辈。如此看来，任家到此 350 年左右，大致在清康熙时。56 岁原区委研究室主任、科委主任任建义（图 294）记得，其父亲叫任冠杰，曾任县委宣传部副部长兼广播站站长；爷爷叫任尚志，老党员、乡村厨师；太爷任永安，老太爷任德位。女儿叫任乙，九小教师。任建义补充道：任冠英，三年私塾，老党员，抗战时曾任四区组织委员；任建和之子任进忠，北京铁路局任纪委书记。现在，任家有 6 户，19 人。

图 295　84 岁老村书记赵俊臣（摄于 2018 年 7 月）

赵姓，84 岁老村书记赵俊臣（图 295）说，赵家据说是从山东大槐树搬来的，父亲叫赵宝林，爷爷叫赵福顺，太爷叫赵长春，老太爷叫赵玉山，再往上不记得了。我儿子叫赵贵来，孙子叫赵晓强，重孙女叫赵月涵。现在，赵家有 13 户，30 多人。

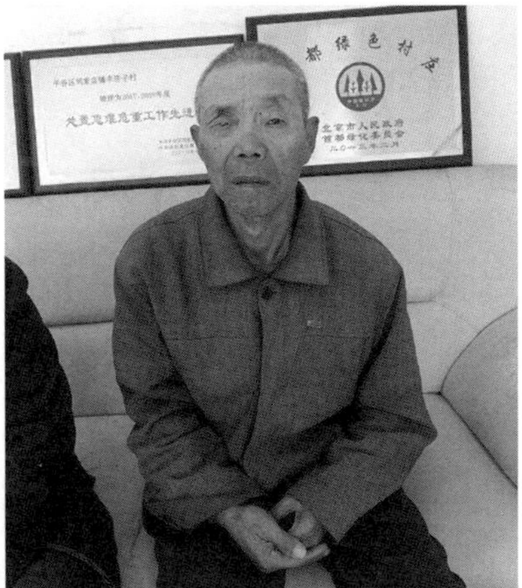

图 296　75 岁村民徐瑞成（摄于 2018 年 10 月）

徐姓，也是村里大姓。老村书记王长有说，徐姓分别住在村西街和东街，西街是老户，有十二三户，五六十人，称为西徐；东街是移民，有 10 多户，50 来人，称为东徐。

东徐，75 岁村民徐瑞成（图 296）说，徐家从山东过来的，先到西峪，1968 年 4 月搬到辛庄子。是由父亲这辈儿过来的，父亲叫徐福珍，爷爷叫徐荣，太爷叫徐燕春，老太爷不知道叫啥了，爷爷就葬在那边了。我儿子徐国忠，孙子徐斌。现任副

图 297　81 岁退休职工徐洪庆（摄于 2018 年 10 月）

区长的徐素芝，是我侄女，她父亲叫徐瑞林，爷爷叫徐福禄，太爷就是我爷爷徐荣。

西徐，81 岁退休职工徐洪庆（图 297）住在县城，笔者专程到家中访谈。徐洪庆说，我们这个徐是从熊儿寨乡老泉口木石岭搬来的，木石岭是老泉口一个小自然村，就几户人家。是我父亲那辈儿过来的，父亲叫徐凤有，爷爷叫徐祥，爷爷葬在木石岭了。我儿子叫徐文明，孙子叫徐睿康。我这辈儿老哥四，老大徐洪宽，老二徐洪起，老三徐洪宝，我是老四。我上边还有个姐姐徐桂兰，嫁到凤落滩老任家。我们这个徐，有 3 户，十几口人。西街除去我们这个徐外，还有 3 个徐，一是徐洪亮、徐洪恩、徐洪德的徐，二是徐凤才的徐，三是徐凤山、徐凤武的徐，不知道从哪儿来的。这与王长有所说西徐略有不同，既然都住西街，且都是徐姓老户，极可能原本是一家，后分出支脉，或有远家、近家之分了。就此笔者请教老村书记王长有，王长有不仅认同笔者所言，而且肯定地说，老徐家就是一家子。

刘姓，4 户，十四五人。

郭姓，2 户，7 人。

秦姓，4 户，17 人。

陈姓，3 户，10 人。

孟姓，2007 年来村访谈时，81 岁离休干部孟庆祥说，孟家从峪口镇胡家营搬来的，胡家营孟家是从山西或山东搬来的。现在，孟家有 2 户，7 人。

金姓，2 户，都迁出去了。

沈姓，5 户，十五六人。

另外，村里还有龚姓、景姓、付姓、梁姓等，人都不多。

民国二十九年（公元 1940 年）《河北省怀柔县事情》记载，1940 年，辛庄子有 55 户。268 人。现在，全村有 210 户，680 人。

图 298　辛庄子村北影壁（摄于 2007 年 7 月）

访谈中，村人谈及村里一个重要建筑，就是街北头的大影壁（图 298，图 299），砖包脚，石砌芯，东西长约七八米，厚约 80 厘米，高约 3.5 米。

图 299　辛庄子村北影壁（摄于 2018 年 7 月）

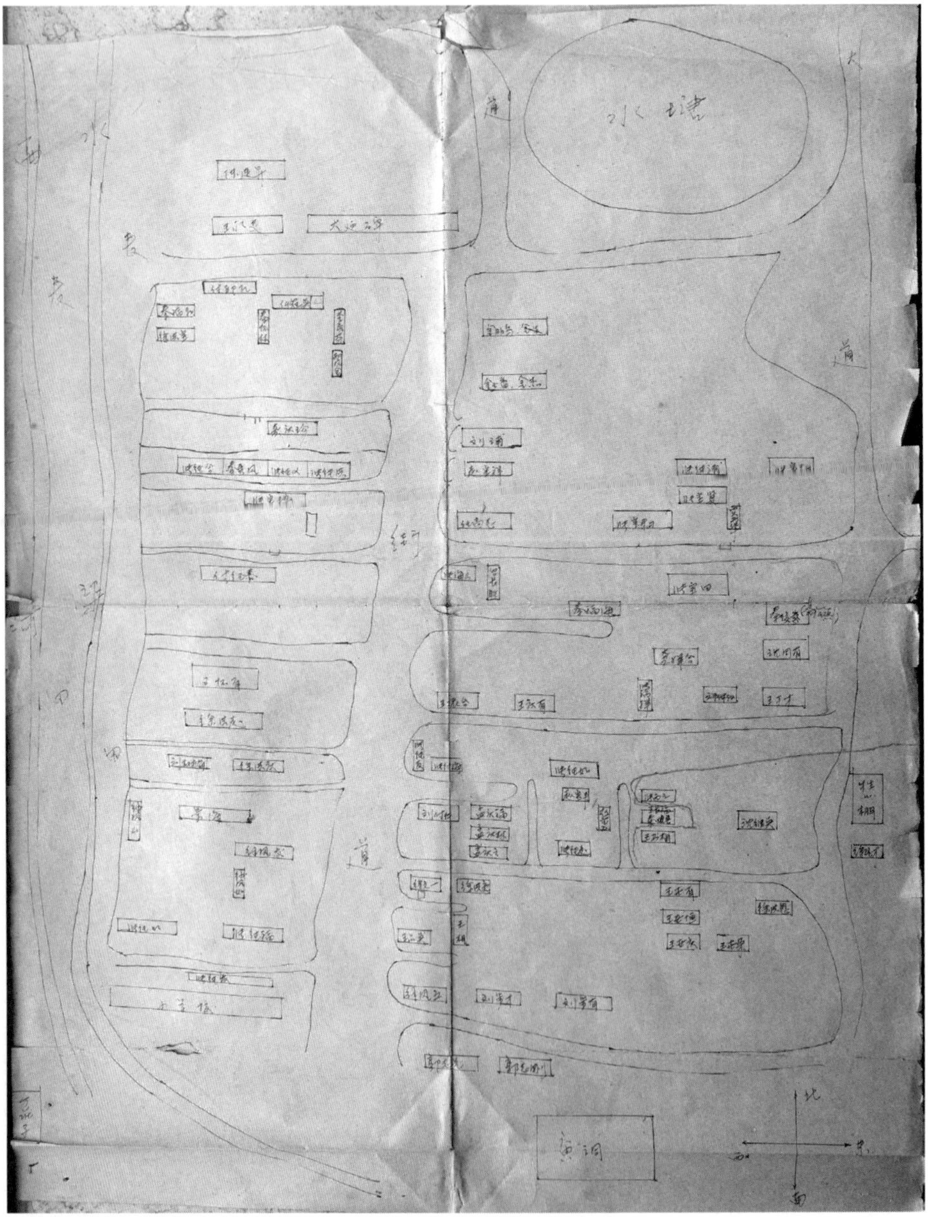

图 300　1964 年北京大学学生来村编写辛庄子村史所绘的村庄平面图

任建和老人说，这道大影壁是辛庄子的地标。20 世纪 70 年代，东部曾被拖拉机撞塌一角。村里人认为风水不好，又修上了。这是村里现存最古老的建筑，村里人也不知道啥时修建的，是为了遮挡街北口，大概有二三百年了。另外，街南头还有一棵大槐树，三四搂粗，1968 年建村小学时放了，一看中间都空了。就把大树杈劈开，当了喂牛的牛槽。85 岁老村书记秦秀风说，那大槐树树洞里，过去 4 个小孩儿钻进去藏猫玩。老村书记王长有记得，1968 年上镇人搬来之前，辛庄子就这一条主街，七八十户人家。1964 年北京大学学生来村搞社教，编写村史，画一张平面图（图 300），标示得很清楚。

行宫村

行宫村坐落于镇域中北部，东北与江米洞村相接，东南与辛庄子村毗连，西北与东山下村相邻，村南隔洳河与刘家店村相望（图 301，图 302）。

图 301　行宫村委会（摄于 2007 年 5 月）

行宫村北部，清时建有丫髻山行宫，村以此得

图 302　行宫村委会（摄于 2018 年 6 月）

名。行宫大致建于清乾隆初期，即清前期，成村当在这以后。而《北京市平谷县地名志》记载："清初成村，以建有皇帝的行宫得名。抗日战争时期化名驻马庄。"或是编志者以为清康熙皇帝两次来丫髻山，就已建有行宫。若此，清康熙六十年（公元 1721 年）《怀柔县志》一定会有丫髻山行宫的记述。因为县志中连康熙四十九年（公元 1710 年）至康熙五十三年（公元 1714 年）建于怀柔县城南门外、规模也没这么大的行宫都记载了，且志前还绘有行宫图，应该不会把康熙四十三年（公元 1704 年）四月康熙皇帝就来丫髻山的、规模更大的行宫不记或漏掉的。而没记，只能说明康熙六十年之前丫髻山行宫尚未建造。来村访谈，村里人也有行宫建于康熙五十三年（公元 1714 年）之说，并说村史简介就这么写的。此说如果没有过去志书或碑刻等依据，今人布展村史所写，实不足为据。

历史上，行宫村属怀柔县管辖。明万历三十二年（公元 1604 年）

《怀柔县志》“卷之一·地理志·社庄”记载有“寅洞里”，没记载有行宫村。清康熙六十年（公元1721年）《怀柔县志》“卷二·里社”记载也有“寅洞里”，下辖19个村庄，还没有行宫村。只能说明，到这时行宫还没有建造，更没立庄了。新编《怀柔县志》“第一编建置区划·第二章行政区划·第二节区划·三、民国区划·怀柔县民国初期行政区划”中记载，第八区（寅洞里）所辖20庄，仍然没有行宫村。民国二十九年（公元1940年）日伪组织新民会编写的《河北省怀柔县事情》“第二章·第一节·第六项·户口”记载，日伪将全县划为4个区，刘家店地区属于日伪第四区。所记四区村庄，有行宫村。而在“第三章地方制度·第二节地方区划”中，日伪将全县划为4警区36乡，刘家店地区属于日伪第四警区，计6编乡33村庄。其中，丫髻山乡有行宫村。1946年3月，从怀柔县将18个行政村划归平谷，有行宫村。

图303　原丫髻山管理处主任张久成（摄于2011年9月）

记得2011年9月，笔者访谈原丫髻山管理处主任、行宫村民张久成（图303），说行宫过去有兵房五六处，住着15个兵丁，归“大老”管。旧有“里七外八”之说，即宫里由7个兵丁看管，宫外由8个兵丁看管。当是这15个兵丁，后来成为15户人家。而这15户人家，渐渐成为今天的行宫村。当然，这15户人家也并非都落这儿了，有些姓小人少势弱的后来就搬走了，如牛家、苏家就都搬走了，而赵家搬到镇罗营镇上镇去了。到清末时，看守行宫的就剩4大家了，姓李的两家，姓张的一家，姓戴的一家。这15户过去都在旗，由外边迁来，如张姓从盘山营房迁来，李姓从古北口外迁来，戴家也从盘山营房迁来。

看来，张、戴及二李这四姓人，看守行宫到清末。直至1923年行宫拆毁，这里才成为一个真正意义上的村庄。而以前，只能是看守行宫的营房，养着家眷而已。如果一定说这些看守行宫的人一来就立庄了，也未尝不可，那也是乾隆初年，即清中前期，到不了清初。记得村里老人曾说，在20世纪20年代，行宫村才20来户。而1940年所编《河北省怀柔县事情》记载行宫村仅23户，159人，也证明老人所谈大致不差。假若从乾隆初年到上世纪20年代，一百几十年间，以15个兵丁、15户人家延续下来，按常理应该比20来户要多。期间，可能有些人家搬走了，有些新的人家又会搬来的。

2018年6月，再次来村访谈，村里人公认全村最大的姓为李姓，91岁老村书记李振生说，李姓从东北一百家子过来的，在河北与辽宁交界的地方，那地方称作一百家子。查阅相关资料，有两个一百家子村，一在内蒙古赤峰市松山区安庆沟镇，一在河北省隆化县张三营镇。而张三营原名“一百家子”，据《承德府志》及《隆化县志》记载，乾隆二十七年（公元1762年），乾隆皇帝率文武百官赴木兰围场狩猎，途经一百家子，当地拨面师姜家兄弟为乾隆皇帝制作荞麦拨面，乾隆皇帝连吃两碗，并称赞此面“洁白如玉，赛雪欺霜”，并吟诗一首。从此，拨面改名“拨御面”，一百家子白荞面名声大震。从那以后的170多年里，皇帝、后妃食谱中，又增加了“拨御面”一款。根据老人一百家子在河北与辽宁交界的地方所谈，应该是张三营的一百家子了。

图304　72岁村民李振国（摄于2018年6月）

李振生为全村最年长的人，有些耳背，可头脑清楚。72岁李振国（图304）接着说，据说我们祖上原来是吴三桂的兵，吴三桂引清兵进关，康熙时又造反。康熙皇帝给平息了，他下属的兵也不能全杀了，就遣散了，这儿几个，那儿几个，把我们老祖就遣散到这儿看行宫了。老祖叫李焕，在这边娶妻生子。现在，李姓有30多户，100来人，约占全村1/3。当时当兵一块儿来的，还有苏家、郭家、张家、戴家以及另一个李姓，就是李庆福那个李。后来苏家、郭家搬到东山下等地方去了，现在村里就没有苏家、郭家了。就剩张家、戴家和两个李家，号称村里“四大家族”。71岁老村书记李庆福说，过去行宫村，西庄头有个西影壁，东庄头有个东影壁。两个影壁相距约200米，中间住的就是行宫的“四大家族”，没有别的人家。李振国说，李振生、李振祥、李振齐、李振国、李振营、李向国，我们都是一个李。我父亲叫李宝英，爷爷叫李全顺，爷爷那辈儿还到东北一百家子那儿上坟去呢。太爷叫李芬，再往上记不住了，从第一辈儿李焕到我这儿应该是8辈儿。

我儿子叫李忠全，孙子叫李成。

54 岁村民李忠新保存着名堂，应该是春节时挂出来供祖宗的，村人称之为家谱（图 305）。名堂写到：

图 305　54 岁村民李忠新保存的名堂，村里人称之为家谱（摄于 2018 年 6 月）

第一辈儿，李焕，就是从东北一百家子过来的，生有 3 个儿子。

第二辈儿，李万镒、李万钟、李万锡。

第三辈儿，李朝、李珠。

第四辈儿，李兴业、李兴贵。

第五辈儿，李春、李发、李庆、李茂、李芬。

第六辈儿，李全忠、李全祥、李全德、李全福、李全禄、李全寿、李全瑞、李全顺。

第七辈儿，李宝盛、李宝苍、李宝臣、李宝连、李宝璋、李宝珍、李宝善、李宝琳、李宝英、李宝清、李宝君等 11 人。

第八辈儿是“振”字辈儿，有 24 人。名堂上空白，未有具体名字，只是记载了具体人数。现在，李家已见着 11 辈儿了。有名堂在，所记辈分应该不差，以 25 年左右一辈儿计，李姓来此大致二百三四十年，恰在清乾隆时。也就意味着，丫髻山行宫为这时所建，行宫村至早亦这时立庄，而不会更早。

李庆福（图 306）小时听爷爷说过，祖上是跟着修行宫的这几家一块儿过来的，第一辈儿叫啥、从哪儿来的不清楚。父亲叫李瑞龙，爷爷叫李万恒，太爷叫李文华，再往上不知道了。儿子叫李建国，孙子叫李阔，刚上大学。“四大家族”包括东李、西李、戴家、张家，我是东李，他们那个李是西李。苏家、郭家一块儿来的，时间不长就搬走

图 306　71 岁老村书记李庆福（摄于 2018 年 6 月）

图 307　70 岁村民李广林（摄于 2018 年 6 月）

了。我们东李有 12 户，30 多人。

村里还有一个李，应该就晚了。70 岁村民李广林（图 307）说，我们从峪口来的，峪口的李姓从哪来的不知道。父亲叫李春荣，爷爷叫李合，太爷叫啥不知道，我们家谱就写到李合，到这儿的第一辈就是我爷爷。儿子叫李树旺。听爷爷说，从峪口来行宫后，住的是看行宫的房子三间房，叫东厨房，也就是工人住的房，那时也叫打更房，就在行宫东南角。现在就 2 户，4 人。

张姓，82 岁村民张荣启（图 308）记得，我们这个张从盘山来的，与村里的张久成是一个张。父亲叫张永志，爷爷去世早，我没见过，叫啥也不知道。儿子叫张作海，孙子叫张久亮，重孙女叫张雨泽。我们这个张现在有 20 户，四五十人。

图 308　82 岁村民张荣启（摄于 2018 年 6 月）

图 309　65 岁村民戴连存（摄于 2018 年 9 月）

戴姓，65岁村民戴连存（图309）说，戴家有家谱，就是墙上挂的那种，他父亲那辈儿哥四，每家一个。后来这些都毁了，现存一份手抄稿：

第一辈儿，戴云。

第二辈儿，戴学贵。

第三辈儿，戴林、戴文、戴斌、戴通。

第四辈儿，戴思明、戴思广、戴思荣。

第五辈儿，戴德、戴福、戴禄、戴宽。

第六辈儿，戴国弼、戴永成、戴永宁、戴永和、戴永安、戴永平、戴永太。

第七辈儿，戴双福、戴双禄、戴富、戴贵。

第八辈儿，戴从瑞、戴从祥、戴从喜、戴从全。

第九辈儿，戴士儒、戴士德、戴士昌、戴士明、戴士珍、戴士杰、戴士贤、戴士俊、戴士魁。

第十辈儿，戴连恒、戴连枝、戴连仲、戴连凤、戴连相、戴连有、戴连如、戴连弟、戴连顺、戴连琦、戴连锦、戴连存。

第十一辈儿，戴立新、戴立然、戴立凯。

从这张简单家谱看，戴家自第七辈儿后，多没有续记，主要是从第三辈儿戴林、接着戴思明、戴德、戴国弼一脉传下来。如戴连存，其父亲戴士魁、爷爷戴从全、太爷戴双禄、老太爷戴国弼，其儿子戴立凯。尚未记录的，还有两辈儿：戴连存孙女戴妙佳，外孙子王佳荫。戴连存父亲在哥四中排行老小，戴连存在3个亲兄弟中，又排老小。这样说来，如果全村戴家大排行，已有重孙子辈儿了。如戴家最年长者、84岁原县进修学校教师戴连枝（图310）即是，其父亲戴士杰，爷爷戴从全，太爷戴双禄。儿子戴立忠、戴立恕、戴立革，孙子戴辉、戴征，孙女戴妍。重孙女戴亦彬。这里的名字，依照戴连存家谱所记。而戴连枝整理的家谱，有些不同，如戴士杰写作戴世杰，戴从全写作戴从权，特此说明。2018年9月，在村委会访谈戴连存，戴连存还问笔者知不知道哪儿卖家谱纸的。笔者明白就是像挂着的画儿一样的带轴的写家谱的纸。当即应允：您甭买了，给您找张宣纸，整理好一装裱，比买的那纸还好，可以保存一二百年。10月下旬，笔者再去镇里访谈，带着两张宣纸送到村委会请人转交，才知戴连存竟脑溢血住

图310　笔者在县城戴连枝家中访谈84岁退休教师戴连枝（摄于2018年10月）

院了。曾几何时，但愿早日康复，能够整理好戴氏家谱，以传后世。毕竟这是一份不可多得的完整的行宫戴氏家谱，具有重要的民俗文化价值。

戴连存记得，当年戴家就在盘山那边看行宫，听老辈儿人说，戴家原来在口外热河的滦平县，那里有个戴家沟，戴家原来在那儿生活。经查阅相关资料，滦平确实有戴家沟这个村落，隶属于承德市滦平县。后来，戴家到盘山看行宫，丫髻山建造行宫，戴家和其他几姓就先后来到这里，还继续看守行宫。笔者到县城戴连枝老人家里拜访，戴连枝也说戴家是从盘山行宫过来的，第一辈儿究竟是太爷戴双禄还是老太爷戴国弼有些疑惑。这里的盘山行宫，就是盘山前面的静寄山庄。戴连枝记得40年前，带着学生去盘山为烈士扫墓，曾到那边看望本家，是哪个村子一时想不起来了。笔者随即联系蓟县文物所长、曾专门研究盘山行宫的蔡习军，蔡所长告说叫营房村，这个村的人过去就是看园子的。所谓园子，就是皇帝的行宫。看来，前面张久成说的“盘山营房”，就是这营房村了。营房村的戴家与行宫村的戴家为本家了。从戴家沟来的第一辈儿不知道是谁了，到这儿的第一辈儿，戴连存肯定地说是太爷戴双禄。意味着戴家从戴双禄来算起，已见着7辈儿人了，150年上下，已清晚期。如这个“连”字，和盘山那边的戴还排着呢。戴连存记得，最先过来的应该是李家，随后是张家、戴家，张家、戴家一块儿来的。过去行宫就几户人家，要请客或来了客人，比方过去逢年过节，要先请大老、二老，也就是大老爷、二老爷，是管行宫的衙门里的人，陪客都不够，还要到东山下去找。这说明行宫村以前，确实人家很少。现在，戴家有 5 户，十几个人。

图 311　44 岁村主任王彦林（摄于 2018 年 6 月）

王姓，44 岁村主任王彦林（图 311）说，王姓是从大兴庄镇吉卧村先到东山下，又到这儿，大致是在民国时候，也就是 20 世纪 20 年代。太爷叫王啥贤，中间那字记不清了。爷爷叫王世德，父亲叫王志深，女儿叫王汇雨。我大爷（即大伯）说，我们老家应该是山东或是山西。如果是吉卧村的王，笔者编写《大兴庄史话》时，曾与吉卧村人座谈，公认甄、王、刘、姬 4 姓为占山户，74 岁老村书记王世余记得，王姓从白各庄搬来，并说周村、岳各庄、白各庄的王，都是一个王，是老哥仨，搬来后占了洳河，周村在河北，岳各庄在河东，白各庄在河西。搬到吉卧的是老哥俩，叫王自敬、王自修，大致在清嘉庆后期至道光年间，约 200 年。周村王姓与赵姓一起随燕王扫北，从山东周村过来。现在山东还有周村，号称“天下第一村”。在山东省中部，为淄博市所辖区之一周村区。据说山东周村那边祖坟放树，由于是祖产，还叫这边的赵、王两家人过去。那边有家谱，一盘问，这边人说不上来，也就认不了祖了。白各庄王胜春老人记得，王姓由山西洪洞先迁到山东周村，并说周村在淄博地区，再由周村迁到这边。原来王家坟有一通小石碑，

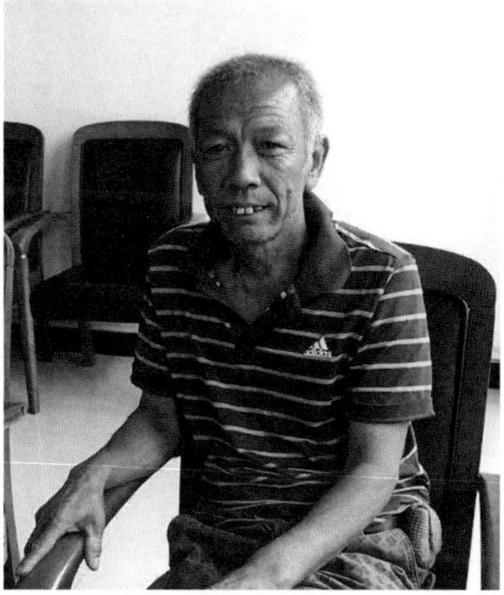
图 312　62 岁村民武维权（摄于 2018 年 6 月）

汉白玉的，六七十公分宽，1 米左右高，两面有字。碑上写着过来的是老哥仨，老大王君佐，落在了周村；老二王君佑，落在了白各庄；老三王君章，落在了岳各庄。这么说来，行宫村王姓，是明朝初年先由山东周村随燕王扫北过来老哥仨，老二王君佑落在白各庄。大致在清嘉庆后期至道光年间，王自敬、王自修哥俩由白各庄搬到吉卧。20 世纪 20 年代，太爷由吉卧再搬到行宫落户，现在王家已见着 6 辈儿人了。

武姓，62 岁村民武维权（图 312）说，当时是爷爷从放光村一挑子挑过来的，大约在 20 世纪 30 年代。爷爷叫武胜瑞，父亲叫武俊先，还有二叔叫武占先。二叔抗战中当八路军，在平谷牺牲了。儿子叫武兴松。还有个武维忠，20 世纪 40 年代，在密云那边做饭，后来也落到这村。武姓现在有 4 户，10 多个人。

民国二十九年（公元 1940 年）《河北省怀柔县事情》记载，行宫村共 23 户、159 人。经过七八十年发展，今天行宫村已近百户、300 来人了。

寅洞村

寅洞村坐落于镇域东南部，镇政府于 1991 年底由刘家店村迁至寅洞村东南。北与辛庄子村相邻，南与胡家店村相接，泃河从西北流来，经村西向东南流去，西与万家庄隔泃河相望（图 313，图 314）。

图 313　寅洞村委会（摄于 2007 年 8 月）

图 314　寅洞村委会（摄于 2018 年 7 月）

关于寅洞村形成及得名，《北京市平谷县地名志》写道：“汉代有人活动，逐渐形成聚落，始称下河东村，后因开矿炼银，改称银洞。明初银业停采，更为今称。抗日战争时期，化名虎村。”这里所说“汉代有人活动，逐渐形成聚落，始称下河东村”，未见相关记载，村落周围也未有汉代遗存，不知所依何据。“后因开矿炼银，改称银洞。明初银业停采，更为今称”，银业停采，为何改为寅洞，未道明原因。为编写史话，2018年7月来村访谈。85岁村民赵世如说：“原来叫下河东庄，下河指村西这条河，叫错河。寅洞在河东边，下河东庄的名称就这么来的。”所谈与地名志大体一致，不知老人是听老辈人口口相传，还是看了近年区里编的《平谷村情》等书？而《平谷村情》主要内容就源自地名志。访谈中，85岁老村书记胡福稳（图315）记得：“听我老太爷子说，庄北有一道沟，现在叫后沟，据说当年出银子，老太爷子胡永文就给起名叫寅洞。”如此说来，“寅洞”之名为胡永文所改了，时间不过100多年，此说亦值得研究。

图315　85岁村民胡福稳（摄于2018年7月）

历史上，寅洞村属怀柔管辖。明万历三十二年（公元1604年）《怀柔县志》“卷之一 · 地理志 · 社庄”记载有“寅洞里”，可“乡庄”所记58个乡庄中，不知为何没有寅洞村？况且，这一带地区既然当时设了“寅洞里”，就说明当时寅洞村应该有了，且有一定规模并具一定影响的村落。无论如何，明万历前寅洞应该成村了。清康熙六十年（公元1721年）《怀柔县志》“卷二 · 里社”记载有寅洞里，“寅洞里”下19个村庄中，有寅洞庄及寅洞新庄，“寅洞新庄”当是今天的辛庄子。新编《怀柔县志》“第一编建置区划·第二章行政区划·第二节区划·三、民国区划”记载怀柔县民国初期设9区，辖115庄，其中“第八区（寅洞里）辖20庄，有寅洞庄及寅洞辛庄”，“寅洞辛庄”即“寅洞新庄”，今天的辛庄子。民国二十九年（公元1940年）日伪组织新民会编写的《河北省怀柔县事情》，“第二章地志风俗·第一节地志·第六项·户口”记载，日伪将怀柔全县划为4个区，刘家店地区属于日伪第四区，所记村庄有寅洞村，这时寅洞辛村已写作辛庄子，没有“寅洞”二字了。1946年3月，将怀柔县18个行政村划归平谷至今，有寅洞村。

这是志书所记的寅洞村的大致沿革。那么，寅洞村哪姓先来？胡福稳老人说，老胡家是坐山户。74岁村民胡俊青（图316）接着说，当时据说来哥仨，从哪儿来的不知道。到这儿老三跑了，剩哥俩。这哥俩后来形成东门、西门。胡德稳是东门，第一辈儿叫胡远；我们是西门，第一辈儿叫胡水。胡福稳记得父亲叫胡振起，爷爷叫胡廷瑞，太爷叫胡永文。儿子叫胡自良，孙女叫胡小涵。胡福稳下面，胡家见着9辈儿人了，在胡家胡福稳辈儿最大，被称为活祖宗。胡俊清老人说，我父亲叫胡仲连，爷爷叫胡占元，太爷叫胡殿朝，老太爷叫胡自新，老老太爷叫胡福啥记不清了。再往上叫胡天相，与

图316　74岁村民胡俊青（摄于2018年7月）

东门“振”字是平辈，“振”字上边还有6辈儿。我儿子叫胡春季，孙女叫胡倩影。现在，胡家一共16辈儿人，有40多户，100多人。如果是这样，胡家来这儿大致近400年，当在明晚期。也就意味着，寅洞成村在明晚期了。极可能胡家“振”字往上到“胡远”、“胡水”不止6辈儿，或者“胡远”、“胡水”往上还有若干辈儿，未传下来，也未可知。

这是立庄，再说得名。清康熙六十年（公元1721年）《怀柔县志》“卷四·杂缀”记载：“县东寅洞庄，本名银洞。有山，产银矿。昔人开采于此，今洞老山空。土人恶其名之炫耀，改称寅洞。”这里明确记载是“本名银洞”，即一开始就叫银洞，而未言及“下河东村”。清初编志者即是考据此事，如有“下河东村”说，一定会如实记述，且说本名“下河东村”的。为啥改为寅洞呢？因为过去这里产银子，把山都采空了。当地人反感“银洞”这名字，觉得过于张扬炫耀，就按“银”字谐音，改为“寅”字，即成“寅洞”了。这个记载，正契合了胡福稳老人“听我老太爷子说，庄北有一道沟，现在叫后沟，据说当年出银子，老太爷子胡永文就给起名叫寅洞。”当然，如按老人所言，是其老太爷子改名“寅洞”，那就晚了，不过百余年，显然记忆有误。或是老人小时听老太爷子所说，并误以为也是老太爷子所改了。毕竟清康熙时县志所记，为清初之时，况且也不是清初所改，因为明万历时县志早写作“寅洞里”了，也就是说万历以前早已改了无疑。

据此，可以基本明确几点：一是寅洞村胡家先来立的庄，为村人所公认。二是村名，初称银洞，因这里有银矿而得名。后洞老山空，立庄的胡家人反感其名，觉得过于张扬炫耀，按“银”字谐音，改称“寅洞”了。而“寅”字在天干地支中对应属“虎”，所以，抗日战争时期化名“虎村”。三是胡家始祖及来此时间，来时老哥仨，已不知所来何处，到这儿老三跑了，剩下哥俩，形成东门、西门。东门第一辈儿叫胡远，西门第一辈儿叫胡水。如果是这样，说明胡福稳父亲胡振起上边不止 6 辈儿，也就意味着胡家人所传不止 16 辈儿了。根据县志记载，起码明万历时寅洞已经立庄，且具一定规模，胡家也应在明万历前来此了。

邢姓，74 岁退休职工邢树文（图 317）说，邢家最早是邢颜实从山西搬到山东菏泽市小留镇邢楼村，明万历时第十二代邢德功从邢楼村搬过来。当时是哥俩挑着挑子过来的，那个不知落哪儿了。邢德功挑着俩儿子，一个叫邢吉，一个叫邢顺。大华山镇泉水峪的邢姓，是这儿的根。北京有一支，天津还有一支。现在，从邢德功起一脉相传，寅洞邢家已见着 17 辈儿人了，有 70 多户、200 多人，出了 20 多个本科生、7 个硕士研究生及 2 个大学教授。这样看来，17 辈儿人的最小一辈儿尚小，不够成年，忽略不计，每辈儿按 25 年计，邢家来此大

图 317　笔者与 74 岁退休职工邢树文（左）、刘家店镇党委委员马丽彬（中）研究邢氏家谱（摄于 2018 年 11 月）

致400年了，恰是明万历末期，与家谱所记基本吻合。

2017年2月，在原区人大副主任、果办主任邢彦峰主持下，由邢术贺、邢树文等人经半年搜集整理，初步写出邢氏家谱：

寅洞邢姓，始祖邢德功，明万历四十八年（公元1620年）左右，因天灾携妻刘氏及邢吉、邢顺二子，由山东逃荒至寅洞，至今已繁衍17代。

经研究考察，确认山东菏泽地区小留镇邢楼村，为寅洞始祖邢德功故里。邢楼村现有2000余人，只两家李姓，其余均为邢姓。邢家祠堂（图318）始建于1700年，1993年重建。祠堂内供奉一世至三世祖先牌位，正面墙上敬奉一至十七世家谱名单。邢楼宗系已由十七世至二十六世，各立家谱分系。

据碑文记载，明洪武年间（公元1368—1398年），山东始祖邢彦实（为拔贡）自山西洪洞迁至山东曹州西北35里潘马店。因黄河水患，十余年后又迁居曹州城北25里邢楼村。此后，邢楼三世四兄弟分居四地：长门邢仲宇迁居甄城邢屯，二门邢仲寰迁居开州邢庄（时任明朝谏议大夫），三门

图318　山东菏泽小留镇邢楼村邢家祠堂（摄于2017年4月）

邢仲宸迁居董家庄邢家洼，四门邢仲宽居守邢楼。1993 年，三世四门后代重修邢楼祠堂，定立邢氏族人每年农历正月初一均来此祭祀先祖。

第五代邢志刚（明朝大将军），墓在祠堂后侧，原有石人、石马等，“文化大革命”时遭到破坏。

第十一代邢敦伦（明万历年间生员）。

第十二代邢贞度、邢贞恒、邢纪元、邢德弘、邢德广、邢德忠、邢德博、邢德纯、邢德功（寅洞第一代始祖）、邢德贤。

邢树文老人初步整理了寅洞村邢氏家族一至十一世谱系：

一世：

邢德功，子二：吉、顺。

二世：

邢　吉，德功长子；子二：乙宽、乙百。

邢　顺，德功次子；子一：百氏。

三世：

邢乙宽，邢吉长子；子一：进科。

邢乙百，邢吉次子；子一：进忠。

邢百氏，邢顺之子，子一：进孝。

四世：

邢进科，邢乙宽之子。

邢进忠，邢乙百之子，子一：大用。

五世：

邢大用，邢进忠之子，子三：国祯、国禄、国祥。

六世：

邢国祯，邢大用之子，子二：玉、贵。

邢国禄，邢大用次子，子四：喜、达、集、富。

邢国祥，邢大用幼子，子三：顺、荣、花。

七世：

邢　玉，邢国祯之子，子二：浩志、浩贤。

邢　贵，邢国禄次子，子一：浩修。

邢　喜，邢国禄长子，子一：浩圣。

邢　达，邢国禄次子（天津分支）。

邢　集：邢国禄三子，子一：浩礼。

邢　富：邢国禄幼子，子一：浩成。

邢　顺：邢国祥长子，子一：浩峰。

邢　荣：邢国祥次子，子一：浩德。

邢　花：邢国祥幼子，子一：浩先。

八世：

邢浩志，邢玉长子，子二：世秀、世俊。

邢浩贤，邢玉次子，子一：世美。

邢浩修，邢贵之子，子一：世儒。

邢浩圣，邢喜之子，子二：世武、世文。

邢浩礼，邢集之子，子一：世良。

邢浩成，邢富之子，子一：世友。

邢浩峰，邢顺之子，子一：世和。

邢浩德，邢荣之子，子一：世安。

邢浩先，邢花之子，子一：世宽。

九世：

邢世秀，邢浩志长子，子二：永龙、永庆。

邢世俊，邢浩志次子，子五：永长、永生、永祥、永安、永亮。

邢世美，邢浩贤之子，生于1830年，卒于1880年，清同治年间曾任皇宫护卫，子一：邢宫（过继子）；女二。

邢世儒，邢浩修之子，子三：永恒、永宽、永广。

邢世武，邢浩圣长子，子一：永昆。

邢世文，邢浩圣次子，子二：永和、永泰。

邢世良，邢浩礼之子，子二：永维、永俊。

邢世友，邢浩成之子，子一：永兴。

邢世和，邢浩峰之子，子一：永忠。

邢世安，邢浩德之子，子一：永库。

邢世宽，邢浩先之子，子一：永旺。

十世、十一世：

邢永龙，邢世秀长子，子一：玉珠。

邢永庆，邢世秀次子，子一：玉荣。

邢永昌，邢世俊长子，子四：玉齐、玉文、玉宗、玉稳。

邢永生，邢世俊次子，子二：玉坦、玉然。

邢永祥，邢世俊三子，子一：玉坤。

邢永安，邢世俊四子，子三：玉合、玉满、玉堂。

邢永亮，邢世俊幼子，子二：玉恩、玉慧。

邢宫，邢世美之子，继父业教武功卖艺，1946 年前曾带人卖艺来寅洞认祖，曾于古北口外居住，现无音信。

邢永恒，邢世儒长子，子三：玉林、玉龙、玉成。

邢永宽，邢世儒次子，子三：玉贵、玉贤、玉泉。

邢永广，邢世儒三子，子二：玉书、玉山。

邢永昆，邢世武之子，原配邢张氏、续邢龚氏，子三：玉珍、玉存、玉田。

邢永和，邢世文长子，子二：玉明、玉吉。

邢永泰，邢世文次子，子三：玉凤、玉方、玉瑞。

邢永维，邢世良长子，子四：玉顺、玉生、玉起、玉德。

邢永俊，邢世良次子，子一：玉恒。

邢永兴，邢世友长子，子一：玉祥。

邢永海，邢世友次子，子一：玉环。

邢永忠，邢世和之子，子二：玉臣、玉坦。

邢永库，邢世安之子，子二：玉忠、玉庆。

邢永旺，邢世宽之子，子二：玉芝、玉喜。

邢氏家谱总谱记述至此，后分 20 支脉，便各自记述了。

邢树文老人说，邢家到我这儿是 13 辈儿，我都有重孙子了，并将自己一脉相传的情况捋下来：第一代邢德功，第二代邢吉，第三代邢乙宽，第四代邢进科，第五代邢大用，第六代邢国祯，第七代邢玉，第八代邢浩志，第九代邢世秀，第十代邢永龙我太爷，第十一代邢玉珠我爷爷，第十二代邢凤岐我父亲，第十三代邢树文就是我，第十四代邢立君我儿子，第十五代邢大鹏我孙子，第十六代邢振航我重孙子。这样看来，邢家与胡家来的时间相差不多，或是前后脚。

赵姓，85 岁村民赵世如说，据说赵家从山东搬到王辛庄镇翟各庄，再由翟各庄搬到大华山镇李家峪，又由李家峪搬到寅洞。从翟各庄到李家峪的第一辈是赵自成，赵自成俩儿子，赵炳平、赵炳安，赵炳平的下辈儿就是我爷爷赵连元。到寅洞的第一辈是我爷爷，父亲叫赵林，儿子叫赵洪江，孙子叫赵军辉，重孙子叫赵珂珂。赵家有 20 来户，六七十人。

村里人说，还有两个赵，一是赵信泉的赵，从万庄子搬来的，共 4 户，9 口人；一是赵立军的赵，从熊儿寨乡南岔村搬来的，1 户，7 口人。这两个赵人都不多。

张姓，78 岁村民张德祥（图 319）说，寅洞有三个张，分东张、西张、南张，东张与西张是一个张。我们是东张，从山东来的，我父亲叫张春岐，爷爷叫张荣，太爷叫张玉德，往上还有两三辈。我儿子叫张友峰，孙女叫张欣。现在，我们这个张有 50 来户，100 多人。

南张，63 岁退休职工张浩峰（图 320）说，我们这个南张，从河北唐会来的，挑着挑子做买卖过来的，到现在有 7 辈。我父亲叫张现钢，爷爷叫张继良，太爷叫张德发，再往上就是挑挑子做买卖过来的

图 319 78 岁村民张德祥（摄于 2018 年 7 月）

图 320 63 岁退休职工张浩峰（摄于 2018 年 7 月）

图 321 66 岁村民张浩启（摄于 2018 年 7 月）

老太爷叫张培辉。我有个闺女出嫁了。66 岁村民张浩启（图 321）说，我也是南张，父亲叫张现仲，爷爷叫张继芝，往上不清楚了。我儿子叫张大鹏，孙子叫张鑫洋、张梦洋。南张来此 150 年左右，清晚期。现在，南张有 24 户，70 人。

另外，还有 4 个张。一是，张礼的张，1970 年从大华山镇老官顶搬来的。1980 年，张凤搬来。张礼与张凤是亲哥俩，就这 2 户。二是张文革的张，56 岁村民张文革（图 322）记得，这个张是从东山下搬来的。我父亲叫张福全，爷爷叫张英，太爷叫张焕文，就是我爷爷那辈儿搬来的。我儿子叫张琪，现在，就我们 1 户，4 口人。三是张林的张，就 1 户，从熊儿寨乡河厂那边搬来的。四是张建军的张，

图 322 56 岁村民张文革（摄于 2018 年 7 月）

54 岁村民张建军（图 323）说，我们这个张，听说是从山东庄镇山东庄村搬来的，父亲叫张文华，爷爷我没见过。儿子叫张超，孙子叫张润泽。现在，这个张有 4 户，12 口人。

石姓，59 岁老村主任石秀生（图 324）说，石家从山东过来的，父亲叫石宝庆，爷爷叫石存良，太爷叫石福春。我儿子叫石明月，孙子叫石浩宇。现在，石家有 20 来户，60 多人。

马姓，78 岁村民马保臣（图 325）说，马家不知道从哪儿过来的，到这儿的第一辈儿是太爷马必，在这儿生了 4 个儿子。我爷爷叫马福义，父亲叫马德清。我儿子叫马万祥，孙子叫马青伟，重孙子叫马凯博。马家来此 150 年左右，清晚期。现在，马家有 10 多户，30 多人。

蔺姓，76 岁老村书记蔺德权（图 326）说，蔺家从大华山镇小峪子搬来的。小峪子的蔺是从峪口镇胡家营搬来的，我小时候还去胡家营上过坟呢。我姥姥家是寅洞的，姥姥家没儿子，父亲就从小峪子搬

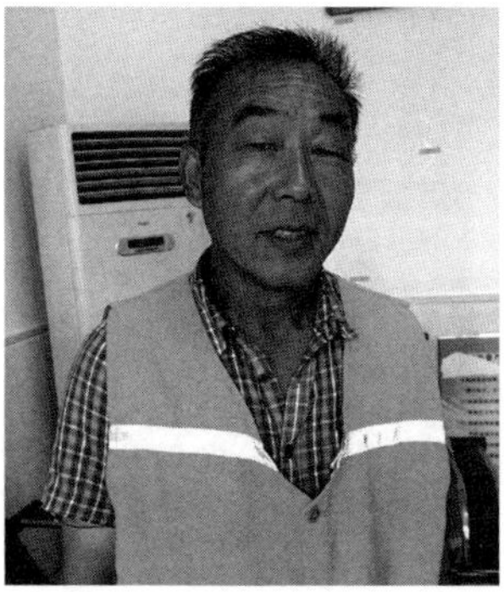

图 323　54 岁村民张建军（摄于 2018 年 7 月）

图 324　59 岁村民石秀生（摄于 2018 年 7 月）

图 325　78 岁村民马保臣（摄于 2018 年 9 月）

图 326 76 岁老村书记蔺德权（摄于 2018 年 7 月）

图 327 58 岁村民李树友（摄于 2018 年 7 月）

图 328 57 岁村民杨景龙（摄于 2018 年 7 月）

来。父亲那辈儿哥四，在小峪子哥俩，寅洞是我父亲，三叔从小峪子搬到了兴隆。现在，蔺家有 4 户，十几个人。

李姓，在镇政府工作的 58 岁李树友（图 327）说，我们这个李，是从李家峪搬来。1941 年，日本鬼子把李家峪的房子给烧了，我奶奶李马氏就带着 10 岁的父亲和 1 岁的老叔过来了，奶奶是这村的娘家，过来投奔娘家了。我父亲叫李宝祥，儿子叫李楠，孙子叫李君浩。李家来此 77 年。现在，李家有 5 户，十几个人。

杨姓，57 岁村民杨景龙（图 328）说，杨家是从镇罗营镇杨家台搬来的，是四几年过来的。我奶奶是这村娘家，也就是我姥姥家，就是从爷爷那辈儿过来的。爷爷叫杨仕仲，父亲叫杨起，儿子叫杨爱林。杨家来此 70 年左右。现在，杨家有 3 户，8 口人。

胡姓，65 岁老村副书记胡晓峰（图 329）说，胡家从峪口镇胡家营搬来的。我父亲叫胡玉廷，爷爷叫胡忠兰，太爷叫胡德什么记不清

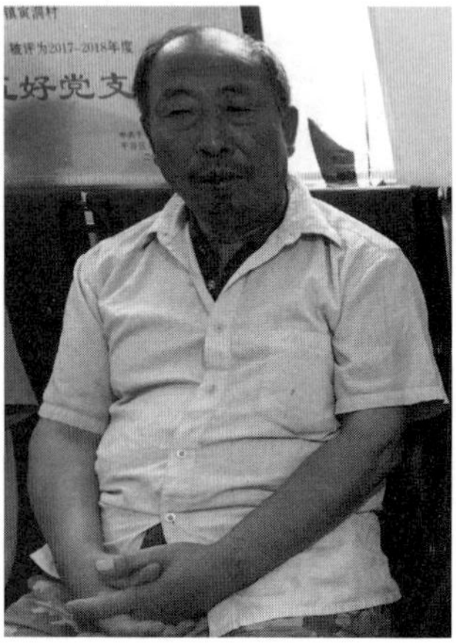

图 329　65 岁村民胡晓峰（摄于 2018 年 7 月）

了，就是太爷那辈儿过来的。我儿子叫胡海涛，孙子叫胡晨阳。胡家由胡家营来这儿 130 年左右，清朝末期。现在，胡家有 6 户，20 多人。

民国二十九年（公元 1940 年）《河北省怀柔县事情》记载，1940 年，寅洞村 109 户，638 人。现在，全村有 300 多户，1100 人。

寺　庙

刘家店镇，辖 14 个行政村，旧有大小庙宇 57 座，分为纪念性祠庙 7 座，主要是三皇庙、关公庙、药王庙；道教宫观 38 座，主要是玉皇庙、真武庙、娘娘庙、山神庙、五道庙等；佛教寺院 12 座，主要是佛祖庙、菩萨庙等。其中，丫髻山在京津冀地区具有广泛影响，丫髻山道教建筑群主要建筑近年已经复建，且存在大量碑刻；江米洞村山神庙、刘家店村药王庙为近年复建，孔城峪磕头沟云岩禅寺正在复建中；江米洞村真武庙洞穴遗址尚存。

这些庙宇规模大小不一，既有前后两进大殿的，如孔城峪娘娘庙；也有一进大殿的，如凤落滩菩萨庙，更多的是一间，一些村的小老爷庙及各村五道庙，有的五道庙甚至中间还砌一堵墙，前面供奉五道等，后面供奉观音菩萨等。

庙宇中供奉的神像，多为泥塑像，也有铜铸像及木雕像。那些规模较小的庙宇，尤其是各村五道庙，几乎都是画像。所供奉的神像常以一种为主，兼及其他神像。全镇大致说来，旧时有纪念性祠庙供奉天皇、地皇、人皇、关公、药王等像，道教庙宇供奉碧霞元君、玉皇大帝、东岳大帝、真武大帝、天官、地官、水官、龙王及五道、灵官、财神、马王、山神、狐仙等像，佛教庙宇供奉佛祖释迦牟尼、观音菩萨、文殊菩萨、普贤菩萨及韦驮等像。这一切，充分体现了民间的多神信仰。

随着寺庙的建造，不仅丫髻山形成了影响深远的庙会，一些村落规模较大的庙宇也逐渐形成了自己的庙会，如东山下村农历二月十九观音菩萨生日，在老爷庙北搭灯棚，说大鼓书，前后 3 天 4 晚上。

祠　庙

刘家店地区有纪念性祠庙 7 座，即丫髻山三皇殿、药王殿、东山下村老爷庙、胡家店村老爷庙、寅洞村大庙及刘家店药王庙、辛庄子村药王庙。

关公庙

关公庙，又称关帝庙，俗称老爷庙，主要供奉的是三国时的关羽。

关羽，三国蜀将，俗称关公，山西省运城市解州东南 10 公里常平村，为关羽故里。关羽少时以打铁为生，后到涿郡，与刘备、张飞结为兄弟，跟从刘备起军。建安五年（公元 200 年），被曹操所俘，委任为偏将军，封汉寿亭侯。之后，关羽脱离曹操，仍归刘备。建安十九年（公元214年），关羽驻守荆州，率兵大破曹军。后大意失荆州，被东吴将领吕蒙杀害。关羽生前官至“前将军”，封爵“汉寿亭侯”，以忠义闻名于世。死后，历代帝王对其多有加封，由“壮缪侯”、“忠惠公”、“武安王”，直至封为“三界伏魔大帝神威远镇天尊关圣帝君”、“忠义神武关圣大帝”及“忠义神武灵佑仁勇威显关圣大帝”等。由于历代统治者大力推崇，尤其清雍正三年（公元1725年），命天下直省郡邑皆得立庙，春秋祭以太牢，再有描写刘、关、张故事的著名长篇小说《三国演义》广泛传播，使关羽社会影响不断扩大，祭祀的祠庙也在全国广为修建。而关羽就有了“武圣人”之称，与“文圣人”孔子齐名，关庙故又称武庙。

刘家店地区过去有3座关公庙，人们习惯称为老爷庙。一般按关公塑像大致分两种，一是关羽头戴冕旒，手持圭板，一副帝王装束，常称为关圣帝君，此类庙往往称作关帝庙；二是关羽形如武将，且周仓、关平在前侍立，此类庙常称作关公庙。刘家店地区多是第二种塑像。关羽是“忠义神武灵佑仁勇威显关圣大帝”，“神武”、“仁勇”自是守城作战所不可或缺；关公还“司命禄，庇护商贾，招财进宝”，且忠义，故被奉为财神，所以，祈求财神保佑，甚至祈求自己发财，为民众普遍信念；关羽被封为“三界伏魔大帝神威远镇天尊关圣帝君”，“伏魔大帝，神威远镇”，“祛病除灾，驱邪避恶，诛罚叛逆，巡察冥司”，因此，民间将关公庙有时也作为一种“镇物”，建在街头或河边等地，祈求一方平安。

东山下村老爷庙

老爷庙，位于东山下村西头，旧村委会所在地（图 330），坐北朝南，庙前一道影壁，以砖垒砌。庙前东南侧 1 棵古槐。庙为一间，中间横砌一堵隔断墙，南为老爷庙，画有关公坐像，红脸庞。北为菩萨庙，一边 1 棵槐树。庙北也有一道南北向大影壁，朝东挡着西街口。影壁东面，辟一小壁龛，如一小房子状，龛里供奉的也是观音菩萨。影壁西边有一戏台，朝着丫髻山的娘娘，给娘娘唱戏。庙内画有观音菩萨坐像，旁边一童子站像，怀抱净水瓶，瓶里插着柳条。

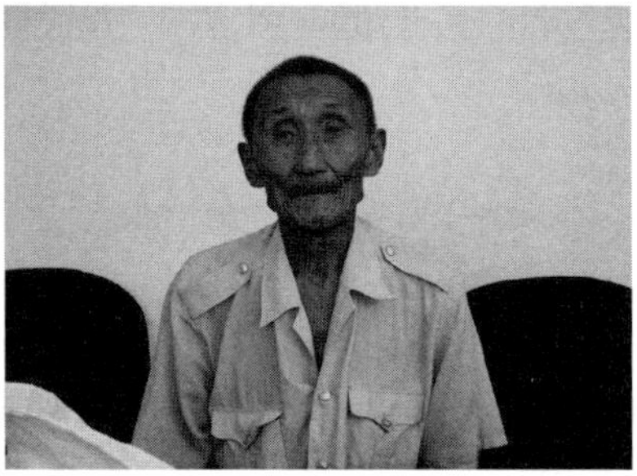
图 330　东山下 78 岁村民姚俊如谈村里的庙宇（摄于 2007 年 8 月）

农历二月十九为观音菩萨生日，过去在庙北搭灯棚，说大鼓书，前后 3 天 4 晚上。密云大石门的人曾来这里说过大鼓书，据说他是跟老师“土疙瘩”学的。不知“土疙瘩”为何许人，想必很能说大鼓书的。说大鼓书时，灯棚里都挂着灯笼，有纱灯、玻璃灯等，玻璃灯上贴着人物画。灯笼里点着蜡烛。每年丫髻山四月庙会从这里经过，走会的花会便在这里烧香、打场。每当这时，庙里就会吊着一盏海灯，四五寸直径，就像一个大海碗。做买卖的经过这儿，烧烧香、添添油。添的都是香油，人们说观音菩萨不吃荤。

老爷庙毁于20世纪50年代，庙东南侧古槐尚存。

胡家店村老爷庙

老爷庙，位于胡家店村北，小庄北边。胡家店村分两个自然村，南边为大庄，北边为小庄，小庄就是平谷地图上标示的“庄户”。

老爷庙坐北朝南，面阔一间，画有关公坐像，东边画有关平拉马侍立像，西边画有周仓拿大刀侍立像。老爷庙毁于1947年土地改革中。

寅洞村大庙

大庙，位于寅洞村北（图331），坐北朝南，东西宽约7丈，南北长约10丈。南为山门，一座砖砌门楼。山门前西侧1棵大槐树，1尺多粗。进入山门为前院，没有树和石碑。北为前殿，面阔三间，殿内供奉关公泥塑坐像，红脸庞。关公坐像背后有屏风，屏风北面有一画像。两边一边1尊站像，西边为周仓，拿着大刀；东为关平。墙上绘有壁画，村里人记得画有让做坏事的人走煎饼铛子、秤钩钩人等内容，是教化人要做好事，不做坏事。前殿辟前后门，由后门可至后院。

图331 寅洞村78岁村民李宝祥谈村里的庙宇（摄于2007年8月）

后院，北为后殿，后殿前有1棵

大槐树，有东西禅堂各五间，村里人叫白了说是“传堂”。西禅堂住看庙的老道，后来改为学校。后殿面阔三间，东西耳房各二间，耳房存放杂物，后来西耳房改为老师的厨房。后殿不知供奉什么神像。就村里人将后院厢房称作禅堂，这是佛教中的用语，亦称“僧堂”，是众僧坐禅用的堂室，佛徒打坐习静之所。有可能后殿供奉的是佛教神像，但不清楚所供奉的什么神像了。

由于前殿供奉关公坐像，故将大庙列入纪念性祠庙。1946 年推倒神像改为学校，20 世纪 50 年代拆毁大庙盖学校。

药王庙

药王庙，主要供奉药王的庙宇。

药王，道教俗神。由我国古代历史上或传说中的名医演化而来。一为神农，尝百草，首创医药，后世尊为药王；二为扁鹊，洞晓医源，深明医理，后世祀为药王。道教尊扁鹊为药王真君；三为孙思邈，后人尊为药王，奉祀不辍。孙思邈（公元 581—682 年），唐朝著名医学家。京兆华原（属今陕西耀县）人。少时因病学医，博涉经史百家，兼通佛典，善谈老庄及百家之说，性好道家之学，行医修道，拒不为官。孙思邈总结唐以前临床经验和医学理论，收集方药、针灸等内容，著有《千金要方》、《千金翼方》。书中收集有 5300 余药方，记载 800 余种药物，对其中 200 余种药物的采集和制作做了专门记述，对我国医药学做出了重大贡献，后世尊为“药王”。同时，孙思邈也受到历代道家推崇。唐代被敕封为“真人”，宋徽宗敕封为“妙应真人”。

在我国民间信仰中，药王信仰极为普遍。因各地民俗不同，信奉药王也远不止这几位。人们祭祀药王，就是为祈求安康、祛病禳灾的一种精神寄托。

刘家店地区过去有3座药王庙，北吉山村丫髻山药王殿（略）、刘家店村药王庙及辛庄子村南大庙。

刘家店村药王庙

图332 刘家店村78岁老村干部韩春元在地上画药王庙示意图（摄于2007年7月）

药王庙，位于刘家店村北（图332），坐北朝南，东西宽约5丈，南北长七八丈。南为山门，一座砖砌门楼。山门前砌筑一道影壁。影壁两边各有1棵槐树，有2搂多粗。山门外临大街，这是南北向一条大街，北口是药王庙，南口是菩萨庙，两头不透气。

院内，有西厢房三间半，曾是刘家店村小学。厢房前有1眼水井。北为正殿，正殿前一边1通石碑，汉白玉石质，上有“万古流芳”字迹，应该是修庙的功德碑。正殿面阔三间，有东西耳房各一间，耳房住看庙的。正殿前出廊，廊东侧有1口大铁钟，高约1.5米，铸有铭文。药王庙过去是初一、十五敲钟。殿内供奉3尊泥塑坐像，村里人说中间是如来佛，西边是药王，东边是老爷（即关公），老爷前有1尊站像，拿着大刀，或为周仓了。

这是2007年访谈时所记，2018年11月再次来村访谈，走进复建的药王庙，跟着进来一些村人，有人说小学时在东耳房读的小学，应该是两间，东西耳房都是两间。这次复建就是两间。另外，根据现存的《重修蒋公祠并庄南观音庵碑记》所记，“是村建立南北二庙，由来久矣。北建释迦、关帝、药王圣像”语，可证村人“中间是如来佛，西边是药王，东边是老爷（即关公）”之说无误。再有，89岁老村质保主任韩春元、89岁退休干部龚庆同回忆药王庙，一致说是有一通石碑，药王庙大殿前，西厢房四间，厢房南边一道东西向墙，中间有个敞门，敞门前边是前院，东南边有座二门子，门南边一道影壁。影壁有7尺来高，1丈来长，三七墙那么厚，即1尺多厚，石头垒的，两边没有字画。

药王庙毁于20世纪六七十年代的“文化大革命”之时，拆庙修建村小学。

近年，文物部门对药王庙进行复建（图333），前有拱券形高大门楼，进入前院，北为前殿三间，前出廊，中间三步石阶。单檐硬山顶，顶覆青瓦合瓦垄，大脊两端饰鸱吻，垂脊各饰3只小兽，梁架饰以彩画。殿前东西两侧建有钟鼓楼，面阔、进深均为一间，二层，楼

图 333 站西南角鼓楼上拍摄复建的药王庙全景（摄于 2018 年 7 月）

内有木梯可盘旋而上。后院，北为后殿，亦面阔三间，形制有如前殿，东西两山各建耳房二小间，卷棚顶。殿前建有东西厢房各三间，单檐硬山顶，垂脊亦各饰 3 只小兽。东西厢房南侧，各有耳房三小间，卷棚顶。由此看来，所复建的药王庙，其规模及形制当超过了旧有规模及形制。

辛庄子村药王庙

药王庙，又称南大庙（图 334），位于辛庄子村西南，坐北朝南，东西宽约 30 米，南北长五六十米。

南为前殿，前殿东侧，东山墙外边为山门。前殿前面西侧，有 1 棵大槐树，五六搂粗。南面有戏台，四周以石头垒砌，约 3 丈见方。戏台北边一边 1 棵大杨树，杨树北边一边 1 棵大松树。戏台南面是水坑。前殿面阔三间，前出廊，殿前中间门前砌筑 7 步台阶。前殿为药王殿，殿内神台上，供奉药王泥塑坐像，黑脸庞，手拿一球，应是一

图 334 辛庄子村 81 岁退休干部孟庆祥谈村里的庙宇（摄于 2007 年 7 月）

颗药丸，有小馒头那么大。村里人过去一有病就去摸，球上被摸出了一个凹坑。在同一个神台上，药王坐像前面，一边有 1 个站童，是童男童女。两山墙前还有 2 尊站像，背着旗子、拿着刀等。墙上画有壁画。药王坐像背后，有哪吒脚踏风火轮的泥塑站像，面朝北，拿着花枪。村里人说，哪吒归观音菩萨管辖，让他干啥就干啥。前殿辟有后门，可至院内。

院内，后殿前一边 1 通石碑，青石，方座。东边的石碑上写着辛庄子一建庄有多大面积等，西边的石碑上有哪户捐多少钱等。这 2 通石碑，1 通在村里建大库房时用了，1 通由区文物部门征集，现为上宅文化陈列馆收藏。所收藏的石碑为“重修侯府辛庄菩萨庙碑”，“大清咸丰五年”立，碑文记载村前旧有菩萨庙，系前明建立，有观音大士殿阁。咸丰三年（公元 1853 年）暮春鸠工新建药王殿、东西客堂及内外殿宇墙垣。由此看来，起初只供奉观音菩萨，是座菩萨庙，叫普渡庵。到清咸丰三年重修庙宇，而增建药王殿。村里人称之为药王庙，当依据前殿药王殿了。后殿前东南角还有 1 棵小柏树。后殿面阔三间，有东西耳房各两间，东西厢房各三间，为看庙人所住及存放杂物等。后殿供奉观音菩萨泥塑坐像，坐像前一边 1 尊站像，应该是善财童子和龙女。

东西两山墙前也有站像，其中东边是白脸，西边是黑脸，一个拿刀，一个拿枪。后殿是菩萨殿，东北角供奉1尊大肚弥勒佛，铜像，高六七十公分；西北角墙上画有狐仙像，狐仙是坐像，有2尊，一男一女像，男像在东边，女像在西边，当是狐仙爷爷、狐仙奶奶了。

过去从正月初一至十五，每天早中晚一天烧3遍香。平常是初一、十五开庙门，其他时间不开。农历二月十九菩萨生日为庙会，前后3天，到时搭席棚、说书等。

20世纪50年代，拆毁药王庙，盖村小学。20世纪80年代末，村小学并到寅洞小学。1997年，这里改为“爱林农家院”。

宫　观

刘家店地区有道教宫观38座，其中北吉山村丫髻山碧霞元君祠、斗姆宫、玉皇阁、三官殿、真武庙、巡山殿、眼光娘娘殿、回香亭、东岳庙、狐仙庙（3）、龙王殿、马王庙、紫霄宫、北店村五道庙、北吉山村五道庙、东山下村五道庙、凤落滩村五道庙、胡家店村五道庙、北大庙、江米洞村真武庙、山神庙（2）、孔城峪村娘娘庙、财神庙、五道庙、狐仙庙、刘家店村五道庙、前吉山村五道庙、松棚村五道庙、万家庄村真武庙、五道庙、辛庄子村五道庙、瘟神庙、行宫村五道庙、山神庙、寅洞村五道庙。

北吉山村丫髻山碧霞元君祠、斗姆宫、玉皇阁、三官庙、真武庙、巡山殿、眼光娘娘殿、回香亭、东岳庙、狐仙庙（3）、龙王殿、马王庙、紫霄宫等，前面“名胜”中已记述，在此不再复述。

娘娘庙

娘娘庙，供奉娘娘女神的庙宇。娘娘，道教及民间俗神中并非专指一神，如碧霞元君、九天玄女娘娘、顺天圣母、女娲娘娘、王母娘娘等。刘家店地区除丫髻山碧霞元君祠、回香亭等，还有胡家店北大庙、孔城峪娘娘庙，供奉碧霞元君、送子娘娘等，常常统称娘娘庙。

胡家店村北大庙

北大庙，位于胡家店村西北，坐北朝南，东西宽约10丈，南北长10多丈。南为山门，山门两边一边1个石狮子，对开木门，两扇木门2米来宽。山门前一道影壁，一边2棵槐树，约2尺来粗。

进入山门，为前院，北为前殿，前殿西侧1棵大柏树，2搂多粗。1947年土改中放倒，破板给每家打了一副木筲。前殿东侧1棵龙爪槐，1搂多粗，还有1通石碑。前殿面阔三间，前出廊，廊东侧悬挂1口铁钟，高约1米。有东西耳房各二间。西耳房存放杂物，东耳房一间为药王殿，一间为通向后院的过道。药王殿内供奉药王泥塑坐像，手托药丸。眼疼也来这里烧香，做一串眼镜，还有做小花鞋的，供在药

图 335　胡家店村 73 岁老村干部邱伟良（左）、70 岁老村干部胡维臣（右）谈村里的庙宇（摄于 2007 年 8 月）

王坐像前。前殿内神台上，供奉 3 尊泥塑坐像，中间高，坐像为黄色。有说是 3 尊娘娘像，其中有送子娘娘及拿一眼珠的眼光娘娘。两边一边有 4 尊站像，有判官，拿本账及拿支笔；也有小鬼等。在大殿进门处，东边摆一供桌，桌上有一灵官像，手拿狼牙棒。墙上绘有壁画（图 335）。

从东耳房那间过道至后院，北为后殿，后殿前 1 棵松树，2 尺多粗。后殿前东侧有通石碑，下面是个长方碑座。后殿前还有个石香炉，香炉上凿着花等图案。东西厢房各三间，西厢房为学校，东厢房为看庙人所住。后殿面阔三间，东西耳房各一大间。后殿供奉着铜像，高二三十公分。

根据村里人所述，前殿供奉的神像应为道教的神像，但村里人也有说前殿供奉的是卧佛，黄色，头朝西，两边为十八罗汉站像，这应是佛教神像。由于神像已于 1947 年前后的土改中推倒，庙宇改作了学堂，又没有准确资料记载，便难以查证了。今遵一说，列入道教庙宇中，而另一说录此，以存资料。或以后有新的发现，再行修改。

20 世纪 50 年代，北大庙拆毁，盖村小学了。

孔城峪村娘娘庙

娘娘庙，又称磕头庙，位于孔城峪磕头沟自然村东选矿厂旧址东侧，寺庙旧址恰在板油路的地方。现在板油下面，还有当年石头铺墁的步道（图 336）。

图 336　孔城峪磕头沟村东娘娘庙遗址，就在村书记韩秀礼手指的地方，板油路下面还有当年石头铺墁的步道（摄于 2011 年 11 月）

娘娘庙建于清康熙年间（公元 1662—1722 年）。村里人相传，过去清代皇帝到丫髻山进香，先要到云岩禅寺烧香。皇帝从京城到顺义行宫下榻，经樊各庄，过烈虎桥，走磕头沟村头。皇上为免去云岩禅寺上山之劳，就在磕头沟外面建一座娘娘庙。据清康熙六十年《怀柔县志》记载，谈及云岩禅寺时写道："入国朝，草场地复被侵占，迩年寺僧来宽渐次恢复，寺亦修整。山下增建娘娘庙。"这与当地相传吻合。

娘娘庙坐北朝南，南北长 10 来丈，东西宽 10 来丈，一方正的院落。南面辟山门，对开红漆木门。山门前西侧有 7 通碑刻，东侧 1 棵大槐树，五六搂粗细，后来树放倒，树干比一人还高。娘娘庙为前后两进院。

前院建有前殿，面阔三间。前殿为过殿，设前后门。东间供奉关公坐像，红脸庞，村里人称关公头戴“英雄帽”，上边饰以大球。两边还有周仓和关平 2 尊侍立像；西间，中间供奉老祖，双手执圭板，头戴道帽，就是诸葛亮戴的那样的帽子，村里人说这老祖是道教中的元始天尊。道教中有“三清”神说，即玉清元始天尊、上清灵宝天尊、太清道德天尊，为道教最高神，而元始天尊为道教的第一尊神。东边供奉药王，抱一药葫芦。西边供奉马王，3 只眼，其中额头上还有 1 只眼，4 只手臂上举，手里拿着 2 把刀，还有宝剑、印等器物。村里人过去有一句骂人的话：“这人三只眼，马王爷转的！”

后院，较为规整，有东西厢房各三间，为和尚所住，村里人称和尚住的地方为禅堂。北为正殿，“明三暗九”格局，即前廊后厦，面阔三间，进深三间。廊东侧，有一口大铁钟，高约 1 米，悬挂钟架上。正殿内，供奉 9 尊娘娘像，为木雕坐像，高约 1.5 米，雕像前各有牌位。娘娘像前两侧，一边 2 尊侍女站像及一边 1 尊灵官像，另外西侧还有一王老太太骑毛驴像，也是木雕。村里人所说的王老太太，应是传说的修丫髻山的王二奶奶。正殿上方悬挂一方木匾，书有“天仙圣母”四个大字，金字蓝底。由此匾可知，正殿所供奉的 9 尊娘娘像，中间应是碧霞元君。

娘娘庙西侧为跨院，跨院另开院门，南面院门黑色。跨院有五间正房、西厢房及南倒座房，住和尚、存放粮食、杂物等。

村里人将云岩禅寺称为上寺，当问及下寺，说娘娘庙就是下寺。

娘娘庙毁于20世纪40年代末。村里人说，那些木雕神像被万庄子村一人搬到家中，于20世纪50年代劈柴烧火了。石碑也都无存了。

真武庙

真武庙，主要供奉北方之神真武大帝的庙宇。

相传古净乐国王子生而威猛，越东海来游，遇天神授宝剑，入湖北武当山修炼。功成飞升，威镇北方，号玄武君，后为避讳而改真武。宋代以来屡有加封：翌盛将军、翌圣保德真君、镇天武侯灵应佑圣帝君、元圣仁威玄天上帝等。明成祖崇奉真武，御用的监、局、司、厂、库等衙门中，都建有真武庙。由于宋、元以来诸代倡导，真武庙几乎遍及天下。人祈求延生长寿，都要奉祀真武大帝。农历三月初三，为真武大帝神诞之日，各地真武庙均有奉祀祝诞祭典。

刘家店地区有江米洞村真武庙、万家庄村真武庙2座。

江米洞村真武庙

真武庙，位于江米洞村北山上，在南坡半山间有一山洞，朝南，依洞穴口以砖砌筑一山门（图337），为券拱形。洞内，供奉真武帝泥塑坐像，约1人高矮，两边还有站像。坐像前边，以砖垒砌一张大供桌。两边崖壁上，有毛笔写的字迹。洞前一道影壁，高约2米，宽不到2米，以砖垒砌。南面影壁芯抹以白灰，绘有仙鹤及梅花鹿等图案。

图 337　江米洞村北山真武庙遗址（摄于 2007 年 8 月）

2018 年 6 月，82 岁村民陈俊波领着笔者再次踏察江米洞，老人说，洞前东侧，倚着洞壁边还建一小间房，门朝北，里边一个小炕，能住二三个人。这应该是真武庙的一部分。

山门西边有一小间房，以秫秸把上面礁子拍的，门朝东，存放杂物或住人。洞前东侧砬台上，有一个小山神庙，1946 年一起拆毁。

洞里东侧有一个小炕，炕北边挨着一个灶火。过去这里住着一个老道，叫高殿旺，是顺义段村的人，50 来岁，一米七左右个头，冬天穿大棉袍，夏天穿大褂，戴着春帽，脚穿洋袜子及千层底布鞋。儿子十五六岁，也与他一起在这儿住。大概高殿旺家境不错，时不时就回家背些粮食，爷俩吃。听说高殿旺开始在大华山镇小峪子沟里住着，后来看到这里挺好，就在这儿住下来。到 1946 年神像等拆毁后，这爷俩就回去了。后来有放羊的在这儿住，人住炕上，羊住地下。

这座真武庙所依的洞穴，就叫江米洞，洞穴尚存（图 338）。村里人指着洞中一凿洼处，说就是传说中流江米的地方。

关于江米洞的传说，一直在流传：村北山上有一个洞，北壁像神

图 338　江米洞由于久无人来，根本没有上山的路。村里人带着镰刀前面割去荆棘等，直至半山间洞穴前，笔者向 74 岁老村会计陈希增细致调查访谈（摄于 2007 年 8 月）

龛似地凹进一块，正心有一拇指粗细的眼儿。这个洞就是江米洞。相传，白莹莹的江米就从那石眼儿往外流。后来，那个石眼儿咋不流江米了呢？

过去，江米洞是一座真武庙，庙里住一个老道。有一年夏天，接连几天下大雨，山洪下来了，老道的粮食也吃光了。这天早上，老道正在念经，眼前一黑，晕倒洞里。昏迷中他听到洞里有响动，打起精神一看，真武大帝身后的石壁上，冒出一股白花花的江米。老道急忙弄点米，蒸一顿香喷喷的江米饭。

从此，那老道便每天吃石眼儿流出来的米。说也怪，那石眼儿每天流出来的米，刚好够他吃一天，若是来了客，米就多流些，也将够吃。虽说没啥富余，可老道也觉舒心展意的了。慢慢的，老道吃完饭，总是望着那个石眼儿想：若石眼儿能多流些米，就可以拿出去卖。几年后，置几亩地，娶一房媳妇，不比待在这荒山野庙受用？

老道起了贪心，行动坐卧，心里都想着这码事。想着想着，忽然灵机一动：把石眼儿凿大点儿，不就会多流米吗？他为自己的聪明高兴，急忙下山，借来锤子和錾子。回到洞里，天已黑了，他不等天亮，借着洞口射进的月光，叮叮当当地凿起来。

第二天，石壁凿凹进一大块（图 339），这一凿那石眼儿却再也不往外流江米了。

图 339　74 岁陈希增老人指着凿凹的地方（摄于 2007 年 8 月）

图 340　江米洞前水井（摄于 2007 年 8 月）

这是经过整理的关于江米洞的传说，在与村里人调查时，村里人所谈大致如此，但说洞里每天流一碗米够吃了，可那个老道财迷，想让多流点，结果一凿，流出的是沙子了。流出沙子似乎比整理过的传说更为生动。1946 年，推倒洞内神像，山门西边那小间房也拆了。山洞外面东南七八米处，有 1 眼水井，一人多深，常年有水，天多旱也没干过（图 340）。村里人说这里叫江水洞也行。村子过去就叫江水洞，1956 年入社时，改为了江米洞。

万家庄村真武庙

真武庙，位于万家庄村西头。

2007年来村访谈，村里人说真武庙坐西朝东，正对村大街。庙为一间，没有树和石碑。庙内画有真武帝坐像等。过去村西边有赵家坟，是刘家店的。而万家庄村俗称万庄子，村里人认为是赵家坟脚踩万盏灯，对万庄子不利，就修了这座真武庙，以镇那座赵家坟。

2018年7月再次来村访谈，关于真武庙的有些情况村里老人谈得更详细些。93岁老生产队长景启恒说，村西半里地，过去有个王庄子，我小时候见着的就是房岔子，早没人家了。应该是在没万庄子的时候，先有的王庄子，后来王庄子没人了。我听人家说，王庄子西边有片坟地，是刘家店老赵家的坟地。这个坟地风水好，头枕堡子顶，脚踩万盏灯。堡子顶，是指刘家店村西六七里地的西山；万盏灯，是指万庄子。为了镇这个坟，就在万庄子村西街口修了一间征王庙，征王其实就是真武，村里人大概叫白了。85岁村民李元顺说，真武庙在街西头，一小间，中间脊檩下面一道界挡墙，西边没门，就那样敞着，画着真武大帝，还有周公、桃花女等，就是为镇赵家坟。东边也没门，也那样敞着，有两个画像，记不住是啥了。

李元顺老人（图341）记得，1957年，他家在村西头盖房，再西边就是水坑，水坑西边一小片方方正正的地，也就二三分大小，真武庙就在那片地上头。出来进去的老是看见。李元顺老伴儿83岁，17岁结婚过来，她也非常肯定地说，小庙朝西，中间一堵墙，画有画像等。这就是说，这

图 341　笔者在 85 岁老生产队长李元顺（左）家中访谈（摄于 2018 年 11 月）

座一间的小庙，实际上中间还垒砌一堵隔断墙，朝西的是真武庙，朝东的也应该画有神像，只是时隔久远，具体画的什么人们记不得了，而人们一般就称其为真武庙。

过去说真武庙毁于 20 世纪六七十年代的“文化大革命”之时，而李元顺老人清楚记得是 1958 年真武庙被拆毁。

山神庙

山神庙，供奉山神的庙宇。

山神，是古人对山的神化而加以崇拜，认为其护国佑民，是一种地方的保护神。

刘家店地区过去江米洞村有 2 座山神庙、行宫村有 1 座山神庙，共大小 3 座山神庙。

江米洞村山神庙

江米洞村有 2 座山神庙，一在村西北，坐北朝南，仅为一小间，画有山神、龙王、虫王、土地、苗神5尊神像。山神庙毁于20世纪60年代。

图342　江米洞村近年复建的山神庙（摄于2007年8月）

图343　江米洞村近年复建的山神庙内所画神像（摄于2007年8月）

2007年来村访谈时，村里老人记得，过去村里人老了，没报过庙，离山近，信山神。1998年，在原地按旧制村里自发重修山神庙（图342）。这是一间敞殿，没有门窗。庙前两山墙悬挂联语：出龙宫风调雨顺，入海藏物阜民康。檐下有横批，纸已破碎，但可见一"五"字，或许是"五谷丰登"了。当初应该是贴着四五张挂签的，现仅存一张了。庙内北墙画有5尊神像，左起：土地、苗王、山神、龙王、虫王（图343）。东山墙画二值曹，值年、值月；西山墙画二值曹，值日、值时。所画即是四值功曹，为道教所信奉的天庭中的四位小神，相当于天界的值班神仙（图344）。这样的画像，已不多见，具有一定的民俗文化价值。画像下，贴北墙砌筑供台。供台下谁家拆房时拆下的水泥瓦，大概没地方存放，而堆放于此。

一在村北山南坡半山间依洞穴砖砌筑的真武庙前。2018年6月，82岁村民陈俊波领着笔者踏察江米洞，老人指着江米洞前东侧的巨石（图345），说在这石头上，过去建一个小山神庙，约1.5米高，1.5米宽，进深不够1米，坐东朝西，里边1尊泥塑彩色山神站像，村里人称为“山神爷”。是1946年一起拆毁的，至今可见垒砌的白灰痕迹。

图344 江米洞村复建的山神庙内所画神像全景（摄于2018年6月）

图345 82岁老人陈俊波指着巨石小山神庙的位置（摄于2018年6月）

行宫村山神庙

山神庙位于行宫村东五道庙下边，相隔10来米。山神庙建在一个高台上，坐北朝南，庙前西南侧有1棵古柏。庙为一间，画有山神、土地等神像。

山神庙毁于20世纪50年代，古柏现存。

财神庙

财神庙，村里人称为五显财神庙。供奉财神的庙宇。

刘家店地区除北吉山村丫髻山紫霄宫财神殿外，孔城峪村磕头沟还有2座，且村里人说供奉的是五显财神，故又称五显财神殿。

财神庙财神为民间俗神，一般分文武财神。文财神比干、范蠡，武财神赵公明、关羽。此外，民间信仰的财神还有五圣等。过去春节时，除夕之夜，人们吃完饺子，彻夜不眠，等待着接财神。有人还送“财神”上门。到初二往往还要祭财神。

另据有关记载，宋代有五圣信仰，后有五通、五显等。五显神为宋代江西德兴、婺源一代信奉的财神，兄弟五个，宋代均被封王，因其封号首字都为“显”字，显聪昭应灵格广济王、显明昭烈灵护广佑王、显正昭顺灵卫广惠王、显真昭佑灵祝广泽王、显德昭利灵助广成王，故称“五显神”，所祀庙宇称为五显庙。既然磕头沟人称这里的两座财神殿为“五显财神殿”，因此所供奉的当是五显神了。说明随着皇帝的加封，五显信仰影响越来越大，信奉自然也越来越广，已然慢慢从南方信奉到北方了。

刘家店地区过去有孔城峪磕头沟2座财神庙，丫髻山紫霄宫后院财神殿及真武殿、文昌殿为2006年修葺时所新建，不再复述。

孔城峪村磕头沟财神庙

图 346 孔城峪磕头沟里财神殿遗址南部残墙（摄于 2011 年 11 月）

孔城峪磕头沟有 2 座财神庙，村里人称为五显财神庙。一在磕头沟里上白果寺南三四百米处（图 346），坐北朝南，庙内没有碑刻，只有正殿三间。殿内供奉 5 尊泥塑坐像，当是五显财神了，两边分别有童子侍立。这座财神殿在平谷地区的财神庙中，还是规模较大的一座，毁于 20 世纪 40 年代末。

一在磕头沟口外下白果寺北面台地上，何时所建及毁于何时，村里人已说不清了，也没有人见过，遗址上还是可以见到散落的砖瓦。

对这 2 座财神殿，志书文献没有记述。

五道庙

五道庙，供奉五道将军的庙宇。

五道将军，民间称作“五道老爷”。按道教说法，五道将军是东岳大帝属神，且是重要助手，掌管世人生死荣禄，为阴间大神，地位高于阎罗王前的判官。古典小说中的五道将军似乎可以代阎罗王决定世人寿限，但与阎罗王不同，五道将军更具同情心，能帮助、成全弱者实现自己的理想，是位具有正义感的冥神。

刘家店地区过去有 13 座五道庙，只有江米洞村没有，其他 13 个村每村 1 座。一般五道庙规模都是一间，里面多是画像，有的村也有泥塑像，如北吉山、凤落滩村五道庙就是。旧时人去世了，家里人要到五道庙“烧纸”、“报庙”。一般从老人去世时开始到五道庙烧纸，称作“倒头纸”，到出灵前为止，大多烧五六遍六七遍纸。旧社会，有要饭花子，没地方住，黑夜往往就住五道庙里。

北店村五道庙

位于北店村北，坐北朝南，庙前东侧 1 棵柏树，前有小院。庙为一间，画像，有 1 个泥香炉和 1 个小铜磬。

北店村五道庙毁于 20 世纪 60 年代，古柏尚存。

北吉山村五道庙

图 347　北吉山村 82 岁村民张友谈村里的庙宇（摄于 2007 年 2 月）

坐落于丫髻山脚下，紫霄宫东墙外（图 347），旧时还建一座小庙，仅面阔一间，1 丈左右，坐北朝南，顶覆小青瓦。前有照壁，照壁北面绘有山水画。庙内供奉 7 尊泥塑坐像，为民间神土地、苗神、五道等，故当地称为七神庙，俗称五道庙，村里人去世了，家人就到那里烧纸报庙。

北吉山村五道庙塑像毁于 20 世纪 40 年代末，建筑毁于 20 世纪 60 年代。

东山下村五道庙

位于东山下村北，面阔一间，坐北朝南，画有五道等神像。两山墙画有风调雨顺、国泰民安壁画。庙内 1 个铁香炉，高四五十公分。一边 1 个小香炉，也是铁的。庙里摆着 3 个香炉，一般应画有 3 尊神像。

村里人至今记得一首歌谣："土地土地，住在庙里。挨点子烟熏火燎，吃点子花子臭屁。"歌谣一是说五道庙除必画有五道神像外，还画有土地神像，那么所画的 3 尊神像的另 1 尊神像是谁就不得而知了；二是说五道庙里曾住着要饭花子的。

东山下村五道庙毁于 20 世纪 60 年代。

凤落滩村五道庙

位于凤落滩村北道东（图 348），坐北朝南，面阔一间，神台上供奉五道等 7 尊泥塑像，台下一边还塑 1 个小鬼像。

图 348　凤落滩 78 岁老村书记曹瑞起谈村里的庙宇（摄于 2007 年 7 月）

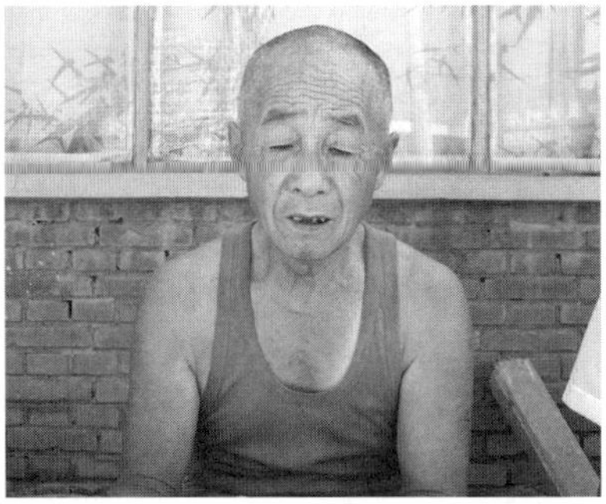

图 349　胡家店 72 岁老村队长胡振亮谈村里的庙宇（摄于 2007 年 8 月）

图 350　孔城峪 84 岁村民贾洪友谈村里的庙宇（摄于 2007 年 5 月）

凤落滩村五道庙毁于 20 世纪 60 年代。

胡家店村五道庙

位于胡家店村西北（图 349），北大庙西边，坐北朝南，前边和西边是水坑。庙为一间，画有五道等神像。

胡家店村五道庙毁于 1947 年。

孔城峪村五道庙

位于现在孔城峪村委会前（图 350），坐北朝南，仅为一间，画像。村里人去世了，家人上那里烧纸报庙。

孔城峪村五道庙毁于 20 世纪六七十年代的“文化大革命”之时。

刘家店村五道庙

位于刘家店村南（图 351），在南

庙东侧五六十米处，坐北朝南，建在一座土坡上。庙为一间，画有五道等神像。

刘家店村五道庙毁于20世纪50年代。

图351　刘家店72岁老村干部龚博友谈村里的庙宇（摄于2007年7月）

前吉山村五道庙

图352　前吉山78老村干部刘付奎谈村里的庙宇（摄于2007年7月）

位于前吉山村北桥西侧（352），坐北朝南，面阔一间，北墙画有5尊神像，中间是龙王，还有苗王、虫王、五道等神像。两山墙北侧各画1尊神像，有山神、土地。所以，又称七神庙。

前吉山村五道庙毁于1948年前后。

松棚村五道庙

图353　松棚村75岁老村干部张文福谈村里的庙宇（摄于2007年7月）

位于松棚村东（图353），坐北朝南。村里人说，庙前有1通六棱碑，底下有座，上面有帽子。从村里人所绘的图看，应该是两节。这是经幢，一般应八棱，上面刻着佛教陀罗尼经经文等。庙为一间，画有龙王、虫王、苗神、山神、土地、五道等 7 尊神像，故又称为七神庙。东西两山墙画有雷公、电母等壁画。

松棚村五道庙毁于 20 世纪六七十年代的“文化大革命”之时。

万家庄村五道庙

位于万家庄村东（图 354），在大庙东边，坐北朝南，一间。庙中间横砌一堵隔断墙，前边为五道庙，画像，庙里摆着 5 个石香炉，香炉都为方形。根据香炉，大致可知庙内北墙应画有五道等 5 尊神像；后边（即北面）也有画像，一般是倒坐观音像。

万家庄村五道庙毁于 20 世纪 50 年代。

图 354　万家庄 76 岁老村干部赵信禄谈村里的庙宇（摄于 2007 年 8 月）

辛庄子村五道庙

位于辛庄子村南，坐北朝南，一间，中间横砌一堵隔断墙。前面是五道庙，画有五道等 3 尊神像，摆有 3 个泥香炉。后面，也是画像，一般是画有观音菩萨等画像，也有一个小香炉。

辛庄子村五道庙毁于20世纪50年代。

这是2007年调查寺庙时村里老人所谈。2018年7月再次来村访谈，58岁老村书记王长有记得，除村南一座五道庙外，村中间还有一座五道庙，一小间，坐北朝南。2018年11月，访谈85岁离休老师张纯庆（图355），很肯定说，就两座小庙，南边一座，北边一座，中间没有。

图355　辛庄子85岁离休老师张纯庆谈村里的庙宇（摄于2018年11月）

行宫村五道庙

位于行宫村东，坐北朝南，建在一座庙台上（图356），庙后1棵大杨树，2人搂抱不过来。庙为一间，画像，北墙画有六七尊神像，东西山墙绘有壁画。

图356　行宫83岁村民李振廷谈村里的庙宇（摄于2007年5月）

行宫村五道庙毁于20世纪50年代。

寅洞村五道庙

寅洞村五道庙，过去位于寅洞村西北角，即西河套北边，后来搬到村南。五道庙坐北朝南，面阔一间，北墙画有五道等 3 尊神像。村里有人去世了，家人到五道庙里报庙拉魂。

寅洞村五道庙毁于 20 世纪 50 年代初，1952 年成立初级社，在那个地方建一砖瓦窑的，五道庙就已经没有了，可那个地方一直叫五道庙。

狐仙庙

狐仙庙，供奉狐仙的庙宇。

狐仙，为民间俗神，将狐狸作为一种灵物崇拜，源于原始社会后期的狐图腾，主要流行于我国北方。从唐初到清末民初，供奉狐仙之风不绝，其间最盛时一些地方村村皆祀狐仙，以致形成一句俗语："无狐魅不成村。"清代中晚期及民国时期，北京地区流行狐狸、黄鼠狼、刺猬和蛇 4 种动物崇拜。通称狐狸为"胡门"，黄鼠狼为"黄门"，刺猬为"白门"，蛇为"柳门"或"常门"，合称胡、黄、白、柳"四大门"。我国北方民间也有"五大门"之称，有些地方将老鼠列入，称作"灰门"。过去京城供奉碧霞元君的祠庙较有影响的有 5 座，称作东、南、西、北、中"五顶"，据说这"四大门"分别住在"东顶"、"南顶"、"西顶"、"北顶"。"四大门"外有"总门"，总门就在丫髻山，据说黄花岭真武庙内狐仙堂，就是总门驻地。这“四大门”信徒，到时都要到丫髻山朝顶进香。

刘家店地区过去丫髻山有 3 座狐仙庙或狐仙堂，已有记述。此外，在孔城峪磕头沟也有一个狐仙庙。

孔城峪磕头沟狐仙庙

磕头沟狐仙庙，严格说算不得一座单独的庙宇，可村里人过去一直这么叫。

磕头沟狐仙庙，在云岩禅寺西配殿南面一间，画有狐仙像，为一慈祥老人形象，村里人称为狐仙庙。在抗战中与云岩禅寺一起毁于战火。

瘟神庙

瘟神，又称“五瘟使者”，简称“五瘟神”，其信仰源于古人对瘟疫的恐惧。瘟神为我国古代民间信奉的司瘟疫之神，即春瘟张元伯，夏瘟刘元达，秋瘟赵公明，冬瘟钟仁贵，总瘟中瘟史文业，是传说中能散播瘟疫的恶神。在刘家店镇，甚至在平谷区，仅辛庄子一座瘟神庙。

辛庄子村瘟神庙

辛庄子村瘟神庙，位于该村北约 100 米处，过去这里是一乱葬岗子，在岗子上建了一座瘟神庙。

辛庄子村瘟神庙坐北朝南，面阔一间。庙内供奉瘟神泥塑坐像，两边侍立童男童女。另外，在墙壁上绘有壁画，东边画着一条龙，西边画着雷公、闪公、量天尺等像。瘟神庙毁于 20 世纪 50 年代。

这是 2007 年调查寺庙时村里老人所谈。2018 年 7 月再次来村访谈，85 岁离休老师张纯庆谈及庙宇，随口说村里还有两个小庙，村北是文昌庙，村南是五道庙。就平谷地区而言，过去县城有座文昌庙，一般乡村不多见。2018 年 11 月，到张纯庆老人家中访谈，说南边是文昌庙，村里人去那儿报庙烧纸，北边是五道庙。再问文昌庙供奉什么神像，又说不出。已然说不清楚了。2007 年 7 月，来村访谈的是 81 岁孟庆林及 73 岁赵俊臣（图 357），说村北有个瘟神庙，对瘟神两个字，有些疑惑，是文神？文神又是谁？是文征？若是文征，就可能是真武庙，真武庙在北边。最后还是说瘟神，北边是乱葬岗子，意思是镇着这地方。

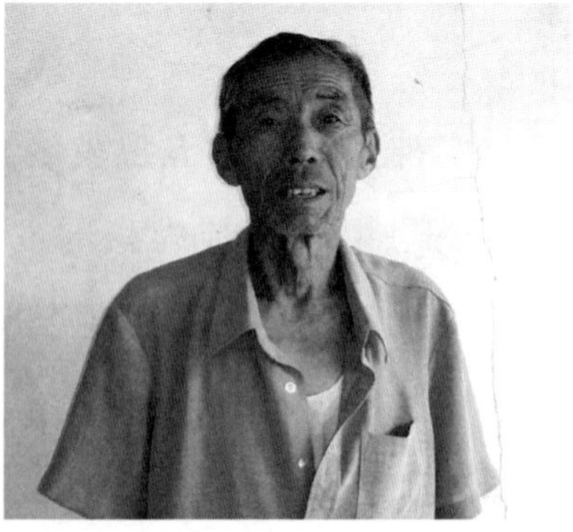

图 357　辛庄子 73 岁退休职工 赵俊臣谈村里的庙宇（摄于 2007 年 7 月）

寺　院

佛教寺院，主要有佛祖庙和菩萨庙等，刘家店地区共有佛教寺院12座。

佛祖庙

佛祖庙为佛教庙宇，主要供奉佛祖释迦牟尼以及药师佛、弥勒佛等。

佛教起源于印度，距今两千五百多年前由古印度迦毗罗卫国王子乔达摩·悉达多所创，一般认为是在东汉初年佛教传入我国。而佛教中最高的就是佛，佛祖是释迦牟尼，也称释迦佛，最流行的称呼是如来佛，还有药师佛、阿弥陀佛、燃灯佛、弥勒佛等。这些佛是庙宇中所供奉的本尊，有时也有菩萨、十八罗汉等陪祀。

刘家店地区有3座佛祖庙，即丫髻山瓦堂寺、孔城峪村磕头沟云岩禅寺和万家庄大庙。丫髻山瓦堂寺、云岩禅寺及不知供奉什么的上白果寺、下白果寺等“名胜”中已记述，在此不再复述。

万家庄村大庙

万家庄村大庙，位于万家庄村东北。

来村访谈中，村里人没有人能说出庙的名字，只说是大庙。而翻阅清康熙六十年（公元 1721 年）《怀柔县志》“卷二 · 庙寺”记载：

“宝庆寺，在县东万家庄。”

既然万家庄仅此一座大庙，能够记入县志，一定不是小庙，所以，记载的当是这座庙宇了。也就是说，村人所说的大庙，当名为“宝庆寺”了。

这座大庙坐北朝南，东西宽约 50 米，南北长约 70 米。南为山门，券拱形门楼，山门前临街。

进入山门为前院，北为前殿，殿前东侧有 1 通石碑，方座。殿前一边还有 1 棵大槐树，各有 1 搂多粗。在槐树北边，前殿前面，有一道影壁，以石垒砌。前殿面阔三间，前出廊，殿内供奉 1 尊木胎泥像，为坐像，下面坐着一鳌鱼。村里人说是鳌鱼翻身，就要天塌地陷。两边一边 1 尊站像，为哼哈二将。墙上画有壁画。前殿辟前后门，由后门可至后院。

后院没有树和石碑，有东西厢房各五间，作为学校和老师住。北为后殿，后殿面阔三间，东西耳房各三间，耳房住看庙的和尚。

过去庙里有3个和尚，一拐和尚姓赵，一叫俊三和尚，一叫吴正和尚。吴正和尚是葫芦峪的人。后殿内，供奉3尊菩萨泥塑坐像，两边有站像。

村里人说，过去农历二月十九说大鼓书等，那么，大庙所供奉的主要就应是观音菩萨了，也就是说，这是一座菩萨庙，所以，放在菩萨庙里边了。这是2007年时的访谈。2018年7月，再次来村访谈，92岁老村治保主任刘长发说，村里有一姓崔的，崔家在村北边建个大庙，所以叫崔家庙。崔家庙有前殿和后殿，前殿供奉的是如来和十八罗汉，后殿供奉观音菩萨。如此说来，前殿当为主殿，即是供奉如来佛祖，就应列在佛祖庙中为宜。

1947年前后，推倒大庙内神像。20世纪六七十年代的“文化大革命”之时拆毁庙宇建筑。

菩萨庙

菩萨庙，为供奉菩萨的庙宇。汉传佛教中，一般认为有四大菩萨，即观音、文殊、普贤、地藏，因而也就有了我国四大佛教名山，即浙江普陀山、山西五台山、四川峨嵋山及安徽九华山，是这4位菩萨的道场。应该说，菩萨在佛教中不止这4位，菩萨在佛国里的地位仅次于佛，又叫“大士”。观音又叫观世音、观自在、观音大士。唐代因避太宗李世民讳，略去“世”字，简称观音。信徒认为，观音菩萨大慈大悲，神通无边。观音为佛国众菩萨的首席菩萨，在世俗中知名度和影响不低于如来佛，特别在妇女信徒心中，地位甚至超过了如来佛。

刘家店地区过去有丫髻山五尊菩萨殿、慈航殿、姑子庵及凤落滩村菩萨庙、胡家店村菩萨庙、刘家店村菩萨庙等6座菩萨庙及1座不知供奉什么的松棚村崇慧寺。丫髻山五尊菩萨殿、慈航殿、姑子庵已在“名胜”中记述，不再复述。

凤落滩村菩萨庙

图358　凤落滩76岁老村大队长张国起谈村里的庙宇（摄于2007年7月）

菩萨庙，又称南大庙，位于凤落滩村南道东（图358），坐东朝西，南北宽十五六米，东西长约25米。西为山门，砖砌门楼，山门前约15米处砌一道墙，墙外是泃河。院内，大殿前一边1通方座石碑，还有南北厢房各三间。大殿面阔三间，前出廊，殿内供奉1尊观音菩萨泥塑坐像，一边1尊站像，其中北为红孩妖。两山墙前一边有1尊站像，南山墙前的站像手里拿一鞭，不知什么神像。过去农历二月十九搭灯棚，说大鼓书、烧香。

凤落滩村菩萨庙毁于1967年。

胡家店村菩萨庙

胡家店村菩萨庙，位于胡家店村南，坐南朝北，面阔三间，前有月台，5 尺多高，形如戏台。殿内神台上，供奉菩萨泥塑坐像，菩萨下面骑着鳌鱼，一边还有 1 尊小站像。在菩萨像背后，有屏风，上面也有画像。供奉的，或是观音菩萨及善财童子和龙女。

胡家店村菩萨庙于 1947 年土改中拆毁。

刘家店村菩萨庙

刘家店村菩萨庙，位于刘家店村南街口，又称南庙，坐南朝北。北为山门，山门前临大街。西侧有一座戏台，高约 1.5 米，四周以石头垒砌。院内，没有石碑，有 2 棵松柏树。东有厢房三间，住看庙的人及存放杂物。南为正殿，面阔三间，前有走廊。殿内供奉观音菩萨泥塑坐像，旁边还有红孩妖等站像。而《重修蒋公祠并庄南观音庵碑记》所记，“是村建立南北二庙，由来久矣”，“南建观音大士圣像”，证明村人所记准确。

这是 2007 年访谈时所记。2018 年 11 月再来访谈，89 岁老村治保主任韩春元（图 359）记得，菩萨庙在南街口，与北街口的药王庙对着。药王庙南边没有戏台，每年正月十五唱戏时，村里人使木板临时搭一座戏台，唱完再拆了，唱戏是三天四后上。这条大街是刘家店过去的主街，长有1里来地。而菩萨庙北边有一座四遭石头垒的戏台，在街南头靠西边，南边可以走大车。过去正月二十九唱戏，也是三天四后上，村里人站在戏台北边往南看，演戏朝北演。

图 359　刘家店村 89 岁韩春元老人指着的地方是老戏台（摄于 2018 年 11 月）

刘家店村菩萨庙毁于 20 世纪六七十年代的“文化大革命”之时。

松棚村崇慧寺

崇慧寺，位于松棚村村西。

村里人说，过去庙里有棵大松树，连山门带大殿都给篷上了，所以俗称松棚寺，村也由此得名。明万历三十二年《怀柔县志》，在“山川”中记载有丫髻山，在“寺观”中有记载有瓦堂寺，却没记载崇慧寺。在“景致”中记载：“松棚挽翠，在县东八十里。”，列入了怀柔八景之一。据说松棚寺建于金元，兴盛于明代。相传寺里的和尚是花和尚，与北吉山村瓦堂寺和尚勾结一起，抢男霸女。至清代，官府将松棚寺与瓦堂寺一块儿抄了。这应该是一代代人口口相传，较为可信的口碑资料。因不知崇慧寺主要供奉什么，故暂列入菩萨庙中。

明万历三十二年《怀柔县志》记载瓦堂寺："瓦堂寺，在县东八十余里，创自汉时，名□泉寺，重修于正德己卯，改名曰瓦堂寺。""正德己卯"，即明正德十四年，公元1519年，为明朝中期了。清康熙六十年《怀柔县志》在"庙寺"中记载"崇慧寺，在县东松棚庄，今废。"从志书所记，可知在清康熙时崇慧寺已毁，即是与瓦堂寺一起被抄，瓦堂寺在明正德时曾重修，崇慧寺大松树列入了怀柔八景，明代志书收录了提学御史戴仁、建德叶胜、巡关御史仪真马文卿3位写松棚的诗篇，那么，崇慧寺那时也应为兴盛之时。如戴仁诗中所写："从容问历几年纪，不知何代栽植始。"明代人当时都不知道松树是什么时代栽的了，可见其历史之久远，村里人说相传寺庙建于金元，或为实情。

从遗址看，崇慧寺坐北朝南，东西宽约100米。南北长八九十米。由于寺毁得很早，村里人也只是在地里干活时，见到那些散落的砖头瓦块、小兽头等。在庙址上，村里人曾见过1通六棱碑（一般八棱，为经幢），高五六十公分，每一面都刻有人像。村西有1眼井，是崇慧寺的井。据传说，和尚将金银财宝藏里边了，上面有井盖；那里有3亩地，是和尚的菜园子，称为"三亩园"；有人曾经想打开井盖，结果冒出一道金光，人们赶紧盖上了。现在庙址处，栽满了桃树。

2018年7月，再来村访谈，57岁村书记张永胜（图360）进一步讲述了这个传说。《宝井的传说》：村西头有个叫西九亩的地方，过去是崇惠寺的菜园子，园子里有眼井，用来庙里吃水和浇菜园子。庙里有金佛等，不知是不是庙毁的时候还是咋的，住持把金佛等物悄悄藏

图 360　57 岁村书记手指传说崇慧寺前菜园子宝井的地方（摄于 2018 年 6 月）

井里了。后来这里成了耕地，一天有人用 4 头牛拉着犁杖耕地，一下把盖着井的一块大石板豁开了，从井里突然冒出一道道金光，把天都照黄了，干活的人赶紧把井又盖上了。怕别人知道，一口气把这地都耕了。等天黑了自己再找，咋找也找不着了。据说这个金佛现在还在那儿井里藏着呢。前后两次访谈，所记传说大同小异。

这次访谈时，73 岁村民刁长顺还讲了一个《无底洞的传说》：松棚村南山上。海拔 300 多米。山上有个洞，该洞是个无底洞，通到峪口老爷庙。老爷庙在峪口村北，现在棉纺厂西边。有 2 个把式匠，拿着刀枪就下去了，村里人在边上等着，等了两天两夜也没上来。

这里关于“峪口老爷庙。老爷庙在峪口村北，现在棉纺厂西边”之说，也许记忆有误，峪口村西，现在棉纺厂院内，过去有座天齐庙，又称东岳庙、东岳行祠，为供奉东岳大帝的庙宇。而老爷庙，则是供奉关羽的庙宇。清乾隆《三河县志》“寺观”中记载“如口”有“天齐庙”，民国《三河县新志》“文献志”中，收录了 3 篇重修此庙的碑文。

图 361　峪口镇峪口村天齐庙遗址所存碑座（摄于 2008 年 3 月）

20 世纪 50 年代，天齐庙被拆毁，建子母扣厂，后又改为京棉三厂，现在称作玉腾棉纺厂。厂内庙址处，还存有 1 个大碑座（图 361），是天齐庙唯一遗物。当地传说，天齐庙大殿东岳大帝像后，有一深洞，无人知其深浅，相传通丫髻山黄花岭。碑文说“大抵为镇压地穴而建”，或指此洞。相传过去有两个唱戏的武生，自恃了得，拿着刀就下去了，要探个究竟，不曾想一下去就再也没上来。村里有人下去过，很快就上来了，说夏天里边很清凉，似有很大的风。又相传洞里有一条很长的大蛇，出来到庙前西南角那眼井里喝水。井边 1 棵柳树，蛇盘在柳树上，身子探进井里吸水。后来这个洞被填上了，至今当地人仍然可以随手指出洞的位置。根据志书所记及老人“棉纺厂西边”之说，尤其峪口人也有“深洞”之说及志书亦有“地穴”字迹，因此，这座庙宇当是天齐庙无疑。

遗　址

刘家店地区，过去既有寺庙遗址，如丫髻山、云岩禅寺等，近年已陆续复建；还有居住遗址及原始人类活动遗迹，如前吉山新石器出土地点、胡家店商代居住遗址等，对研究刘家店地区的历史文化及人类活动等具有重要价值。

前吉山新石器出土地点

《平谷文物志》“第三章·古遗址·第一节·石器时期遗址”，记述旧石器时期出土地点 12 处和新石器时期文化遗址上宅遗址、北埝头遗址后，下面简略写道：“此外，在北张岱、夏各庄、前吉山、大旺务、前北宫等村田野中，均有新石器时期石斧等石器的发现。”每一处包括前吉山遗址，都没有具体记述。在这章下“附：平谷区古遗址一览表”中，列有前吉山遗址，年代为新石器时代，位于前吉山村，没有其他详细内容。

新编《平谷县志》“第十七编·文化·第四章·文物考古·第一节·古文化遗址”，也未记述前吉山遗址，只在下面《古文化遗址一览表》中简单记述：名称为前吉山遗址，时代为新石器时代，地点在前吉山，出土磨光石斧、石凿。

就此请区文物所王森帮助查找原始普查资料，没有找到。又请教曾在20世纪70年代末80年代初搞过文物普查的燕龙生、徐子旺两位文物老前辈，都没印象。再请教亦曾搞文物普查的退休干部樊志友，刘家店地区是由他来普查的。他记得前吉山村南，洳河西岸有一大片遗址，有一疙瘩一块的土，可以看出这一带应该是几千年前的早期遗址。

图362　77岁老村书记李占禄手指着出土石器的地方（摄于2019年3月）

请村书记李连义亦同时向村里老人打听，77岁老村书记李占禄（图362）说确有石斧这回事。李占禄说，1965年秋后大“四清”的时候，村里选我为贫协主席，出土的那些东西是在秋前，不是1964年就是1965年的秋前。当时全村分两个生产队，每个生产队都有个场院。第二生产队场院，先在村南西边一个土坎子上，秋前准备挪到东边百十米的地方。这地方就是现在村委会这儿。当时西南角是个漫坡，坡下边就是村委会院子这一大片地。为了垫场院，就从漫坡这儿撤土。漫坡也就半分地大小，坡上有三四个坟头，过去是凤落滩的坟地。以前清明节时还有人来上坟，到撤土垫地的时候就没人上坟了。就在撤土时，从土里刨出 3 个石头的东西，一个说是石斧；一个比镐把粗点，一把攥不下，圆的，两头细点，长 25 公分左右，到不了 30 公分，不知道叫啥；另一个啥样记不得了。刨出来的时候我没在场，随后我过来拿着看着，大伙儿也是这人拿着看看，那人拿着看看。撤的那片土，好像没有红烧土或灰土。是北京下来人把这 3 个东西拿走了，不久还登在《北京日报》上，我看见了，过不去三四十个字，也就火柴盒那么大地儿。出土这些东西的地方，大致就在村委会院内西南角厕所那儿。

这就是了，怪不得普查人不知道，也没有普查相关记录，原来不是普查中的事情。而樊志友普查所见的地方，应该包括现在村委会这地方。当时发现的那个比镐把粗、两头细点的圆的东西，不像是新编县志记述的"石斧、石凿"中的"石凿"，极可能是石磨棒。这些石器，属于新石器时代无疑。

这里发现石斧等新石器时代遗存，应该不是偶然的，也不是孤立的。东南 20 多里，先后发现北埝头新石器时代遗址及北埝头西边不远的中桥新石器出土地点，都在泇河岸边。不排除是北埝头那里的先民，在拓展自己的生存空间中，沿着泇河岸边寻找到这里，而留下的遗物。这里后来没有发现其他遗物，以后这里甚至刘家店地区极可能还会有同时或更早的遗存发现。这是后话。就此而言，这里称作前吉山遗址，准确地说，叫前吉山新石器出土地点或许更为合适。看来，这 3 件石器与北埝头新石器时代遗址应该属于同一时期。若此，距今亦当 7000 年左右了，也就意味着刘家店地区早在六七千年前就有人类活动了。

胡家店商代居住遗址

胡家店商代居住遗址，位于胡家店村东南。

《平谷文物志》“第三章古遗址·第二节历代居住遗址”中记载：“1984 年 4 月，第二次文物普查中发现。占地面积 1.5 万平方米。东至平密公路，南为洼地，西至民房，北至水渠。东西长 100 米，南北长 1500 米。

遗址分布在高约 2 米的台地上，北高南低，距地表 0.5 米深的土层中含有红烧土。

20 世纪 80 年代，曾出土石磨棒和铜箭头。1997 年第三次文物普查时，地表仍可见散落有夹砂红陶片。根据出土器物特征，应为商代遗址。”

2008 年 3 月出版的区文委《平谷文物揽胜——北京市平谷区第三次全国文物普查资料汇编》“第一章古遗址·第二节历代居住遗址”中记载：“胡家店居住遗址，位于平谷区刘家店镇胡家店村东南。1984

年4月，第二次全国文物普查中发现。东至平密公路，南为洼地，西至民房，北至水胡庄路，东西长100米，南北长1500米，占地面积1.5万平方米。遗址分布在高约2米的台地上，北高南低，距地表0. 5米深的土层中含有红烧土（图363）。20世纪80年代，曾出土石磨棒和铜箭头。1997年北京市第三次文物普查时，地表仍可见散落有夹砂红陶片。根据出土器物特征，应为商代遗址。

图363　胡家店居住遗址北边界及周边（摄于2008年6月）

由于雨水冲刷、灌溉、种植果树等人类生产生活活动，对遗址造成一定程度破坏。2007年第三次全国文物普查时，遗址上为果园。整体保存状况一般。”

作为居住遗址，只是在胡家店村附近，故以村名名之，本身与现在的胡家店村并无必然联系。也就是说，这片居住遗址，并非是胡家店村前身，胡家店村也并非由此延续而来。其价值在于，证明刘家店地区早在商代就已有人类活动，且定居于此。当然，这片居住遗址并未进行清理挖掘，且在20世纪70年代平整土地中有所扰动。

碑刻

刘家店地区历史上碑刻不少，尤其丫髻山，有丫髻山石碑数不清之说。不少的寺庙及墓地等过去也有碑刻，但保存至今者不多。丫髻山及云岩禅寺的碑刻，都写在“名胜”中了，这里不再复述。

重修蒋公祠并庄南观音庵碑

重修蒋公祠并庄南观音庵碑（图 364，图 365），高 167 厘米，宽 67.5 厘米，厚 20 厘米。青石质，方首圆角。碑首饰鹤鹿同春、海水江崖吉祥图案，四框饰缠枝莲纹。额题“名垂千古”，篆书。首题“重修蒋公祠并庄南观音庵碑记”。年款“咸丰元年仲冬谷旦敬立”。碑文 17 行，满行 29 字，楷书。贾□琢撰文书丹撰额，朱震、张永库刻字勒碑。现存于平谷区上宅文化陈列馆。录文：

图 364　重修蒋公祠并庄南观音庵碑（摄于 2008 年 8 月）

图 365　“重修蒋公祠并庄南观音庵碑”拓本

重修蒋公祠并庄南观音庵碑记

闻之行善，为作福之基；彰名，为表德之道。是村建立南北二庙，由来久矣。北建释迦、关帝、药王圣像，南建观音大士圣像。祠庙左右，砺山带河，日远年沿，任摽摇于风雨。上栋下宇，莫涂塈其垣墉。阖庄善士，思欲妆金修葺。叹一木难支，知众擎易举。□与住持戒僧，向绅士、商氏虔诚募化。幸感圣神默助，竟致远迩善士，或投少花而满佛钵，或寄滴水以入恒河，积丝成锦，集腋成裘。遂得鸠工庀材，妆金彩画，得令南北二庙宝相巍峨，殿宇辉煌，足壮观瞻也！功程告竣，只得撰文勒石，使众善人等功德永垂不朽云。

刻字勒碑人，朱震、张永库。

　　　　　　　南　　荒，东　　王
韩万亨□四亩，　至　　　　至　　姓。
　　　　　　　北　　阶，西　　张

　　　　　　　西　　道，南　　龚刘。
合置香地二段，　至　　　　至
　　　　　　　东　　赵，北　　干河。

首善人　陈　瑞　龚德山　龚德发
　　　　龚永和　龚良福　刘太文
　　　　李希贤　龚永利　韩万亨
　　　　龚□显　韩成杰　孙富常
　　　　张□□　祁廷栋

住　持　戒　纳　理　顺

平邑贡生贾□琢撰文书丹撰额

（大清）咸丰元年仲冬谷旦敬立

这篇碑文及拓本，收录于区文委所编《平谷石刻》书中。写明现存上宅文化陈列馆，却未写此碑原在何处。根据碑文所修观音庵及所记龚姓等人名，此碑应为刘家店村街南头菩萨庙重修所立。碑文记述“村建立南北二庙”，即刘家店村街北头药王庙和街南头菩萨庙。“商”同“商”，为商之异体字。“鸠工庀材”，意为招集工匠，准备材料，为过去修建庙宇碑刻中常用词语。“咸丰元年”，为公元 1851 年，距今已 167 年。

来村访谈，不止一位老人说南边菩萨庙没有石碑，只是在街北头药王庙有两通石碑。而对碑上所记蒋公祠，请教同是 89 岁的韩春元、龚庆同两位老人，都说没听说过蒋公祠。查阅清康熙六十年（公元 1721 年）《怀柔县志》“卷二・祠墓”记载：明，“蒋公祠，在丫髻山刘家店，为邑令蒋守浩建，今废”。“蒋公”，即蒋守浩。“邑令”即知县。康熙县志“卷三・官师・知县”记载：明，“蒋守浩，万历二十一年（公元 1593 年）任，广西全州人，举人”。看来蒋守浩是位举人，明万历二十一年（公元 1593 年）任怀柔知县。一定是有才能，有惠政，民才为之立生祠的。为何将祠堂建于刘家店村，蒋公有什么才能、惠政就不得而知了。

重修侯府辛庄菩萨庙碑

重修侯府辛庄菩萨庙碑（图 366，图 367），高 137 厘米，宽 60 厘米，厚 19 厘米。青石质。方首抹角。碑首为云龙、海水纹饰，四框为

图 366　重修侯府辛庄菩萨庙碑（摄于 2008 年 8 月）

图 367 “重修侯府辛庄菩萨庙碑”拓本

线刻回纹。额题“普渡庵志”，双勾楷书。首题“重修侯府辛庄菩萨庙碑文”。年款“大清咸丰五年姑洗月吉日立”。碑文 17 行，满行 30 字，楷书。马云图撰文书丹，朱□震刊字。现存于平谷区上宅文化陈列馆。

碑阳录文：

重修侯府辛庄菩萨庙碑文

自古神灵之□□，恒资山川精英之气以结之。庙貌之威□，亦

□□□村好善之人以成之。

今怀柔县境银洞里侯府辛庄，势近山河，地接龙脉，与丫髻、栲栳二山，脉络迤逦连接。村前旧有菩萨庙，溯□由来，此庙原系前明建立，□规模久远，体格缺残，□矧后有观音大士殿，阁前无药王圣祖祠堂，识者视之曰：溢乎老龙之气也。惟幸神圣默展，威灵感动本村信士，以引外乡善人，捐资财以制瓦砾，募米粮以备百工。

值咸丰三年，岁在癸丑暮春之初，鸠工庀材，新建药王照殿、东西客堂，以及内外殿宇墙垣，俱焕然一新。金妆照耀，彩画精严，星峰合法，局紧机圆，经营数月，大□其观。工告竣，卜吉于秋菊月，上浣开光献戏，以答神祇。斯时也，善男信女进步拈香，虔心瞻礼。见其法像重辉，祠宇耸秀，不雕不饰，以妥以侑，四方来观之，无不心悦而乐施，趋前而恐后。凡此皆由神灵以致，人心向善，胜事共成者也。

夫功既成，可以质神明而名，不立何以对善士？是以众议勒碑以刻铭，将众善芳名大书特书于其左，总代远年遥，斯可以永垂不朽耳！

刊字人朱□震

沟阳马云图撰文书丹

大清咸丰五年姑洗月吉日立　住持道刘德全

这通石碑，收录于《平谷石刻》书中，未写明从哪里征集以及原立于何处。根据碑文所记，当为辛庄子菩萨庙碑。碑文记述了重修菩萨庙的事。碑额“普渡庵”，首题“菩萨庙”，说明此庙正名为普渡庵，俗称菩萨庙。“侯府辛庄”之“侯府”，不知何意，访谈中，村里人乃至寅洞人，没有侯姓。或许当时村子又称侯府辛庄，而怀柔县志记载为寅洞辛庄。对于寅洞里，这里写作“银洞里”，说明民间“寅洞”与“银洞”同时都用的。“前明建立”，是说菩萨庙在明朝时建立的，甭管是明前期还是后期，但建庙时，这里一定居住有人家了。访谈村人，公认为王家、张家先来立的庄。而张家现在已见着16辈儿人，来此大致380年。如此，辛庄子立庄或在明晚期了，这座菩萨庙也许就建于明晚期的。看来，以前只有一座观音殿，咸丰三年（公元1853年），在观音殿前面新建药王殿、东西客堂等。“菊月”，为农历九月。立碑为咸丰五年（公元1855年）。“姑洗月”，为农历三月。

这座庙宇在辛庄子村西南，又称南大庙，由于前殿为药王殿，村里人一直称作药王庙。2007年访谈时村里人记得，后殿前一边1通青石方座碑。村里人说东边碑上写着辛庄子一建庄有多大面积等，西边碑上写着哪户捐多少钱等。这2通石碑，1通在村里建大库房时用了，1通由区文物部门征集，现为上宅文化陈列馆收藏。所收藏的就是这通为“重修侯府辛庄菩萨庙碑”，看碑文却是没有村人所谈的建庄面积等事的。而建库房用的当是西边那通碑了，碑文“将众善芳名大书特书于其左”的记载，恰证明村人西碑“捐多少钱”之语。

万家庄刘好仁墓碑

图 368　刘好仁墓碑拓本

万家庄刘好仁墓碑（图 368），已断为两截，碑首一段残高 66 厘米，宽 64 厘米，厚 19.5 厘米；碑身一段残高 68 厘米，宽 62 厘米，厚 19.5 厘米。青石质，方首抹角。碑阳，首部浅浮雕山石牡丹云纹，碑身边框为“万”字不到头图案。额题“永垂不朽”，楷书。碑阴，首部浅浮雕云纹和草叶纹，碑身边框草叶纹，额题“百世不易”，双勾楷书。碑阴，碑文 16 行，文字已残缺不全。此碑现存刘家店镇集贸市场。

碑阳录文：

皇清□□登仕郎讳好仁刘公之墓

“皇清”，为当时人对清朝的尊称，也写作“大清”，墓碑中常见这种写法。“登仕郎”，清时正九品所授文散官名。此为墓碑，当立于刘好仁墓前。

碑阴录文：

■■其里□姓字，而不知其为谁者，良可慨巳。我先考豫山公■之属，有寅洞里万家庄者，庄之东有□茔，在■地□，世相传由来久矣，迄今百有余年。并无错□奈，因族繁人□□众■兆，更立新茔。又恐远弃先■不舍恫于九泉乎？于是，于■年欲为久后妇□之处，此□父在世之经营，未尝不尽善□□也。迨■九月，开忽而□□垂危，乃召余兄弟于床前，□切嘱曰我于生时享■礼□□自慰，今而死已，慎□远谋茔地，□弃□先□即于■之地脱穴而□可也，使我之阴灵，□□高曾祖考之神灵，当常相■先□慰■志非吾□也。清□□□父之命，不敢稍□□□于此，并将历来■塌陷之害。周围又有杨树七株，族中或□穷乏者，□伐□□在可■。此树长为先茔之■等，遵我父之遗命，而为此也。敢谓继述云乎哉！

是为志。日男永和清福谨志。

碑文记述万家庄东有刘家祖茔，已有百余年。随着族繁人众，脱穴更立新茔等事。碑阴未有拓本，碑文无以核校，只得照录《平谷石刻》。这通石碑没有刻碑时间，92 岁老村治保主任刘长发说，万庄子刘姓人最多，平谷、三河大地震（清康熙十八年，公元 1679 年）以后这儿几乎没人了，刘家就来了。李家、赵家后来的，给刘家做活。说明刘家为清康熙十八年以后来的，这通石碑亦当为清代碑刻了（□符号表示缺 1 个字，■符号表示缺多个字）。

刘家祖坟石供桌

刘家店村最早来的是刘姓，为村里人所公认。

82 岁老生产队长刘建增说，村里人都说我们刘家来得早，记得刘家是从山东来的，祖坟在老镇政府那地方。刘家祖坟有四片，10 多亩地，从西北往东南排，脚踩胡家店东边的小山，是个孤零零的小山，像个香炉；头枕高堡顶，在堡子顶北边。坟在 20 世纪六七十年代陆续平了。坟地上有石供桌、石香炉，据说清朝刘墉私访到这儿，与这儿的刘家联系上了，赠送了石供桌、石香炉。石供桌上面刻着花，石香炉 50 来公分高，40 来公分粗，底下有仨爪，两边有俩耳朵，香炉外边也有雕花纹饰。现在，石供桌还在村边扔着，石香炉早不知下落了。

图 369　散落街头的刘家祖坟前的石供桌（摄于 2018 年 7 月）

刘家祖坟石供桌（图 369），长 164 厘米，宽

82 厘米，厚 25 厘米，上面有 3 朵浮雕的荷花等花瓣，四边有凸起的边框。过去，刘家人清明填坟时，就在上面上供。现在，镇里已将其妥善保护起来。

古　建

历史上，丫髻山及云岩禅寺古建筑群大多毁于战火，近年复建。其他古建筑，保存至今者不多。这里仅记述胡家店村一座古宅及江米洞村一座老门楼。

胡家店村王家老宅

胡家店村过去有一座老宅，主人王五先生，是个秀才，家里有 300 亩地，是名副其实的一个地主了。老宅北正房五间，东西耳房各一间，正房前头东西厢房各三间，这相当于是后院。前面是腰房，东边一间是门道。腰房前边就是前院，没有东西厢房，南边是南倒座五间，其中，西边碾道二间，剩下三间有牲口棚子，还有一石槽。南倒座没有往南开的门，从腰房东边的门进出，有个大稍门。这大院南北长 10 多丈，东西宽 6 丈多。北正房后边有后院，20 多丈，四周有院墙，院里

图 370　胡家店村王家老宅腰房（摄于 2007 年 8 月）

东边有一口井。王五在抗战时期就去世了，有两个孙子，老大大学毕业工作在外，现已在吉林退休；老二在本村。这俩人都 80 多岁了。

老宅仅存腰房，为过去念私塾的地方（图 370）。面阔七间，房前一块大条石，近 3 米长。应是过去盖房子之物。东边为门道，一对钉着大铁铆钉的对开大门，很宽绰，门下边有雕花石门墩，门墩有莲花、鹿等浮雕图案（图 371）。如此讲究的老房，全区已不多见。2018 年 7 月，再来村访谈。谈及这座老宅，村里人告诉笔者，几年前老宅被卖了，随后被拆毁，就地盖了新房。到实地察看，新房东侧堆着旧瓦，算是老宅一点遗物了。

图 371　胡家店村王家老宅腰房大门（摄于 2007 年 8 月）

江米洞陈家门楼

江米洞村西北角有座老门楼，据说有关专家看了，说有 260 年以上，不知所依何据。

这是陈家老门楼。85 岁老村会计陈希增记得，我们陈家原来在刘家店，分家时，我爷爷的兄弟分着房，没有地。我爷爷陈仲没分着房，有 10 亩地。听说这有一片房，还有一片地，再说那 10 亩地也不够一家子吃，就搬这边来了。82 岁村民陈俊波也说，刘家店陈是从东北随龙过来的，从东北哪儿来的不清楚，到了刘家店。后来穷了，混不了了，就搬到这儿来了。陈仲是我太爷，陈家搬到这儿 94 年了，也就是 1924 年过来的了（图 372）。

图 372　笔者（中）在街头调查陈家门楼情况（摄于 2018 年 6 月）

陈希增老人说，这是宝坻县一个地主的宅子，地主叫王荣光，我们家种他们的地，在村南一带，有百十亩，有 10 来块儿，最大的一块儿 30 来亩，也有十亩八亩的。北边还有一个山坡，有梨树、杏树等，主要放个牲口啥的。我们给陈家看着房子白住，要管种地，称我们是看“锅户”。打了粮食一半一半，这叫“伙分粮”。那时种一季，棒子、高粱、谷子、豆子，一亩地也就打 100 多斤。弄不过来，也有荒着的地。一到大秋，王家赶着马车就来起粮了，这是哪块儿地的粮食，那是哪块儿地的粮食，要给人家说清楚。他们就过来把粮食拉走。到了 1947 年土改，据说王家人搬北京去了，就不过来拉粮食了。这些土地，土改时分给四外庄了，如凤落滩等。

陈希增老人说，陈家来的时候，老少 20 多口都住这儿。北为正房五间，前面东西厢房各三间，厢房南面是二门子。二门子外头，东西各有厢房二间，西厢房南边一盘石碾。再南面是南倒座五间，中间是大门道，门道前是石头墁的坡，有一丈多长。东有跨院，北为正房三间，东厢房三间，没有西厢房。东厢房南边还有二间盝顶，盝顶南边是猪圈，还有南倒座三间。房子苫背是秫秸把子的，墙以石头垒的，青砖抱角。二门子以里地墁青砖，过去有个八路军来，说这叫什么“海青院子”。东院圈牛、猪。东边没门，走这边。到 20 世纪 80 年代，主要房子拆了。现在，就剩二门楼子和两边半截砖墙。

这里谈及“海青院子”，一般或指东北满族民居。“海”有广泛、广大之意，“青”指青砖、青瓦。如说“海青房”，即是房子全部以青砖青瓦建造。如果院子全部以砖墁地，就称“海墁院子”。也许说此话的那个八路军是满族人；如果不是满族人，大概也懂得东北民居民俗

图 373　陈俊峰爱人胡自兰（摄于 2018 年 6 月）

了。过去日本侵略者上丫髻山，民兵趴在南倒座北坡上站岗。南倒座前边是道，往东奔华山。

现在是陈俊峰家的房子，陈俊峰爱人胡自兰（图 373）说，原有正房五间，8 尺房岔，再南东西厢房各三间，足丈，厢房南面横砌一道砖墙，中间二门楼。二门楼前为前院，前院也东西有房，还有南倒座五间，中间为黑漆大木门。

现存的这座门楼（图 374），形如乡村的一座二门楼子，磨砖对缝，上部叠涩出檐，檐上有以砖打磨的方形椽头。顶起大脊，两端饰以旄头，分前后坡，上覆筒瓦。对开木门，门框及门墩均为木质。实际上，门楼

图 374　胡家店陈家老门楼（摄于 2018 年 6 月）

图 375　胡家店陈家门楼东侧墙垛上刻有“江水洞庄”四字（摄于 2018 年 6 月）

外形如房屋顶，分前坡后坡。两坡由阴阳瓦（即小青瓦）合成，顶部砌圆筒瓦，可称作清水脊门。门楼东墙垛东侧一块砖上刻着“江此水洞住”五字，又一块砖上刻着“江水洞庄”（图 375）四字。所以，村人所说江米洞过去叫“江水洞”，当源于此。

古　树

刘家店地区历史上古树不少，主要分布于庙宇、街头、墓地及山野，这就与寺庙建造、村人立庄、百年寿地和生产劳作等有关了。当然，这些几百年甚至上千年间长成的古树，比如丫髻山据说过去满山都是大松柏，历经战火、动乱等，大多今已无存。

现在，仅存古树 20 多棵，其中，古柏 6 棵，古槐 3 棵，老栗树 10 多棵。

常言道：园林好建，古木难求。这些仅存的古树，应很好地予以保护。

北店村古柏

北店村古柏，在村北。这里旧有道教庙宇五道庙，仅为一间，画有五道等神像，毁于 20 世纪 60 年代。

图 376 北店村五道庙前古柏（摄于 2007 年 5 月）

图 377 当时院门锁着，只得登梯子隔院墙拍摄这棵古柏，故未曾拍全（摄于 2018 年 8 月）

庙前东侧 1 棵柏树，为侧柏，1 搂多粗。庙毁后，村里在这里盖了 5 间库房。20 世纪 80 年代末 90 年代初，有村人暂在库房居住，并简单垒了院墙，古柏被垒院内（图 376）。2007 年 5 月，来村调查寺庙情况，并实地踏察，暂住之人告说花 1000 元买下柏树，编写《平谷寺庙志略》、《平谷古树名木图志》时便据述记载。

这次编写《刘家店史话》，村里有人帮助整理相关资料，对此言说并非如此。近年，又有村人在此盖了新房，古柏被盖院内。2018 年 5 月，笔者来拍古柏，怎奈院门紧锁，只得登着梯子隔院墙拍下这棵古柏，故未曾拍全，看去古柏保护得尚好（图 377）。

图 378　北店村中心古槐，两人搂抱不过来（摄于 2018 年 8 月）

图 379　北店村古槐（摄于 1988 年）

图 380　北店村古槐（摄于 2001 年 9 月）

图 381　北店村古槐（摄于 2007 年 5 月）

北店村古槐

北店村中间1棵大槐树，为国槐，2搂多粗（图378），树干有些糟朽空洞，树干下部生有凸出的树瘤。村里人说，这棵古槐大概300多年了（图379）。

据区园林绿化局《古树名木档案》记录：此槐初为二级保护古树，现为一级保护古树（图380，图381）。树龄300年，树高12.1米，胸径90公分。冠幅东西7.9米，南北10.5米。生长于北店村内，为官产，长势正常。2011年，仿真堵树洞。

北吉山村老栗树

图382　北吉山村西南老沟峪老栗树（摄于2018年8月）

北吉山村老栗树，在村西南1里多地的老沟峪，又称老鸹峪，里面又分3条沟，一条因有旧房岔子，便叫房子后沟，啥时候的房子村里人不知道，1949 年以前肯定就有了；一条叫大古峪沟，特别深，在龙潭上边；一条叫大拐子沟，在龙潭下边。

老沟峪里，分布着 10 来棵老栗树，一般 1 搂多粗，也有比这还粗者，大多树干已有腐蚀，甚至空洞，起码几百年了（图 382，图 383，图 384，图 385，图 386，图 387）。这样集中的老栗树群，区内不多见。

关于龙潭，有个美好的传说：老沟峪里面有个龙潭，很久以前，龙潭里住着一条小白龙，不知由于啥，小白龙走了，去了几十里外的密云。小白龙到那里行云布雨，为民耕耘造福，后来形成了密云著名的白龙潭风景区。鼎盛之时，乾隆皇帝都派官祭龙，为民祈雨。

据说过去只要丫髻山这边来

图 383　北吉山村西南老沟峪老栗树（摄于 2018 年 8 月）

图 384　北吉山村西南老沟峪一老栗树长出的大树瘿（摄于 2018 年 8 月）

图 385　北吉山村西南老沟峪老栗树（摄于 2018 年 8 月）

图 386　北吉山村西南老沟峪一老栗树主干劈裂，下面一个旧沙发，似是虚位以待来人（摄于 2018 年 8 月）

图 387　北吉山村西南老沟峪并长两棵老栗树（摄于 2018 年 8 月）

图 388　北吉山村西南老沟峪龙潭（摄于 2018 年 8 月）

人，白龙潭庙宇管事人就会知道，提前做好饭菜等着，说是白龙告知的，所以，密云流传着“娘家人来了”的说法。大旱时，刘家店地区的几个大村都会到白龙潭求雨。至今流传着“刘店求雨白搭功，万庄子求雨雨星星，北吉山求雨不走空”的说法。看来，这条从老沟峪走出的小白龙，对故地北吉山村还是有些偏爱的。

老沟峪的龙潭（图 388）常年有水，再旱也不干涸，滋润着过去这里住着的人以及人们栽下的这些老栗树。

东山下村古槐

东山下村古槐，在村西头老爷庙前东南侧。庙为一间，中间横砌一堵隔断墙，南为老爷庙，北为菩萨庙，毁于20世纪50年代。老爷庙前东南侧有1棵槐树，菩萨庙北面一边也有1棵槐树，都是国槐。庙前东南侧古槐尚存，2搂来粗，主干有些糟朽，树洞近年用水泥抹上了。2007年8月来村访谈，这里还是村委会，院不大，古槐茂密得简直遮蔽了整个院落（图389）。2018年8月再来，村委会早已搬迁。

图389　东山下村老爷庙前古槐（摄于2007年8月）

图390　东山下村老爷庙前古槐（摄于2018年8月）

图 391　一只小松鼠在老槐树上窜来蹦去，根本不顾忌人来（摄于 2018 年 8 月）

图 392　东山下村老爷庙前古槐（摄于 1988 年 9 月）

图 393　东山下村老爷庙前古槐（摄于 1990 年）

大铁门上着锁，古槐被锁在院子里，堆积着一些杂物，长势尚可（图390）。村人打开铁门，笔者进来拍摄，一只小松鼠在老槐树上蹿来蹦去，根本不顾忌人来（图391）。

据区园林绿化局《古树名木档案》记录：此槐为一级保护古树，树龄500年，树高14米，胸径89公分。冠幅东西15米，南北21.4米，长势良好（图392，图393）。2011年仿真堵树洞。

胡家店村邱家祖坟古槐

胡家店村西北有座北大庙，建有山门、前后大殿，毁于20世纪50年代。山门前边有2棵槐树，2尺来粗；前殿西侧有棵大柏树，2搂多粗。1947年土改中放倒，破板给每家打了一副木筲。前殿东侧有1棵龙爪槐，1搂多粗；后殿前有棵松树，2尺多粗。这些古树都已无存。

邱家祖坟古槐，93岁退休职工邱维三等人记得，村东北1里地是邱家祖坟，有1亩来地，以后又分四五处。祖坟北边有棵大槐树，四五个人才能搂过来（图394，图395，图396）。大槐树长了7个大树杈，都比大柁粗，一九八几年的一个夏天打雷，把一个大树杈给劈了下来。祖坟从北往南埋的，大槐树就在祖坟上头。

据区园林绿化局《古树名木档案》记录：此槐初为二级保护古树，后为一级保护古树（图397，图398）。树龄500年，树高15.6米，胸

图 394　胡家店村西北邱家祖坟古槐（摄于 2007 年 10 月）

图 395　胡家店村西北邱家祖坟古槐树干局部（摄于 2007 年 10 月）

图 396　胡家店村西北邱家祖坟古槐（摄于 2018 年 7 月）

图 397　胡家店村西北邱家祖坟古槐大树杈未折时全貌（摄于 1988 年）

图 398　胡家店村西北邱家祖坟古槐大树杈已折（摄于 1992 年）

径140.1公分。冠幅东西19米，南北16米，生长于胡家店村，为族产，树势正常。2011年，仿真堵树洞。

江米洞村老栗树

图399　江米洞村北老栗树（摄于2018年6月）

江米洞村北路边，江米洞山前，有棵老栗子树，两搂来粗。一个大主干，已空洞；旁边又斜生一小干，也有1尺来粗了（图399）。尽管如此，依然枝繁叶茂，每年结不少栗子。

王振安老人说，我83岁了，记得小时候栗子树就这么粗（图400）。村里人认为这老栗子树咋也有几百年了，也就意味着比江米洞立庄还早呢。

图 400　江米洞村北老栗树树干局部（摄于 2018 年 6 月）

松棚村崇惠寺古松

松棚村西有崇慧寺，相传建于金、元，兴盛于明代。清康熙六十年《怀柔县志》在“庙寺”中记载“崇慧寺，在县东松棚庄，今废。”至今遗址尚存，遗址上栽满了桃树。

过去庙里有棵大松树，据说连山门带大殿都给篷上了，所以俗称松棚寺，村也由此得名。明万历三十二年《怀柔县志》“景致”中记载：“松棚挽翠，在县东八十里。”列入了怀柔八景之一。清康熙六十年《怀柔县志》“杂缀”记载：“松棚庄崇惠寺，有古松甚大，浓荫广覆如棚，庄以此得名。明时有监军中贵许某爱其奇古，设朱阑以护之，并重修寺宇，游观日

图 401　怀柔八景之一“松棚挽翠”（王静画于 2014 年 5 月）

众。有欲将此松移献禁苑者，因其根盘结亩计，难于移取，乃止。今寺久圮，松亦不知斫伐于何时。惜哉！”

明代志书收录了提学御史戴仁、建德叶胜、巡关御史仪真马文卿3位写松棚的诗。“清霄独立大夫官，翠盖底重十亩宽”，“枝挽曲屈盘卧龙”，可大致想见松的情状。“从容问历几年纪，不知何代栽植始”，明代人都不知道这松树啥时栽的了。根据有关记载及诗意，笔者请平谷女画家王静为之作画一幅（图401），以为纪念。

万家庄村古槐

万家庄村村东北大庙，建有山门及前后大殿，毁于20世纪六七十年代。前殿前一边1棵大槐树，为国槐，各有1搂多粗，早已无存。

村里有棵古槐，为国槐，三四搂粗细，据说一立庄就有这槐树（图402）。粗大的树干，里边都空洞了（图403）。十多年前，大树正倚着一家后

图402 万家庄村古槐（摄于2007年8月）

图 403　万家庄村古槐空洞的树干局部（摄于 2007 年 8 月）

房檐，大树杈被锯掉了。空洞的大树干上部，长出了密麻麻的小树枝。2018 年 7 月，再次来村访谈，村里人说，大槐树老了，2016 年春天槐树南边那家盖房，钩机一碰，就倒了。这棵与万家庄立庄与发展紧密相连的古槐，就此从世间消失了。

行宫村古柏

行宫村古柏，在村东部街北。

74 岁村民李振齐记得，村里过去有俩小庙，都在村东部，分别叫上庙、下庙。上庙叫五道庙，在街北侧，略高的地方，庙后有棵大青杨，两人合抱不过来。1958 年“大跃进时期”，修辛庄子村南小河把大青杨放了，当过水桥，作明渠引流泄洪。下庙叫山神庙，在五道庙东南 20 来米处，略低的地方，庙前西南有棵柏树，1 尺来粗，现存（图404）。过去听老人说，密云石峨一人拉着驴来村里，随手把驴放当街槐树那儿了，结果驴把树皮啃了。村里人不答应，那人就给栽了棵小柏树，百十年了（图405）。71岁老村书记李庆福小时听爷爷说，过去行宫人横着呢，外边人惹不起，就因为给皇上家当差。

图404　行宫村山神庙前古柏（摄于2007年5月）

图405　行宫村山神庙前古柏（摄于2018年6月）

丫髻山道士墓古柏

丫髻山道士墓，在丫髻山北面大虫峪。

相传唐朝初年，丫髻山就有道士在山上结庐修炼，兴于元，盛于明清。丫髻山道教，属“正一道”分支“周祖灵宝派”，其谱系为“思道洞本重，明香克理忠。洪良居士显，一嗣永承宗。德大传家久，清修福泽长。世肇因衍庆，慈风蓬业祥。”丫髻山道士历代严格按照谱系传承，至新中国成立初期，共传至25代。道士们生前在丫髻山修行传道，羽化后就安葬于丫髻山后大虫峪中，当地俗称“老道坟”。

图406　丫髻山大虫峪道士坟东侧2棵侧柏（摄于2014年5月）

图407　丫髻山大虫峪道士坟东侧2棵侧柏（摄于2018年8月）

20世纪60年代初，建丫髻山林场，几十年了，今已松柏森森，遮天蔽日。林木中间近年修筑一条水泥路。在道士墓东边，路左右两侧有2棵大柏树（图406，图407），1尺来粗，形如一道柏树门，守护着道士墓地。

据区园林绿化局《古树名木档案》记录：此2柏为一级保护古树（图408，图409，图410，图411），树龄328年，树高分别为9.5米、

图 408　丫髻山大虫峪道士坟东侧南面侧柏（摄于 2001 年 8 月）

图 409　丫髻山大虫峪道士坟东侧南面侧柏（摄于 2018 年 8 月）

图 410　丫髻山大虫峪道士坟东侧北面侧柏（摄于 2001 年 8 月）

图 411　丫髻山大虫峪道士坟东侧北面侧柏（摄于 2018 年 8 月）

10.6 米，胸径 35 厘米、36.3 厘米，冠幅东西分别为 6.2 米、5 米，南北分别为 8.8 米、7.6 米，长势正常。2007 年，树下绿化。

丫髻山紫霄宫侧柏

丫髻山，坐落于北吉山村西侧，素有“近畿福地”之称，“北方泰岱”之誉，为北方道教胜地，京东名胜大观。

据村人回忆，丫髻山过去满山是大松柏树，得有好几百年了，一刮风呼呼山响。如回香亭院内就有很多大柏树，连坝墙外都是。丫髻山北面黄花岭建有真武庙，山门前生长着 1 棵大松树、1 棵大柏树，很高大。由于是长在山顶，早晨太阳升起时，据说松柏树的影子可遮荫到山北密云西邵渠那儿。丫髻山东麓瓦堂寺，建于东汉。瓦堂寺建有山门及前后大殿，山门前几棵四五十公分粗的大松树，前殿西房山处 1 棵直径 1 尺多的大松树。日

图 412　日本《唐土名胜图会》中所画丫髻山上有不少松柏树

图 413　丫髻山旧照（摄于 1942 年前后）

本人公元1802年所编《唐土名胜图会》中画有丫髻山图，图上画有不少松柏树（图 412），应该不会是完全凭空想象。现存1张摄于1942年前后丫髻山照片（图413），也可见山上有不少松柏树。这些古树均已无存，现在的满山松柏及诸多观赏树木为近年所栽植。

图 414　北吉山村丫髻山紫霄宫后院侧柏（摄于 2012 年 5 月）

丫髻山东侧山脚下紫霄宫，过去由前后四进院落组成，号称九道大门。前院为道士下院，正殿为经堂，第二进院落为过殿，第三进院落为一道平门，第四进院落当地人说曾设有皇帝宝座，即皇帝等上丫髻山朝山进香时休憩之所。近年进行修缮，分前后两进院落。前院由山门、转角房、东西厢房、过殿组成，后院由正殿、东西配殿等组成。

过去后院植有 2 棵大柏树，各有 1 搂多粗，早已无存。现在正殿前 2 棵侧柏（图 414），为 20 世纪 80 年代所植，直径已有七八寸了。

战　事

抗战时期，刘家店地区为共产党领导的抗日根据地，党政机关干部、八路军及各村民兵，坚持开展抗日活动。而日伪军大搞所谓“治安强化”，建立炮楼，挖所谓“治安沟”，烧杀抢掠，无恶不作。

在解放战争及抗美援朝中，刘家店地区人民也做出了重要贡献。

瓦关头战斗

笔者翻阅1981年北京市民政局汇编《北京市革命烈士英名录》“区县分册”，平谷册记载：

安生头，男，1917年11月生，万庄子村人，1938年3月27日参加革命，1938年8月27日牺牲于平谷县瓦关头，牺牲时任抗日联军战士。

这起码说明四点：一是 1938 年冀东抗日大暴动，平谷地区包括刘家店地区的人民是踊跃参加了大暴动的；二是安生头参加的是抗日联军，也就是李运昌等领导的冀东抗日联军；三是安生头牺牲地点是瓦关头，今天的大华山镇瓦关头村；四是安生头牺牲时间 1938 年 8 月 27 日，这应该是农历或旧历，即八月二十七日。瓦关头老人回忆为农历八月二十五日，即阳历 10 月 18 日，略有出入，但基本吻合。笔者曾整理过相关资料，今录此，以便世人了解这段历史的来龙去脉。

随着 1937 年“七七事变”爆发，8 月 25 日，党中央召开洛川会议，毛泽东主席全面分析了抗战爆发后的国内形势，主持制定了开辟华北敌后战场的计划，提出“红军可出一部于敌后的冀东，以雾灵山为根据地，进行游击战争”，冀东党组织准备发动一场规模巨大的抗日武装暴动。

1938 年 5 月，根据党中央指示，成立八路军第四纵队，挺进冀东，配合冀东暴动，计划创建冀东抗日根据地。“四纵”有 5000 余人，宋时轮任司令员，邓华任政委，于 6 月初，分两路由平西出发，经平北进入冀东地区（图 415）。

图 415　八路军四纵队挺进冀东

6月中旬，“四纵”到达密云、平谷、兴隆交界地区。17日，三十四大队一营摧毁镇罗营伪警察所，进驻南水峪，在大华山、熊儿寨一带活动。随后，三十四大队进驻熊儿寨、鱼子山地区。18日，“四纵”主力部队进攻兴隆县城，随即撤离。19日，打掉将军关、靠山集伪警察所，进驻将军关、靠山集一带，宣传和发动群众抗日。

7月19日夜，“四纵”三十四大队大队长易耀彩率部冒雨攻占平谷城，伪县长李永森、伪警察局局长车胤轩、日本顾问杏田慌忙从南城墙水沟洞钻出逃命，伪军500余人被俘。平谷城宣告解放。20日，成立平谷县抗日民主政府。同时，建立抗日救国总会，改平谷保卫团为平谷县抗日游击总队。8月23日，在伪蒙古军和伪满洲军进攻下，抗日政府转移到北部山区。

平谷城解放之时，正是冀东地区抗日大暴动的高潮之时。在党的领导下，滦县港北暴动、迁安岩口暴动等等，各地起义风起云涌。冀东西部，以蓟县为中心，也开始大暴动。胡香圃、卜静安、李友梅、刘向道等也暴动起2000余人的队伍，番号为平三蓟密顺游击总队，胡香圃、卜静安为正副总队长，李友梅任政治部主任，刘向道任参谋长，活动于蓟县西部、三河北部和平谷西南一带，不断打击敌伪统治，消灭汉奸。这时平谷人民的抗日斗争，已和冀东联系在一起，一场震撼华北的大暴动在冀东迅猛掀起。参加起义的民众多达20万人，组成抗日武装10万人，成立了冀东抗日联军。8月中旬，“四纵”与抗日联军在遵化铁厂镇会师。8月下旬，“四纵”党委、冀热边特委和冀东抗联各部负责人在铁厂镇举行会议，确定了建立、坚持抗日根据地的方针，决定整训队伍，成立冀察热宁军区，统一指挥起义部队。八路军“四纵”主力和冀东抗日联军先后攻克昌平、兴隆、蓟县、平谷、玉田、卢龙、乐亭等几座县城，占领过铁厂、兴城、三屯营、左家坞、汤家河、台头营、邦均等很多重要集镇，摧毁了遍布冀东农村的敌伪政权。

铁厂会议后，形势发生变化。宋时轮率“四纵”主力于9月上旬进军热河都山失利，又传来日军要大举“围剿”冀东的消息。9月中旬，“四纵”在迁安莲花院（今属迁西）召开党委扩大会议。会议认为，冀东交通方便，便于敌人调动，起义队伍成分又复杂且未经整训，青纱帐就要失去，主力继续坚持困难很大，因此做出把部队撤到平西整训的决定。留陈群支队坚持活动在丰玉遵地区，包森支队坚持活动在遵化以北地区，单德贵支队坚持活动在密平蓟地区，继续开展游击战争。会后，宋时轮率第三十一、三十二大队撤至潮白河以西。9月17日，邓华致电聂荣臻：冀东形势很难坚持，主张主力转到白河以西，地方武装则尽量争取拉到平西去整训。党中央、北方局、毛泽东、刘少奇同志和八路军总部以及晋察冀军区都曾来电拦阻，指出：“将冀东游击队大部拉到白河以西是很不妥当的计划，危险极大。”9月下旬，宋时轮从蓟平密地区电告邓华：敌人要分7路大举进攻，蓟平密也站不住脚，要求邓华率队西撤。10月上旬，八路军“四纵”党委与敌后河北省委及冀热边特委领导同志，在丰润县九间房召开会议，宣布“四纵”和抗联队伍全部西撤。

“四纵”和抗联队伍总计约5万人，从遵化经蓟县、平谷、密云山地，过潮白河向西转移。由于未经严密组织，部队未经严格训练，且值深秋，沿途更没有根据地依托，没有粮草准备，几万人沿着一条路线行进，衣食供应困难。再加上在没有严密组织的情况下，别妻抛子，远离故土，沿途又遭日伪军截击，抗日联军大部溃散，只一部随“四纵”主力进入平西。10月18日（农历八月二十五），走在后面

图416　冀热辽根据地的开拓者（左起）李运昌、刘诚光和包森，1941年在冀东

图417　瓦官头村坐落于一道山谷里，村西北一道山谷，里边现在是西牛峪，1938年时就在那里的茶叶山的地方，抗日联军死伤约600人（摄于2014年1月）

的抗联副司令员李运昌（图416）所带领的3万人到达平谷大华山、镇罗营一带，遭日军和伪满洲军截击。在瓦关头一带峡谷中（图417）与敌恶战一天，死伤约600人。抗联人员成批拖枪溃散，禁令不止。李运昌忆及此事，说“我带领的部队走在最后面，到了密云，部队怎么也走不动了。拉得太长了！结果与敌人在瓦罐头［清康熙六十年（公

元1721年《怀柔县志》‘卷二·里社’记载‘寅洞里’有‘瓦罐头庄’，民国三年（公元1914年）《密云县志》‘卷二之三·村庄’记载‘东南’有‘瓦关头庄’，今称瓦关头——笔者］打了一次恶仗。队伍上山后，敌人用炮轰。炮一响，新兵们就慌了，往一堆扎。打了一天，炸死、炸伤了600人。”

至今瓦关头村老人对这场战斗也记忆犹新：农历八月二十五这天，抗日联军从南面过来的，说是什么暴动，山里、村里都是人。日军在山梁上架着小钢炮，还有枪打，山上的梨树叶子哗哗地打下来，从上午一直打到下午。村里有小孩儿在一边傻乎乎瞧热闹，通讯员就喊：“快走，别瞧了！”在村西北那道山沟里，现在是西牛峪的茶叶山，具体说是东瓷盆子的地方，听说是墙子路过来的日军，在那里抗日联军被打死100多人。有个20来岁的战士，藏在村里五道庙（图418）内的供桌下，等到下午以为日军走了，就出来了，正巧日军在街上，被抓住，在村中间的戏台那儿给挑死了。

图418　大华山镇瓦关头村五道庙前古槐（2007年8月）

如果继续西进，将会有全军覆没的危险。在这紧急关头，李运昌、胡锡奎、李楚离等在樊各庄村召开抗联干部会议，讨论是继续西撤还是返回冀东的问题。经过两天激烈争论，分析形势，最后决定停止西撤，返回冀东，坚持冀东抗日游击战争。这就是冀东暴动后期极为重要的樊各庄会议。至此，冀东抗联西撤5万人队伍，除先头部队高志远部千余人和蓟县、遵化一带暴动队伍几百人随“四纵”主力到达平西以外，经过战斗伤亡和严重溃散，东返时只剩下6000多人。李运昌等率余部由平谷经三河、蓟县南部，绕道宝坻、玉田、丰润，至11月初返回到滦县的杨柳庄一带。时值日军大扫荡，李运昌部直属队最后只剩130人。李运昌曾回忆：“我军本来已经很疲惫了，又经过连日苦战，几乎到了山穷水尽的地步。几万人的队伍除到达平西的1000多人外，冀东保存下来的只有千余人（图419）。反‘扫荡’结束撤到迁西柳沟峪村时，又有许多人自动离去或回家潜伏。到最后，我一清点司令部直属队，仅有130人了。”

图419　参加过1938年7月冀东人民抗日武装大暴动的部分战士

西樊各庄村老人至今记得，当年部队有1万来人，东西樊各庄村家家都住人了，连小五道庙都住上了人。他们穿的衣裳不统一，使的枪也是啥枪都有，就是见面问答口令都一样。部队在村里住了3天，走时让各家的毛驴跟着驮伤员、驮东西等。过去都是个儿种地，家家有驴。这些村里人拉着驮运的毛驴，一般到三河一带就回来了。徐少堂等3个人，毛驴驮的是枪，大概到三河沿口附近的六百户时，遇上日军，被打死了。

无论如何，西撤使抗日严重受挫，而樊各庄会议决定返回冀东，保存了革命火种，继续坚持抗日游击战争。到达平西的同志经过学习整训，也很快回到冀东，开辟和建立冀东抗日根据地。

应该说，冀东大暴动震撼了日伪在冀东的统治，显示了人民的抗日要求和巨大力量，为建立冀热辽抗日根据地奠定了基础。

数个“最”难忘的经历

图 420　张自贵（前排右）旧照

1947年初，年仅15岁的张自贵[①]积极报名参加了中国人民解放军（图420），插上刺刀的枪与他矮小的身材比要高出一个头。跨三河、越昌黎，从白山黑水再挥师入关；战天津、打衡宝，入广东、战广西，再跨鸭绿江，参加多次战斗。从英姿少年到耄耋老人，充满了传奇色彩。忆当年峥嵘岁月，张自贵有若干个“最”难忘的故事。

46军里年龄最小的中共党员

辽沈战役开始后，张自贵所在的师负责攻打国民党部队驻守的高岭火车站。那晚恰好是农历八月十五，天上月光与地上火光交织

① 张自贵，刘家店镇胡家店村人，1932年2月出生，1947年6月入党。曾获得东北战役纪念章，抗美援朝纪念章。

互映如同白昼，负责冲锋打头阵的队伍里，张自贵所在的班有 3 名来自平谷的兵，另两位一个叫张财，一个叫张友，加上张自贵被称作“勇士三小张”。密集的枪火中，敌我双方伤亡都很大。冲锋的路上，眼看着张财倒下牺牲，张自贵负伤，敌人的子弹擦着脖子肉皮而过，顾不得擦洗伤口，与战友们身背炸药包率先冲进敌火车站的要塞部位。由于作战英勇，他被师部评为立功战士。而且因为在战斗中表现突出，他作为一名普通战士还火线入了党。营长金祥主动担任入党介绍人。那一年张自贵刚满 16 岁，成为当时部队里最年轻的中共党员。

挨饿时间最长的经历

在东北杨仗子战斗中，张自贵整整 8 天没吃到一粒粮食。杨仗子是一座深山峡谷，张自贵所在部队负责围堵撤退的国民党军，此处成了双方必争之地。命令虽下得早，但敌军迟迟未见踪影。军令如山，部队不能离开阵地，在死守的 8 天中，战士们的干粮早已用尽，而后勤供给都被卡在路上，只能就地用树叶、野草充饥。先吃树叶再啃树皮，能吃的野菜都被挖光了，实在饿得受不了，张自贵与战友们就吃棉衣里的旧棉花。脸水肿了，大便解不出来。其实附近就有可吃的玉米，但战士们严格遵守“三大纪律八项注意”这铁的革命纪律，宁可挨饿也不动群众庄稼。凭着难以想象的革命毅力，终于赢得了那场关键战斗的胜利。至今，张自贵老人仍在感慨：人民军队之所以所向无敌，凭的就是铁的纪律。

跑步冲锋时间最长的行军

在天津战役中，张自贵和战友们一连行军8小时，距离达120华里。天津战役是平津战役的一个重要组成部分，也是解放战争中一场重要的攻坚战。天津战役开始后，随着部队入关的张自贵，路过家门而不入。在攻打唐山的战斗中，四野部队首长林彪、罗荣桓亲自作战斗动员，要求46军必须在一天内赶到唐山外围。当时部队守防处离目的地的距离是120多里，行军完全是在跑步中进行的。连续8小时的跑步行军，负重50多斤的背包弹药，凭着惊人的毅力，部队提前到达指定位置。国民党军队苦心经营的天津防线，被四野将士24小时内攻破。

最激烈的战事

张自贵所在的46军，跨过了营口、锦州、长春，那一幕幕惨烈的场景仿佛如昨日，他至今还清楚记得打锦州城时，唯一的冲锋通道被敌人五六挺机枪死死封住，他们硬是从枪林弹雨中冲过去的！眼看着与自己一起冲锋的战友一个个倒下，他继续踏着倒下的战友向前冲。在女儿河战斗中，眼看敌人密集的枪弹在河水上打出水花，冒着冰冷齐胸的河水，他们坚持向前冲，眼睁睁看着中弹倒下的战士被河水冲走了。战斗中，多少战士成了无名英烈，河水是红的，大地是红的……

滴水成冰的最冷之夜

十月，那年东北大地已见冰霜。为了御寒，张自贵和战友们将行军背包改成棉大衣，冒着枪弹蹚过齐胸深的女儿河，一上岸湿透了的衣衫就迅速结成冰块，冻僵的胳膊回不过弯，只好敲碎冰凌继续扛枪行军。张自贵一双脚的外皮全部被冻脱落，手、脸、耳朵等突出部位全部冻肿化脓。长距离的行军，棉鞋供应不上，单鞋的鞋底早已破碎走光，他就用绑带捆住整个旧鞋，凭着这样修整后的鞋，继续前行继续战斗。时光虽已穿越数十载，张自贵受过严重冻伤的脚每逢阴天还会疼痛无比。

最湿热的体验

最热时的广东能让背包拧出水来。两广地区的气候春夏秋冬不明显，似乎只有雨季旱季之分。旱季，白天气温可达 40 度，这对于来自北方的战士又是巨大的考验，不要说行军打仗，就是平素也是难忍难熬，热的上不来气。在追击白崇禧部的战略大迂回中，身上的衣服像刚从水里捞出来的一样，背包湿得都能拧出水来。面对酷暑，许多战士下身溃烂，湿疹已成为一种不算病的病。怎么办？既然是毛主席的战士，就永远不能当孬种。张自贵自己发明了一种强身健体的方法，中午部队午休时，他就穿条内裤，净身躺在没有任何遮阴的大光石上裸晒。刚开始晒脱了皮，再晒，再晒，结果，铁皮似的肌肤适应了一切，身板就挺立强壮得像棵北方的青松。坚强的体魄，使战场上的张自贵如虎添翼。

最快乐的收获

张自贵一生觉得最快乐的收获就是参加了云南陆军军官学校培训，成为中国人民解放军的一名正式军官。1953 年初，张自贵跟随部队雄赳赳气昂昂跨过了鸭绿江（图 421）。当时，抗美援朝的战事已接近尾声。不到一星期，部队决定选派优秀士兵到云南昆明陆军军官学校专业深造，为国家军事发展充实将官级人才力量。张自贵光荣入列，4 年学成后升为正排级军官。

图 421　张自贵保存的抗美援朝纪念章

最幸福的事

图 422　张自贵与老伴叶德兰在家中小院留影（摄于 2017 年 5 月）

与如花似玉的好姑娘叶德兰结为夫妻，是张自贵最幸福的事。1958 年，张自贵已军转到松辽石油勘探局工作，经人介绍认识了大华山的叶德兰。如今，四个儿子均已成家立业。很难述说清楚的多种原因，让他举家从东北大地回到了家乡故土。难忘乡愁，可能是最好的解释。

如今，儿孙绕膝，阖家团圆，张自贵老人很知足（图 422）。尤其想起那些牺牲了的战友，更是知足不已。他说，自己的身体虽落下了许多毛病，日子也有些拮据、困难，但是，今天的好日子跟战争年代没法比。

口述：张自贵

整理：王振国

选自 2017 年 6 月《老党员见证》

从解放战场到抗美援朝的战斗历程

土改复查后，1947 年 6 月 28 日，冀东区党委和十四地委四区在后北宫村召开参军动员大会，各乡村掀起“保卫土地，保卫家乡，保卫胜利果实”的参军热潮。那时候参军的年龄段为“下至十八，上至四十五”，那年龚士俊[①]年仅 17 岁，也报名了。民兵队长说：你个子这么矮，还没有枪高，怎么行？龚士俊说：个头矮，就不长啦？民兵队长说：你为啥非得去当兵？龚士俊说：在家还不是受伙会的气，不如去当兵。龚士俊说得一点不假，就在前些日子，一群伙会围了村，把村里 20 多头牛抢走了，还放火烧房。民兵队长看他坚决，就说：你就算一个吧。那次报名参军，一个村去了 30 多人，整整一个排。

区委书记领着新入伍的战士到了顺义改编，青壮年都去了参战部队。瞧龚士俊个头矮，一位首长问：你几岁啦？龚士俊说：17 岁啦。首长说：你就去吹号吧。龚士俊说：在家，我连喇叭都没吹过，咋吹得响军号？首长问：你识字吗？龚士俊说：识字。首长说：写你的村名和名字看看。说着就从上衣口袋掏出一支钢笔。龚士俊接过笔就写，一看，纸上光秃秃，不出字。旁边有人提醒：你还没摘笔帽呢。龚士俊仔细一看钢笔，派克牌，挺高级，拧下笔帽就写了：刘家店，龚士俊。

① 龚士俊，刘家店村人，1930 年 1 月出生，1949 年 7 月入党。

图 423　龚士俊戎装照

首长看了说：好，你去站那一边吧。那一边已站了 20 多人。有个大高个把他们领到了供给处。自此他参加了培训队，这是专门负责司务长和后勤人员培训的。经过几个月的培训，这 20 多人有的分配到密云支队，有的分配到平谷县大队。龚士俊被分配到独立五师卫生部。那时候，卫生部有两个司务长，他负责后勤（图 423）。一天他去卫生部伙房看看，看到门口有个兵，他就给那个兵行军礼。那个兵马上还礼说：你咋给我敬礼，还管着我呢，我是后勤的。在卫生部干了一段时间，他又被分配到独立五师的一个团当供给员，专门负责被褥军鞋的筹集工作。

打的第一仗是攻打密云城。参战的有独立五师，还有密云支队。攻城开始后，龚士俊等后勤人员跑前跑后，一刻不停。前方打得英勇，后方保证供应。就在打得最激烈时，传来消息，国民党部队来了援兵。因为攻城部队没有重武器，为避免损失，就主动撤出了战斗。

还有一次，部队向山西大同进发，急行军距离大同只有三四十里了，通讯员骑着快马追过来送信，传达命令说：停止前进，往回急行军。部队往回赶，又坐了一段火车，到达了北京西门，与其他部队一道把傅作义的 35 军包围了。35 军军长姓郭，一脸大麻子，外号郭大麻子。龚士俊所在部队作为进攻的二梯队，埋伏在外围。

有一天下午，国民党军飞机在上空盘旋着，战士们紧急卧倒隐蔽，都纳闷：飞机扔下炸弹咋没爆炸呢？等飞机飞走了，一看，扔下了不少的大米和饼干，让部队好好改善了一回伙食。原来飞行员看错了眼，把解放军的部队看成了他们的部队。

部队休整了一段时间，准备打大仗。就在部队积极备战时，传来消息，北京和平解放了，战士们欢呼跳跃。

部队又进军太原，准备攻打太原。龚士俊所在部队到达时，徐向前已经指挥部队把太原包围了。有个地方叫野山峪，攻击部队遇阻，部队调来大炮，用大炮轰。原来这儿在日本鬼子占领时期，挖有暗堡暗道，十分坚固，还有残留的日本鬼子兵在国民党部队里。守敌看解放军攻势凶猛，就从暗道撤回了太原城里。

打下了太原，部队向西北进发。在兰州附近有座马家山，是蒋介石的马万奎部队驻守。敌人挖了一人多深的战壕，部队攻入战壕里，不知道从哪儿又钻出来不少敌人，手举大刀乱砍。部队用大炮轰，把马万奎部队打败了。原来这儿也在日本鬼子占领时期，修有不少暗堡，通到庄稼地里。溃军往兰州城逃去，部队在后面追，见到壕沟里有不少敌人扔下的枪支。

兰州守城的敌军想过黄河大桥逃跑，不想解放军有两个旅埋伏在那儿，敌人一过大桥，枪炮齐鸣，敌人拥挤在大桥上，不少敌人跳下大桥逃命，死的死伤的伤。这一仗打得敌人晕头转向，溃不成军。

部队又奔向解放宁夏的路途。敌人有支部队想阻击我方部队进发，可一交火，就仓皇而逃。敌人兵败如山倒，逃向了银川，部队快速追击。夜里，天黑得伸手不见五指，也不准点火把，抹黑行军前进。龚士俊所在团二营，在急行军中，天快亮时一清点人数，有个班多了两个人。班长一看穿的衣服，与解放军穿的衣服不一样，马上领着一班人把这两个人围住了，一审讯，原来是敌人部队的两个兵，糊糊涂涂误以为是自己的部队了。二营抓住了两个送上门的俘虏。

攻打下银川，宁夏解放了。部队驻扎在红旗桥。上面传来消息，大西北解放了！解放军站住了脚跟，扎下了根。

1950 年 12 月，部队接到命令，坐火车，到了山东。离济南不远，部队做了休整。这时候，朱德总司令接见了团以上干部，对抗美援朝下达了重要指示。部队到达安东，看到美国飞机常在上空飞转。

1951 年 2 月，部队入朝作战。之前，一个部队有一名懂朝鲜语的同志做翻译。入朝，天气好冷，把土层冻成厚厚的冰。部队夜里行军，白天隐蔽在树林里休息。敌人的飞机说来就来，飞得低低的，树梢那么高，战士们隐蔽望着敌机。一次，美国飞机来轰炸，飞得太低，能看到飞机上的人。在山涧里，两边都是山，一架飞机爬高，一下子撞到了山崖上，当场起火。

1951 年 4 月 22 日至 6 月 10 日，第五次战役打响。那时候，战场分西线、中线、东线。龚士俊所在部队在西线作战，部队接到命令，突破临津江攻占 257 高地。龚士俊所在部队的任务是架设浮桥，侦察员侦查好地址，工兵夜间架桥，浮桥架在水面下。志愿军装备落后，敌机常常把浮桥炸断。

在西线作战中，龚士俊所在营接到打穿插的任务，尖刀连在漆黑的夜间，走到一处十分险峻的隘口，山道两边是山崖，前面又有一座小山包阻拦，一名战士在道边撒尿时，突然脚下踩到一团软绵绵的东西，以为踩了地雷，轻轻拔起脚，原来是一团降落伞。连长名叫曹光友，是个大高个子，他马上机警地意识到，附近埋伏着敌人的伞兵。他命令连队战士不准吱声，快速抢占前面的小山包。果然，敌人空降兵就埋伏小山包上，双方展开了争夺肉搏战。我方后面的两个连立即增援，打破了敌人埋伏。这次战斗后，连长曹光友提升为营长。

第五次战役经过50余天，敌人倾泻了大量的炮弹，把山头烧成了焦土，削平山头好几米，可我军硬在坑道里坚持。一次敌机来轰炸，一匹白战马惊了，暴露了目标，敌机在山头轮番轰炸。团部设在一个山洞里，一颗炸弹就落在山洞前面。有个战士说：这颗炸弹再靠近一点点，可就险了。

一次，龚士俊与后勤处的几位同志一道去平壤领军事物资，有弹药、大米和蔬菜等，赶着胶皮轱辘车，夜间走到半路上，遇到了敌机轰炸。敌机先是扔照明弹，他和战友们赶紧隐蔽到树林里。到了平壤，在领取物资时，敌机又飞来了，炸弹就像刮风似的嗖嗖地落下来，着地就爆炸。后来听说，敌机这次是来轰炸俘虏营地的。敌人连自己部队被俘虏的兵都炸，一点人道也不讲了。回来的路上，走到一座大桥上，敌机又飞来了，扔下不少炸弹，还好没人受伤。

第五次战役，英勇的中国人民志愿军在极其艰苦的条件下对敌作战，缴获和消耗了敌人大量物资装备，迫使敌军转入了战略防御，三八线初定，双方展开了谈判。

龚士俊所在部队接受了保卫我方谈判代表团的任务，驻扎在开城。双方谈判就像拉锯战，打打谈谈，谈谈打打。1953 年 7 月 27 日，抗美援朝战争的最后一次战役胜利——金城战役结束。就在这一天上午 10 点，历时 747 天的板门店谈判终于画上句号，朝鲜停战协定正式签字。7 月 28 日上午 9 点 30 分，中国人民志愿军总司令彭德怀在朝鲜停战协定上签字。彭德怀签完字后，留下一句名言："帝国主义在东方架起几门大炮，就可以征服一个国家一个民族的历史一去不复返了！"

不久，龚士俊所在部队回国。回国后，每个军选派两个人到军委后勤学院学习（图 424），专门学习后勤管理知识。龚士俊有幸被选

图 424　1959 年 1 月，后勤学院军需系第四期五组毕业合影（中间排左一为龚士俊）

图 425　龚士俊在家中（摄于 2017 年）

中，到后勤学院报到，才知道海陆空各兵种都选派了学员，要求初中以上文化程度。可龚士俊只念了几年学，小学都没有毕业。文化水平低。学院领导说：来了就别走了。学院把文化水平低的人员组织起来补课，办了个速成班，不久转入正规系统学习。龚士俊被分配到军医系，重点学习各兵种身体营养搭配，需要的热量等等。四年的专业学习，积累了知识，增长了见识。毕业后，由总政治部分配，到石家庄陆军学院工作，同时分配到那儿的还有另外一位学员，叫恭建，与龚士俊的姓同音不同字，是学财会管理专业的，东北人。以后龚士俊任学院部助理员，由于工作成绩突出，由北京军区司令部颁发任命书，提升为副营级，大尉军衔。1963 年转业，在家乡平谷参与了西峪水库、黄松峪水库、海子水库以及峪口鸡场的建设，为社会主义建设事业做出了新贡献（图 425）。

口述：龚士俊

整理：于建国

选自 2017 年 6 月《老党员见证》

八路军和干部、村民的抗日活动

北店村

86岁老村书记任志合（图426）说，抗战时期，村里有个赵荣升，早先念书，后做地下工作，化名赵秀芳。刘庆全，化名山水，到部队改名刘清泉，在辽沈战役牺牲。辽宁有座辽沈战役纪念馆，纪念碑上刻有他的名字。

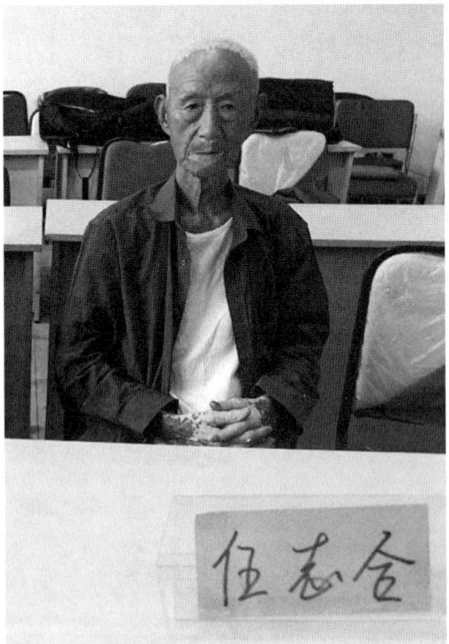

图426　86岁老村书记任志合（摄于2018年7月）

村里有个老太太，骑着毛驴去大华山炮楼给鬼子送信。岳广森是老百姓，在后边给赶脚。正到大峪子，被装扮成鬼子模样的八路军截住。老太太以为是日本鬼子，就下了毛驴，把头发抖喽开了，从后面的冠子里头拿出一封信来。八路军一看信关系重大，就把老太太领到团部。经审问，老太太因给鬼子送信，被处死。又问岳广森，说他啥也没干，是抓来赶脚的。一看与送信没关系，就把他放了，并告诉他别回去，先上亲戚家躲几天。他就去后北宫村亲戚家躲了两三天，就回家来了，以为没事了，结果被鬼子抓到前吉山炮楼地窖里，过几天被挑死了，死时 30 多岁。

1981 年北京市民政局汇编的《北京市革命烈士英名录》“区县分册”平谷册记载：

岳广发，男，1927 年 12 月生，北店村人，1946 年 8 月参加革命，1947 年 1 月 9 日牺牲于通县永乐店，牺牲时任独立三十六团三营七连战士。

刘清泉，男，1921 年 9 月生，北店村人，1947 年 5 月参加革命，中共党员，1948 年 10 月牺牲于辽宁省朝阳县，牺牲时任六十五军一九三师排长。

北吉山村

91 岁老生产队长刘长全（图 427）说，我老伴陈玉莲黑夜点着煤油灯，给八路军做鞋做袜子。窗户蒙上被窝，挡着外面瞅不见亮儿，怕鬼子发现。村里也有被鬼子灌凉水的，一下想不起名儿了。

图 427　91 岁老生产队长刘长全（摄于 2018 年 10 月）

75 岁老赤脚医生李信说，贾德显，在前吉山南庄头鬼子炮楼里给鬼子做饭。还雇一个往里边挑水的，一天挑七八缸水。鬼子要去哪儿有啥活动，就写个纸条给挑水的，把消息传出来。炮楼周边这些村庄基本没出过大事儿，都提前做了准备。贾德显当时 20 多岁，1947 年当兵入党，后来回来当了村干部。

东山下村

87 岁老村副书记郭天福（图 428）说，抗战的时候，村里民兵有 5 支枪。八路军来这边活动，一来就奔东山下，这庄就是八路军根据地。丫髻山有鬼子炮楼，离咱这儿 1 里多地，八路军在这边朝炮楼打枪，鬼子就朝东山下打。村里民兵黑夜送情报。北吉山贾德显在丫髻山炮楼里给鬼子做饭，实际给咱们办事儿，炮楼里有啥情况，及时送出来。

前吉山一个特务叫李茂林，北吉山一个特务叫庞河，这俩特务最安摞了，最后让北店的八路军干部岳广文给治了。一天，咱这边人把他俩请到一个地方吃饭，实际不是请他们，早把人预备好了。在一个小屋，俩特务坐炕上的桌子对面，手枪都在桌子上搁着。俩小伙儿往上端菜的时候，一人搂一个，上来人把他俩就给捆上

图 428　87 岁老村副书记郭天福（摄于 2018 年 7 月）

了。带着两个特务从凤落滩东山坡，到我庄儿东山梁儿，弄到江米洞东边小峪子后沟，把俩特务就给埋了。还有一回，有个张警长和两个特务，八路军给捉住了。张警长给八路军送过情报，就给放了，俩特务给砸死了。俩特务没了，鬼子也找，问张警长，后来张警长也死于日本人手了。

1981 年北京市民政局汇编的《北京市革命烈士英名录》“区县分册”平谷册记载：

张德福，男，1927 年生，东山下村人，1946 年 10 月 10 日参加革命，1947 年 5 月 22 日牺牲于密云县高各庄，牺牲时任顺义县八区区小队战士。

凤落滩村

88 岁老村会计李宝山说，过去村里人给八路军送信。前吉山就有鬼子盖的炮楼，地下活动很困难。

胡家店村

1981 年北京市民政局汇编的《北京市革命烈士英名录》“区县分册”平谷册记载：

邱维祥，男，1907 年生，胡家店村人，1943 年参加革命，中共党员，1945 年 8 月牺牲于密云县令公村，牺牲时任冀东十四军分区十三团二营五连排长。

刘贵，男，1923 年 11 月生，胡家店村人，1947 年 4 月参加革命，中共党员，1948 年 2 月 23 日牺牲于辽宁省张县，牺牲时任四野九纵队二十五师七十四团六连班长。

赵德全，男，1921 年生，胡家店村人，1947 年 9 月牺牲于密云县太保庄，牺牲时任平谷县胡家店村民兵队队长。

邱维田，男，1910 年生，胡家店村人，1947 年 9 月牺牲于密云县太保庄，牺牲时任平谷县胡家店村民兵队副队长。

安来方，男，1924 年生，胡家店村人，1947 年 9 月牺牲于密云县太保庄，牺牲时任平谷县胡家店村民兵队民兵。

杨润春，男，1930 年生，胡家店村人，1947 年 6 月参加革命，1948 年 3 月牺牲于辽宁省锦州，牺牲时任四十六军一三八师四一二团三连战士。

江米洞村

85 岁老村会计陈希增说，抗战时期，我们家经常住八路军，尤其是伤病员。有一年过年那天，在大门口插着五色旗，并开始贴对子了，八路军就悄悄住南倒座里。这时，鬼子从大华山要到丫髻山，就从这门前过。鬼子有 6 个马队，大概是一看插着五色旗，以为是为他们插的，是迎接他们的，又见贴着对子该过年了，就没进来。如果进来，南倒座藏着的八路军就往外扔手榴弹。那天好悬戏了，鬼子知道你这儿藏八路军，这房子还不早晚给烧了。

孔城峪村

68岁退休职工张国彬说，我父亲张贺是村干部、党员，一天，见村外跑进2个小八路，后边有鬼子追。没容多想，父亲马上领他俩进山洞里了，就是过去采金的掌窝。等天黑了，鬼子没找着就走了。父亲带着俩小八路上家吃点东西，他俩一天没吃啥了。父亲问他俩从哪来到哪去，他俩说是与部队跑散了，要到顺义那边找部队去。我父亲送他们到顺义那边，父亲回来的时候都后半夜了。俩小八路临走的时候说，只要我俩还活着，今后一定报答您来，可一直也没回来。

74岁老村副书记、赤脚医生李向林（图429）说，有个翻译官叫王玉山，东北人，在丫髻山炮楼当翻译，翻译官老丈人是万庄子的。孔城峪和万庄子两村民兵在万庄子抓住他，到村西尖顶子给活埋了。鬼子怀疑是不是孔城峪人干的，也只是怀疑，没有真凭实据，虽说来村里找好几回，可也没找到。后来村里人怕鬼子找到，又扒出来，砌进一个坝墙里了。

图429　74岁老村副书记、赤脚医生李向林（摄于2018年7月）

1981年北京市民政局汇编的《北京市革命烈士英名录》“区县分册”平谷册记载：

韩秀文，男，1924年8月生，孔城峪村人，1944年6月参加革命，1945年7月27日牺牲于顺义县，牺牲时任冀东十四军分区十六团战士。

李仲，男，1927年生，孔城峪村人，1943年7月参加革命，中共党员，1948年牺牲于河北省三河县赵家庄，牺牲时任四十六军一三六师四〇八团一营二连排长。

刘家店村

89岁退休干部龚庆同（图430）记得，大概在三几年，鬼子刚到密云太保庄，这是第一次，那时丫髻山还没有鬼子。据说是从陕甘宁还是哪儿来的八路军，在这一带发展活动。有个18岁的战士，拿一把手枪，到龚庆增家，从后房檐一蹿就上去了。还有一个八路军战士，50多岁，也带着手枪。两个人发展武装组织，组织民兵打日本。村里第一批民兵，有刘汉武、龚庆峰、李茂林、王福才、张永

图430　89岁退休干部龚庆同（摄于2018年7月）

德、韩双喜、龚庆良等8人。这年7月，高粱刚没人，日本人到太保庄住下了。这8个民兵就过去了。太保庄南边有三间房，叫茶棚，过去也是住人的饭店，从茶棚到太保庄有1里多地。民兵有个土炮，1米多长，十几公分粗，铸铁的。两个人抬到茶棚，往北一支，就打了一炮。炮一响，鬼子就知道了，就向这边打枪。这8个人赶紧顺着高粱地就往南撤了。

85岁退休职工赵印斋说，1944年夏天，鬼子进犯万庄子，路过刘家店。怀柔四区区小队十几个人，在刘家店北庄头杨树行子打埋伏。一人打一枪，打伤了一个鬼子。鬼子把机枪支上一打，这边趁机早撤了。

1981年北京市民政局汇编的《北京市革命烈士英名录》“区县分册”平谷册记载：

李茂林，男，1921年生，刘家店村人，1944年参加革命，1945年6月牺牲于平谷县东高村，牺牲时任冀东十四军分区十三团副班长。

陈柱廷，男，1901年生，刘家店村人，1937年参加革命，1938年牺牲于通县，牺牲时任平谷县丫髻山抗日干部。

赵天满，男，1897年生，刘家店村人，1944年4月7日牺牲于平谷县丫髻山，牺牲时任平谷县刘家店村民兵。

龚庆丰，男，1924年生，刘家店村人，1939年参加革命，1941年牺牲，牺牲时任冀东十四军分区十三团战士。

张永德，男，1922年生，刘家店村人，1944年5月参加革命，1945年牺牲于平谷县刘家店村，牺牲时任冀东十四军分区十三团战士。

龚志有，男，1927年4月生，刘家店村人，1947年1月11日参加革命，中共党员，1948 年牺牲于平谷县赵各庄，牺牲时任独立十旅三十四团战士。

前吉山村

85 岁老村会计刘明（图 431）记得，抗战的时候，在村南现在村委会南公园的地方，鬼子修一座炮楼。周边天天后上打枪，是区小队和民兵，骚扰鬼子，让鬼子不得消停。抗战胜利后，把炮楼就烧毁了。

1981 年北京市民政局汇编的《北京市革命烈士英名录》“区县分册”平谷册记载：

刘林，男，1923 年生，前吉山村人，1943 年参加革命，1945 年 8 月牺牲于平谷县苏子峪，牺牲时任冀东十四军分区三十三团三营八连战士。

图 431　85 岁老村会计刘明（摄于 2018 年 6 月）

刘春，男，1926 年生，前吉山村人，1946 年 8 月参加革命，1947 年 6 月牺牲于河北省武清县，牺牲时任冀东十四军分区三十六团三营八连战士。

刘加元，男，1931 年生，前吉山村人，1947 年参加革命，1949 年 8 月牺牲于湖南省，牺牲时任四十六军一三八师战士。

谢奎奉，男，1924年9月生，前吉山村人，1947年6月参加革命，1948年11月牺牲于天津市，牺牲时任四野第八纵队战士。

刘泉启，男，1925年生，前吉山村人，1949年5月参加革命，1954年牺牲于中南军区，牺牲时任中南军区第三营建委员会战士。

松棚村

85岁老村大队长刁长智（图432）说，当时八路军、地下党，都是黑夜悄悄来，白天就走了。

1944年，焦春、刁久恒俩人同一天参加八路军，刁久恒在顺义白塔兴庄与鬼子打仗牺牲了。焦春是干部，一次，听说有敌情，转移中不小心枪走火，打在了自己的脚后跟，伤口发炎也去世了。

图432　85岁老村大队长刁长智（摄于2018年6月）

1981年北京市民政局汇编的《北京市革命烈士英名录》“区县分册”平谷册记载：

刁久恒，男，1924年生，松棚村人，1944年7月参加革命，1944年8月牺牲于顺义县白塔辛撞，牺牲时任冀东十四军分区十三团战士。

焦春，男，1924年生，松棚村人，1943年6月参加革命，中共党员，1947 年 9 月牺牲于平谷县黄松峪，牺牲时任平谷县治安队公安副局长。

焦瑞，男，1921 年生，松棚村人，1946 年 7 月参加革命，1946 年 9 月牺牲于平谷县，牺牲时任冀东十四军分区十三团班长。

万家庄村

93 岁老生产队长景启恒说，我十几岁的时候，看街口、站岗，黑夜八路军来，白天鬼子也来。八路军、民兵挖公路、埋地雷。我们在南山上放哨，鬼子一出炮楼，就喊："鬼子出来喽！"村里人赶紧跑反。村干部、民兵，先后捉住 2 个特务，给埋了。过去咱村很多做金子的，鬼子经常过来要金子，不给就打死。

92 岁老村治保主任刘长发（图 433）说，我见到过单德贵，从咱村路过，我看见的。他是中溜个，胳膊长，到膝盖。

图 433　92 岁老村治保主任刘长发（摄于 2018 年 7 月）

1981 年北京市民政局汇编的《北京市革命烈士英名录》"区县分册"平谷册记载：

陈生，男，1917 年生，万庄子村人，1937 年参加革命，1939 年 11 月牺牲于河北省兴隆县九拨子，牺牲时任平三蓟游击队班长。

李小全，男，1919年生，万庄子村人，1937年10月参加革命，1941年牺牲，牺牲时任平三蓟游击队战士。

安生头，男，1917年11月生，万家庄村人，1938年3月27日参加革命，1938年8月27日牺牲于平谷县瓦关头，牺牲时任抗日联军战士。

赵继才，男，1919年生，万家庄村人，1937年参加革命，1937年9月牺牲于顺义县张村，牺牲时任平谷县五区小队二连二排战士。

赵继田，男，1921年生，万家庄村人，1943年11月参加革命，1945年8月牺牲于热河，牺牲时任冀东十四军分区十三团战士。

李明瑞，男，1906年生，万家庄村人，1940年5月3日参加革命，中共党员，1942年9月10日牺牲于顺义县小西念头，牺牲时任老十区游击队二大队排长。

张太，男，1927年生，万家庄村人，1947年5月参加革命，1948年12月牺牲于辽宁省锦州文家地留子，牺牲时任四野九纵队二十七师七十九团特务连战士。

刘德发，男，1921年生，万家庄村人，1947年1月参加革命，1947年6月牺牲于平谷县黄松峪，牺牲时任冀东警备一团战士。

刘长贵，男，1929年生，万家庄村人，1947年5月参加革命，中共党员，1951年10月30日牺牲于朝鲜澳德里，牺牲时任六十七军二〇一师战士。

注：根据《平谷革命史》等书所记，1943 年 7 月，随着抗日根据地的巩固和扩大，冀热边特委做出“县划小，区划大”的决定，将平三密联合县划为两个联合县，北部原平三密联合县三区连同滦承兴办事处所辖大小黄崖区域，划为承（德）兴（隆）密（云）联合县；南部将原蓟（县）宝（坻）三（河）联合县盘山地区划入，成立平（谷）三（河）蓟（县）联合县。

赵继才 1937 年 9 月的牺牲时间及牺牲时在平谷县五区小队二连二排，值得研究。那时平谷地区的抗战还没开始，不大可能有五区小队以及区小队下还有连排等。

辛庄子村

84 岁老村书记赵俊臣说，抗战时期，平谷四区区公所，设在现在村水塔西边赵俊山家那地方，区长是芮宗元，民政助理李同。

北京大学地球物理系 61 届 2 班学生来辛庄子搞社会主义教育运动，编写了一本《辛庄子村史》，时间为 1964 年 5 月，记述了在共产党领导下，八路军、地方干部及民兵的抗日活动（图 434）：

徐凤武，很早就和地下党组织取得了联系，做了八路军办事员。“老龙飞”，是这一带人送给他的化名。在党的领导下，他发动群众，与鬼子斗争，鬼子拿他也没办法。

1941 年，辛庄子秘密成立了村政权组织，徐洪德、张宝贤、张宝祥、张德明、张德海等就是当时的村干部。组织自卫队，站岗放哨，

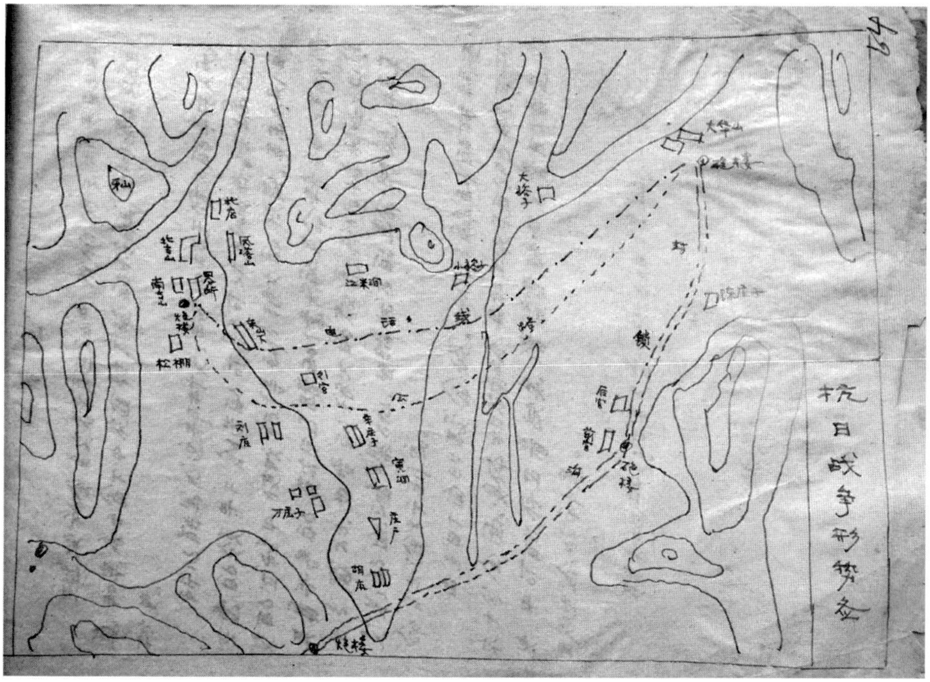

图 434　1964 年 5 月北京大学学生编写的辛庄子村史所绘抗日战争形势图

监视鬼子动静，配合八路军，不断打击敌人。

1942 年，辛庄子党组织建立，徐凤武为全村第一个党员，由寅洞的马仲明介绍入党。

1943 年，辛庄子正式建立村政权组织，徐凤武任村长，下设武装委员、战勤委员、粮秣委员，公开组织人民和敌人斗争。自卫队也发展为民兵，徐洪启为队长，接受党和八路军领导，配合八路军自卫斗争。

还是鬼子第一次进村的时候，1938 年六月初九，鬼子撤出村子时，把给养放在地主张纯茹家。八路军闻讯赶来，三十几个人，一个个都是庄稼汉出身，穿的是破褂子，脚上穿着黑布鞋，扛着大枪，腰里系着二三个手榴弹。一进村就和乡亲们打得火热，大娘、大嫂地叫得挺亲切。大家忙着喂牲口，搬给养。傍晚，在徐洪启、王书香、张纯友、王相等 12 人的掩护下，长长的一队就向南水峪进发了。一袋袋的大米、一箱箱的罐头、糖等，没放一枪一弹，就弄到自己的手里。

这以后，八路军常来活动，弄得鬼子晕头晕脑，恨之入骨。常常为了追赶一两个八路，就出动大队人马，但总是扑空。

八路军是人民子弟兵，为壮大力量，在这一带开展扩军活动。徐凤武反复和大家说明参军的意义，多年的老长工张福祥第一个报名。1940 年，张福祥、徐洪启等人先后参加了八路军。

那时，群众自发地支援八路军的活动，给八路军带路、送情报、掩护干部等等。每逢鬼子追赶八路军，老乡总是想尽办法掩护，明明是往西走了，就偏说是往东走了，骗鬼子。

1939 年初夏的一天，已经夜里十一二点了，八路军一个排到克头执行紧急任务，路过辛庄子。天黑路远，何队长带着几个战士进村，找到张宝田，要他带路。张宝田二话没说，穿上衣裳，带着八路军走了两个多小时，到达了克头。

1942 年 7 月的一个中午，寅洞胡德发、万庄子李明贺和本村徐凤武，正在宝瑞家开会，研究如何更好地组织群众，支援八路军，深入开展对敌斗争。突然，鬼子进村搜查，从北往南，来势之急，使放哨的来不及报告。一发现鬼子，胡德发、李明贺赶紧从后墙跑了。而鬼子看到有人跑了，就开火。那时破宅连院，两人一拐弯儿就不见了。

另外两个鬼子闯进院里，徐凤武想跑也来不及了，就赶紧把钢笔扔到灶火里。鬼子先是问“马猴子的有？”即有没有八路军。随后指着徐凤武问：“你是什么的干活？”就在这时，宝瑞媳妇镇静地回答：“是我老爷么！”即是当场认徐凤武是她的丈夫，从而骗过了鬼子，掩护了村干部。徐凤武是村办事员，鬼子搜庄，曾3次跳到井里，死里逃生。

辛庄子广大妇女，争相为八路军做军鞋、军衣、军袜，常常做到深夜。而鬼子、汉奸也经常冒充八路军，来村敲诈。一次，特务王大舌头带着一帮爪牙，冒充八路军闯进了庄，要军衣和军袜，被王书香一眼认出来。王书香挨了十五六个大嘴巴子，甚至冒着被活埋的危险，也没有交出一双鞋、一双袜子。

各村民兵在党的领导下，展开拉锯战，平壕沟，挖公路，割电线，砍电杆。白天在鬼子刺刀下忍着挖沟，一到天黑，各村的人都成群结队偷偷来到工地，把白天挖的沟填平。白天给鬼子送情报，就说是八路军填的，鬼子也奈何不得。村里党组织带领大家，把公路上挖了横七竖八的大沟，鬼子的汽车、马车都过不去了。鬼子的电线被割，电杆被砍，使敌人的通信中断。往往白天干活就看好位置和周围地形，夜里就拿斧子、锯、剪子、钳子、镰刀等，砍电杆，割电线。割来的大捆大捆电线，就扔到井里。搞得鬼子没办法，就抓人夜里看着。这样，看着的人一边看一边割一边锯。第二天再去报告，说夜里来了大批的八路军，满山遍野都是。鬼子不信，可又没办法。而我们自己，每天在山头、山坡、高岗，都有一个民兵。只要一发现鬼子出动，头一岗一喊，就一岗喊过一岗，一山传过一山，使得鬼子的每一次出动都差不多摸了空。

1944年的一天傍晚，村南口南来个背粪筐的陌生人，看看村里没啥动静，就悄悄走向张纯友的家。这是北宫送信的，而张纯友是“老龙飞”的通讯员。那人在门口轻轻叫了几声，才让他进去。因为当时鬼子的特务也经常冒充送信的，乘机抓人。所以，每次送信听不准是不答应的。来信说今晚八路军要打四分所，要各村民兵配合支援。四分所驻在前吉山，住着汉奸、走狗，和鬼子一样欺压百姓。晚饭后，村里十几个民兵左胳膊上系条白毛巾，作为夜间联络信号。大家扛着梯子，拿着绳子及高粱秸秆，就奔向村北，向东山下走去。于排长带领的八路军等了不多会儿，各村民兵到齐了。四外的岗哨早就把敌人监视起来了，等鬼子发现我们的人，吊桥早被我们控制了。鬼子这时也不敢露头，只在炮楼里用机关枪无目的地扫射。而四分所内部空虚，不一会儿敌人就被缴了械，抓住了汉奸四分所的秘书宁薄如。这时，点着高粱秸秆，火光四起，把四分所烧了。

1945年8月15日，日本鬼子投降了！这天，八路军进了村，家家户户比过年还要热闹，杀鸡宰猪，大庆胜利日。村子到处贴着“中国共产党万岁！”“打倒日本帝国主义！”等红红绿绿的标语，全村男女老少都到村头迎接八路军。丫髻山召开庆祝大会，老老少少都参加，人山人海。民兵队长带领村里年轻人连夜奔向丫髻山炮楼，鬼子的炮楼在熊熊大火中化为了灰烬。

1981年北京市民政局汇编的《北京市革命烈士英名录》“区县分册”平谷册记载：

沈同福，男，1922年12月生，辛庄子村人，1948年11月参加革命，1949 年 4 月 20 日牺牲于山西省太原城南，牺牲时任六十五军一九三师五十七团三营九连战士。

张文志，男，1923 年生，辛庄子村人，1947 年 5 月参加革命，中共党员，1949 年 8 月 20 日牺牲于辽宁省营口市，牺牲时任四十六军一三八师四一二团二营四连战士。

行宫村

91 岁老村书记李振生（图 435）说，抗战时期，村里曾驻着八路军一个侦察班，12 个人。有个汉奸给前吉山炮楼日本人通风报信，日本鬼子从丫髻山炮楼跑过来打八路军，八路军往那边小峪子撤。有个侦察兵撤的时候脚扎了，在行宫村东北小松山后头，被鬼子打死了。

图 435　91 岁老村书记李振生（摄于 2018 年 6 月）

71 岁老村书记李庆福说，听老人说，有个八路军侦查员，从丫髻山炮楼抓住个人，是特务，弄到行宫村东的下坝儿那地方给埋了。

67 岁村民李向国说，听说张荣良给鬼子修炮楼，就拿着一块砖咔嚓，等回来时就把这砖抬（藏）起来。天天就咔嚓这块砖，磨洋工。

1981年北京市民政局汇编的《北京市革命烈士英名录》“区县分册”平谷册记载：

任占贤，男，1913年生，行宫村人，1946年10月参加革命，1947年1月牺牲于平谷县黑豆峪，牺牲时任平谷县四区区小队战士。

寅洞村

74岁退休职工邢树文说，邢凤满家挖过一个地窖，地窖里藏过一个受伤的连长。我大哥邢树德，那时是副村长，1942年入党。大哥运过手榴弹，一驴垛子手榴弹，晚上运过来，第二天起早就运走了。

85岁村民赵世如说，抗战中，包森、单德贵带着八路军十三团，经常住村里。

1981年北京市民政局汇编的《北京市革命烈士英名录》“区县分册”平谷册记载：

胡殿义，男，1927年生，寅洞村人，1943年5月参加革命，中共党员，1948年牺牲于密云县穆林，牺牲时任四野八纵队排长。

杨兴，男，1927年生，寅洞村人，1946年7月参加革命，1946年9月牺牲于平谷县，牺牲时任冀东十四军分区十三团战士。

刘才，男，1924年12月生，寅洞村人，1946年7月参加革命，1947年12月牺牲于河北省武清县，牺牲时任三十四团一营二连战士。

邢树先，男，1923年1月生，寅洞村人，1946年12月牺牲于平谷县万家庄，牺牲时任平谷县寅洞村民兵队队长。

邢凤清，男，1929年生，寅洞村人，1947年5月参加革命，1947年7月牺牲于顺义县大桥，牺牲时任冀东十四军分区十三团司号员。

赵士先，男，1929年生，寅洞村人，1947年5月20日参加革命，1949年牺牲于天津市，牺牲时任四十五军九十四大队二支队战士。

日军暴行

北店村

86 岁老村书记任志合记得，抗战时期，除鬼子抓人以外，伪警察、特务都抓人，要不就要钱。土改以后，上面把北京的一些特务和警察弄到村里，让村里人辨认这些人做没做过啥恶事。

凤落滩的王福常是村的头等户，北店的岳然是保长，警察让他俩交钱，他俩不交。三九天下大雪，这俩人被警察抓到前吉山村路东的四分局警察所，打得皮开肉绽。黑天了，把俩人扒溜儿光，圈南厢屋。俩人身上一条线儿没有，咋着呢？俩人就互相抱着取暖，算没冻死，拿钱才赎出来。

前吉山这儿有鬼子据点，最多就一排人，是个小据点。主要是南边的峪口，北边密云的金山子，这两个是鬼子的大据点。听说金山子那边的人罪遭大了，把人打够了，就往狼狗那儿一扔，喂狗了。

《北京市平谷区军事志》“第五篇重要战事·第四章兵灾战祸·第一节日伪军的暴行”收录了《北店惨案》：

1943 年 11 月的一天，北店村民正准备埋葬八路军侦察员王德才时被日军发现，日军将现场的 17 名村民抓捕捆绑。日军将李振廷吊起，用皮鞭抽、凉水泼、烙铁烫后，把其头颅割下，吊在一棵槐树上“示众”。当晚，日军又以“私通八路”的罪名，将这些人押送到黄松峪炮楼，后又转往承德总监狱，历经折磨而死。

北吉山村

83岁退休教师刘普（图436）说，村里的刘合芬，十几岁在外面做买卖，被鬼子抓去东北做劳工挖煤，日本投降了才回来。我记得上小学大概三年级时，就要学日语，进行奴化教育。

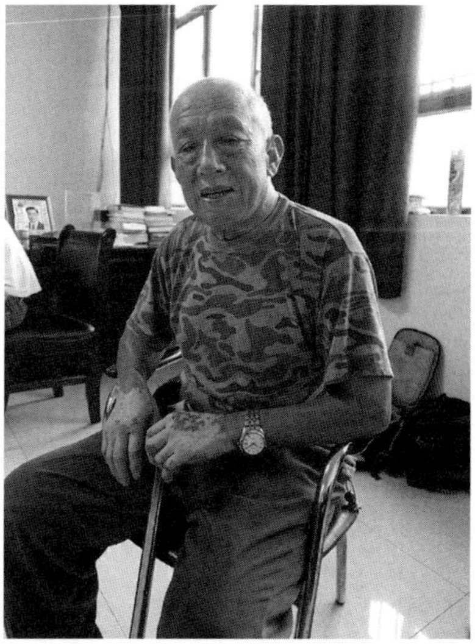

图436　83岁退休教师刘普（摄于2018年7月）

我爷爷刘缓，当时我家地多一点。抗战时，鬼子让我爷爷当保长，不当不行。我1936年生人，8岁的时候，也就是1944年，我爷爷肿脖子，被鬼子硬气死的。爷爷最后一句话就是：“往后瞧，往后瞧！”意思是鬼子一定有完蛋的一天。爷爷一方面要支持八路军，而鬼子来了也要应付，说要粮食也得给弄粮食。就是在鬼子的逼迫下，把爷爷给气死了。我爷爷死了，鬼子又让我父亲接着干保长这差事。我父亲叫刘俊田，不干，就赶紧跑到密云海子村我姥姥家，待了一个月。想着没事了，一回来，就被鬼子抓去了，在四分局那儿痛打一顿。我在门口等着，后上时回来，身上穿的白褂子全是血。当时是夏天，脱溜光儿的使劈柴棒子招，就那样儿我父亲也没干。还有一件我大姑姑的事，大姑当时二十四五岁，有个头，又漂亮，被逼着非得嫁给我这个姑父张斌。张斌当时是日本四分局警察局局长，有鬼子撑腰，看上我大姑了，不嫁不行。张斌比大姑大 10 多岁，一脸大麻子。1944 年嫁给他，我姑 1949 年就去世了，心里窝囊，去世时超不过 30 岁。再有现在的公路，从北店那边拐弯过来，我听父亲说，原来不这么走，从东边胡同那边过来，往南去奔河、奔戏楼。鬼子一来，就把我家四四方方一个园子，斜么圈子一切半俩，成了现在走的这条道，就是鬼子那时强修的，连是谁的都不问。

我听说在我老丈人的院里，鬼子去了，把一个年轻媳妇关在厢屋，给强奸了。别人谁也不敢进去，鬼子拿着刺刀呢。还有，我小时看见的，鬼子在前吉山四分局那儿洗澡，洗完澡出来，肩膀搭个手巾，光着大肚子，就穿个小裤衩。家家都赶紧关门，怕他们串门子，到哪儿家闹事。那时候，当亡国奴真不好受。鬼子的四分局就在现在前吉山路东中间那地方，那些所谓警察都是中国人。北吉山紫霄宫东院，也就是常说的东宫，住着警防队，就是伪军，也是中国人。鬼子从北边过来，一车一车的鬼子。孩子瞧着汽车怪新鲜的，就偷偷看。鬼子就往下面扔糖，引诱小孩出来。扔啥也好，大人不让孩子出去。

86 岁村民张福说，村里有个张云，就是种地的老百姓，叫鬼子抓去，问啥不说。鬼子就把他往水缸里摁，出不来气，咕咕喝水，鬼子在一边瞧着哈哈笑。83 岁退休教师刘普接着说，那时鬼子根本不把中国人当人看，就当玩物一样，咋玩咋是。

东山下村

87 岁老村副书记郭天福说，村里人到丫髻山出小工儿，挖壕沟，老挨打。村里有个叫信景旺的去出小工儿，修从行宫到华山的一条汽车道。信景旺在行宫东庄头干活时，谈到特务李茂林，信说李茂林可安揍了。李茂林正打那儿过听见了，好挨打了，差点没打死他。

78 岁村民李瑞庆说，八路军在东山下村口，常往前吉山鬼子炮楼那儿打枪，以骚扰鬼子。鬼子气得把东山下村西边的树全给放光了，包括核桃、香椿等，听我爸说得有大小几百棵树。

凤落滩村

88 岁老村会计李宝山（图 437）说，前吉山就有鬼子盖的炮楼，地下活动很困难。王宝祥爷爷王山，由于给八路军做鞋袜，让鬼子发觉了，给抓到前吉山炮楼，数九寒天，俩鬼子

图 437　88 岁老村会计李宝山（摄于 2018 年 7 月）

抄着往大水缸里摁，在炮楼关有一个月才放出来。当时一定有人告密了，要不然鬼子不知道村里的内情。有个鬼子叫关岗，经常单独到这村那村来回瞎串着，强暴妇女，不干好事。

胡家店村

88岁村民杨树发、73岁老村书记刘长宝等说，赵子州，是老党员，村第一任党支部书记，委员是安臣伦。丫髻山有炮楼，鬼子把他抓去，把烧红的煤球夹起来，放他裤兜子里，身上全烫坏了。后来赵子州南下，到武汉市当公安局长。

73岁老村书记刘长宝说，张自贵爸爸是党员，鬼子把张自贵的妈妈抓住，绑凳子上，灌辣椒水，再压出来，当时正怀着孩子张自荣。

81岁老村主任胡维臣（图438）说，胡店村中间有个戏台，戏台边上有口井，过去村里人都去那儿挑水。1944年冬天的一天，鬼子来了，把村干部和一些村里人抓那儿去。在戏台当间儿点着柴火，四遭站着人，鬼子在后头拿刺刀顶着，让人在头喽烤着，谁想往后退，要么瞅谁不顺眼，鬼子就把谁往前边火堆上推，扑在火堆上，烧得妈呀妈呀的哭，叫喊。我记得还有朝珍的爸爸呢。我住

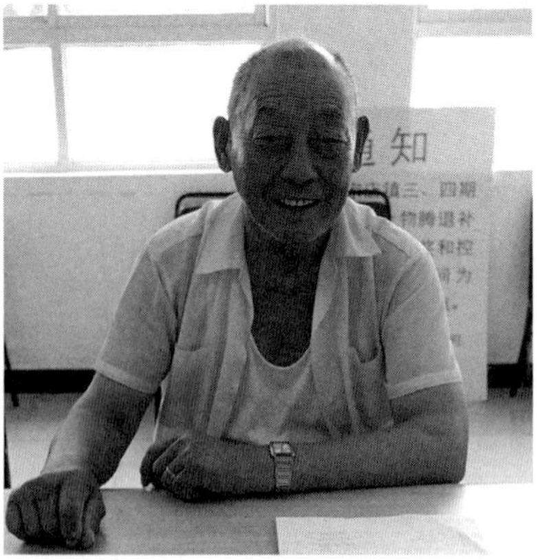

图438　81岁老村主任胡维臣（摄于2018年7月）

附近，听见了的。当时我10来岁，害怕，不敢出来看，大人也不让孩子出来。79岁村民胡朝珍接着说，最惨的是我爸爸，我爸爸是村保长，当时在万庄子舅舅家帮助宰猪呢，一听说胡店着火了烧人了，赶紧跑家来了。刚到火场那儿，鬼子就问干啥的，说着把我爸的胳膊大腿就绑在大马车的车厢上，拿铁丝使钳子拧的。拉到峪口炮楼，问是不是村干部，如果不说真话，你甭想回去。最后村干部撵点粮食、钱，把我爸赎回来了，要不就回不来了。

江米洞村

83岁老村干部王振安（图439）说，抗战时期，这里是老四区，过去这里归怀柔管。日本鬼子经常来，那时候丫髻山、大华山都有据点，从丫髻山奔大华山，经常从这儿过。

82岁村民陈俊波说，我父亲陈瑞增放羊回来，鬼子从这儿过，抓住他让带道去丫髻山。不曾想，到丫髻山就把他圈起来了，圈了3天，家人赶紧找人用小米把他赎回来了。

图439　83岁老村干部王振安（摄于2018年6月）

85岁老村会计陈希增说，鬼子从丫髻山过来抢东西，鸡蛋、粮食等全抢走了。

孔城峪村

74 岁老村副书记、赤脚医生李向林说，鬼子把郭占如的母亲郭宝兰衣裳扒了，绑梯子上，让郭继堂烧水。烧开一壶，鬼子就往郭宝兰身上浇，专门浇肚子，差点没烫死。

65 岁村民贾树旺说，我爷爷叫贾宗恒，当时是保长，鬼子来也要应付。一天，鬼子来村，抓住我爷爷，问八路军上哪儿去了。我爷爷说不知道。鬼子就往他大腿上扎了好几刺刀。扎完我爷，就拿一大荆梢疙瘩，打韩秀礼的父亲韩振山，韩振山是党员。鬼子说八路军是马猴子，打一下问一句：马猴子的哪里去了？ 68 岁村书记韩秀礼接着说，后来鬼子又要用刺刀扎，我爸用手就把刺刀使劲攥住了，手都拉坏了。

68 岁退休职工张国彬说，一次鬼子来了，把村人集中到东边老王家的场儿，问大伙儿看见马猴子没有，往哪边跑了？问谁谁说不知道，问到我父亲张贺的时候，也说不知道。鬼子拿棍子就要打他。我父亲比我个高，也有劲儿，夺过棍子给撇了。鬼子一看，朝我父亲咣咣杵两拳，脚下一使绊儿，把我父亲一下推下大坝墙。坝墙有 4 米多高，脸划了好几道口子。小鬼子多恶吧，这是我父亲给我说的。那时，我父亲是村干部、党员。

刘家店村

85岁退休职工赵印斋说，1943年，刘建增家盖房，找赵天满帮工。当时是轮流站岗放哨，这天正该赵天满值班，有个情报儿正好来了，因为帮工晚走一会儿。丫髻山鬼子知道了，把刘家店包围了，捉住这些帮工，让大伙儿捡蒺藜狗子，个儿捡个儿拿着。然后把这些人圈到一家的场儿地里头，脱光衣裳，跪在个儿捡的蒺藜狗子上。鬼子在中间架着机枪，就要这个情报。说如果不交出来，都“死啦死啦地”。结果，赵天满把这个情报儿掏出来自己吃了。鬼子看见了，就把别人放了，把他抓起来，家里也翻了个底儿朝上。在这儿是连狗咬再刺刀扎，没弄死。弄到丫髻山炮楼给杀害了，死时50多岁。他不是民兵，也不是地下党和村干部，只是当天的值班员。

赵印斋老人说，赵俊臣是个村民，30多岁，在松棚西山割柴火。扛着扁担正往山上走着，鬼子在丫髻山炮楼里看见了，追到西山顶上，离不远了，一枪给打死了。

89岁退休干部龚庆同说，一天，鬼子来村里抓甲长龚全山。龚全山是我四叔，正从胡同出来。鬼子问：龚全山住哪儿？我四叔往胡同里一指：里边！鬼子往里一走，我四叔赶紧往南一拐，就跑了。过东河（即泇河，又称错河），奔寅洞亲戚家了。再说鬼子到了四叔家，见我四婶一问，说刚出去。鬼子赶紧追出去，往东一望，就看见张永德了。张永德是咱村人，结婚时间不长就当八路军去了。还有一个樊各庄的，也是八路军。俩人都 20 多岁，一块儿回来探家。看见这俩人，好几个鬼子就直奔东河了。东上坎儿有个坟圈子，鬼子趴坟圈子上支上枪，一打这俩人全挂花了，挂花了就奔行宫那边跑，总共到不了半里地。鬼子追上去，在行宫东墙外头追上了，俩人都被挑死了。

龚庆同老人说，一年，保长龚全忠家，正房 5 间，是瓦房，叫鬼子全烧了。有一年，鬼子圈庄，把村里人连男带女都圈到村外一块儿地，就是现在村委会的地方。让人都脱得精光，甭管男女，两排对着站着，互相打嘴巴子，谁不打也不行。那天，陈连祥正结婚，结果鬼子把来的亲戚也都给圈去了。85 岁村民陈连继接着说，后来放回一部分，鬼子把剩下的人抓到丫髻山炮楼，在炮楼底下的地窖里押着，关了大概很长时间。我大爷（即大伯）龚全宜，当时 60 来岁，一出来回到家没几天就死了。

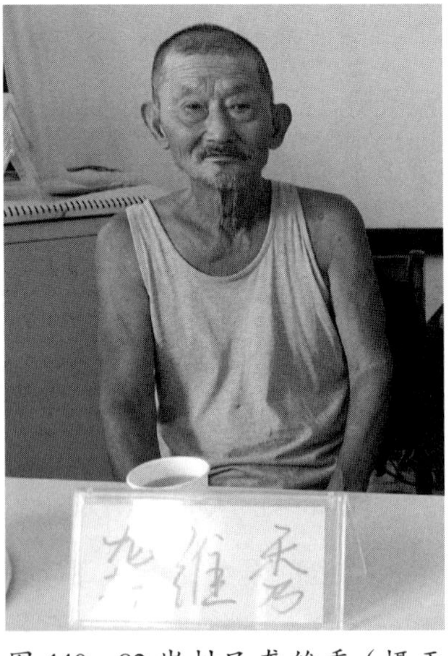

图 440　83 岁村民龚维秀（摄于 2018 年 7 月）

村里老人（图 440）回忆，村里有妇女被鬼子强奸的，也有被抓到炮楼强奸的，甚至在马路上光天化日之下，就把村里的女人给强奸了。村里有的姑娘被押进炮楼里好几天，后来村里花钱给赎出来的。还有 2 个鬼子进到村里 1 户人家，将一个妇女强奸了。

前吉山村

85岁老村会计刘明记得，村南现在村委会南公园的地方，鬼子修的炮楼是方的，每面宽约6米，七八米高，两层，中间有梯子上下。一层和二层四面都有小窗户，四五十公分见方，作为瞭望。炮楼顶上，四面有四五十公分高的小垛口。这是一个院子，北西东三面有房，南面是炮楼。院子外面挖有壕沟，10来米宽，3米来深。北边一座吊桥，木板的，两米多宽。炮楼里住着鬼子不到20人，一般在晚上，就排三队唱歌，有多大劲使多大劲唱，造声势。炮楼的头目叫表木，薄田是班长。伪军，又称警防队，在村里头住。玉成家是住的警察，管所谓“治安”，警察警务局长叫李子敬。玉顺家是住的警防队，后来警防队走了，又住进日本鬼子了，一个叫佐藤，还有一个叫斋藤。

刘明老人记得，一天，鬼子在炮楼壕沟外头，把刘家店一个人用刺刀挑死了。我家里二哥刘旺，给人扛活，正好一队鬼子经过，就在密云县东邵渠东边山上的一个砬洞猫着。过了一阵子，想看看鬼子过完没有，过完了好出去。结果一露头，就被鬼子一枪打死。死时20多岁。

76岁村民李占禄听老人念叨，鬼子在这儿，一到后上，就让各村保甲长找大姑娘、小媳妇，去陪日本人过夜。抓劳工、打人是经常的事儿。

82岁退休教师刘富说，日本投降的时候我10岁，记得我六七岁时，村里一个姑娘被鬼子强奸了。

他说，我七八岁的时候，麦子刚一拃多高，我到东边河边去玩，就看见凤落滩一个女的，正在麦地里被鬼子蹂躏，吓得我赶紧跑了。

刘绍伶40来岁，是地主，大概是1943年，被鬼子弄到四分局，就是伪警察所。我家现在还住着的房子，土改时分的，就是当时日本四分局的地方。十冬腊月，脱精光的灌凉水。刘邵伶又瘦又小，整得小鸡子一样，人都没形了。那天我亲眼瞅见，村里人用门扇把他抬回来，差点没死。

刘绍增家也是地主，住着汉奸朱凤余。一天，朱凤余去大峪子那边干啥去，被八路军抓住处死了。到后上黑朱凤余还没回来，朱凤余的老娘们着急了，就到维持会找。维持会，就是伪政府在村设的村政府。当时维持会就设在张国相家。第二天，朱凤余被八路军弄死这事，一个传俩俩传仨，村里人就知道了。刘绍顺家和我家挨着，刘绍增家也在那一坨儿住。可巧，我妈和绍顺妈在一块儿正咬耳根子叨咕啥呢，让过来的朱凤余的老娘们看见了，认为说她老爷么这事儿呢，就跟维持会汇报了。维持会的特务找家去了，到家拿剪子齐扯咔嚓把我妈和绍顺妈头发全剪了。过去妇女都梳着小纂儿，没有剪发的，没头发寒碜呢，弄得我妈好几个月没敢出门。

我亲眼所见，是1943年或1944年，在现在村委会门口的大道东边，当时是庄稼地，大概是春天，还没有庄稼呢，北边不远是人家，在鬼子炮楼东北百十米，刘店一个男的被鬼子枪杀了。那男的30岁上下岁，干啥着不知道。

松棚村

85岁老村大队长刁长智说：家里头天后上把小米用茓子茓好，第二天鬼子来说要小米。鬼子说是给你存着，实际就是弄走了。我爷爷对我爸说，你也别闲着。我爸就把小米抬起来一些，有三分之一。第二天我爸和我叔给送去，鬼子一看小米少了，说是八路军弄走了。我叔小，让我叔回来，把我爸留那儿灌凉水，问这米到底给谁留的。我爸在炮楼里待了四五天，一劲儿问，就说出行宫、东山下两个人，把我爸放回来。那两个人被抓去，也没问出啥，就回来了。家里把一个大草驴卖了，才算把这事儿平息。

刁长智亲兄弟、73岁村民刁长顺补充说：那次，把我家小米都灌走了。到那儿，鬼子问谁是掌柜的，我爸说我是。我叔机灵，赶着俩驴赶紧回来了。鬼子把我爸绑大梯子，灌凉水。灌完了，再把脑袋摁水缸里。鬼子惨无人道！

57岁村书记张永胜说：听我爸说，那年挖壕沟，我爸挖累了想站着歇会儿，鬼子看见了，瞥一眼狗腿子，狗腿子上来照我爸脑袋就一棍子，打个大紫包，都讧脓了。松棚北边200多米，就是丫髻山炮楼。曾听村里老辈儿人说，村里有家结婚，鬼子一掀轿帘，瞧上新媳妇了。让给他抬去，告上几天一去，不去就把她家给祸害了。

万家庄村

84 岁村民赵洪富说：李元荣爷爷上山弄金儿，在村西牛道口，让鬼子给挑死了。李元荣父亲黑夜去西边山里弄金矿石，让鬼子发现了，在村西真武庙外面打死了。

92 岁老村当治保主任刘长发说，我爸就是在家种地的。鬼子来我家，把我妈抓住，推到西大坑边。我爸跟着过去，就打我爸，把我爸胳膊打坏了，脑瓜子打流血了。李明兴，40 岁，就是村老百姓。鬼子抓住他，在村西大坑儿，冬天跪冰，夏天泡着。1944 年夏天，鬼子来了，把全村做饭的锅都给薅走了，不让做饭。

辛庄子村

68 岁老村书记任建和（图 441）说：抗战时，在胡家店东边半拉山那儿给鬼子挖壕沟。我爸任冠英是村农会干部，这天也在那儿挖壕沟。大伙儿平时磨洋工，瞅着鬼子一过来，就假装赶紧干活儿。大概是正直腰的时候，让鬼子瞅见了，鬼子就打，我爸一缩脖子，鬼子就打溜了。鬼子接着又打下来，就打脑袋上了。当时我爸戴一个新草帽子，草帽子里血嗞一下就窜出来了。84 岁老村书记赵俊臣说，鬼子用枪口杵，基拉咕噜就杵沟去了，他爸浑身是血，都认不出来了，被人抬回家的。

85岁离休教师张纯庆（图442）说，陈连生给前吉山鬼子炮楼送情报，鬼子问你们庄来没来八路，陈连生说没来。鬼子不信，上去就打，打得他浑身是血，回不了家，村里人使大笸箩把他抬回家的。

《辛庄子村史》记述的日军暴行：

1938年5月21日上午，一股打密云出发的日本兵，乘坐十几辆大卡车，闯进了村子，整个街上都排满了，一住就是半个多月。鬼子横行霸道，到处行凶，抓鸡摸蛋，把这秀丽的田园祸害得乱七八糟。一天，徐洪恩不小心在村南头大槐树下，碰上了一群鬼子。鬼子拦住他，一个鬼子上来，把他摁倒，骑在背上。鬼子一手抓住他那又黑又粗的辫子，另一只手做着抽鞭子的姿势，一副得意的鬼相。这还不够，还叫一个鬼子拿出相机照相。那时，徐洪恩二十几岁，正血气方刚，怎能忍受这样的侮辱，额上的青筋突起，他真想使劲一挺，弄鬼子个仰八

图441 68岁老村书记任建和（摄于2018年10月）

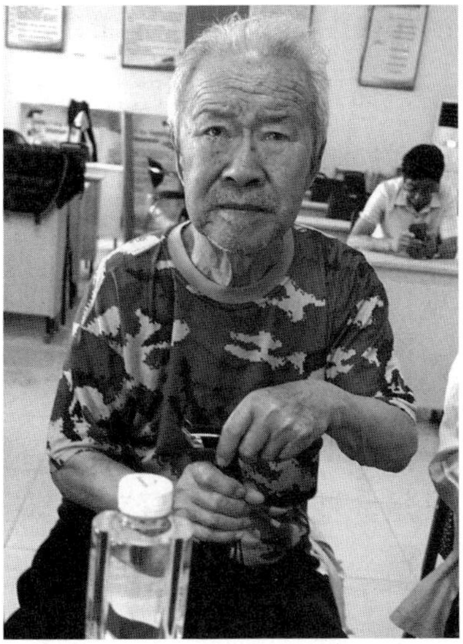

图442 85岁离休教师张纯庆（摄于2018年7月）

叉。鬼子就是这样侮辱中国人。

鬼子进驻丫髻山后，时常下来，还有那些汉奸、狗腿子、卖国贼，更是狗仗人势，为非作歹。每次下山经过这里，就会抢劫一空，一场灾难。这日子过得真是提心吊胆，脑袋好像别在裤腰带上，说不定啥时碰上鬼子就要送命。为了活命，常常是携儿带女，一口气跑上十多里地，找个山根、河套躲起来。

有一次，鬼子闯进村子，慌乱的人群都往外村跑。刘福仁的姐姐不过十来岁，也跟着大人没命地往寅洞跑去。可这些没人性的东西，连十岁的小孩也不放过，一枪打中肚子，险些丧了性命。老人们跑不动，只好躲在家里。

1943 年二月初三，鬼子进村扫荡，竟把五六十岁的老人徐凤发一脚踹在地上，拿长着刺儿的大指根牙子压到身上，扎得他浑身鲜血淋漓。

抓民工，修公路，建炮楼，挖壕沟，送情报，这种种灾难都落到乡亲们身上。一次，陈连生去送情报，竟被伪警备队毒打。

1941 年，是鬼子气焰十分嚣张、活动最猖狂的一年。鬼子为了对付八路军，奴役中国人，先后在胡店、北宫、丫髻山、华山修建炮楼。从平谷的华山到顺义的罗山，挖了一条长达几十里、深一丈二、宽一丈二的大壕沟。辛庄子的青壮年劳力都被抓去了，剩下的只是一些老人、小孩儿。地里的庄稼荒了，街道破破烂烂，院墙被鬼子闯塌也不能去垒。以往的鸡叫听不见了，屋顶的炊烟看不见了，一派凄惨。

1941年4月的一天，太阳老高了，各村的民工才拖着长长的队向工地走去。从庄上到壕沟少说也得个把钟头，到了地方大伙儿仍和往常一样，站的站，坐的坐，尽量磨蹭时候。鬼子一看，恼羞成怒，开枪就打，大家赶紧往壕沟里跳。这下把鬼子气坏了，把所有人都叫上来，排成两队，只见鬼子拿着一根好几尺长的大木棒，挨着个打。第一个就是徐洪德，一连打了十几下，打得他在地上直滚。接着一人一下，专打脑袋。咚地一响，就是一个大包。四五十人过去了，轮到任冠英，鬼子抡起木棒照头就劈，冠英头一歪，打在了右肩上。第二棒打下，冠英又一歪，打在了胳膊肘上。气得鬼子狠狠地又是一棒，这下躲闪不及，正打在冠英左边脑袋上，翻着一寸多长的大口子，鲜血一下冒出来，白褂子都染红了。后来，是村里人把冠英抬回了家。

修炮楼，修公路，也是这样。有时鬼子人少，打不过来，就让劳工站成两队，互相打，直到打疼为止。鬼子为了欺压中国人，真是啥招都使得出来。

还有一次，十几个鬼子骑着马闯进了村子，挨家窜，挨家抢。男人们都被抓去当劳工，村里只有一些老人、妇女和孩子，跑都来不及。两个满脸横肉的鬼子挎着洋刀，闯进一家，恶狗似的盯着家里的妇女。老太太跪在门边苦苦哀求，鬼子一脚把老太太踢到门外，哐一下关上了门。那时，驻在丫髻山的鬼子几乎每天都要从这一带绑架几个妇女。

行宫村

91岁老村书记李振生说：有一年，鬼子来围庄，将村里人圈到村西头，说是开会。私塾先生张荣芝，有过抗日活动，被鬼子抓住绑上了，要砍他。老书记李新春奶奶杨玉兰，过去杨家是个财主，拿出60块钱现大洋，悄悄送给翻译官。翻译官在鬼子面前说好话，这才没砍张荣芝。

一次，鬼子进庄，李庆福太爷李文华年岁大了，跑不动，就让鬼子抓住了，叫李宝珍（号硕儒）埋李文华。李宝珍趁鬼子不注意扔卜铁锨，就往东庄头高粱地跑。鬼子赶紧去追李宝珍，打两枪没打着，又返回来。就在鬼子追李宝珍的时候，村里人赶紧扒出埋在土里的李文华。正扒着，鬼子又回来了，二次又埋李文华。

一次，鬼子在西松山向东打了一炮，炮弹落在东边御井上，没响。鬼子看见在村东小松山上干活的张永峰，就打了一枪，子弹从前胸穿过去。张永峰大哥张永秀会外科，又用中药敷，给治好了。张永峰20世纪60年代初去世，活了60多岁。

抗战时期，鬼子在前吉山、胡店、华山、熊儿寨等村都修有炮楼。前吉山炮楼在南庄头，胡店炮楼在南山头下边。修前吉山炮楼我还去着呢，就十五六岁，递砖，差点没挨揍。李佩儒在那儿是大编乡乡长，照顾村里人，人不坏。

寅洞村

85岁村民赵世如（图443）说：有一年，鬼子在大华山据点砍了6个人。那天上午，鬼子圈寅洞庄，把人全集中到村西河道那儿，脸朝北跪着，说是开会。鬼子一个个叫人名，叫谁谁出来。最后，鬼子把邢凤德、邢玉德、邢树扬、胡福贵、石存柱5人带到大华山据点。晚上鬼子又来，把我老叔村长赵宽及村民赵洪远带走，有人将赵洪远保回来了。鬼子把人装到麻袋里，接着墙头俩人抬着来回扔来扔去，玩弄一天。鬼子把这些人折磨好几天，最后在大华山后大坑给砍死了。密云石峨我大舅唐世荣，当时是当大编乡乡长，也来保这些人，没保下来。

图443　85岁村民赵世如（摄于2018年7月）

赵世如老人说，鬼子在丫髻山炮楼里挖了一个像萝卜窖那样的坑，把党员邢凤志及村民邢凤云、邢玉庆，先后抓去，圈在里边。邢凤云后来说，被抓以后，鬼子把他的头往水缸里摁，鬼子管这叫“扎水缸”。折磨的一天一个死。过一段时间，才放出来。

74岁退休职工邢树文说：有一回鬼子来了，把村里一妇女衣服扒光了，鬼子围在一起调戏取乐。

赵世如老人、邢树文老人说，胡晓峰爷爷叫胡忠兰，是村老党员、村组织委员，让鬼子抓住两回，抓到丫髻山炮楼，挨打。

《平谷文史选辑（四）》收录《寅洞惨案》：

1942年12月28日（农历十一月二十一日）拂晓，以华山据点日军小队长小林为首的几十个鬼子和特务，突然包围了距华山10里远的寅洞村，企图搜捕八路军和抢掠抗日物资。一时间，砸门声、吼叫声、哭喊声响成一片。敌人将抓来的村民驱赶到村西河沿边，强迫他们跪下。此时，正值隆冬季节，河面上已结了一层薄冰，北风飕飕，寒气逼人。鬼子兵端着上了刺刀的大枪站在人群周围，几个便衣特务来回走动，朝着人群叫喊："你们谁是八路军办事员？八路军的东西藏在哪里？快快说出来！不说，皇军把你们统统枪毙！"人们默默不语。鬼子小队长小林眼露凶光，喊道："八格牙鲁！"只见他把手中的刀一挥，立即上来几个鬼子兵，从人群中把张春岐和一个姓李的（万庄人）拉出来拷打，然后扒光衣服，扔进冰凉的河水里。这两个人被冻得哆嗦成一团，但他们紧咬牙关，一字不说。敌人又把村民邢凤德等人拽出人群，灌凉水，轧杠子，仍是一无所获。最后，鬼子汉奸抓走了部分村民。一路上，被抓的人跑的跑，藏的藏，剩下石存柱、邢玉德、邢术阳、胡福贵、邢凤德、赵宽6个人没跑了，被鬼子押回了华山据点。

这6个无辜的农民，在华山据点受尽了非人的折磨，但始终未吐露实情。农历腊月初七这天，日本鬼子将这 6 个人拉出据点，在一片空地上，凶残的鬼子抓住每个人的手和脚使劲往空中抛，当被抛起的人重重摔在地上发出惨叫时，鬼子和汉奸则在旁哄笑取乐。这几个人被摔得骨折筋断，昏死过去，但醒来后仍说："不知道。"无计可施的鬼子队长小林就将这 6 个无辜的农民杀害了，并将死者曝尸荒野，不准收尸。直到 1943 年农历二月初二，乘鬼子换防，华山村民们才把这几具尸体偷偷运到寅洞村。村民闻讯纷纷而至，目睹惨景，无不垂泪。死者邢术阳的父亲邢凤岭看到儿子无头的尸体，扑上去放声痛哭，边哭边喊："我儿子脑瓜子哪去了……"乡亲们怀着对日本鬼子的满腔痛恨将受难者的尸体埋葬了。

口述：邢术芳（死者邢术阳弟弟）、
胡自芬（死者胡福贵女儿）、
胡自顺、刘淑英、刘长芬、邢玉珩
整理：白永清
选自 1995 年 3 月《平谷文史选辑（四）》

《北京市平谷区军事志》"第五篇重要战事·第四章兵灾战祸·第一节日伪军的暴行"收录了《寅洞村惨案》：

1942 年 1 月 11 日夜，日伪军在寅洞村将 7 名抗日积极分子杀害。12 月 28 日拂晓，日军小队长小林率驻华山据点的几十名日军和特务包围该村，将军民驱赶到村西河沿边，强迫跪下。对张春岐、邢凤德和李某等人毒打后，扒光张、李 2 人衣服，扔进冰凉的河水里。石存柱、邢玉德、邢术阳、胡福贵、邢凤德、赵宽 6 人被带回据点，残酷折磨，枪杀而死，并曝尸荒野，不准收尸。

辑　录

历史上，《怀柔县志》等多种典籍文献中有关于刘家店地区的记述，一些重要内容已运用于本书中，在此不再辑录。所辑录者，主要是尚未引用，又具重要价值的记述及一些村人的回忆等，以存资料，供读者及研究者参考。

明万历三十二年（公元1604年）《怀柔县志》

"卷之三·人物志·异人"记载（图444）：

杜奭，寅洞里人，字子陵，寓居县之东山琵琶凹。性直执，喜沉静，训家童十数人。平生若无他技能，淡如也。每论天文，善风角，知未来事。后有巡抚张公讳汉者，过其地，与之语，大奇之，敦请赞军务，无不应中。

志书所记，并未具体说明哪村，过去寅洞里不止现在镇域内 14 个村庄，还包括今大华山镇大峪庄、小峪庄、华山店庄、瓦罐头庄，峪口镇胡家营庄及密云东邵渠庄、高家庄、太保庄、石峨庄在内的。也就是说，有可能杜薁为镇域内人，亦不排除镇域外人。既是记述为“寅洞里人”，而寅洞里又以今刘家店地区为主，故录此。

所记下面，还有编志者按语：“杜之天文风角，可以赞军旅。俱随试而辄效者，彼岂半犁一艇，甘腐草木乎？”所谓“风角”，即风角术，为我国最早占候术之一，是通过观测风，来占测风雨、吉凶、政令等，与古代星占不分家。

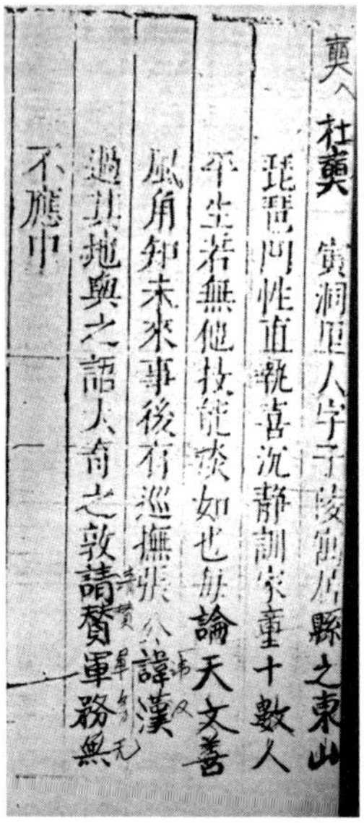
杜薁 寅洞里人字子陵御居縣之東山
琵琶門性直執喜沉靜訓家童十數人
平生若無他技能焚如也每論天文善
風角知未來事後有巡撫張公諱漢
過其地與之語大奇之敦請贊軍務無
不應中

图 444　明万历三十二年（公元 1604 年）《怀柔县志》卷之三·人物志所记杜薁

看来，杜既识天文，又善风角。“敦请”，即恳切地邀请。“赞”，即帮助、辅佐。所谓“赞军务”，主要应该是帮助巡抚张汉在军事行动前，占卜或预测未来几天天气情况等，当然也会连带着预测行动是否成功等。“无不应中”，当指此，所谓“知未来事”，大致也是天文、风角的占卜、预测了。

清康熙六十年（公元1721年）《怀柔县志》

“卷三·人物·方技”记载：

明杜爽，字子陵，寅洞里人，居东山琵琶凹。性执直，喜沉静，平生若无他技能。然善天文、风角、术数之学。后巡抚张汉过其地，与语，大奇之。辟赞军务，凡有筹测，无不应中。

所记大同小异，略有删改。“术数”之“术”，指方术；“数”，为理数、气数，即阴阳五行相生相克的规律。“术数”为道家之术，广义包括天文、历法等。狭义言之，专指预测吉凶的法术。这里的“术数”，当是狭义的术数了。“辟”，有“帝王召见并授与官职”之意，化用此意，当为巡抚张汉召见他并让他帮助或协助军中之事。

“卷一·山川”记载：

栲栳山，在县东九十余里。峰形三面环拱，如栲栳然，故名。有云岩寺，详见庙宇。

记述山峰三面环拱，云岩禅寺坐落其间，至今看去确是如此。所谓“栲栳”，即由柳条编成的一种农家器具，圆底，形状像斗，也称笆斗。当然，还有一种食物也叫作“栲栳”，又称“莜面窝窝”，是山西等地的一种地方小吃。这里的“栲栳”，还应是前者之意。

“卷二 · 御路”记载：

起峰山口昌平州交界，五里至南富乐，五里至王化庄，五里至房家庄，五里至驸马庄，五里至梨园庄密云县交界，共二十五里，今奉部核定二十三里。先是每年圣驾往热河避暑，出东直门，由孙侯河、山峡店、牛栏山，经怀柔之罗山店入密云界。康熙四十六年（公元 1707 年），奉旨以东直门一带道路，夏月雨水泥泞难行，另择高燥之地，自西直门外畅春苑起，经蔺沟、南石槽，至峰山口入怀柔县界。其时，峰山口仅有小径通步，乃凿石丈许，填垫平坦，以通车骑，遂为辇路要冲。每岁四、九两月，工部派出司关督修道路。旧例夫不限数，亦不限日，差竣乃止，需费颇多。康熙五十五年（公元 1716 年），部议每一里用夫五名，每名工价银六分，每一次用夫五日，共五百七十五名。向用水车亦不限数，今部议每五里用水车一辆，每辆日给工价银三钱，每一次用车二日，共车九辆，并著为例。

按，垫道泼水，日发现价，又酌定夫车之数，圣主之加惠元元，轸恤民力，恩至渥矣！然或遇阴雨洼泞，则刮泥放水，用夫宜倍；或风日高燥，尘土易起，则水车宜倍。余每次办差，除部发额数外，必捐俸雇夫五六百名，雇车四五十辆，以备应用。竭诚尽力，职分当然，自不得拘泥定额也。

（西大桥，南富乐桥，叠道小桥，王化庄桥，东大桥）以上五桥，皆在御路。每岁四、九月，工部派官监看搭盖噶渣尔气往来查验，务期宽展坚固，需费颇多。康熙五十五年（公元1716年），部议核定怀柔大小五桥工料银共一百五两三钱，内木植发给，赁价大木每根一银，次者七分，并著为例。

“御路”虽未直接记述刘家店一带相关情况，但对我们研究丫髻山行宫及御路等，无疑具有重要参考价值。终究当时都在怀柔县内，黄土垫道，清水泼街，以及修桥等，应该大体一致的。这些资料录自怀柔那边的点校本，未核原本。

“卷四 · 杂缀”记载：

《金史》：温阳县有兔耳山、溆水，今皆不得其处。

按：栲栳山云岩寺佛殿，铺用兔耳山花板石，系明景泰时所赐。意兔耳山即今三河县之兔耳山，与栲栳山不远，金时属温阳县耳。

新编《顺义县志》“大事记”记载：金“明昌六年（公元1195年），改顺州领县怀柔为温阳县”。《金史》所记温阳县当指此，以在温榆河北岸，故称。

云岩禅寺内、立于景泰六年、光禄大夫少傅太子太师礼部尚书胡濙撰文、御马监太监阮让立石的《敕赐云岩禅寺记》碑，有“其近寺兔儿山花板石，并越府草场、田土，俱蒙圣恩赐与，以充本寺应用，并供佛殿香灯及赡僧用度”的记载。“兔儿山”，新编《顺义县志》“自然环境 · 山丘”记载：“二十里长山，北起沙岭乡的庞山，经尹家府乡斜向东南大孙各庄镇吴雄寺，排列着华山、户耳山、椒园山、羊山、大山、长山等十数座山峰，长达 20 余华里，故称二十里长山。”其中，“户耳山，一名兔耳山，在户耳山村北，海拔 131.3 米”。过去这一带属三河县管辖，现存清康熙十二年（公元 1673 年）《三河县志》（手写影印本），“山川”目写有“华山，在县西北四十里，一名兔耳山，出花班石”。即是碑文之“花板石”了。“景泰时所赐”，即景泰皇帝、代宗朱祁钰所赐。

“卷四 · 杂缀”又记：

邑中向少博雅之士，康熙中，丫髻山有张翼龙，字泽公者，购书千卷，好习兵家言及《奇门遁甲》之学。曾应聘参提镇监司幕务，后隐居东山，诗酒自娱，楷书尤工。殁后，其子悉焚其稿，所藏诸书，同废纸秤卖，无一存者。余仅见其楷书字法品题一帖，遒雅有二王风致。即此亦宜补入艺术，故志之。

所记张翼龙，既然为丫髻山人，当在丫髻山一带无疑，只是不知具体哪村人，至今有无后代了。访谈中，未闻有人谈及者。

民国二十九年（公元1940年）《河北省怀柔县事情》

“第二章地志风俗·第一节地志”之“山川”记载：

栲栳山，即磕懒头破嘴山（图445），产金矿丰富之山，在丫髻山西南。

“栲栳山”，从记载和实地看，应该就是建有云岩禅寺的那座山。“磕懒头”，在访谈中，孔城峪村人一般说是云岩禅寺东北角有一山洞，叫“磕懒头”，一说磕头沟名亦由此而来。当然，也有说人们不能上山，就在沟口敬香磕头，就称为磕头沟了。至于“破嘴山”，在栲栳山西边3里来地，由于多年采金，

图445　破嘴山，孔城峪村老人说抗战以前就塌陷了（摄于2018年8月）

以致山被掏空而塌陷，故称之，与梼栳山并非一座山。而记载其“产金矿丰富之山”，是实。

“第九章教育及宗教·第二节宗教”之“道教”记载：

该县道观，于四区丫髻山有道士约二三十人，向称道教修持之所。其余有所谓伙家道者，与普通农民无异。又有贫户，看庙之家，亦称之伙家道云。然奉经唪咒及符□者，蔑如也。至于信徒，全县计一百二十五人。

由记述可知，1940 年前后，丫髻山有道士二三十人。对于研究丫髻山，是个非常重要的资料。唪，大声吟诵，在此指道士高声念经。“符□者”，此书点校本“符”、“者”二字间空缺一字位置，当是缺少一字。我国道教发展到元代中后期，逐渐形成正一道与全真道两大教派。全真道修行方术以内丹为主，认为修真养性是道士修炼唯一正道；正一道主要从事符箓斋醮、祈雨驱鬼、为世人治病辟邪等宗教活动。而丫髻山道教属于正一道，因此，空缺者，或为“箓”字，即“然奉经唪咒及符箓者”。

新编《平谷县志》

“第五编工业·第二章黄金开采”记载（节录）：

县内黄金开采业历史悠久，建国后产量一直居京郊首位，是北京市的主要黄金产地之一。

第一节　金矿分布

主要分布于北部及东部山区，东南部山区亦有零星分布。矿线东西长60公里，形成晏庄、万庄、上镇3个大矿区及南山村矿区。

万庄金矿位于刘家店乡孔城峪磕头沟附近，分布范围2平方公里，已发现8个含金多金属矿体和部分含金石英脉。大华山镇前北宫南山也有层间裂隙充填的含金石英脉。

第二节　探矿找矿

民国时期，政府曾派员勘查县内黄金资源。抗日战争期间，日本为掠夺黄金，亦对金矿进行勘查，但均未留下地质资料。

建国后，国家对平谷黄金资源多次进行勘查。1958—1965年，冀中地质队、河北505地质队、北京地质局101队、首钢地勘队先后到县内进行普查勘探，初步搞清万庄、晏庄、上镇3大矿区的地质构造特征和含金矿脉分布。101地质队对杨家洼金矿及万庄金矿均有储量报告。1986—1990年，武警八支队在万庄矿区先后施工4个钻孔，进尺840余米，坑探2500余米，采验化验，基本探明3个具有工业价值的隐伏矿体。万庄金矿探获储量32.4万吨、金属量2590千克。

1979—1990年，县黄金公司组织小型探矿，为民采黄金提供指导。累计施工2.3万米，投资196.42万元，扩大矿源和开采范围。如万庄矿区的6、7、8号矿体等。

1988年后，采金农民自筹资金购置材料、设备，对已知矿脉深部进行硐探。

第三节　黄金采选

平谷黄金开采始于唐代，元、明两代皆设矿开采。掘采“老硐”遍布各矿。

1939 年，日本人高岛在孔城峪开矿采金。初用笨工 300 人，后改为半机械化开采，运输用轱辘马，掘进用钻机，并修建 8 条巷道，有 7 辆煤车、一座汽车装卸台和一条高空运输线。用马车将矿砂运往密云县清云楼和辽宁、营口冶炼。1944 年在丫髻山曾筹建一座日选 25 吨的选矿厂，使用混汞、淘汰、氰化浸出方法生产黄金，1945 年日军投降时停办。

1945 年，民主政府十四专署在矿区建立金矿所，组织采金，负责黄金收购。

1946 年，朝鲜人郑子洞包万庄金矿一年半，雇佣采金工 700 人，年产金约万两。至建国时，矿体已受到极大破坏。

1949—1955 年，县内群众自发采金。因方法原始，黄金产量低。

1958 年，成立县矿务局，在孔城峪建国营万庄金矿。1960 年，县内金矿移交北京市冶金局。万庄金矿投资 60 万元，建 1 个日选 50 吨的选矿厂，采选初步机械化。1962 年底，完成技术改造，采选基本机械化。1965 年 1 月，万庄金矿的上镇选矿车间分出，建立上镇金矿。同年成立北京市平谷中心矿，下设万庄、晏庄、上镇矿。1967 年，万庄、晏庄、上镇 3 矿生产黄金首次突破万两，达到 10022.4 两，为历史最高水平。

1968 年底，上镇金矿因亏损严重下马。后晏庄、万庄两矿也因矿源缺乏，严重亏损，分别于 1973 年 9 月和 1979 年 1 月下马。

1956—1978 年，国营金矿累计投资 180 万元，共生产黄金 10 万两，白银10.78万两。

1979年春，晏庄矿有少数社员上山采金，至10月，人数剧增。县政府大力支持，将县内金矿全部放开，成立金矿管理所，组织采金。1980年1月，金矿管理所改为黄金公司，下设万庄、晏庄、镇罗营3个黄金管理所。8月，县委、县政府召开黄金会议，提出了“群众采、定点收、集中选、国家炼”的原则，要求各社队成立采金队，集体组织采金。1982年后，社队集体采金解体，个人采金成为主要形式，乱采乱挖日趋严重。为此，成立黄金派出所，对个人采金发放镐位证，实行镐位管理。1982—1986年，民采黄金每年5000—6000两，产值250—300万元，使部分山区农民脱贫致富。1987年后，因浅部资源贫乏、深部矿脉难采和黄金走私等多种原因，产量严重下跌，1988年仅产金2171两。县政府连续两年采取整顿措施，取缔个体私采，撤销私办选冶氰化点，实行封闭式矿山管理，采取经济承包合同制，交纳风险抵押金，严格审批办照手续，改变黄金生产中的混乱局面，黄金产量呈回升趋势，1990年产金3142.4两（图446）。

图446　万庄金矿遗址（摄于20世纪80年代末90年代初）

刘家店镇政府万庄金矿资料

镇政府整理了万庄金矿资料，名为《万庄金矿基本情况》：

万庄金矿坐落在孔城峪村所辖范围之内，矿山的面积1.8万平方米，分别在孔城峪村北山的二道沟、韩家沟、北沟、磕头沟四条沟上。万庄金矿历史久远，早在唐朝高丽国就在此采金，现有破嘴山为证，抗战时期日本抓来矿工为他们开采矿石，大肆掠夺我国的矿产资源。建国后1958年国家开始进行开采，期间1958年至1960年河北地质勘探队对万庄金矿进行勘探，1961年至1964年首钢地质勘探队对万庄金矿进行勘探。1960年在现在的万庄供销社院内及现在刘全山承包的院内建万庄金矿选矿厂和金矿家属院。国家采矿时打的运输巷道长约4000米，分为上下两层，光132洞口（海拔高度为132米地方打的洞口）至北沟西过帮下，2米×2米的巷道近1200米，132洞口至15中段（巷道名）近1200米，192洞口至后门子（巷道名）长约300米。直至1979年国家金矿下马后开始了民采，1979年平谷县企业局组建黄金科，1985年成立平谷县黄金管理公司，对老百姓自由开采进行管理。

1987年平谷县黄金管理公司组建北京市平谷县万庄金矿（属于全民所有制企业，1991年取得营业执照），1989年动工兴建万庄金矿（图

447），1991 年建成投产。厂址在现在的万庄选矿厂尾矿库北侧，建有金矿选矿厂和三层万庄金矿办公大楼。该矿由长春黄金设计研究院设计，矿山设计选矿规模为50t，选矿采用全泥氰化—锌丝置换工艺。在1995 年、1997 年分别对选厂的氰化工艺和磨矿工艺进行了改造，即将全泥氰化—锌丝置换工艺改为氰化炭浆法提金，将原来的二段二闭路磨矿改为一段二闭路磨矿。万庄金矿矿石呈褐红色或土黄色，矿石中原生矿物少见，多为氧化矿物，主要由黏土、褐铁矿和石英组成。矿石构造以褐铁矿的蜂窝状构造和石英的块状构造为主。矿石结构以金矿物的交代结构和包裹结构为主。

图 447　采金巷道（摄于 2004 年 4 月）

2004 年 4 月 12 日区政府在盘峰宾馆组织召开了各村支部书记和镇长、主管镇长参加的关于关闭区域内所有金矿的动员大会。我镇按照《北京市平谷区关于关闭金矿停止开采工作实施方案》（京平政发［2004］24 号）、《北京市平谷区关闭金矿停止开采的通告》（京平政发［2004］25 号）以及区领导小组办公室下发的《关闭平谷区金矿和选场工作实施方案的细则》等有关文件精神，对万庄金矿进行关闭。2004 年 6 月 22

日前，我镇封堵了金矿洞口59个，拆除选矿点6个（东山下村1个，刘店村2个，老采金一队院内1个，孔城峪村1个，再有就是国营金矿选矿厂（图448）。其中东山下、刘店、孔城峪几个点比较小，容易拆除，老采金一队院内和黄金公司的选矿厂比较大一些，拆除比较困难一些。

2004年7月初完成万庄金矿洞口封堵后，私挖乱采曾一度中止，但自2004年9月份后盗采活动明显抬头。到2006年为止，原来封堵的洞口有的又被扒开。2006年5月份，对万庄金矿洞口从新实地核实发现还有大小洞口134个（其中二道沟49个；后门子48个；韩家沟17个；西北沟20个）没有封堵。2006年10月开始对这134个洞口又进行了封堵（图449），2007年6月完成封堵。

图448　万庄金矿遗址（摄于2004年4月）

图449　对万庄金矿洞口封堵中（摄于2006年11月）

2016年又对北沟3个（17#、35#、137#）、

韩家沟 4 个（6#、16#、17#、41#）、二道沟 3 个（41#、42# 和小礼堂洞口）共计 10 个洞口进行了封堵。

看来镇里整理的采金资料也是将县志有关资料归纳了，而且一直记述到 2016 年封堵洞口，大致能够看出这个事件整个的来龙去脉。而下面村里人的回忆，是对采金过程的重要补充。故将新编县志及镇里、村人回忆资料一并录此，以便了解与研究。

平谷文物揽胜——北京市平谷区第三次全国文物普查资料汇编

2011 年 10 月，区文委编印了《平谷文物揽胜——北京市平谷区第三次全国文物普查资料汇编》一书，其中“第五章近现代史迹及代表性建筑·抗战时期史迹及代表性建筑”记载：

图 450　日本人修的运送沙子的料仓（摄于 2018 年 8 月）

孔城峪料仓（图 450）

料仓，位于平谷区刘家店镇孔城峪村东北，坐西朝东，毛石垒砌，南北宽 5.3 米，高 4.7 米，长 13 米。为第三次全国文物普查时新发现项目。东侧面有两个料仓出口，一个为长方形，一个为正方形。料仓三面环山，东为破嘴山采料场。通过索道连接料仓，抗战时期日军在此采矿。

孔城峪人采金的回忆

为编写《刘家店史话》，几次来村里访谈，其中就采金进行了细致了解。

65 岁村民贾树旺说，过去采矿用柴火烧，把石头烧酥了。68 岁村书记韩秀礼接着说，把石头烧红了，再泼凉水，一凉一热，石头就酥了。

75 岁老村书记张国起、68 岁村书记韩秀礼等说，日本人从 1937 年卢沟桥事变之前就过来，在孔城峪破嘴儿山采金子，一直到 1945 年日本投降才走。上边有高线，也就是索道，往下运沙子。下边用石头垒个槽子，日本人把汽车往槽子那儿一倒儿装沙子。现在那槽子还在那儿呢。村里人给日本人当劳工，经常偷鬼子炸药，或者打好炮眼儿不放炸药，留以后个儿再弄。给鬼子不好好干活儿，磨洋工。

贾树旺说，有个鬼子头，村里人叫他小胡子。村里有个李长顺，也给鬼子做金干活。那时李长顺20多岁，特别有劲，个也高，得够一米八九。过去他家有头毛驴，干活儿不听话，胳肢窝夹起来打。1958年吃食堂，200多斤一个大肥猪，不用被人搊，自个儿一下就扛起来。过去采金有巷道有立井，立井上面有井盖。一次小胡子下井检查，李长顺把井盖盖上了，就坐在井盖上。小胡子咋往上捅也捅不开，愣好长时间才让小胡子出来，小胡子很生气。一天，小胡子非要跟李长顺摔跤，结果摔了3跤，小胡子都被摔地上了，气得小胡子就让洋狗咬他。谁想到，李长顺一把逮住狗腿，一扔把狗给扔出三坝儿地去了。那地方就在破嘴儿山下的二道沟，一坝儿山地大概三四米、四五米宽，就说是从山上往山下扔，那是一条大狼狗，一下扔出十几米。这时小胡子掏出手枪要毙他，日本大头叫高岛，给劝住了，算没毙。

74岁老村副书记、赤脚医生李向林说，鬼子经常进矿井，检查工人干不干活儿。鬼子是“不打勤的，不打懒的，专打不长眼的”。意思是说，鬼子过来，只要瞅见你没干活儿，就要打你。人们恨鬼子，一次等鬼子一进矿井里检查，村里人就先把矿井靠外边的装好的炮点着了。一爆炸，碎石乱飞，吓得鬼子赶紧趴洞里。等炮响过了，鬼子才出来，以后就不再进去检查了。

韩秀礼说，在孔城峪村北边山里，有二道沟、韩家沟、西北沟、石湖沟，磕头沟等，采金洞口有400多个，各朝代都有，最早用劈柴烧。日本人来采金，主要在二道沟破嘴儿山那儿。

抗战时期，日本在这一带掠夺开采金矿，派所谓“护山警”2个班，即所谓伪军，就住庙里。1941 年 1 月，据说日军到密云过年去了，剩下几个伪矿警看守。这时八路军过来，乘机将其歼灭，战斗中寺庙也被烧毁了。贾树旺的 94 岁母亲至今记得，她是 16 岁即 1940 年秋后结婚，过了旧历年，正月初三云岩禅寺就烧了。这天是 1941 年 1 月 29 日。

韩秀礼说，国家采矿，一开始想在万庄子南山开铜矿，也打过俩洞，没有采到，可能是含铜太低。1958 年，还到这儿采金矿。1976 年就停采了，已经海拔以下，洞里都出水了。1978 年下马，1979 年以后开始民采。2004 年以前，村里半大孩子都可以把金子从矿石里弄出来，使碗咣当就能把金子咣当出来，即孩子都学会了采金的基本技术。炼金过程，采出来的石头用火烧，烧完用碾子压，压成粉，形成毛儿，加入氰化钠形成液体，液体经过新丝又形成固体，固体炒了再化成水，形成 80% 银子、20% 金子，硝酸将银子液化，这银子变成液体了，金子仍然是固体，过去是用瓷盆，再往银子和金子里面放上热水，把银子一点点涮出去，涮完之后这个盆里全是纯金子。

68 岁退休职工张国彬说，我父亲说过孔城峪裂巴涧，过去我们孔城峪特别穷，有一天来个老头从咱们村过，我父亲问：我们村咋弄才能变富呢？他看看，说：多会儿把裂巴涧填平了，你们村还能富呢。说完老头就走了。后来一开金矿，把这儿真垫平了。

我给丫髻山道士做饭10年

苑树庭　口述

题记：此文由苑树庭老人口述，口述于2007年，时年老人80岁。对于研究丫髻山，此文具有重要价值，故收录于此。收录时，略有整理。

口述整理者不知何人，2015年发布于网上，在此深表谢意。

我祖籍河南，70年前落户北吉山村。9岁那年为糊口，入紫霄宫伙房当烧柴的小半伙儿。后拜大厨张荣为师学厨艺，为丫髻山道士做饭10个年头。

紫霄宫西院为道士伙房。南倒座房五间为斋堂，是道士、待客用餐的地方；中间三间大殿，里面宽敞，是烧菜、做饭的操作间；后边有房七间，是磨坊、榨油、存粮食、放杂物的地方；再向西有房三间，是养猪的地方。

伙房与紫霄宫一墙之隔，西大墙前、后开两个便门，直通斋堂。前便门进去是紫霄宫正殿，殿内四角摆放盛酒的器具酒川（缸）4个，每川盛酒大约600斤。

那个年代紫霄宫伙食相当不错，庙里的住持是赵大安。庙里的道士不少，只有住持赵大安、管事的、教师和另一人吃小灶。道士初一、十五、腊月二十七至初二吃素食，其他时间可以吃荤。早餐，一般是玉米大碴粥、高粱米粥；中午，玉米面饽饽、疙瘩汤，小米饭时候多，两米饭时候少；晚饭，一般喝粥、喝汤，另加饽饽等硬货。吃小灶的早晨喝粥，外加烙一两张饼；中午，是烙盒子、饺子、面条之类的面食；晚饭，是喝粥、面汤等，再加饽饽、饼等干货。他们 4 人每餐 4 盘菜，顿顿有肉、有酒。那时吃鲜肉不方便，伙房有几大缸腌肉。

刚去的时候，庙里管的还可以，越向后越不行了。当地的土混混常打各种旗号，到庙里蹭吃蹭喝。老道长没办法，硬着头皮应付，不应付他们总会出幺蛾子挑刺。那时社会也乱，地方政府没人管得了。这些人在紫霄宫北屋吃饭，我们端菜到院内，他们的谱可大了。

听张荣大厨说，过去皇上、王爷来气派着呢！头一俩月各种用的东西预备好，怕吃饭、喝酒时抓瞎。紫霄宫里里外外打扫得干干净净，各种摆设都摆好。最后院门楼是一水的青石雕刻，里面石盆盆景，盆内有假山石，盆中有金鱼。院内还有几棵盆栽碗口粗的夹竹桃、石榴等稀有树木。此院不大，皇上、王爷来这儿可风光了。紫霄宫大门外东西有上马石、下马石，灯笼杆上悬挂灯笼。大门内后二檩上，高悬“圣旨”匾。赶庙会从这儿路过的人，往里望望就知足了，没人有到里面逛逛的念头。

到后来皇家来的慢慢少多了，因八国联军进北京，皇上避战乱怕遭祸害，到妙峰山上香了。皇上不来了，他的龙子龙孙也时不时地来丫髻山溜达溜达。怀柔县令每年来此进香，临来前派人打招呼，庙里赶紧准备海味素食席。海味素食席要的是功夫，非得请大厨来做。每遇神像开光、写布施等大型活动，也都请大厨来做菜。大厨有前吉山的王尚发、王安、周成顺，松棚的于福，还有中桥的石大厨、东邵渠的刘大厨等十几人。海味席有大虾、燕窝、海鱼等高级食材，乡下小百姓很难见到。

我赶上一回回香亭神像开光，山底下唱大戏酬神，回香亭做法事。来写布施的人可多了，啥高级人都有。每天摆席百来桌，一连唱十几天大戏，热闹得很。别的不说，光吃肉就宰了 100 多口猪。猪都是自己养的，大多是善人主动捐的。还有 1940 年西顶南大坝被日本鬼子打塌了，秋后开春搞修补。道士从密云聂各庄一带化缘，来了很多骡马驮水、运料，光做活吃饭就有 1000 多号人。人多没好饭，大多是小米干饭熬白菜、豆腐、萝卜等。

我初到紫霄宫时，丫髻山总共有十七八个道士，老道士岁数大了，那会儿不招小老道。到 1947 年，只剩下 10 来个道士。末了庙拆了，老道勒令回家了。道士都走了，我做大厨的也失业了，那年我 19 岁。

北吉山村大厨师苑树庭口述，2007 年 4 月整理

北店龙灯

岳广铭

1986年秋天，在北京市首届农民运动会开幕式的文艺表演中，有两条翻飞狂舞的巨龙格外引人注目。在铿锵有力的鼓乐声中，只见这两条彩色巨龙跃然而入，如从天降，先是昂首摆尾奔腾呼啸着绕场一周，然后伴着飞旋的彩球舞动起来。它上下翻飞，左右腾跃，前闪后绕，千回百转，令人眼花缭乱，叫人拍手称绝，霎时间引得全场万众欢腾。这就是享誉京东的北店龙灯（图451）。

图451　76岁北店人岳广铭

北店是平谷县刘店乡一个仅有百余户人家的村庄，东、南有泇河环绕，北与密云县接壤，西靠京畿福地丫髻山。丫髻山是京东道教名胜，始于唐而盛于清，直至民国年间，这里仍香火不断。每年四月的庙会，四方善男信女络绎不绝，更有民间花会争奇斗艳。于是，在这古老文化的熏陶之中，聪慧勤劳的北店人便有了自己的追求与创造。他们与民间花会结下了不解之缘。这里有灯官会、小车会、柳翠会、秧歌会等众多花会，而最为当地群众喜爱的还得数龙灯会。龙灯是驰名中外的我国汉族民间舞蹈，汉代时便有关于舞龙灯的记载，其流传之广可谓遍及我国神州大地。北店龙灯已有百余年历史，村里的老艺人岳松、岳广臣、岳广银等人精心绘制形象逼真、呼之欲出的龙头，用竹片扎成龙骨，罩以白布，绘成龙形，分节相连，长约 80 尺。挑选精壮青年练习舞耍，渐渐耍出了许多花样，学会了许多套路。然而，旧社会的贫穷，使得北店人的龙一直也未能飞腾起来。新中国成立前的几十年间，北店只有老辈子留下的一条千疮百孔的龙，年年修，岁岁补。而且，一个堂堂的龙灯老会，竟然买不起必用的武场乐器，每当走会时，村里人却要去丫髻山向道士们借鼓借钹。直到土改时，村里人才自己凑钱，由村长岳杰专程去北京买来了大鼓、钹、铙、镲、筛等打击乐器，又新添了一条龙。至此，北店人的龙灯才算是抖擞了精神（图 452）。

图 452　北店村花会（胡金刚摄于 2015 年 2 月）

旧时，每年农历正月十五、三月三、四月初一、丫髻山庙会等都是走会舞龙的日子。正月十五为灯花会。届时，村中要搭起大棚，棚里设以香案，香案前供奉着神像，棚顶悬挂着各色纱灯、玻璃灯及走马灯。村里各种花会从正月十三开始彩排，十四日到十六日连续走会三天三夜。走会之前，各户为了求得一年吉利平安，争相捐钱，多少不限，作为会费。所有参加走会的人员由会头派饭，大户多派，小户少派，各户都争相管饭。旧时的民间花会，就是靠着百姓们无私的捐助存活与发展的。正月十五晚上，花会进入高潮，当夜幕降临的时候，全村到处灯火通明，鞭炮之声不绝于耳。这时，村人刘云、青山手持旋转的彩球，引导双龙进棚，庄严而肃穆地敬神上香，散放灯花。而后，只见龙头抖动，小铃响起，鼓钹之声大作，两条彩龙飞舞起来。男女老幼摩肩擦背，争相观看。龙灯在村里舞完后，还要与邻村凤落滩的五虎棍、北吉山的吵子、前吉山的高跷等花会汇合一起，串村演出，通宵达旦。

旧历三月三是朝拜真武庙的日子。真武庙原建在丫髻山北面五里之遥的黄花顶上，庙的正殿里供奉着真武帝君，两侧是狐仙堂，院中有两棵合抱粗的古柏。这里山势险峻，山道崎岖，彩龙于云雾之中随峰盘绕而上，确有一番壮观景象。这一天，北店龙灯老会不仅去庙中膜拜进香，在庙前舞龙献艺，以求风调雨顺、五谷丰登，还要抬着馒头和黑豆芽熬豆腐上山施散给上庙的香客人等。

四月丫髻山庙会是京东地区各路花会云集荟萃之时，北店龙灯更要一展风姿。四月初一清晨，全村群众便一起行动起来，龙灯老会在会头贾魁臣、岳杰等人带领下，在众乡亲的护拥之中，浩浩荡荡地出发了。前有两面大筛鸣锣开道，后有双龙旗、双凤旗及彩旗、宫灯组成的仪仗簇拥，那神采飞扬的彩龙更显得气度非凡。随着鼓乐与欢笑之声，彩龙经东、西宫，上山过庙，登四十八盘，直入云天，拜过碧霞元君之后，便尽情飞舞起来。当年，为了记载各路花会的功德，庙会里要为表演出众的会当每三年挂一次匾，十年立一次碑。在天齐庙挂的木刻匾额上就有关于北店龙灯老会的详细记载，而且还勒石铭记，以求万古留名。

北店的龙灯艺术经过几代人的锤打磨炼，技艺更加精湛，主要表演套路有：大扑球、二龙戏珠、金龙盘玉柱、三环套月、跳四门、五股窜心、双龙交尾、脱皮、翻身、拉裆、捋尾等。全村老少年年耳濡目染，几乎人人都会舞龙。岳广山、岳广银、岳青山、岳青云、贾宝荣、赵荣生、任志双、王志友、岳广生等人既是龙灯会热心的组织者，又是舞龙的能手。解放初期，年已八旬的明二爷（岳明）仍操锤击鼓。他那铿锵有力的鼓点，不但节奏鲜明，而且变化无穷，极富感染力，打出了龙的威风，龙的精神。因而，村中至今留下了“明二爷打鼓——真神了”的歇后语。1958年

图453　北店村丫髻山太极广场舞龙表演（摄于2018年5月）

图 454　北店村舞龙表演（胡金刚摄于 2011 年 2 月）

成立人民公社时，北店龙灯到大华山参加了庆祝大会。三年困难时期，群众填不饱肚子，龙也被解体。龙披被村办食堂扯成屉布或围裙，龙骨当柴烧，鼓、钹等也被毁坏。党的十一届三中全会以后，改革的春风给古老的民间花会注入了新的活力。1980 年，北店村又重整旗鼓，扎龙骨、绘龙披，每逢年节，这里的龙又活了起来（图 453，图 454）。为了给首届北京市农民运动会增色，市主管部门特邀北店人赴京献艺。在他们手中狂舞的，是国庆三十五周年大庆中曾横穿天安门广场的两条巨龙。当这两条巨龙在石景山体育场的万众欢腾中起舞时，北店人的心醉了。世世代代，古往今来，他们多少次舞龙，多少次走会。然而，他们从没有舞过这等气派的神龙，没有出过这么大的风头！北店人真要交好运了。

选自 1992 年 12 月《平谷文史选辑》（三）
岳广铭，76 岁，北店村人，原区政协学习与文史委办公室副主任

北吉山村的“心诚老会”

刘　普

刘家店镇北吉山村，坐落在京东道教胜地丫髻山脚下，明代便形成了相当规模的村落，时称纸坊村，后因丫髻山庙会日益兴盛，远近闻名，于是改称丫髻山村，直到抗日战争时期，村落才以街中石桥为界，划分成两个行政村，桥南称前吉山村，桥北称北吉山村。

北吉山村很早就组建了花会，花会的名称为“心诚老会”，至今已有 100 多年的历史（图 455）。清朝末年和民国初期，村里的花会于每年的农历四月初都要组织参加丫髻山的庙会活动。

图 455　北吉山村新诚老会（耿大鹏摄于 2018 年 2 月）

据村里的刘印（81 岁）、张生（80 岁）、刘德（78 岁）贾德明（74 岁）、苑树存（71 岁）等老人们回忆，20 世纪 40 年代前，村里只有一档高跷会，

1947年土改复查后才新添了少林会、吵子、什不闲和小车会，多数会档陆陆续续活动到1965年。花会活动停止了20多年后，直到1988年才得到恢复。这次共恢复了5档会：高跷、小车会、旱船、跑驴舞和地秧歌。高跷会当时请的是后北宫村两位师傅教的。

高跷会主要角色组成，有时为12人，有时为14人。12人组成主要角色有头陀1人、公子1人、老座子1人、柴王1人、渔翁1人、渔婆1人、卖豆儿的1人、卖药的1人、打锣的和打鼓的各2人。如果是14人表演，就在此基础上添上青蛇和白蛇两个角色，当然人数还可以再增加（图456）。

图456　高跷表演（耿大鹏摄影）

图457　旱船表演

小车会表演由6人组成。有坐车的年轻妇女1人、推车和拉车的各1人、挎车沿儿的男童女童各1人、引逗前行的公子1人。

旱船这档会表演只需2人，其中1人坐船，1人划船（图457）。跑驴舞由2人配合表演，1人骑驴，1人赶驴。

地秧歌的表演人数可多可少，但最少不能低于20人，否则不显气势。

别看只有这5档会，每次组织的时候，包括组织者、表演者、伴奏的、打旗子的等，队伍人数就达120多人。

北吉山村早期花会中的吵子会档是由本村人谢魁然教的，吹海笛子是跟丫髻山的道人学的。村里的花会除了参加丫髻山庙会之外，还到过邻村演出。曾经担任过小车会会头的有刘长山、刘长彦、李春才，担任什不闲会头的有谢德贵、谢魁然，担任少林会会头的有李春会，担任吵子会头的有韩瑞（当时任村长）等人。

北吉山村的花会表演，可以说民国初期和新中国成立前后这两个阶段最热闹红火，然后就是1988年重新恢复花会以后，队伍规模不断发展壮大，表演场面更为隆重。传统节日和庙会期间的表演，已不只局限于本村、邻村、丫髻山庙会，而且组织参加过县里举办的花会大赛，多次参加农历正月初八春节花会进城大拜年活动。

为了使人更多地了解北吉山村的民间花会，下面将保存下来的北吉山村花会表演时的两部分传统唱词整理如下：

画扇面

天津的城西杨柳青，有一位美女白氏俊英，

俊英丹青会画画啊，小佳人，十九冬，
丈夫南学她苦用功，眼看着来到了四月立夏中。

四月那个立夏缺少寒风，白俊英在屋中热过蒸笼，
手拿扇子仔细地看呢，高粱纸，白生生，
洋气的骨头血点红，扇面它以上啊缺点工程。

八仙的桌子呀它放在当中，五色的颜料具都现成，
扇子铺在桌面上啊，细思想，暗叮咛，
扇面先画两座城，现一现手段，竞竞名功。

头一座城她画北京，九门那个九关甚是威风，
画上紫禁城一座呀，画六院，画三宫，
金銮宝殿画朝廷，八大朝臣列在西东。

二一座关东画圣经，老将军参祖才得安宁，
东沟搬来宋三好啊，陈大人率领着兵，
众家英雄就往东征，东沟呀黎民才得太呀平。

手拿那个扇子呀不大耐烦，白俊英越看越是稀罕，
虽呀然京东风光好哇，读书的人仔细观，
耻笑奴家太不堪，忠孝节义不大周全。

忽然呀想起画忠良，杨家那个父子保着宋王，
铁面无私包文拯啊，闻太师回朝纲，
不怕死的孙伯阳，三上那个金殿去见君王。

二一出戏画行孝难，钟子期打柴不爱做官，
白猿偷桃天书献呢，小陈香劈华山，
吴汉杀妻斩凶官，带领着人马前去访贤。

三画节烈女儿娇流，李三娘担水总是忧愁，
磨房那苦处实难受哇，王三姐撇彩球，
张燕休妻白玉楼，秦雪梅吊孝节烈千秋。

四一出就画义气难，单雄信访友在河南，
仗义疏财秦叔宝哇，为朋友两肋酸，
石秀杀嫂上梁山，姜子牙访友马鞍山前。

忠孝那个节义全都画完，白俊英留神仔细观，
画完半面闲半面，细思想暗想参，
八出戏画后边，对一对颜料更是新鲜。

头一出戏画走雪山，哭坏了小姐曹氏金莲，
院子曹夫活冻死啊，又来了众八仙，

迎接曹夫上南天，小姐哭得甚是可怜。

二出戏画画拾柴，姜秋莲出门泪儿满腮，
春发送友到郊外，舍银两，就走开，
一朵鲜花他不摘，诚然是君子仗义疏财。

三出戏画朱春登，牧羊圈舍饭前去修行，
婆媳寻茶来讨饭，赵氏女，进芦棚，
夫妻见面泪盈盈，龙抓宋氏谁不知情。

四一出画二进宫，李艳飞宫案多加愁容，
国家也爱忠良将，七千岁，巧计生，
吓唬龙锤举在空，杨氏郎保国苦苦地尽忠。

五一出画画得更精，画的那和尚叫唐僧，
师徒路过无底洞，猪八戒，更稀松，
全凭大圣孙悟空，灵霄殿告状去请天兵。

六一出画魏蜀吴，刘玄德荆州三顾茅庐，
请来先生诸葛亮，借荆州，灭东吴，
周瑜设宴请皇叔，摔坏了谏帖另请才出。

七一出戏画画五雷，孙膑他双拐无有人对，
庞涓下山平六国，大茅奔，抖雄威，
孙膑进阵是合肥，盗丹是多亏金眼毛遂。

八一出画洪州城，杨宗保前去要搬兵，
有人摆下无名阵，白天祖，猛又凶，
来了个元帅穆桂英，杀败了反贼救出公公。

九一出戏画全都画完，单等着丈夫劝了篇，
金榜题名身荣贵，得头名，中状元，
回家拜祖做高官，阖家那个欢乐福寿双全！

小看戏

新出事一宗，凤凰两相争，一换中华仍不能够太平，两眼泪盈盈啊，呼嘿。

哎咳哎咳哟儿哟，咚儿隆叮当啊，两眼泪盈盈啊，呼嘿。

新出这件事啊，列位请听着，天津西北地面白草坡呀，有一位本姓郭。

名字叫郭启，老婆本姓于，一辈子无儿一个闺女呀，打扮的多出奇呀，呼嘿，呼嘿。

日子也不错呀，好地四顷多，他家还有两辆骡马车呀，使着八九个活。

年年四月底呀，四月二十八，娘娘庙里把香插，又把戏台搭。

姐儿巧打扮呢，又把戏儿观，模样生来赛过天仙，打扮得多体面。

弯弯的眉两道，长得黑须须，没开过脸的是个闺女，打扮的多出奇。

发儿黑又亮，使的桂花油，蝇子一落打个跐溜，梳的是盘头。

花儿戴两朵，走道颤悠悠，桂花枝上缠个绒球，描眉把鬓勾。

两耳上边戴，坠子是银环，翡翠的合链套着三个环，珍珠镶着边。

樱桃那个小口，玉米牙儿生，唇上的胭脂点得更精，当中一点红。

天蓝绸子褂，身子上边穿，缉盘的领子镶大沿，绦子走了边儿。

大绿绸子裤，身子上边穿，鸳鸯的裤腿紧相连，又用绦子沿。

红绸子花绣鞋，花儿绣满帮，脚尖上叮上一个蚂蛉，口围云子镶。

手拿银烟袋，足够三尺三，翡翠的嘴儿，乌木杆安，抽的是（兰花）定子烟。

这篇文章，大致应整理于20世纪80年代末90年初。刘普，为原平谷县教育局退休教师，今已83岁。收录本书时，对唱词的一些字略有整理或删改。如“到丹是多亏静眼毛遂”句，读来感觉不通，查阅资料，将“到”改为“盗”，“静”改为“金”字，“忠子期”之“忠”字改为“钟”字。“梳的事盘头”之“事”字，当为“是”字。“颤游游”，当为“颤悠悠”。又如，“有一位本姓郭，有一位本姓郭”，明显重复了，删去一句。别不多举。

风落滩村的两档花会

文　始

风落滩村，地处镇域北部，西距京东道教名胜丫髻山只有0.5公里。丫髻山不仅历史文化积淀深厚，而且历年举办的庙会甚为隆重。八方游客、商贾云集，庙宇香火不断，各路花会相聚表演，给庙会增添了热烈的气氛。

据村里一些曾经参加过花会活动的老年人讲，过去风落滩村虽说只有两档花会，但均有120多年的历史。其中有一档是“灯官会”。他们听上一辈儿人说，当时要想举办这档花会，必须首先经过请示县衙批准。

“灯官会”除了会中人物扮演者之外，还有打武场家伙的，共计需要20余人。里边的主要人物有县官、八个衙役、一位官娘子、四个抬轿子的。表演时，内容主要是围绕县官断案来进行，在动作和唱词方面没有什么死格套，甚至有时表演者亦可即兴发挥，只要语言诙谐、动作滑稽，能够逗得观众捧腹大笑就行了。

如县官出行，在半路上遇到了两个上前跪地喊冤叫屈告状的人。一人说，他家丢了一个织布用的梭，请老爷明断。另一人说，他家丢了一把木匠打眼用的钻，请老爷明断。老爷说，这事儿好办，然后用手指点着二人，你还他一个梭，他还你一把钻，这不就行了吗！接着演员继续往前行走，观众追着准备看下一件事儿表演。

图 458　五虎棍表演（耿大鹏摄于 2008 年 2 月）

图 459　丫髻山五虎棍表演（摄于 2018 年 5 月）

只可惜这档会，在上个世纪 40 年代以前就失传了。

另一档会是“五虎棍”（图 458，图 459）。这档会从成立到日本侵略中国占领平谷地区之前一直有活动，要说再重新恢复起来那是1964年。当时的“四清”工作队为活跃村民的文化生活，帮助村里组建了花会。因为当时早期的表演者都已经离世，表演技巧大部分失传，因此只好从密云县西邵渠村请来了七八个教师进行指导。经过紧张的排练，再加上演员练习刻苦，当年就能够到各村和庙会上去演出了。这个时期的会头是张启，五虎的扮演者有王志秀、王悦、李元富、曹志明、赵河东，扮演赵匡胤的是田福海，扮演郑子明的是明德发。以后的演出就断断续续了。

1966年“文化大革命”开始，村里的花会活动停止了，到1988年年底才又恢复起来。村里的花会组织除了春节前后到各村去演出之外，主要是参加村子附近丫髻山庙会的演出，演出活动到2003年闹“非典”时停止。

2005年4月

本资料由王志秀、张启二位同志提供

这篇文章署名“文始”，是区政协文史委的简称，即这篇资料由政协文史委的同志整理的，访谈人是凤落滩会头张启和参加五虎棍表演的王志秀。还有这些花会照片，有些是镇里春节或庙会活动时拍摄的，有些是笔者参加编写《知平谷爱平谷干部培训读本》时由摄影家耿大鹏先生提供的，有些是《平谷的民间花会》书中的等，特此说明，并深表感谢。

万家庄村的花会

刘长青

刘家店镇万家庄村，又称万庄子，明代成村，因万姓最早来此落户久居成村，故村以姓得名。

万家庄村北距京东道教胜地丫髻山约 3 公里。丫髻山明嘉靖年间即有庙会，每年农历四月初一至二十日为庙会期，其中十八日为进香正日，至今已有 400 多年的历史。清代庙会兴盛时，光每天进香者，就多达两三万人。庙会期间，除了买卖交易、民间艺人表演杂耍等等之外，其中最引人注目的当属各路花会的精彩表演。来自北京城内、京东各县和本地区的几十档花会，参加演出均为义务“助善”，使得整个庙会热闹非凡。

图 460　万家庄花会（耿大鹏摄于 2018 年 2 月）

万家庄村的花会（图 460）就是在这样特殊的地理环境、浓郁的庙会氛围和社会时代背景下产生的。

据村里的赵荣芹（80岁）、高士田（73岁）、李元顺（72岁）、刘长青（64岁）等老人们回忆，万庄子村成立花会在平谷西北地区应该说是最早的，至少有130多年的历史，并且在周边地区的影响也比较大。至今能够说清楚的已传承至第九代。第一代会头是曾怀保、李德龙、刘通、冯德宽；第二代会头是刘济、刘长、刘忠；第三代会头是李明兴、赵洪全、刘维忠；第四代是李元顺、靳成学、刘长德；第五代是刘维昌、赵信贞、齐喜明；第六代是李兆桐、李兆元、刘全山；第七代是李忠臣、李兆仓；第八代是刘全军、刘建利和李兆强，现在为第九代。总会头是刘长青；其中大鼓会头：高士田、刘革；吵子会头：刘长青（兼）、刘惠文、郭俊民；中幡会头：赵信禄、李忠良；什不闲会头：李茂成、王春河；高跷会头：李明国、张福成；小车会会头：王桂芹、刘兆军；狮子会会头：刘海林、刘全军；腰鼓会头；马桂英、刘秀珍。

万庄子村的花会自成立以来，历史上经历了几度兴衰。应该说20世纪30年代前的花会表演，为鼎盛时期，不但会档齐全，队伍规模庞大，表演人数达300人左右，而且各档会的表演技巧也达到了相当高的水平。每当庙会、春节和传统节日期间走会时，观众追随观看，场面蔚为壮观，喝彩声、叫好声经久不断。但是到了20世纪40年代至70年代组织花会活动就少多了。在这几十年间，只有1957年丫髻山庙会停办前走过几次会，1963年走过“文化大革命”前的最后一次会，并且花会的表演规模也不如从前了。直到1987年，刘家店乡政府恢复了丫髻山庙会，花会才又重现生机活跃起来。

早年村里的花会不但每年都去参加丫髻山的庙会活动，而且还到过平谷县城，顺义的麻山庙会以及熊儿寨、黄松峪等地演出，并多次去过密云的白龙潭求过雨。

如今，万家庄村的各档花会继承了传统的表演技巧，仍保持着自己的特色。表演的花会会档主要有：什不闲儿、大鼓、中幡、吵子、高跷、小车会、狮子和腰鼓。据传，大鼓和中幡这两档会分别由顺义的曾庄和丁庄传入的。后来新添的腰鼓会档也是从密云学来的。

为便于了解，下面将所表演的几档会详述如下：

什不闲儿（图 461），此档会以动作表演和说唱为主，动作诙谐幽默，唱腔富有韵律，唱词通俗易懂，合辙押韵。主要表演的曲目有：《张继山卖线》、《谈媒》、《寡妇逛灯》、《小看戏》、《绣兜兜》、《四大卖》、《姐儿巧打扮》、《绣荷包》、《报花名》、《小大姐泪扑簌》、《拜佛》、《两口分家》、《一位大姐长得这么强》、《老爷儿出来照西坡》等。这些曲目的素材均取自于民间，观众通过观看

图 461　什不闲表演

图 462　大鼓表演（耿大鹏摄于 2007 年 2 月）

表演，既是一种艺术享受，又受到了启迪和教育。

大鼓，此档会早年表演时为 16 面，后改为 10 面，现为 12 面。手拿沉子的人为指挥，其余人打鼓，按照指挥的要求，不停地变换鼓点儿（图 462）。表演的程式主要有：蛤蟆磕牙、揪不断、游子、双穿花、摔锤、支截子、三月三、黄龙翻身等。这档会的表演者需 30 余人。

中幡，此档会始终由一人表演，其余人轮换上场。表演者下着便裤，赤膊露背。早期表演的幡高 5.8 米，现在幡高为 4.6 米。幡重 10 余公斤。幡的制作是用一根近 5 米的粗竹竿，竹竿顶端悬挂有一个竹筐，筐上蒙彩布。表演者首先将幡向上托起，然后连续做出各种高难动作。每套动作表演时，都会赢得观众的鼓劲和喝彩声，因为此档会，既是力气活儿，又是功夫和技巧活儿。表演的程式有：抱月、惯肘、背件、过桥、牙件、踢大顶、踢转梁、半挂、背花、拜佛等（图 463，图 464）。

吵子，此档会表演时需要 24 人。有打小锣、小钹、底鼓、当当、旋子的，有吹海笛子的，还有抱钹、抱铙的。演奏的曲子有：《豆叶

图 463　丫髻山庙会期间的中幡表演

图 464　万家庄中幡表演（胡金刚摄于 2011 年 2 月）

黄》、《雁过楼》、《扑蝴蝶》、《闹店》、《倒罗袍》、《斗南春节子》、《花和尚节子》、《老三点》等。

高跷，此档会由 14 个角色组成：头陀（又称和尚）、卖豆的、公子、老座子、渔翁（2 人）、渔婆（2 人）、药包（又称卖药的）、醉鬼，另有手拿锣鼓的各 2 人。所有角色都是古装打扮。其中头陀排在队首，手持双棒，起着指挥的作用，他通过叫棒和刹棒来指挥各种伴奏乐器的起停。演员做出的动作有：翻身棒、虎蹲步、劈叉、蹉跷、抱月、背件（图 465）等。技巧表演完之后，演唱的曲目有：《游西

图 465　高跷表演

湖》、《下西厢》、《柳条青》、《拾棉花》、《天河配》、《打花鼓》、《耕读》、《普丘寺》、《王二小放脚》、《哭五哥》等等。

小车会，此档会于20世纪80年代由群众自发形成的。表演的人物有：坐车的媳妇、推车的老翁、拉车的丑婆子、和逗车的傻柱子。由鼓、钹、唢呐等乐器伴奏。表演技巧有：卧车、躺车、扑车、闯车、拾手镯等。

狮子，此会档由22人组成，现在表演保留为8头狮子，本档会包括武场共计27人。狮皮是用布描绘裁剪而成，狮头是用纸和布糊成，上挂6个柿子铃，6个捉妖子铃。表演时，表演者身着彩裤，脚穿带五爪毛鞋，每2人扮成一头狮子，一人顶狮头，一人藏于狮皮内作狮尾，二人动作协调，配合默契，模仿狮子的各种动作进行表演（图466，图467）。时而腾空而起，打盘咆哮，表现出狮子作为猛兽之惯性，时而表现出温柔之耐性，尤其是母狮对幼狮的抚爱。所有表演的狮子要分别扮出青狮子和黄狮子，雄狮子和雌狮子。在表演狮子的各种动作时，

图 466　万家庄舞狮表演（胡金刚摄于 2011 年 2 月）

图 467　万家庄舞狮表演（胡金刚摄于 2015 年 2 月）

由锣鼓来伴奏。表演程式有：虎抱头、探海、绕三花、跳戏台、压掌、摔扑扑、飞盘脱圈、打对叉、节节高等。

腰鼓，此档会从密云学来后，表演人员从最初的少数人表演，已发展到现在拥有 30 人的队伍。表演时，队伍排列整齐，鼓点儿清脆，震天动地、扣人心弦。

每次走会各会档同时活动时，包括武场和服务人员在内达 270 口人。

万家庄村的花会除了自己组织演出之外，并且还曾到过大华山、墙子路村教过大鼓；到过镇罗营、后北宫和密云的石峨教过高跷；到刘家店村教过小车会，将表演技艺毫不保留地传授给他们，为弘扬传统的民俗文化做出了应有的奉献。

万家庄村的花会在参加县（现为区）里举办的各种比赛活动中曾多次获奖。1993 年 1 月，在平谷首届“新春游园会”上，获表演三等奖；1994 年至 2001 年，在平谷历届“建行杯”民间花会大赛中，吵子、大鼓、高跷、什不闲儿、中幡、小车会等会档多次获得优秀奖，并且万家庄村花会组织还多次被评为平谷十佳花会。现在，村里的花会平时也开展一些小规模的活动，如应邀参加一些商业店铺开业、工程庆典等，所到之处，深受观众的喜爱和赞扬。

2006 年 10 月

刘长青，万家庄村村民，平谷区学习与文史委整理

大闹歌舞楼

胡金刚

这件事发生在 1905 年春天。且说丫髻山脚下有一座戏楼，主要是四月庙会期间唱戏。过去没有其他娱乐活动，唱戏、说书、变戏法这些街头的表演，就很受老百姓欢迎。戏楼就在洳河东岸，洳河原来从北吉山村边流过，后整治河道，裁弯取直，就直接从凤落滩村西向南、奔东山下村西流过了。过去洳河西边，也就是北吉山村内的街道，香

客从这里上山敬香，所以现在大家还叫这段路为香道。香道北侧如今老谢家菜园子处，有两座小石桥连接戏楼。戏楼边就是河套，一大片空地，每逢庙会这里都热闹非常。

图 468　胡金刚与聚顺斋（摄于 2018 年 12 月）

丫髻山脚下有一条官道，天津盐等海产品经此运往口外，口外牲畜、粮食、毛皮多经这儿运往三河、香河、大厂、天津一带。由于人流量比较大，所以沿途几十里设有车马店。这一日，5 辆大马车由口外运粮夜晚落脚聚顺店（图 468）。那会儿的大车，都是那种木制铁皮的大车轱辘，叫花轱辘车，叫白了就是花辘辘车。车前辕子一匹好马驾辕，前边三匹马拉套。正值社会动荡，粮食紧缺。这 5 辆大马车，连赶车把式和押车的总共加起来不过十三四个人。住进店，摆两桌酒菜，大伙儿喝了起来。边喝酒边聊天，并没发现边上也有一桌人边吃边留意这边。运粮头头边喝酒边说：“这一路弟兄们实在辛苦，今晚住这儿吃好喝好，明儿咱赶到峪口落脚，到了峪口都是平原，咱再辛苦两天就到香河粮站了，东家也安排人来接咱了。”说者无心，听者有意。邻桌客人本来说要住下，听到这儿，急匆匆吃完饭退房就走了。

第二天早早起来，喂过牲口，吃过饭，就出发了。聚顺店离戏楼河套三百来米，当一辆车快到戏楼河套北边的香道，最后一辆车刚出聚顺店大门，行至石片房那儿。此时正值庙会期间，逛庙会及三里五村看戏的人很多。这时，前边两辆车突然遭到抢劫，又有七八个人想对这 3 辆车动手。周边一些百姓也随着哄抢。负责押运的赶紧跑到北吉山村警所报警，警所就在西边小石桥处。

前两辆大车粮食一会儿就被抢了一半，后 3 辆大车一见赶紧掉头跑回聚顺店躲避，店内伙计和掌柜的赶紧关闭大门，并参与保护粮车。不知怎的，过去一直磨磨蹭蹭的官兵今天来得特别快，二十几名持枪兵丁把这几个土匪及不良村民抓到警所审问。当地村民因为没粮食，家里人饿得实在没法子了。警长也是善心，把粮食收回来，村民不予追究。而这几个土匪，是从古北口那边一路跟踪过来，路上几度想下手，都没找到机会，直到跟着进了聚顺店，听说当天要赶到峪口而且那边还会有人接应，觉得过了丫髻山更不好办了。就想趁庙会人多动手，官兵不会过来这么快。结果是把前两车抢了，然后想往回圈，赶着后边的四辆大车回去。而第一辆粮食让村民哄抢，以引起混乱。没想到后 3 辆大车跑回聚顺店，前边的也没把车赶回来。

警所将此事上报怀柔县，批复：趁着庙会，召开公审大会，警示一方。随后，把土匪游街示众枪毙。对聚顺店保护粮食行为给予嘉奖。后来，这个故事被编成戏曲演出，名字就叫《大闹歌舞楼》。

胡金刚，45 岁，北店村人，聚顺店后人

北店窑场

胡金刚

要说北店窑场，就要先从窑场主人说起。

窑场主人姓石，北店村只有一户。1930 年，许家务村年仅 20 岁的石德民，挑着挑子，带着妻子儿女来到北店村。许家务村坐落于王辛庄镇，泇河北岸，南岸即是峪口镇中桥村，许家务石姓就从中桥搬来的。据柴福善老师《峪口史话》所记，中桥村石姓人说来自江西永宁，燕王朱棣夺取皇位定都北京，北方人口少，就从南方中等以上人家三丁抽一，五丁抽二，迁往北方。石姓还有陈姓一起来的，都是中桥村坐庄户。最早到许家务的石姓先祖叫石湖。北店石姓人每逢清明，要先回许家务与本家人聚齐，然后一起到中桥村祭祖，并在中桥村吃“官饭”（即族人聚餐）。

许家务由于地处泇河北岸，为泇河冲积扇平原，土质沙中带粘，适合烧制砖瓦。过去许家务有大小十几个窑，4 个窑场最早，其中 2 个窑为石姓人所开。许家务流传着一个顺口溜：“许家务，许家务，烧窑做瓦是出路。”老人回忆，最早是石景漠开始外面学手艺，回来就在泇河边烧窑，经营几十年，石家窑场有了一定规模。而石德民不到 20 岁就在窑场干活儿，从取土、和泥到翻泥、制砖坯子，都是重体力活儿。石德民累得实在扛不住了，可哥哥石德厚主事，管理极其严格，就与他发生口角。一气之下，石德民就当着大家的面发誓，以后要干就干轻松的，也要当管事的！石德民回家带上媳妇孩子，直接来到丫髻山北店村落脚。

北店已有窑场，石德民原想在这儿打些零工，谁知窑场花姓掌柜操作失误，把窑烧坏了（出了生窑），又赔不起人家砖瓦工钱，正想转让。石德民一瞅打工是不成了，索性大着胆子把窑接下来。一时手头也拿不出这多钱，就与花掌柜商议，先给一部分，先抓紧赶工，甭耽误人家盖房。因在家就有烧窑基本功，这第一窑砖瓦，火候恰到好处，几乎没有废品，结实耐用。按老人说法，拿俩块砖一敲有金石声儿。出窑后在当地一下声名大震，随之周边村盖房所用砖瓦几乎都被石掌柜垄断。

几年经营，砖窑从一个烂摊子，到窑炉不够用，增加到大小 3 个：大窑烧砖，中窑烧瓦，小窑烧古建用的细活。所谓细活，就是房脊兽头和花砖等。石德民不光有独道的烧窑手艺，还有经营头脑。那个年代，好多穷人家盖房子都用石头垒，只是四个房角及两个房山山尖、门口等用砖。砖的数量用多用少还是可以将就，但瓦是必须用的，不像京西房山那边，房顶至今还有用石片的。面对有的家想盖房，又一时给不起砖瓦钱，还可以赊账，甚至可以用粮食按市场价格折换。这一下，生意更加红火，包括丫髻山上的庙宇建筑都用北店窑场的砖瓦。

北店窑场出名了，远处的人也想要石掌柜亲手烧的砖瓦，可又发愁咋运输。这就促使石德民萌生了外出合作烧窑的想法。因为制砖瓦这些粗重的活儿人们一看就会，而对火候掌控就不同了。石德民掌握着这个绝活儿，足迹北至古北口，西至密云城西，东到兴隆城。石德民被高价请去，只负责烧窑，在兴隆的儿道河边，都有其合作的窑场，据说还掌控了界牌村、西邵渠、庄户峪3个村的窑场，为北店窑分场。同时，注重带徒弟，包括外姓徒弟，传授烧窑技术不做任何保留。笔者走访密云大城子镇庄户峪窑的徒弟王玉满（图469），已80高龄，至今对石掌柜记忆犹新：是师傅手把手教我的烧窑技术。不要以为不制做砖坯子就不累人，其实烧窑得熬夜，有时几个通宵不闭眼随时得观察火候，也是一份苦差事。师徒二人经常一起熬夜，师傅针对木柴、煤的各种材质特性逐一讲解清楚。并一再说制砖制瓦坯子不容易，要珍惜他们的劳动，不要出生窑、废窑。老人谈及这段师徒情，眼角还隐隐有泪花。

图469　石德民徒弟、密云区大城子镇庄户峪村82岁王玉满（摄于2019年2月）

经多年发展，北店窑场名声大，口碑好。石家呢，到北店后，石德民又生下2个儿子。长子石国宝，次子石国田，三子石国庆，都从事窑

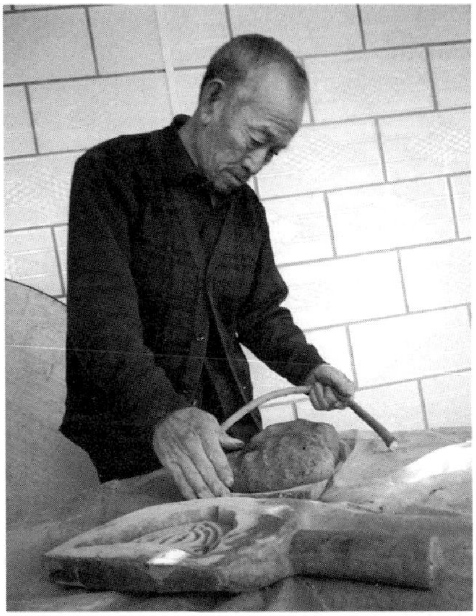
图 470　73 岁北店窑场传人石朝江演示制作滴水等手艺（胡金刚摄于 2018 年 11 月）

场工作。次子石国田成年后外出当兵，复员后又过继回许家务石姓族家。三子石国庆，因常年在窑场干活得了肺病。长子石国宝，全部继承了石德民手艺，并继续经营北店窑场，成家后也育有 3 子，都从事窑场工作。

20 世纪 60 年代，北店窑由私有经营转到北店集体管理。直至 70 年代末，由于机械化的红砖红瓦大量生产，取代了这种手艺制坯子烧窑的传统方式。80 年代初，筹建北店造纸厂，窑场彻底停产。

窑是不烧了，可这门技术在石国宝传授下，村内包括长子石朝江（图 470）及村民十几人还有此手艺。1986 年后，由聚顺店第四代传人胡德厚在村西与北吉山村苑姓师傅一起合伙开窑。几年后，胡德厚在村南聚顺店旧址开了一个小窑，以聚顺店字号销售砖瓦 10 余年。如今，几位传人都已年近 80，如不及时抢救，这门古老的手工艺可能就失传了。

胡金刚，45 岁，北店村人，聚顺店后人

参考文献

［1］赵尔巽．二十五史・清史稿．上海：上海古籍出版社，上海书店，1986.

［2］周家楣，缪荃孙，等．光绪顺天府志．北京：北京古籍出版社，1987.

［3］郦道元．水经注．上海：上海人民出版社，1984.

［4］郦道元，陈桥驿，等．水经注全译．贵阳：贵州人民出版社，1996.

［5］麟庆．鸿雪因缘图记．扬州：清道光二十九年（公元1849年）刊刻．

［6］周仲士．明万历三十二年怀柔县志．怀柔：怀柔县志办，怀柔县档案局，2001.

［7］吴景果．清康熙六十年怀柔县志．怀柔：怀柔县志办，2000.

［8］日伪中华民国新民会．民国二十九年河北省怀柔县事情．怀柔：怀柔县志办，2005.

［9］怀柔县文化文物局．怀柔文物集成．怀柔：怀柔文化文物局，1998.

［10］张映勤 . 寺院 · 宫观 · 神佛 . 天津：天津社会科学院出版社，1991.

［11］马书田 . 全像中国三百神 . 南昌：江西美术出版社，1992.

［12］尹钧科 . 北京历代建置沿革 . 北京：北京出版社，1994.

［13］平谷县地名志编辑委员会 . 北京市平谷县地名志 . 北京：北京出版社，1993.

［14］平谷县志编纂委员会 . 平谷县志 . 北京：北京出版社，2001.

［15］中共北京市委党史研究室，中共平谷县委党史办公室 . 平谷革命史 . 北京：北京出版社，1991.

［16］北京市平谷区军事志编纂委员会 . 北京市平谷区军事志 . 北京：北京出版社，2011.

［17］中共北京市平谷县委组织部，中共北京市平谷县委党史资料征集办公室，北京市平谷县档案局 . 中国共产党北京市平谷县组织史资料 1937—1987. 北京：中共北京市平谷县委组织部，中共北京市平谷县委党史资料征集办公室，北京市平谷县档案局，1989.

［18］中共北京市平谷县委组织部，中共北京市平谷县委党史资料征集办公室，北京市平谷县档案局（馆）. 中国共产党北京市组织史资料 · 平谷卷（1987—2010）. 北京：中央文献出版社，2011.

［19］高飞，刘震 . 知平谷爱平谷干部培训读本 . 北京：中共平谷区委组织部，2014.

［20］中共北京市平谷区委组织部，北京市平谷区老干部局，北京市平谷区政协学习与文史委 . 老党员见证 . 北京：中共北京市平谷区

委组织部，北京市平谷区老干部局，北京市平谷区政协学习与文史委，2017.

［21］韩凤武 . 平谷的民间花会 . 北京：政协北京市平谷区委员会，2008.

［22］政协北京市平谷县委员会 . 平谷文史选辑三 . 北京：政协北京市平谷县委员会文史委员会，1992.

［23］平谷区文化委员会 . 平谷文物志 . 北京：民族出版社，2005.

［24］平谷区文化委员会 . 平谷石刻 . 北京：北京燕山出版社，2010.

［25］平谷区文化委员会 . 平谷文物揽胜——北京市平谷区第三次全国文物普查资料汇编 . 北京：平谷区文化委员会，2011.

［26］韩牧苹 . 洵阳杂录 . 呼和浩特：远方出版社，2000.

［27］胡永连 . 平谷民间文学集成 . 北京：平谷文化馆，1999.

［28］罗哲文，柴福善 . 中华名寺大观 . 北京：机械工业出版社，2008.

［29］罗哲文，柴福善 . 中华名塔大观 . 北京：机械工业出版社，2009.

［30］柴福善 . 平谷寺庙志略 . 北京：民族出版社，2014.

［31］柴福善 . 平谷古树名木图志 . 北京：中国文史出版社，2015.

［32］柴福善 . 平谷史话 . 北京：民族出版社，2018.

［33］柴福善 . 明代平谷志料辑校 . 北京：民族出版社，2018.

［34］柴福善 . 志书补遗 . 北京：中国文史出版社，2015.

[35] 柴福善 . 丫髻山 . 北京：民族出版社，2012.

[36] 柴福善 . 丫髻山楹联匾额 . 北京：中国民族摄影艺术出版社，2012.

[37] 柴福善，张晓强 . 丫髻山碑刻 . 北京：民族出版社，2016.

[38] 柴福善，张晓强 . 丫髻山传说 . 北京：民族出版社，2016.

后　记

记得马立文书记在镇里工作的时候，就几次与我谈，要我帮助镇里编写一本史话的书。因诸事在身，一直未能腾出手来。晓东书记继任后，再次找我谈及此事。实在是盛情难却，便放下手头正在写的东西，而集中精力搜集有关资料，并利用三四个月时间，在过去访谈踏察的基础上，又一次全面深入每一个村落、每一个遗址，有些村落，有些遗址，有些事情，甚至一而再再而三，直至访谈踏察清楚明白为止，以使书中不留或少留缺憾。

刘家店地区历史文化丰富且厚重，尤以道教胜地丫髻山为最。早在20世纪80年代中期，我第一次登临丫髻山。那时尚未恢复庙会，山上还种着玉米、豆子等。记得山间半掩的一块残碑，胡乱爬着白薯秧子。就在残碑上悄然摆着一双小鞋儿。说明一种民俗或一种民间信仰，尽管经历了岁月沧桑及十年“文化大革命”，也并没有在民间彻底泯灭或消除，毕竟千百年来深深烙印于人们的心底了。1987年恢复中断了31年的庙会。1994年，我当时在县委党史办任副主任，主持编辑了《近畿福地丫髻山》，这是第一本比较全面介绍丫髻山的书，包括主要碑刻的整理。直至2004年，我在文化委任管文物的副主任，经努力将丫髻山列入北京人文奥运保护项目，主持丫髻山主要建筑的全面修复修缮工作，且重塑各殿神像，重新制作楹联匾额。2006年底，主要工作完成，我便调至区政协文史委了。后来，应张振江书记、马立文书记之邀，先后编写了《丫髻山》、《丫髻山楹联匾额》、《丫髻山碑刻》、《丫髻山传说》四本书，即现在号称的丫髻山“四库全书”。30多年来，我的很大精力都倾注给丫髻山了，也可以说是我人生一种难得的机缘。

曾有人问我，这些年来究竟上多少趟丫髻山了，我笑笑回答起码二三百趟不止吧，仅2018年也得上十几趟二十趟了。丫髻山的上上下下，殿里殿外，甚至角角落落，我都熟悉得了如指掌。所以，丫髻山无疑是本书记述的重中之重。其他“沿革”、“山川”、“村落”、“寺庙”、“遗址”、“古建”、“古树”、“战事”、“辑录”等诸多方面，也尽可能地翔实记述。包括日军暴行，几乎村无遗漏，日军对刘家店地区恣意烧杀抢掠，奸淫妇女，无恶不作，其行径简直令人发指！而这些抢救性的资料，对教育今人与后人勿忘国耻、振兴中华，一定具有重要的现实意义和深远的历史意义。

编写中，一如既往地坚持典籍文献与实物遗存及口碑资料的三者结合，力求内容重点突出，文脉贯通古今，行文朴实简洁，考据真实严谨。在“实采群言，征诸人事”的基础上，尽力追溯源委本真。对志书或相关书中存在的一些问题或不妥之处，明确提出并阐述清楚，以便读者阅读或研究参考。根本上，心底遵奉着一个原则，这就是实事求是。正如清前期大学者戴震所语：“治学不为媚时语，独寻真知启后人。”同时，随着研究的深入，也有所发现，如道光二十九年(公元1849年)《鸿雪因缘图记》中有《丫髻进香》图1幅、文1篇，为我以前所不知。尤其文中明确记述了西顶碧霞元君祠悬挂着康熙、乾隆、嘉庆、道光四位皇帝御制匾额，而过去只知康熙、乾隆两位皇帝御匾。对于丫髻山而言，当是重要发现。

经过一年多的努力，终于付梓出版。当然，如果没有这些年多方面的积累，仅这么长时间、凭一人之力，无论如何是完不成的。不多说了，我力求图文并茂地编写出一本真实的地方史话，一本可信的乡土教材。如大家翻阅时能够有所收益，对镇里经济与文化的发展繁荣及对外宣传能够有所促进，便深感欣慰了。

王成国、汪明浩、刘军、闫维洪、沈洁、吴小杰、徐素芝、王晓东等区领导非常关心刘家店地区历史文化的挖掘与传承及本书的编写；镇党委、政府高度重视，刘晓东书记亲自主持此事并作序，党委委员马丽彬具体负责，机关干部王雨彤及各村干部精心安排访谈踏察；大淘影视基地杨宠、陈佳硕全程访谈录像，中华女子学院硕士研究生张琪协助整理访谈资料，书法家翟德年先生欣然题写书名，区文化委文物科王卓林协助校对了书稿，出版社欧光明主任及责编李燕妮女士为本书亦付出大量心血，在此一并表达诚挚谢意！

说到底，这是一本刘家店地区历史文化的书。怎奈历史文化太博大精深，牵扯到方方面面，而本人又才疏学浅，书中有这样那样的不足甚至错误，在所难免，诚请方家与读者不吝赐教！

柴福善

2019 年 6 月 13 日于善书斋

图书在版编目（CIP）数据

刘家店史话 / 柴福善著 . — 北京：民族出版社，2019.5

ISBN 978-7-105-15730-3

Ⅰ. ①刘… Ⅱ. ①柴… Ⅲ. ①乡镇—地方史—平谷区 Ⅳ. ① K291.5

中国版本图书馆 CIP 数据核字（2019）第 088226 号

刘家店史话

责任编辑：李燕妮
封面设计：刘福勤
出版发行：民族出版社
地　　址：北京市和平里北街 14 号
邮　　编：100013
电　　话：010-64228001（汉文编辑二室）
　　　　　010-64224782（发行部）
网　　址：http://www.mzpub.com
印　　刷：北京艺辉印刷有限公司
经　　销：各地新华书店
版　　次：2019 年 6 月第 1 版　2019 年 6 月北京第 1 次印刷
开　　本：787 毫米 ×1092 毫米　1/16
字　　数：420 千字
印　　张：36.25
定　　价：120.00 元
书　　号：ISBN 978-7-105-15730-3/K · 2750（汉 1569）